핵심 운영체제 이해

(Understanding the Essential Operating System)

왕종수·조규철 공저

감사의 글

컴퓨터 공학도를 위한 최신 운영체제 이론의 결정판(書)

컴퓨터 공학도에 있어 '운영체제'나 'OS(operating system)'라는 말은 누구나 쉽게 접할 수 있는 용어이지만 과연 운영체제가 컴퓨터 내에서 어떤 역할을 하고 있는지 잘 모르는 경우가 대부분이다. 요즘 대부분의 운영체제는 사용자의 편의성(user friendly)에 기반을 둔 편리한 인터페이스를 채택하고 있어 운영체제에 대한 특별한 지식을 필요로 하지 않는다. 하지만 운영체제는 컴퓨터 시스템을 이해하는데 필수적인 학문으로써 컴퓨터의 하드웨어와 소프트웨어를 관리해 주고 동작할 수 있도록 해주는 가장 기본이 되는 컴퓨터 운영 환경을 제공하게 된다. 따라서 운영체제를 잘 이해하면 컴퓨터 시스템에 대한 이해도가 훨씬 높아지며, H/W 시스템 개발이나 S/W 프로그램을 개발할 때에도 운영체제의 이해는 꼭 필요하다. 컴퓨터 시스템의 다양한 응용 개발을 위한 첫걸음으로 운영체제를 먼저 공부하는 것이 기본일 것이다.

운영체제를 이해하기 전에 먼저 운영체제가 없는 컴퓨터를 상상해 본다면? 사용자는 컴퓨터를 이용하기 위한 어떠한 일도 할 수 없으며, 마치 '뇌사 상태'와 같이 생명은 있으나 아무것도 할 수 없는 상태가 될 것이다. 현재 우리는 운영체제가 없는 컴퓨터라는 것은 상상도 할 수 없을 정도로 운영체제라는 것에 익숙해져 있다. 그러나 여기서 초창기의 컴퓨터 시스템에는 운영체제가 없었다는 사실을 아는 사람이 얼마나 될까? 이에 따라 과연 운영체제가 컴퓨터 시스템에서 왜 필요하게 되었고, 운영체제는 어떻게 발달되어 왔으며, 앞으로의 운영체제는 어떻게 발전되어 갈 것인지에 대한 이해가 필요하다고 생각한다.

이 책은 운영체제의 이해뿐만 아니라 컴퓨터 시스템의 구성에서부터 컴퓨터공학 관련 이론 및 전자계산학 이론에 대한 지식이나 경험이 부족한 분야의 공학도들도 쉽게 이해하고 접근할 수 있도록 만들어져 있다. 특히, 컴퓨터공학 관련 대학 새내기나 타 공학 분야의 기초 전공 교재로써도 매우 유용하게 활용할 수 있을 것으로 생각한다.

이 책은 운영체제를 이해하려는 모든 사람들에게 운영체제의 기본적인 개념과 구조 및 동작과정을 체계적으로 쉽게 이해하는데 도움을 주며, 이 책을 통하여 컴퓨터공학 관련 전공 공학도뿐만 아니라 많은 사람들이 컴퓨터와 관련된 다양한 운영체제의 내용들을 쉽게 이해할 수 있는 계기가 되었으면 한다. 또한 컴퓨터 시스템에서 공통적으로 적용되는 운영체제의 원리를 기반으로 가능하면 쉽고 명확하게 서술하려고 노력하였다.

앞으로 판이 거듭하면서 보다 새롭고 알찬 책이 될 수 있도록 노력하고자 하며, 본 교재를 채택한 교수님 이하 독자 제현님의 많은 지도 편달을 부탁하며, 끝으로 이 책을 집필함에 있어 많은 도움을 주신 모든 분들과 출판을 위해 노력해 주신 기한재 모든 직원님들의 크나큰 마음에 감사의 뜻을 전한다.

저자

이 책의 구성

이 책은 총 9개 부(Part)와 25개의 장(Chapter)으로 구성되어 있다.

Part 01 운영체제의 개요
Part 02 입출력 제어 및 인터럽트
Part 03 프로세서 관리
Part 04 기억장치 관리
Part 05 CPU 스케줄링
Part 06 시스템 성능 평가
Part 07 분산 처리 시스템
Part 08 정보 보호 및 보안
Part 09 유비쿼터스 컴퓨팅 & 클라우드 컴퓨팅

각각 Part 및 Chapter는 다음과 같은 내용으로 구성되어 있다.

Part 01 운영체제의 개요

Chapter 01 ▮ 운영체제의 정의 및 역할

이 장에서는 운영체제의 개요를 통하여 운영체제의 정의 및 주요 역할에 대하여 알아보고, 또한 운영체제의 관리 대상과 관계에 대하여 이해한다.

Chapter 02 ▮ 운영체제의 구성 및 4대 관리

이 장에서는 운영체제의 구성 요소와 운영체제의 주요 4대 관리에 대하여 자세히 알아본다.

Chapter 03 ▮ 운영체제의 목적 및 기본 기능

이 장에서는 운영체제의 목적과 목표에 대하여 알아보고, 시스템 관리에 있어서 운영체제의 기본 기능과 관리자 관점에서 본 운영체제의 기능에 대하여 설명한다.

Chapter 04 ▮ 운영체제의 발달과정 및 주요 기술

이 장을 통하여 0세대로부터 5세대까지의 운영체제 발달과정에 대하여 이해할 수 있으며, 또한 운영체제의 주요 기술과 운영체제의 종류에 대하여 알아본다.

Part 02 입출력 제어 및 인터럽트

Chapter 05 ▮ 입출력 제어 프로그램

이 장에서는 입출력 장치의 구조와 종류에 대하여 알아보고, 주요 입출력 방식의 종류와 버퍼링/스풀링의 차이점에 대하여 이해한다.

Chapter 06 ▮ 인터럽트

이 장은 컴퓨터 시스템 내에서의 예기치 않은 상황이 발생하는 경우 적절한 조치를 취할 수 있는 인터럽트의 정의 및 처리과정에 대하여 이해하며, 대표적인 인터럽트 종류에 대하여 설명한다.

Part 03 프로세서 관리

Chapter 07 ▮ 프로세서 관리

이 장을 통하여 컴퓨터 시스템 내 실행 중인 프로그램의 단위인 프로세스의 정의 및 종류에 대하여 이해하고, 시스템 실행에 있어서 프로세서의 상태변환에 대한 이해와 프로세서 상태 변환 관리 모듈에 대하여 자세히 알아본다.

Chapter 08 ▮ 스래드(thread)

이 장에서는 프로세서보다 더 작은 단위인 스레드의 개념 및 종류에 대하여 이해할 수 있으며, 스래드의 상태 변환에 대해서도 설명한다.

Chapter 09 ▮ 병행 프로세스의 개념

이 장을 통하여 두 개 이상의 관련 있는 프로세스(프로그램)가 동시에 실행되는 병행 프로스세의 개념과 특징에 대하여 이해한다.

Chapter 10 ▮ 상호배제

이 장은 한 프로세스가 공유 자원(메모리, 파일 등)에 대해서 한 프로세스만이 접근하고, 다른 프로세스들이 사용하지 못하도록 배제시키는 제어기법인 상호배제의 정의 및 상호배제 구현 방법에 대하여 이해한다.

Chapter 11 ▮ 교착 상태(deadlock)

이 장에서는 여러 프로세스들이 한정된 자원을 사용하기 위해 경쟁하거나 요청하는 경우 발생하는 교착 상태를 이해하고, 교착 상태의 발생조건과 연구분야/해결방안에 대하여 자세히 설명한다.

Part 04 기억장치 관리

Chapter 12 ▮ 기억장치 관리

이 장에서는 기억장치 관리에 있어서 기억장치의 개요와 기억장치 계층 구조의 특징에 대하여 알아보고, 주기억장치의 구성에 대해 설명한다.

Chapter 13 ▮ 주기억장치 관리 기법

이 장에서는 주기억장치 관리 기법 및 전략을 이해하고, 단일 사용자와 다중 사용자에 있어서의 기억장치 할당에 대하여 알아본다. 또한 동적 분할 할당 관리에 대해서도 자세히 알아본다.

Chapter 14 ▮ 가상기억장치 관리 기법

이 장은 한정된 주기억장치의 기억용량 문제를 해결하는 방안으로 가상기억장치 관리 기법의 이해와 가상기억장치 구현 방법 및 가상기억장치 구현 기법에 대하여 이해한다.

Chapter 15 ▮ 가상기억장치 관리 방법

이 장에서는 가상기억장치 관리 방법과 교체 전략 알고리즘에 대하여 설명하고, 또한 페이지 부재가 계속 증가하여 페이지 교체시간이 증가하는 스래싱의 원인과 해결방법에 대하여도 알아본다.

Chapter 16 ▮ 보조 기억장치의 개요 및 디스크 스케줄링 방법

이 장에서는 보조 기억장치의 필요성과 보조 기억장치의 종류에 대하여 설명하고, 또한 디스크 스케줄링 방법과 디스크 스케줄링 알고리즘의 장단점에 대해서도 알아본다.

Part 05 CPU 스케줄링

Chapter 17 ▮ CPU 스케줄링 정의 및 목적

이 장은 컴퓨터 시스템 관리에 있어서 중요한 개념인 CPU 스케줄링의 목적 및 필요성과 CPU 스케줄링의 단계별/방법별 분류에 대하여 이해한다.

Chapter 18 ▮ CPU 스케줄링 알고리즘

이 장에서는 CPU 스케줄링 알고리즘의 단계별 분류 및 종류에 대하여 자세히 알아본다.

Part 06 시스템 성능 평가

Chapter 19 ▮ 시스템 성능 평가 개요 및 필요성

이 장에서는 컴퓨터 자원의 효율적인 운영을 위한 시스템 성능 평가의 목적과 시스템 성능 감시 및 성능 평가의 필요성에 대하여 설명한다.

Part 07 분산 처리 시스템

Chapter 20 ▮ 분산 처리 시스템 개요 및 형태

이 장을 통하여 다수의 컴퓨터들을 네트워크로 연결한 후 자원 및 기능을 분산시켜 상호 협동하여 시스템의 효율성을 높이는 분산 처리 시스템의 개념 및 분산 처리 시스템의 형태에 대하여 알아본다.

Chapter 21 ▮ 분산 처리 시스템 계층 구조

이 장은 분산 처리 시스템의 계층 구조와 분산 네트워크 설계시 고려사항에 대해서 자세히 알아본다.

Part 08 정보 보호 및 보안

Chapter 22 ▮ 정보 보호 및 보안

이 장은 인터넷의 급속한 보급과 발달에 따르는 개인/기업의 정보 보호 및 보안의 필요성과 정보 보호(보안)의 연구 분야에 대하여 설명한다.

Chapter 23 ▮ 정보 보안 위험 감소 방법 및 정보 보안 기법

이 장에서는 정보 보안의 위험 감소 방법과 정보 보안 위협 요인에 대하여 이해하고, 또한 정보 보안 기법에 대하여 설명한다.

Part 09 유비쿼터스 컴퓨팅 & 클라우드 컴퓨팅

Chapter 24 ▌유비쿼터스 컴퓨팅(ubiquitous computing)

이 장에서는 유비쿼터스 컴퓨팅의 정의 및 역사, 주요 기술, 응용 기술에 대하여 자세히 알아본다.

Chapter 25 ▌클라우드 컴퓨팅(cloud computing)

이 장에서는 국가 공공기관 및 대기업의 필수 H/W기반 인프라 구축에 필요한 클라우드 컴퓨팅의 개념과 주요 기술 및 클라우드 컴퓨팅의 향후 발전 방향에 대하여서도 자세히 알아본다.

차례

Part 02 입출력 제어 및 인터럽트

Part 03 프로세서 관리

Part 09 유비쿼터스 컴퓨팅 & 클라우드 컴퓨팅

Operating System

Part 01

운영체제의 개요

Chapter 01 운영체제의 정의 및 역할

1.1 운영체제의 정의

최근 운영체제의 중요한 기능들이 소프트웨어적인 개념에서 펌웨어(firm ware)화됨으로써 소프트웨어와 하드웨어의 구분이 불분명해지고 있다. 운영체제는 한정된 시스템 자원(resource)을 효율적으로 사용할 수 있도록 하고, 컴퓨터 사용자와 하드웨어간의 인터페이스(interface) 기능을 담당하는 시스템 프로그램으로 정의할 수 있다.

또 다른 운영체제의 정의로는 "컴퓨터와 사용자의 인터페이스를 제공하는 프로그램" 즉, "사용자가 컴퓨터를 사용할 때 최대의 편리성을 도모할 수 있도록 하드웨어와 소프트웨어 구성요소를 관리해 주는 프로그램들의 집합"이라고 할 수 있으며, 운영체제는 컴퓨터 시스템을 구성하고 있는 모든 하드웨어와 소프트웨어를 관리하는 "컴퓨터 시스템 실행 관리자"라고도 정의할 수 있다.

【표 1-1】 운영체제 정의

구분	정의	비고
J. Donovan [1972]	중앙처리장치, 주기억장치, 입출력장치, 보조기억장치 및 파일 자원의 통제를 담당하는 컴퓨터 시스템 프로그램의 집합	컴퓨터 시스템 자원의 통제 강조
A. Shaw [1974]	인간과 기계 사이의 인터페이스로 컴퓨터 사용자의 프로그램 설계 및 작성, 오류 수정, 유지 보수를 쉽게 해주고, 시스템 자원의 할당을 통제하는 프로그램 집합	인간과 컴퓨터의 인터페이스 강조
J. Peterson [1983]	사용자와 컴퓨터 하드웨어간의 인터페이스를 제공하는 프로그램 집합으로 각종 프로그램을 작업할 수 있도록 환경을 제공해 주며, 자원의 할당 및 프로그램의 통제 역할을 담당한다.	사용자 편리성 및 시스템 효율성 강조
D. Bovet & M. Cesati [2009]	하드웨어 구성 요소와 상호 작용하여 하드웨어 플랫폼에 포함된 모든 하위 레벨 프로그래밍 가능 요소를 서비스하고, 컴퓨터 시스템에서 실행되는 응용 프로그램(소위 사용자 프로그램)의 실행 환경을 제공한다.	하드웨어 구성요소와 상호 작용 및 응용 프로그램 실행 환경 제공

1.2 운영체제의 주요 역할

운영체제는 여러 하드웨어 시스템에 일련의 작업을 할당해주는 복잡한 명령으로 구성되어 있으며, 프로그램 실행은 물론 파일 접근, 응용 프로그램 구동, 모니터 및 메모리 저장장치 제어 등 컴퓨터의 하드웨어와 소프트웨어 사이를 조율하는 데 필요한 모든 동작을 처리해준다.

운영체제의 주요 역할은 초기 시스템을 시작하기 위한 부트스트래핑(bootstrapping) 서비스와 컴퓨터 시스템과 사용자간의 인터페이스 서비스를 제공하며, 프로그램의 실행, 입출력장치(input/output device) 동작, 파일 시스템의 생성 및 삭제, 오류 탐지 등을 관리하게 된다.

Tip 부트스트래핑 서비스

부팅(booting)이란 운영체제를 주기억장치에 적재하는 과정을 의미하며, 컴퓨터 하드웨어 장치를 관리하고 프로그램을 실행할 수 있도록 컴퓨터를 시작시켜 주는 역할을 한다(즉, 컴퓨터 시동을 건다는 뜻임).

부팅은 부트스트래핑(bootstrapping), 혹은 부트 로더(boot loader)라고도 한다. 부트 로더는 하드디스크와 같은 보조기억장치에 저장된 운영체제를 주기억장치에 적재시키는 역할을 하며, 운영체제가 동작을 시작하기 전에 미리 실행되는 것으로 시스템 커널이 올바르게 시동되기 위해 필요한 모든 작업들을 마무리한다.

* 커널(kernel) : 운영체제의 핵심 구성 요소를 담은 소프트웨어.

▶ 운영체제의 주요 역할

- 사용자와 컴퓨터 시스템간의 인터페이스(interface) 정의.
- 사용자간의 하드웨어의 공동 사용(H/W system sharing) 담당.
- 여러 사용자 간의 자원 공유(resource sharing).
- 자원의 효과적인 운영을 위한 스케줄링(resource scheduling).
- 입출력에 대한 보조 역할(I/O device management).
- 에러에 대한 처리(error control).
- 데이터에 대한 보안과 신속한 사용.
- 통신 네트워크 관리.

1.3 운영체제의 관리 대상 및 관계

운영체제의 관리 대상은 키보드, 마우스, 모니터, 프린터 등의 주변장치의 입출력을 관리하는 입출력(주변)장치 관리와 컴퓨터 시스템 통제 및 프로그램의 연산을 실행하는 가장 핵심적인 컴퓨터의 제어 장치인 프로세스(중앙처리장치) 관리, 주기억장치 및 보조기억장치를 관리하는 기억장치 관리, 프로그램 파일, 데이터베이스, 자료 목록(directory) 등을 담당하는 정보(파일 시스템) 관리 등이 있다.

▶ 운영체제 관리 대상

- 프로세스(CPU, 중앙처리 장치) 관리.
- 기억장치(memory device) 관리.
- 입출력(주변) 장치(I/O device) 관리.
- 정보(파일, information & file) 관리.

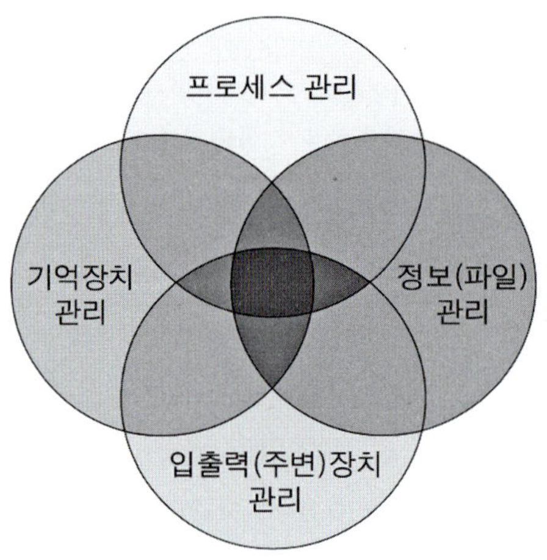

【그림 1-1】 운영체제의 4대 관리 대상

▶ 운영체제와 다른 프로그램간의 관계

- 컴퓨터 조작자(computer operator).
- 응용 프로그래머(application programmer).
- 시스템 프로그래머(system programmer).
- 관리자(administrator).
- 프로그램(program).

• 하드웨어(H/W).
• 최종 사용자(end user).

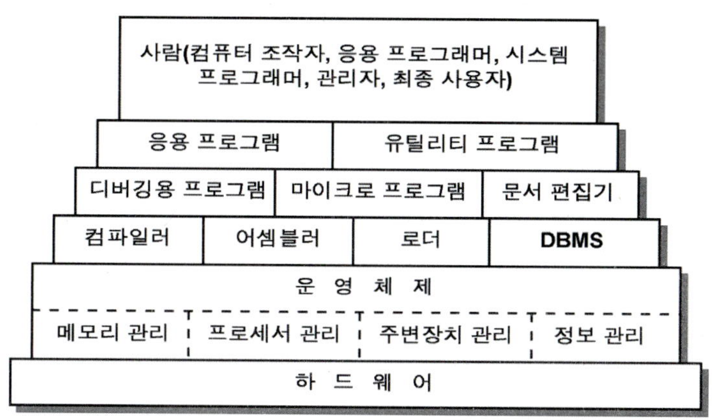

【그림 1-2】 운영체제와 다른 프로그램간의 관계

Chapter 02 운영체제의 구성 및 4대 관리

컴퓨터에서 사용되는 소프트웨어는 크게 제어 프로그램(control program)과 시스템 프로그램(system program), 응용 프로그램(application program)으로 나눌 수 있다.

제어 프로그램은 운영체제의 중심을 이루는 프로그램이며, 시스템 전체의 작동 상태 감시, 작업의 순서 지정, 작업에 사용되는 데이터 관리 등 시스템 내의 각종 자원을 관리 제어하는 프로그램이다. 종류로는 감시 프로그램과 작업 제어 프로그램, 자료처리 프로그램으로 구분할 수 있다. 시스템 프로그램은 각종의 응용 프로그램에 공통하는 문제 해결 및 프로그래밍 환경을 지원하기 위한 프로그램이며, 종류로는 언어 처리계 프로그램과 유틸리티계 프로그램이 있다. 언어 처리계 프로그램으로는 컴파일러(compiler), 인터프리터(interpreter), 어셈블러(assembler) 등이 있고, 유틸리티계(utility) 프로그램으로는 에디터(editor), 커맨드 인터프리터(command interpreter), 로더(loader), 정렬(sort)/합병(merge), 디버깅 에디터(debugging editor) 등이 있다.

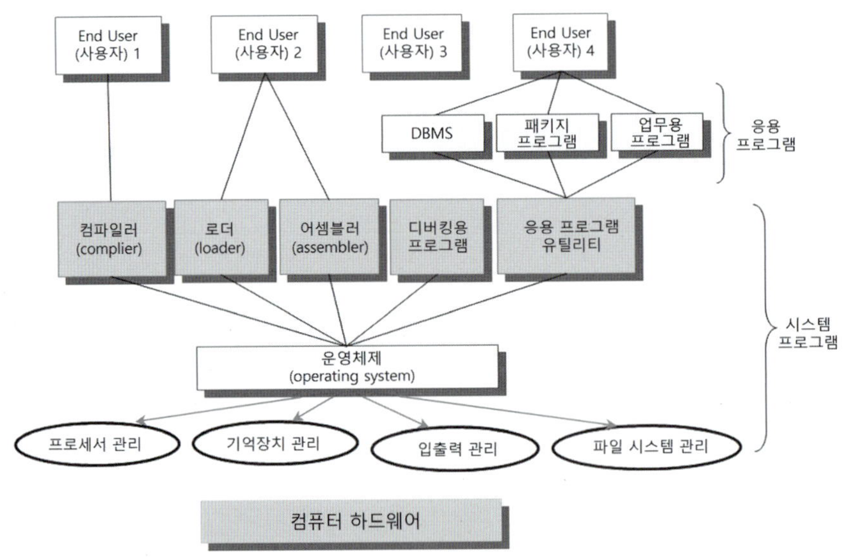

【그림 1-3】 컴퓨터 시스템 구성요소 및 운영체제 4대 관리

응용 프로그램은 시스템 소프트웨어 기반 위에서 사용자에 의해 특정한 문제를 해결하기 위하여 만든 프로그램이다. 응용 프로그램 종류로는 워드 프로세싱, 통신 프로그램, 컴퓨터 그래픽, 데이터베이스, 스프레드시트, 게임 프로그램 등 여러 가지가 있다.

Tip 컴파일러, 어셈블러, 인터프리터, 로더, 정렬, 합병. 디버깅

* 컴파일러(compiler) : 특정 프로그래밍 언어로 쓰여 있는 문서를 다른 프로그래밍 언어로 옮기는 프로그램. 원시프로그램(source program)으로 작성된 고급 언어 명령을 해석하여 기계어machine language) 코드로 바꾼 후 그 결과를 목적 파일(object file)로 바꾸는 프로그램이다.
* 어셈블러(assembler) : 어셈블리어(assembly language)를 기계어 형태의 목적코드(object code)로 해석해 주는 컴퓨터 언어 번역 프로그램이다.
* 인터프리터(interpreter) : 프로그래밍 언어의 원시 코드(source code)를 바로 실행하는 컴퓨터 프로그램 또는 환경을 말함. 소스코드를 목적코드로 옮기는 컴파일과 대비되며, 소스 코드를 한 줄 한 줄 읽어 들이면서 실행하는 프로그램이다.
* 로더(loader) : 외부기억장치로부터 자료를 주기억장치로 옮기기 위하여 메모리 할당 및 적재를 담당하는 서비스 프로그램이다.
* 정렬(sorting) : 순서 없이 나열된 자료를 특정한 킷값에 따라 오름차순(ascending이나 내림차순(descending)으로 재배열하는 방법을 말한다.
* 합병(merge) : 여러 개의 자료 집합을 결합하여 한 개의 정렬된 집합으로 만드는 방법이다.
* 디버깅(debugging) : 프로그래밍 과정 중에 발생하는 문법적 오류나 비정상적인 연산 등을 찾아서 수정하는 것. 즉 버그(bug, 벌레)를 찾아서 수정하거나 또는 오류를 피해 나가는 처리 과정을 말한다.

▶ 컴퓨터 시스템 4가지 구성요소

- 하드웨어(H/W).
- 운영체제(O/S).
- 응용 프로그램(application program).
- 사용자(end-user).

2.1 제어 프로그램(control program)

제어 프로그램은 각종 처리 프로그램의 실행과 기억장소 및 데이터 제어 또는 연속처리 작업의 스케줄링 등을 감시하는 기능을 수행하며, 제어 프로그램의 주요 기능은 데이터 관리 기능, 작업 관리 기능, 데이터 관리 기능 등을 갖는다. 제어 프로그램의 종류 및 기능은 [표 1-2]와 같다.

【표 1-2】 제어 프로그램의 종류 및 기능

종류	기능
감시 제어 프로그램 (supervisor program)	처리 프로그램의 실행 과정과 컴퓨터 시스템 전체의 동작 상태를 감시하는 기능
작업 관리 프로그램 (job management program)	하나의 업무를 처리하고 다른 업무로 자동적으로 이행하기 위한 준비 및 후속 처리를 담당하는 기능(스케줄 및 시스템 자원 할당)
데이터 관리 프로그램 (data management program)	컴퓨터 시스템에서 취급하는 각종 파일과 데이터를 표준적인 방법으로 처리할 수 있도록 관리하는 기능(자료 갱신 및 유지보수)

2.2 처리 프로그램(precess program)

처리 프로그램은 제어 프로그램 감시 하에서 컴퓨터의 특정한 문제를 해결하기 위해 필요한 여러 가지 기능을 처리할 수 있도록 해주는 프로그램으로 회사(제작자)측에서 제공해 주는 프로그램(언어 번역 & 서비스 프로그램)과 사용자가 작성한 문제 해결 프로그램(사용자 작성 프로그램)이 있다. 처리 프로그램의 종류 및 기능은 [표 1-3]과 같다.

【표 1-3】 처리 프로그램의 종류 및 기능

종류	기능
언어 번역 프로그램 (language translator program)	사용자가 고급언어로 작성한 프로그램을 기계어로 변환해 주는 기능(어셈블러, 컴파일러, 인터프리터)
서비스 프로그램 (service program)	프로그램 작성자의 편리성을 주기 위해 컴퓨터 메이커 측에서 제공해 주는 프로그램(연결 편집 프로그램, 정렬/병합 프로그램, 유틸리티 프로그램)
사용자 작성 프로그램 (user problem program)	사용자가 작성한 문제 해결 프로그램(응용 프로그램), 보통 운영체제 부분에서는 제외함.

2.3 운영체제의 4대 관리

운영체제의 가장 중요한 역할은 자원 관리(resource management)이며, 운영체제가 관리하는 컴퓨터 시스템의 자원관리 종류로는 프로세스 관리, 기억장치 관리, 입출력 장치 관리, 정보 관리로 구분할 수 있다.

【표 1-4】 자원 관리 대상의 의미

관리 대상	의미
프로세서 관리	중앙 처리 장치(CPU)
기억장치 관리	주기억장치 및 보조기억장치
입출력 장치 관리	키보드, 마우스, 모니터, 프린터 및 주변 장치 등
정보(파일) 관리	프로그램 파일, 데이터베이스, 기타 등

각종 자원의 관리를 위해 운영체제는 다음과 같은 기능을 수행한다.

- 컴퓨터 시스템 내 모든 자원에 대한 현재 상태를 파악한다.
- 어떤 상황에 대처하기 위한 적절한 자원 분배 정책을 수립한다.
- 해당 프로세스에게 자원을 할당 및 회수하며 수립된 정책을 수행한다.

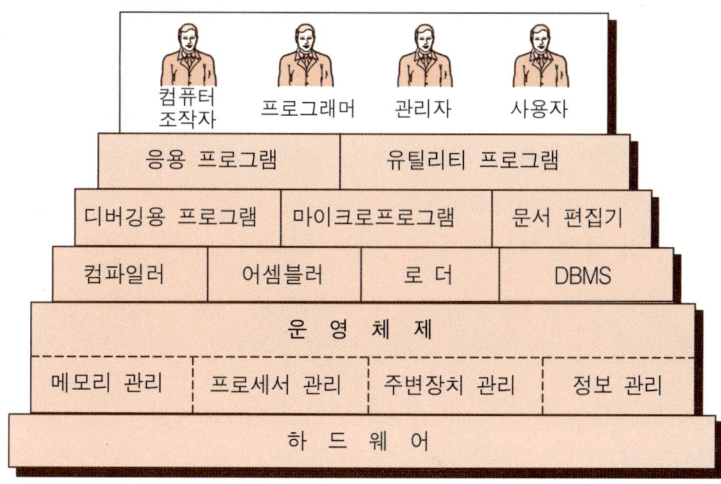

【그림 1-4】 운영체제의 인터페이스 대상

운영체제는 사용자와 컴퓨터 시스템간의 인터페이스를 담당하는데, 운영체제가 접촉하는 인터페이스의 대상은 사람(컴퓨터 조작자, 프로그래머, 관리자, 사용자 등), 프로그램(응용/유틸리티 프로그램), 하드웨어(H/W) 등이다.

(1) 프로세스 관리

▶ 운영체제는 프로세스 관리와 연관되어 다음의 기능을 담당함.

- 사용자와 시스템 프로세스의 생성과 제거.
- 프로세스의 중지와 재시작.
- 프로세스를 위한 동기화 기법 제공.
- 프로세스 간의 통신을 위한 기법 제공.
- 교착 상태 방지를 위한 기법 제공.

(2) 기억장치 관리

▶ 운영체제는 기억장치 관리와 연관되어 다음 기능을 담당함.

- 기억장치의 어느 부분이 누구에 의하여 사용되고 있는지를 점검함.
- 기억 공간이 유용할 때 어떤 프로세스들을 기억장치에 저장할 것인가를 결정함.
- 기억 공간을 할당하고 회수하는 기능 제공.
- 비어 있는 공간(free-space) 관리 & 저장 장소 할당.
- 보조기억장치 관리(디스크 스케줄링).

(3) 입출력(주변)장치 관리

▶ 운영체제는 효율적인 입출력 시스템을 구성하기 위해 다음과 같은 일을 담당함.

- 임시 저장을 위한 버퍼 캐시(buffer caching) 시스템 관리.
- 일반적인 장치 및 특정 하드웨어 구동기 인터페이스 제공.

(4) 정보(파일) 관리

▶ 운영체제는 파일 관리를 위하여 다음의 기능들을 담당함.

- 파일의 생성과 제거.
- 파일과 디렉터리 관리를 위한 가장 기초적인 서비스 제공.
- 보조기억장치에 있는 파일을 주기억장치로의 사상(mapping)함.

Tip

프리미티브(primitive), 매핑(사상, mapping)

프리미티브의 원래 영어 뜻으로는 `원초적인`,`원시적인`,`가장 기초적인`이란 의미를 가지고 있다.

어떤 복잡한 대상을 표현할 때, 잘 정의된 기초 요소들의 집합을 구축해 봄으로써, 표현을 쉽게 할 수 있다는 의미를 가지고 있으며, 이때, 사용되는 기초 요소를 프리미티브라고 함. 즉, 가장 기본적인 것(동작)에 대한 의미적 표현 요소를 말한다.

매핑(사상)은 하나의 값을 다른 값으로 대응시키는 것을 말함.

버퍼 캐싱(buffer caching)

디스크를 읽는 일은 메모리를 읽는 것보다 아주 느리다. 따라서, 디스크로부터 한번 읽어 들인 정보를 메모리에 보관하게 된다면(캐싱) 처리 속도가 전반적으로 빨라질 것이다. 최근 사용된 디스크 블록을 메모리에 캐시하는 것을 말하며, 디스크 입출력 시간이 메모리 접근 시간보다 크고, 디스크 블록의 접근 패턴에 지역성이 있기 때문에 디스크 블록의 정보를 메모리 공간에 저장해두면 읽기/쓰기 등의 작업시 응답시간을 줄일 수 있다. 이런 것을 가리켜 디스크 버퍼링(disk buffering, 버퍼 캐쉬(buffer cache)라고 부른다.

Chapter 03 운영체제 목적 및 기본 기능

3.1 운영체제의 목적

운영체제의 첫 번째 목적은 한정된 컴퓨터 시스템의 자원을 많은 사용자들이 효율적으로 관리하여 전체 컴퓨터의 성능을 극대화시키는 것이며(system performance optimization), 두 번째 목적은 사용자가 컴퓨터를 사용하는데 있어 최대의 편리성(user friendly interface)을 제공하는 것이다.

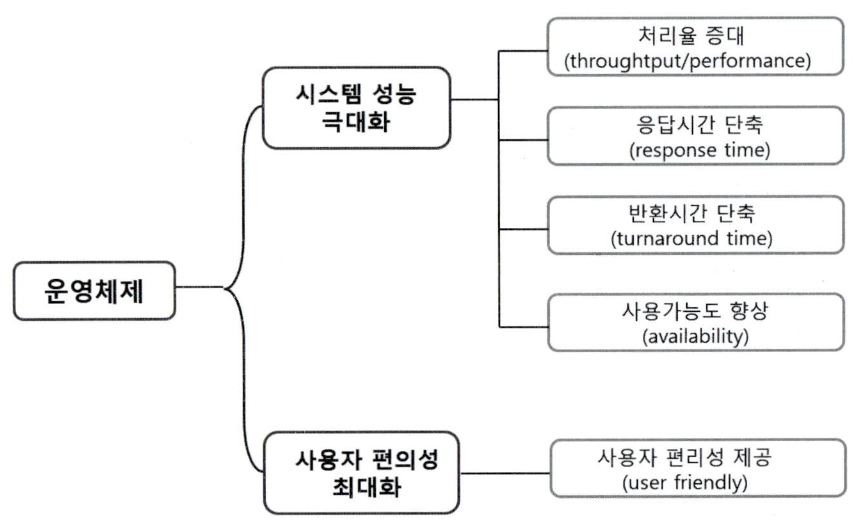

【그림 1-5】 운영체제의 목적

[표 1-5]는 운영체제의 가장 큰 목적인 컴퓨터 시스템의 생산성 향상을 시스템 측면과 사용자 측면으로 나누어 본 것이다. 이는 컴퓨터 시스템의 성능이 아주 우수하다 하더라도 사용자가 시스템을 활용하기에 불편하다면 전체적으로 컴퓨터 시스템의 생산성이 저하됨을 의미하며, 또한 사용자의 편리성을 위해서만 운영체제가 설계된다면 컴퓨터 시스템 성능이 저하되어 역시 생산성이 떨어지게 됨을 의미한다. 따라서 운영체제 설계 시 두 가지 측면을

적절하게 조화하여 설계해야 하는데 특히 시스템 측면에서는 컴퓨터 시스템의 성능 효율을 최적화하기 위해서 다음과 같은 성능 요소를 고려해야 한다.

컴퓨터 자원을 효율적으로 관리하여 시스템의 성능을 높이려는 운영체제의 목적은 다음과 같다.

3.2 운영체제의 목표

1) 처리량(throughput, performance)의 향상

단위 시간당 시스템이 처리하는 일의 양을 말하며, 처리량이란 시스템 전체를 구성하고 있는 각 장치의 개별적인 처리 능력보다는 전체 시스템이 공동으로 작동하여 일정시간 내에 처리되는 일의 양이 높아야 한다. 즉, 컴퓨터 시스템의 처리량이 높으면 높을수록 시스템의 성능은 향상된다.

2) 응답시간(response time)의 단축

응답 시간이란 사용자가 어떤 일의 처리를 컴퓨터에 의뢰하고 나서 그 반응이 나타나는데 소요되는 시간으로, 사용자 입장에서 시스템의 응답 시간은 가능한 한 단축되는 것이 바람직하다.

3) 반환시간(turnaround time)의 단축

반환시간은 하나의 작업을 시스템에서 시작하여 그 결과를 얻을 때까지 걸리는 시간을 의미하며, 반환시간이 짧을수록 좋다.

4) 사용가능도(가동률, availability)의 향상

사용가능도는 장비의 총 운영시간에 대해 정상적인 기능을 수행하는 시간이 얼마만큼 인가를 나타낸다. 시스템 내의 하드웨어 자원의 수나 다중 프로그래밍의 성능 등을 좌우하는 요소가 된다.

【표 1-5】 운영체제의 목표(goal)

생산성 향상	
시스템 측면	사용자 측면
시스템 성능의 최적화	사용자 편리성의 최대화(극대화)
· 처리량 증대 · 응답 시간 단축 · 사용 가능도 증대 · 시스템 신뢰도 향상 · 제한된 시스템 자원의 효율적 통제 및 관리	· 사용자 편리성(편의성) 제공 · 복잡한 H/W 시스템에 사용자가 쉽게 접근 가능하여야 함

【표 1-6】 운영체제의 성능 평가 요소

성능 요소	의미
처리율(throughput), 처리 능력	일정 시간 내에 시스템이 처리하는 일의 양(단위 시간당 처리할 수 있는 일의 양)
반환시간 (turnaround time)	사용자가 일의 처리를 컴퓨터에 의뢰 후 결과를 얻을 때까지 걸리는 시간(자료 제출 후 결과가 통보될 때까지의 시간)
응답시간 (response time)	시스템에 작업을 요청한 후 응답(반응)이 시작되는 때까지 경과된 시간(빨라야 함)
사용 가능도(availability)	컴퓨터 시스템의 한정된 각종 자원의 즉시 사용 가능한 정도, 시스템을 얼마나 빨리 사용할 수 있는가의 정도(자원 가용성(가동률))
신뢰도(reliability)	컴퓨터 시스템이 정확하게 동작하는 가를 나타내는 정도(fault tolerance, 결함허용(인내) 시스템)

Tip

신뢰도(reliability)

시스템이 주어진 환경(조건)에서 특정한 목적을 위해 일정 시간동안 의도했던 기능을 오류 없이 작동할 수 있는 가능성 또는 확률, 즉 '고장 나지 않을 확률'을 의미한다.

결함허용(fault tolerance) 시스템

시스템을 구성하는 하드웨어 또는 소프트웨어의 결함(fault) 또는 고장(failure), 오동작이 발생하여도 정상적 혹은 부분적으로 기능을 수행할 수 있는 시스템을 말하며, 결함허용 시스템을 구축하게 되면 시스템의 가용성, 신뢰성, 안전성이 보장된다. 또한 데이터의 무결성과 일관성 유지할 수 있으며, 시스템 가동률 극대화, 데이터 안전 및 보존 유지가 가능하며, 시스템의 고장, 결함 등에 대한 대처가 가능하게 된다.

3.3 운영체제의 기본 기능

운영체제의 기본적인 기능은 컴퓨터 시스템을 실행하기 위한 환경을 제공해 주고, 시스템과 사용자들에게 정해진 서비스를 제공해 준다. 주된 기능은 초기 프로그램 수행/입출력 동작/파일 시스템 조작/자원관리/자원 할당/통신/오류발견/보호/계정 등이 있다.

1) 초기 설정 기능(bootstrapping)

- 전체 초기 설정: “bootstrapping” 또는 “초기화 프로그램 적재(initial program loader)”.
- 하드웨어적이나 펌웨어(firmware)로 구성됨(ROM-BIOS(기본 입출력 시스템, basic input output system)).

2) 효율적인 자원관리 기능

- 많은 사용자나 응용 프로그램들이 컴퓨터의 제한된 자원들을 공유할 수 있도록 자원관리 기능을 제공함 → 신뢰성 있게 구현하여 각 자원의 이용률 최대화, 효과적인 스케줄링(scheduling)을 관리함.
- 복잡한 하위수준의 하드웨어 동작을 사용자 모르게 처리하는 내부 인터페이스 기능 제공.
- 입출력 명령어와 대응하는 system call 이용 → I/O 장치 구동기를 이용함.

3) 외부 인터페이스 기능(external interface)

- 사용자가 편리하게 사용할 수 있는 환경 제공함.
- GUI(Graphic User Interface) 구현과 더불어 음성, 사운드, 오디오, 동화상, 애니메이션, 3차원 그래픽 등을 제공하는 멀티모달 사용자 인터페이스(multi modal user interface) 환경을 지원함.

4) 네트워크 인터페이스 기능(network interface)

- 네트워크를 이용한 영상회의까지 가능한 쌍방향 통신환경 제공으로 네트워크 사용자 인터페이스 환경으로 바뀌고 있는 추세임.

5) 신뢰성(reliability) 기능

- 시스템을 사용하는 도중에 발생하는 내부/외부적인 오류로부터 시스템을 보호하는 기능이 설계되어야만 신뢰성 있는 시스템임.

6) 이식성(portability) 기능

- 운영체제가 다양한 기종에서 폭넓은 이식성(portability)을 가지도록 설계되어야 함.
- 손쉬운 유지보수와 이식성, 계층적인 모듈화 구조로 설계되어야 함.

3.4 관리자 관점에서의 운영체제 기능

운영체제가 컴퓨터 시스템의 모든 자원들을 최대한 활용할 때 최대의 성능을 가질 수 있기 때문에 운영체제의 어떤 기능보다도 효율적인 자원관리가 무엇보다도 중요하다고 할 수 있다. 운영체제의 기능은 컴퓨터 시스템을 구성하는 자원 관리자 관점(resource manager view)과 계층 구조 관점(hierarchy structure view), 프로세스 관점(process view)에서 볼 수가 있다.

(1) 자원 관리자 관점(resource manager view)

자원 관리자의 관점에서 운영체제의 역할은 컴퓨터 시스템을 운영하는 하드웨어의 자원에 대한 관리, 운영자로서 자원들을 효율적으로 사용하도록 하는 것이다. 또한 운영체제는 자원이 효율적으로 사용되도록 관리하고 다양한 요구를 가지는 사용자 간에 발생할 수 있는 자원에 대한 경쟁 및 이로 인한 충돌 문제를 해결한다.

1) 프로세스 관리(process management) 기능

- CPU와 프로세스의 상태를 추적 및 기억함: 트래픽 제어기(traffic controller)가 담당함.
- 어떤 작업에게 CPU를 사용하도록 할 것인지를 결정함: 프로세스 스케줄링(CPU scheduling) 기능을 제공함.

2) 기억장치 관리(memory management) 기능

- 어느 프로세스에게 언제 얼마나 기억장치를 할당할 것인지를 결정한다(memory management).
- 프로세스가 기억장치를 요구하면 기억장치를 할당함.

3) 주변 장치관리(device management) 기능

- 채널 등의 제어장치 및 입출력 장치와 같은 각종 장치의 상태를 추적 및 기억함: 입출

력 트래픽 제어기(I/O traffic controller)가 담당함.

• 장치를 할당하는데 어떤 방법이 효율적인지를 결정함: 입출력 스케줄링 기능 제공.

4) 파일 및 정보관리(file/information management) 기능

• 정보의 위치, 사용여부 및 상태 등을 추적 관리함.
• 어떤 작업에게 정보 자원을 사용하도록 할 것인지를 결정함.

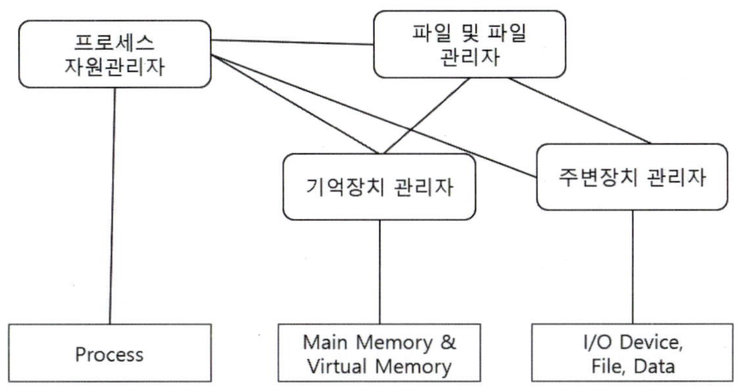

【그림 1-6】 운영체제의 자원관리자 관점 분류

(2) 계층 구조 관점(hierarchy structure view)

계층 구조 관점에서 운영체제의 역할은 운영체제를 계층적인 상호관계를 가지는 프로그램 모듈들의 집합으로 보는 것이다. 계층적 설계 이유는 각 계층별로 모듈화된 자료 관리와 오류 발견, 수정 등을 용이하게 하기 위해서이다.

1) 계층 1(하위 프로세스 관리)

• 하드웨어에 의존된 가장 하위 단계.
• 프로세서 스케줄링을 통해 실행 가능한 프로세서를 추적 관리하는 계층.
• 커널(kernel) 또는 핵(nucleus).

2) 계층 2(기억장치 관리)

• 프로세서들에게 주기억장소를 할당하고 회수하는 관리를 담당하는 계층.
• 주기억장소가 부족할 때는 보조기억장치를 사용하여 문제를 해결함.

3) 계층 3(상위 프로세스 관리)

- 프로세서 관리의 상위 단계.
- 프로세서의 생성, 종료, 일시적인 중지 그리고 프로세서간의 메시지 전달 등 상위 수준의 프로세서를 담당하는 계층.

4) 계층 4(주변장치 관리)

- 주변장치들의 상태를 파악하여 입출력 스케줄링을 담당하는 계층.
- 입출력(주변)장치와 주기억장치 간의 데이터 스트림(data stream)에 대해 버퍼링(buffering) 등을 수행함.

5) 계층 5(파일 및 데이터 관리)

- 파일 생성과 제거 및 개방(open)과 폐쇄(close)와 같은 조작기능을 제공함.
- 보조기억장치에 대한 공간 할당과 자료접근 등의 파일의 유지관리를 담당하는 계층.

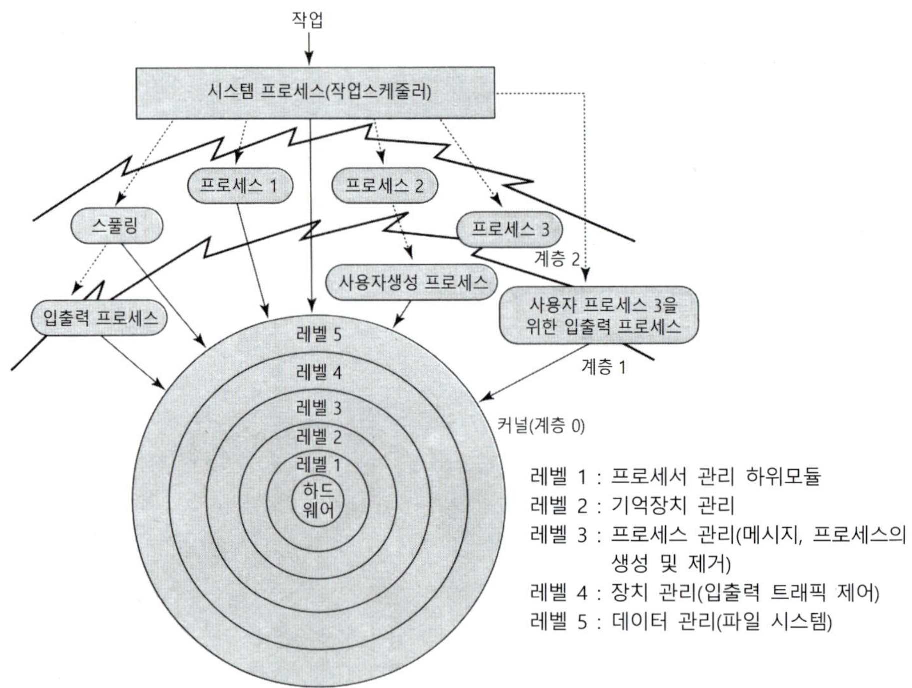

【그림 1-7】 운영체제의 계층 구조 관점 분류

(3) 프로세스 관점(process view)

다중 프로그래밍 환경에서는 여러 개의 프로그램(프로세서)이 존재할 수 있다. 각각의 프로세스들은 처리되는 과정에서 여러 가지의 상태 변이를 일으키며 수행된다. 주기억장치에는 여러 개의 작업이 존재하지만 CPU가 처리할 때에는 오직 한 시점에 하나의 작업만 수행하게 된다. 이처럼 운영체제는 하나의 작업이 제시되어 완료될 때까지 하나의 프로세스에 대하여 그 상태를 변환시키고 관리하는 책임이 있다.

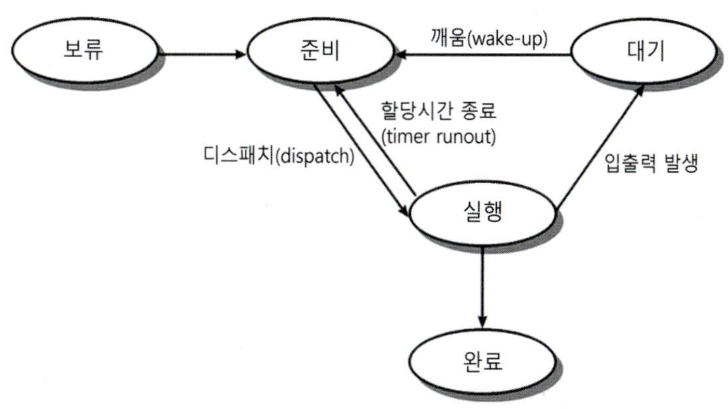

【그림 1-8】 운영체제의 프로세서 관점 분류

1) 제시 상태(submit status)

- 사용자가 자신의 프로그램 메모리에 올려놓음으로서 그 작업을 시스템에 제시한다.

2) 보류 상태(holding/pending status)

- 제시된 작업이 적재 될 디스크 공간을 확보하기 위하여 파일 시스템을 호출하고 아울러 작업을 읽어 디스크에 수록(spooling)한다.

3) 준비 상태(ready status)

- 작업 스케줄링 루틴은 작업을 선택하여 주기억장치로 적재되고 그 프로세스는 실행을 위한 준비 상태가 된다.

4) 실행 상태(execution/running status)

- CPU의 사용이 가능하게 되면 프로세서 스케줄러는 준비상태에 있는 프로세스를 검토하고 그 중 하나의 프로세스를 선택하여 CPU를 할당한다.

5) 대기 상태(blocked/wait status)

- 실행 중의 프로세스가 파일 입출력 운영이 완료되기 위해 기다리고 있음을 나타내기 위하여 대기함.
- 입출력이 끝나면 입출력 하드웨어 또는 입출력 제어기가 프로세스 관리 루틴에 있는 트래픽 제어기에게 신호를 전송함으로써 대기 상태에 있던 프로세스는 다시 준비 상태가 된다.

6) 완료 상태(terminated status)

- 프로세스가 자신의 연산을 모두 마치면, 완료 상태로 전환되고 그 프로세스에게 할당되었던 주변장치, 기억장치, CPU 등 모든 자원이 해제된다.

Chapter 04 운영체제의 발달 과정 및 주요 기술

4.1 운영체제의 발전 과정

1940년대에 만들어진 대부분의 컴퓨터는 운영체제는 존재하지 않고 주로 계산 위주의 단순한 기계로써의 역할만 수행하였다. 그러므로 컴퓨터 사용자는 기계어(machine language)로 된 명령어를 이용하여 직접 프로그램을 작성하여야 하므로 전문가가 아니면 이용에 불편함이 많았다. 시간이 지날수록 계산해야 할 데이터도 많아지고, 처리해야 할 데이터의 양도 많아지면서 좀 더 효율적으로 컴퓨터를 관리를 할 수 있는 운영체제의 필요성을 가지게 되었다.

초기에 개발된 운영체제는 한 번에 여러 개가 아닌 하나의 작업 밖에 처리할 수 없었으며, 점차 시간이 지나게 되면서 다양한 운영체제 기술들이 발전하게 되었다. 범용 컴퓨터가 등장한 1950년대의 운영체제의 특성을 살펴보면 비슷한 여러 개의 작업을 모아서 처리하는 일괄 처리(batch processing) 시스템, 각종 입·출력관련 프로그램을 제어하는 입출력 제어 시스템(IOCS), 프로그램의 처리순서, 에러 처리, 관련 하드웨어 작업 등을 처리해 주는 작업 제어 언어(JCL, job control language) 등이 등장하게 되었다.

이후 컴퓨터의 발전에 따라 다중 프로그래밍(multi-programming) 시스템, 다중 처리(multi-processing) 시스템, 시분할(time sharing) 시스템, 실시간(real time) 시스템, 병렬 처리 시스템(parallel processing system) 등 대부분의 운영체제가 발전되게 되었다. 1970년대 중반까지 범용 시스템으로 사용자에게 모든 운영체제 기능을 제공하는 다중모드(multi mode)로 발전하게 되었다.

1980년대 이후에는 네트워크 운영체제(NOS, network OS), 분산 처리 시스템(distributed processing system), 지식기반의 인공지능 시스템(artificial intelligence system) 등이 발전하게 되었다.

(1) 운영체제의 세대별 발전 과정

1) 제0세대(1940년대): 비운영체제

- 사용자가 직접 기계어를 사용해 명령문을 작성하였음(프로그래밍하기가 매우 어려웠음).
- 운영체제 개념이 존재하지 않았음(비운영체제 시대).
- 모든 작업은 예약을 통해 진행되고, 프로그래머가 일일이 수동으로 운영함.

2) 제1세대(1950년대): 버퍼링, 스풀링, 일괄 처리 시스템

- 작업 제어 언어(JCL)가 등장함.
- 초기 일괄 처리 시스템(batch processing system)의 효시임.
  - 유휴 시간(idle time)을 줄이기 위해 작업을 일괄 처리하여 성능을 향상시켰음.
- 입출력 제어 시스템(IOCS, input output control system)이 제공함.
  - 저속의 주변 입출력장치로 인한 주컴퓨터의 이용효율이 저하되는 것을 피하기 위해 고속의 자기 테이프 장치를 이용하도록 시스템의 효율성을 높여주는 방식.
- 기계어(machine language)나 어셈블리어(assembly language)를 사용함.

3) 제2세대(1960년대 초): 다중 프로그래밍, 다중 처리, 시분할 시스템

- 다중 프로그래밍에 의한 공유 시스템(shared system).
  - 범용 시스템으로 설계되어 모든 사용자에게 모든 기능을 제공할 수 있도록 제작됨.
- 다중 프로그래밍(multi-programming), 다중 처리(multi-processing), 시분할 시스템(TSS, time sharing system), 실시간 시스템(real time system).
  - 일괄 처리, 시분할 처리, 실시간 처리 등 다중 처리를 모두 제공함.
- 사용자와 하드웨어 사이에 소프트웨어 계층개념이 도입됨.

4) 제3세대(1960 중반~1970년대 중반): 범용시스템, 다중모드 시스템

- 다중 모드 시스템(multi mode system) 등장: 일괄 처리, 시분할 처리, 실시간 처리, 다중 처리 등을 제공.
- 유닉스가 출현.
- JCL 기능이 더욱 복잡하게 됨.
- 소프트웨어 계층 구조 개념과 소프트웨어 공학(software engineering)이 등장함.

5) 제4세대(1970년대 중반~1990년대 중반): 가상 머신, 분산 처리 시스템, 개인 컴퓨터

- 컴퓨터 네트워크와 온라인(on line) 처리 기법 사용.
- 마이크로프로세서 등장으로 개인용 컴퓨터(PC) 개발이 촉진됨.
- 가상 기계(virtual machine): 여러 개의 운영체제를 탑재하여 하나의 기계를 여러 개의 기계처럼 보이게 함.
- 분산 데이터 처리(distributed data processing) 개념 확립.
- data communication & information security 문제 대두.
- 편리한 사용자 시스템(user friendly interface system) 개발.

【표 1-7】 운영체제의 세대별 발전 과정

년도	특징	주요 내용
1940년대 (0세대)	· no operating system · 기계어 사용	· 운영체제가 없다.
1950년대 (1세대)	· 일괄 처리 시스템(batch processing system)	· IBM 701 운영체제(OS효시) · 단일 흐름 일괄 처리 · 표준 입출력 루틴(IOCS) · 작업 제어 언어(JCL)
1960년대 (2세대)	· 다중프로그래밍(multi-programming) · 시분할시스템(time sharing system)	· 다중프로그래밍, 다중처리, 가상기억장치 고급언어로 운영체제 작성 · 데이터 통신 지원용 운영체제
1960년대 중반 ~ 1970대 중반 (3세대)	· IBM 시스템/360 · 범용 시스템 개념 도입 · 다중 모드(muiti mode) 시스템 · UNIX 등장 · JCL 복잡화	· OS/360, DOS/360, OS/MFT, OS/MVT · 일괄 처리, 시분할 처리, 실시간 처리 · 다중 처리를 한 시스템에서 모두 제공하는 형태(다중 모드) · UNIX 개발(Bell Lab.)
1970년대 중반 ~ 1990년대 (4세대)	· 가상 기계 개념(virtual machine) · 마이크로컴퓨터용 운영체제 · user-friendly system · 분산 처리 개념 (distributed data processing) · 컴퓨터 네트워크 활성화 · database system 중요 관심도	· 가상기억장치(virtual memory) · 통신망 서비스 운영체제(TCP/IP) · 데이터베이스 중요성 인식 · CP/M, CP/M-80, CP/M-86(8비트) · DOS MS-DOS(16비트용) · UNIX V3.0/486(AT & T : 32비트) · OS/2(IBM PS/2 : 32비트용)
1990년대 ~ 현재(5세대)	· 인공지능(AI) 연구 활발 · 분산 처리 시스템 실용화 · B-ISDN(광대역 종합정보통신망) · 개방형 시스템(open system) 지향	· client/server system 확산 · internet 활성화, 정보통신의 혁명 · robotics, expert system, fuzzy theory · natural language, computer vision 등 연구, Windows 98, Windows NT(NOS), Linux 등장

6) 제5세대(1990년대 후반~현재): 인공 지능(AI, artificial intelligence)

- 분산 처리 시스템의 실용화.
- 지식 기반(knowledge base) 시스템이 등장: 경험적(heuristic) 지식.
- 인공지능(artificial intelligence)이 실현.
- 논리(logic), 추론(inference engine): 유추기능(fuzzy theory) 강화.
- 자연어 인터페이스를 사용하여 인간과 기계의 대화(human computer Interface) 기능이 실현, ISDN, 개방형 시스템이 실현됨.

4.2 운영체제 주요 기술

(1) 운영체제 주요 기술의 종류

1940년대에 만들어진 대부분의 컴퓨터는 사용자의 편리한 환경을 조성해 주는 운영체제는 존재하지 않고 주로 하드웨어 개발 중심의 시기였다. 그러므로 컴퓨터 사용자는 기계어(machine language)로 된 명령어를 이용하여 직접 프로그램을 작성하여야 하므로 전문가가 아니면 이용에 불편함이 많았다.

범용 컴퓨터가 등장한 1950년대의 운영체제의 특성을 살펴보면 비슷한 여러 개의 작업을 모아서 처리하는 일괄 처리(batch processing) 시스템, 각종 입출력관련 프로그램을 제어하는 표준 입출력 제어 시스템(IOCS), 프로그램의 처리순서, 에러 처리, 관련 하드웨어 작업 등을 처리해 주는 작업 제어 언어(JCL)가 등장하였다.

1) 초기 운영체제 시스템

초기의 컴퓨터 운영시스템은 프로그래머가 직접 컴퓨터 시스템을 수작업으로 조작하여 간단한 입출력 장치(카드 판독기, 프린터)를 이용하여 프로그램을 순차적으로 처리하였으며, 표준화된 운영체제에 대한 요구가 거의 없었다.

- 한 번에 하나의 작업만 수행함.
- 작업은 여러 독립된 여러 단계로 나누어져 실행되므로 준비 시간(setup time)이 많이 걸림.

2) 하나의 작업(single Job)

컴퓨터 시스템의 초기 운영체제 형태로 한 시기에 하나의 작업만을 실행하는 방식으로 작업 실행이 순차적으로 이루어진다. 하나의 작업이 실행 중에는 다른 프로그램이나 주변장치가 사용되지 못하므로 시스템의 효율성이 매우 떨어지는 단점이 있었다.

- 한 번에 하나의 작업만 수행(초기 운영체제의 형태).
- 작업은 여러 독립된 여러 단계로 나누어져 실행되며 준비 시간(setup time)이 많이 걸림.
- 단점: CPU와 입출력 장치간의 유휴시간(idle time)이 많음, 작업실행이 순차적임.

3) JCL(job control language, 작업제어언어)

운영체제에서 사용되는 스크립트 언어로 일괄 처리 작업을 수행하거나 전체 작업들 사이에서 그들의 시간 및 공간 자원을 분배하여 작업 설명을 기술하는 언어이다. 작업제어언어(JCL)는 무엇을 하여 주었으면 하는 요구나 사용자의 의사를 운영체제(operating system)에게 전할 때에 사용하는 지령 또는 언어를 말한다.

JCL은 일괄 처리 시스템에서 작업 정의, 작업제어, 작업의 실행 조건, 프로그램 실행에 필요한 입출력 파일의 명칭, 입출력장치 등을 지정해 준다.

- 프로그래머가 운영체제에게 무엇을 하여 주었으면 하는 요구나 의사를 전할 때 사용되는 언어.
- 작업 정의, 작업 제어, 작업의 실행 조건, 프로그램 수행에 필요한 파일명칭, 입출력장치 등 기술.

【그림 1-9】 JCL의 예

4) 상주 모니터(resident monitor)

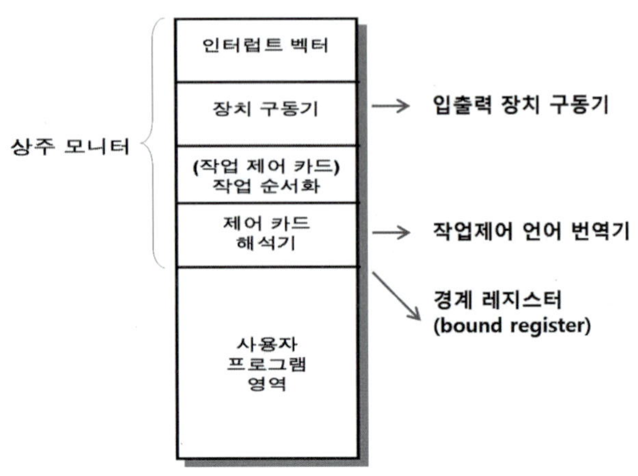

【그림 1-10】 상주 모니터

- 프로그래머는 상주 모니터에게 전달될 정보를 작업 제어 카드(JCL)에 의해 전달함.
- 작업 제어 카드(job control card)에 의하여 지시하는 대로 자동 작업 순서를 제공함.
- 상주 모니터는 프로그램을 기억장치에 적재하고 제어를 프로그램으로 넘김.
- 프로그램이 수행을 완료하면 제어는 모니터로 복귀함.
- 모니터는 다음 제어 카드를 읽고 적합한 프로그램을 적재하는 일 등을 수행함.
- 모든 제어 카드가 작업으로 번역될 때까지 이러한 일은 반복되며 모니터는 자동적으로 다음 작업을 계속함.

5) 일괄 처리 시스템(batch processing system)

- job by job processing(작업 단위 처리) 방법임.
- 초기 시스템의 작업 준비 시간(setup time)을 줄이기 위해 요구사항이 비슷한 여러 개의 작업을 모아서 한꺼번에 처리하는 시스템.
- 작업이 실행되는 동안 사용자와 작업간의 대화 부족으로 일정 시간 경과 후에 결과가 출력함.
- 작업 제출과 작업 완료 사이의 반환시간이 늦다.
- 일단 하나의 작업이 시작되면 그 작업이 시스템의 모든 자원을 독점하므로 종종 CPU가 유휴 시간(idle time)을 가질 수 있다.
- 상주 모니터 방식보다 컴퓨터 시스템을 효율적으로 사용할 수 있다.

- 작업시간이 길어 반환시간(turn around time)이 늦다.
- 적절한 JCL이 제공되어야 한다.
- 프로그램의 오류 수정 작업이 어렵다.

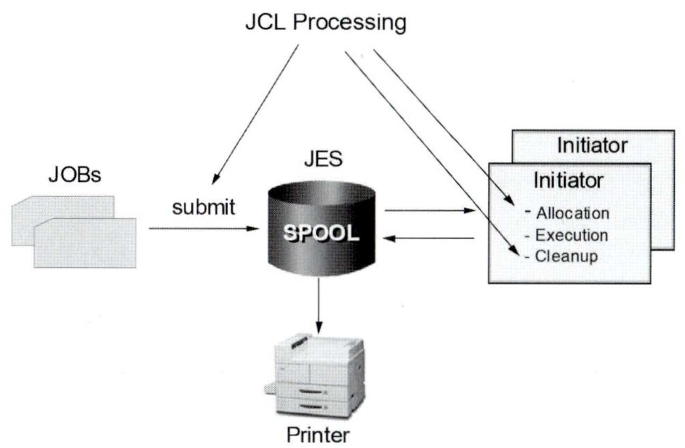

【그림 1-11】 일괄 처리 시스템

6) 오프라인 시스템(off line system)

- CPU와 저속의 카드 장치가 1:1로 직접 연결되지 않고, 실행시 주변장치(테이프와 디스크)와 연결 처리한 후 필요에 따라 CPU를 이용하는 방법임.
- 입력의 경우에는 CPU가 직접 카드를 읽기보다는 카드에 있는 내용을 먼저 테이프에 복사하여 테이프가 차게 되면, 테이프 내용을 컴퓨터로 옮겨 프로그램이 테이프로부터 내용을 읽어 들이고(key-to-tape), 그 다음 테이프 상에 기록한 후 나중에 테이프의 내용을 출력함.
- 카드 판독기와 라인 프린터는 주 컴퓨터에 의해 운영되는 것이 아니라 오프라인으로 수행됨.

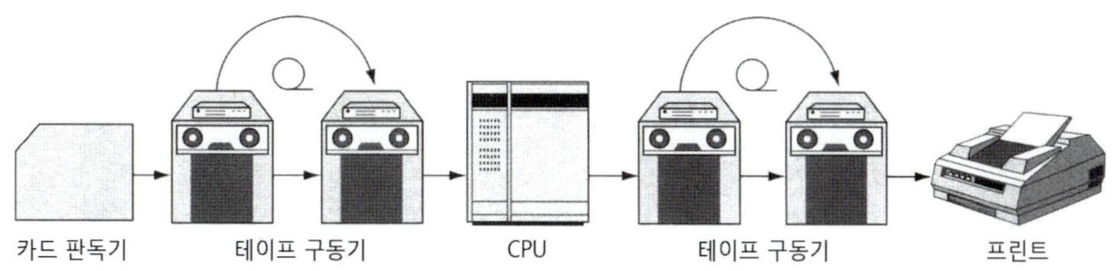

【그림 1-12】 오프라인 시스템

7) 대화식 또는 온라인 시스템(interactive & on line system)

- CPU와 주변 장치가 온라인으로 직접 연결하여, 사용자와 컴퓨터 시스템 간에 온라인 통신을 제공하여 사용자가 운영체제나 프로그램에 직접 명령을 주고 응답을 받을 수 있는 시스템.

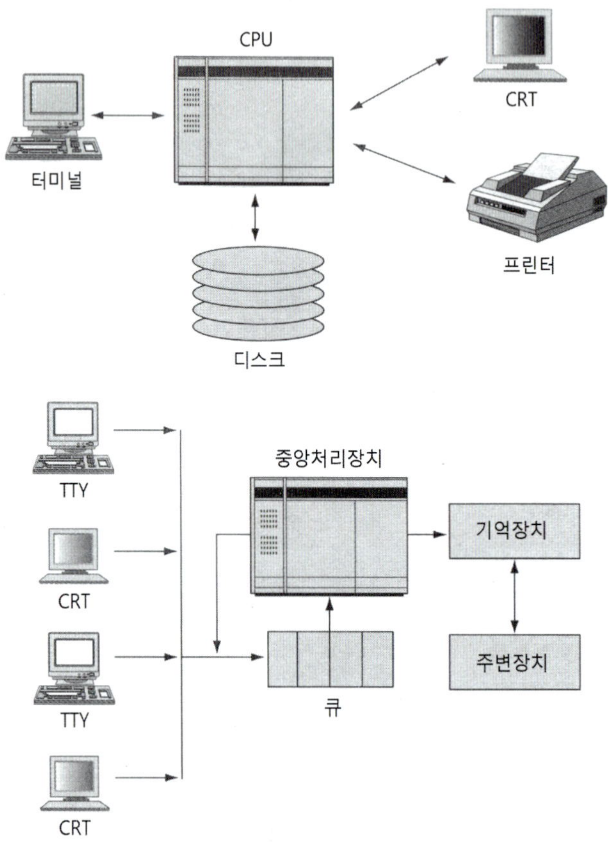

【그림 1-13】 대화식 & 온라인 시스템

■ 온라인 시스템의 장단점

- 사용자는 프로그램을 쉽게 실험할 수 있다.
- 실행 결과를 곧바로 받아 볼 수 있어 응답시간이 짧다.
- 프로그램 검사와 개발에 유용성을 제공함.
- CPU는 프로그래머나 조작원에 의해 취해질 동작을 기다리는데 있어 상당한 유휴시간이 생기게 된다(CPU 효율성의 낭비를 초래함).

8) 시분할 시스템(TSS, time sharing system)

- 다중 프로그래밍의 논리적 확장으로 변형된 형태.
- 각 사용자들에게 CPU에 대한 일정시간(time slice/time quantum)을 할당하여 주어진 시간동안 직접 컴퓨터와 대화 형식으로 프로그램을 수행할 수 있도록 개발된 시스템.
- 동시에 많은 사용자들이 컴퓨터를 공유하여 기억장치 관리, CPU 스케줄링 같은 기능들을 제공해야 하기 때문에 복잡하다.

■ 시분할 시스템의 장단점

- 여러 사람이 공동으로 CPU를 사용할 수 있다.
- 복수 개의 프로그램이 동시에 유지하는 문제나 프로그램을 위한 주기억장치나 보조기억장치를 관리하고 제어하는 책임을 져야 한다(기억장치관리 기법, 디스크 스케줄링 필요).
- 공정한 자원공유를 보장하기 위하여 어떤 사용자에게 CPU를 사용하게 할 것인지에 대한 CPU 할당시간을 정의하여 스케줄링 해야 한다(CPU 스케줄링 정책 필요).
- 실행 중인 프로세스간의 통신 및 I/O장치의 사용에 대한 제어 및 관리능력이 필요함.

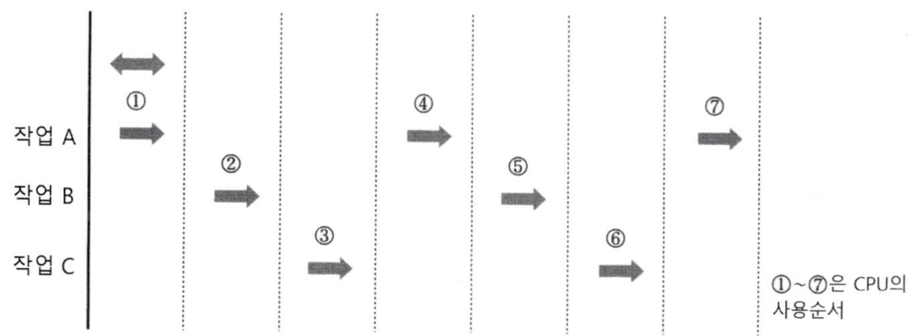

【그림 1-14】 시분할 시스템과 CPU 사용 순서

9) 다중 프로그래밍(multi programming) 시스템

- 여러 개의 사용자 프로그램이 동시에 실행되는 것처럼 처리하는 방식.
- CPU의 효율을 극대화하기 위한 방법으로 하나의 CPU로 여러 개의 사용자 프로그램이 마치 동시에 실행되는 것처럼 처리하는 방식. 즉, 한 사용자 프로그램이 CPU를 사용하다가 CPU를 필요로 하지 않는 입출력 장치 접근, 채널 이용 등의 사용 동안에 다른 사용자 프로그램이 그 시간에 CPU를 사용하여 CPU의 효율을 극대화하는 방법.
- CPU가 항상 이용되도록 주기억장치에 여러 개의 작업을 구성함으로써 CPU의 이용률

을 극대화시키고자 하는 방안이다.

■ 다중 프로그램의 장단점

- CPU는 1개, 주 기억장소에 여러 개의 프로그램이 존재하여 다중작업(multi-job)을 구현한다.
- 여러 개의 프로그램을 기억장치에 적재시켜 수행함으로써 CPU의 유휴시간을 줄일 수 있다.
- 기억장치 관리 기법이나 CPU 스케줄링 기법이 매우 중요하다.
- 스케줄링, 교착 상태(deadlock), 병행제어 및 보호문제 등을 신중히 고려되어야 한다.

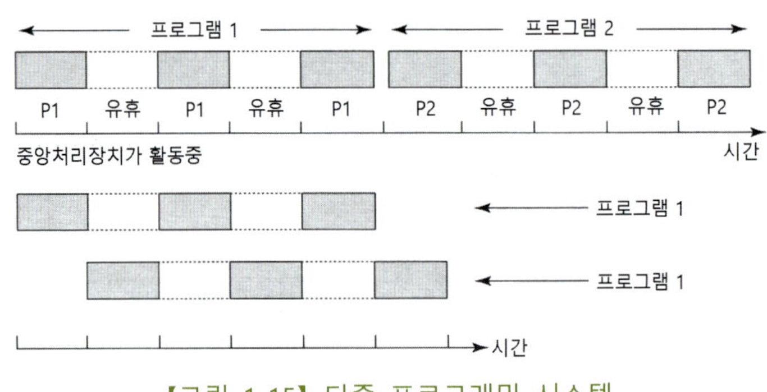

【그림 1-15】 다중 프로그래밍 시스템

9-1) 스풀링(SPOOLing, simultaneous peripheral operation on line)

- 디스크를 많은 논리적인 프린터처럼 활용하여 여러 개의 작업에 대한 출력 요청을 먼저 디스크에 출력한 후 순서에 따라 실제 물리적인 프린터로 각 작업에 대한 출력을 한다.
- 카드 판독기, 프린터 등과 같은 저속의 입/출력장치와 고속의 CPU와의 속도 차이를 해소하기 위해 적용되는 기술.

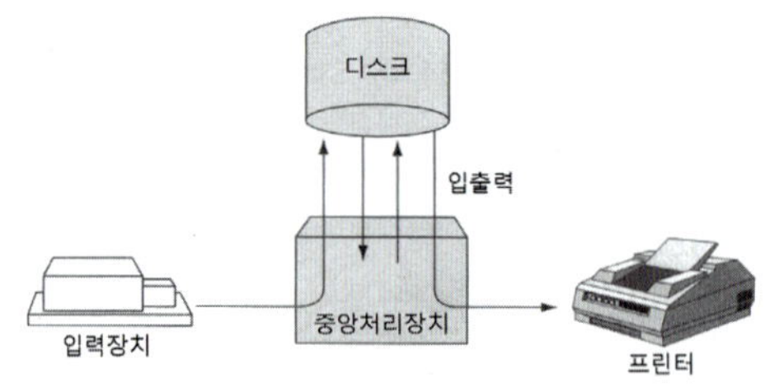

【그림 1-16】 스풀링 시스템

9-2) 버퍼링(buffering)

한 레코드를 읽어 CPU가 계산을 시작함과 동시에 입출력 장치가 곧 다음에 필요한 레코드를 읽어서 주기억장치의 일부인 버퍼에 저장함으로서 CPU가 필요한 레코드를 기다리는 일이 없도록 하는 기술이다.

■ 버퍼링 동작 원리

① 중앙처리장치가 출력할 데이터를 버퍼에 채운다.

② 버퍼가 다 채워지면 중앙처리장치는 채널에게 출력을 지시하고 자신의 일을 계속한다.

③ 채널은 버퍼에 있는 데이터를 출력한다.

④ 버퍼가 다 비워지면 채널은 중앙처리장치에게 결과를 알린다.

- single buffering: 한 개의 버퍼 사용.
- double buffering: 두 개의 버퍼를 사용하여 CPU가 하나의 버퍼를 채우면 채널은 다른 버퍼를 비우는 방식.
- circular buffering: 여러 개의 버퍼를 환형 큐(circular queue)처럼 동작시켜 입출력을 수행하는 방식.

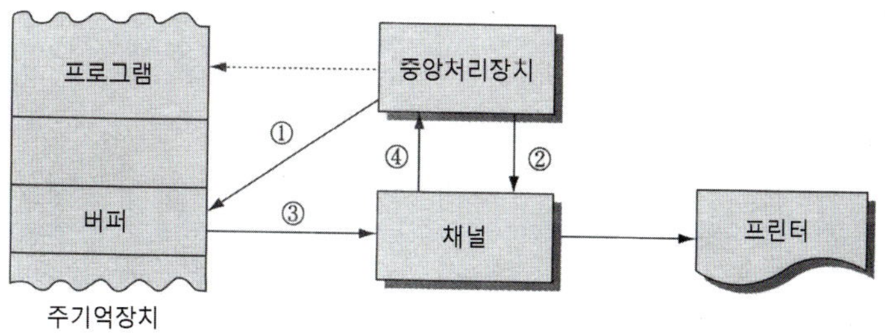

【그림 1-17】 single buffering

10) 다중처리(multi-processing) 시스템

- 하나의 시스템에 CPU가 다수 존재하여 다중작업이 가능하도록 하는 시스템으로 신뢰성과 컴퓨터 능력을 증대시킬 수 있다.
- 여러 개의 프로세서가 공동 기억장치를 통하여 메모리를 공유한다.

■ 다중처리의 장단점

- CPU를 여러 개 사용하여 작업속도와 신뢰성을 높일 수 있다.
- 운영체제는 여러 CPU간의 기억장치 공유를 위한 적절한 스케줄링 관리를 하여

야 한다.

- 신뢰성과 병행 계산, 최적의 연결기법, 같은 자원을 요구하는 CPU들 간의 경쟁 제어 문제를 해결해야 한다.

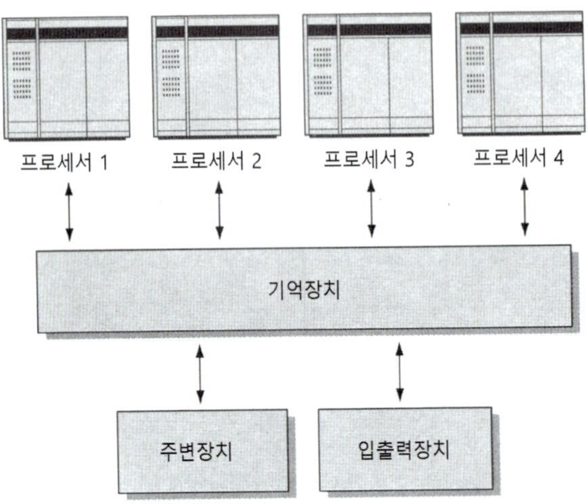

【그림 1-18】 다중처리(multi-processing) 시스템

11) 실시간처리(real time) 시스템

- 단말기나 제어 대상으로부터 처리를 요구하는 자료가 발생할 때마다 즉시 처리하여 그 결과를 응답하는 방식.
- 은행, 화학공장, 기차와 비행기의 좌석예약 등 특수 목적만을 위한 응용분야에서의 제어장치로 사용된다.
- 센서로부터 신호가 들어오면 CPU에 의해 적절한 제어신호를 구동기 출력으로 보내서 실시간으로 처리하게 된다.

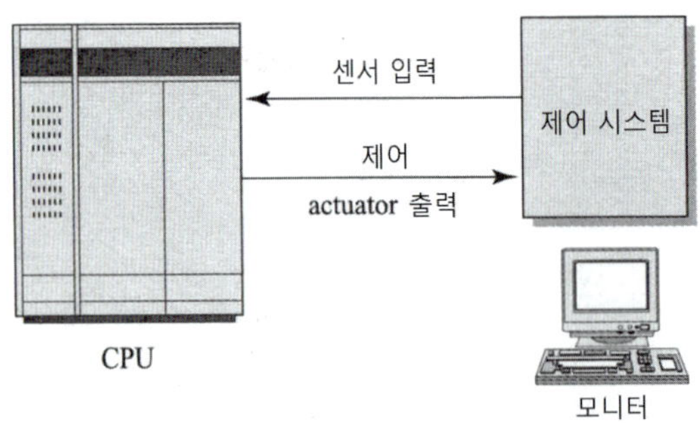

【그림 1-19】 실시간처리 시스템

■ 실시간처리 시스템의 장단점

- 자료가 발생한 지점에서 단말기를 통하여 직접 입출력되기 때문에 사용자의 노력이 절감된다.
- 처리시간/비용이 단축/절감된다.
- 자료가 무작위하게 도착하므로 입출력 자료의 일시 저장 및 대기가 필요하다.
- 특정상태의 재현이 불가능하다.
- 시스템에 장애가 발생할 때 단순한 재실행이 불가능하다.
- 시스템 장애에 대한 backup system의 필요성이 대두됨.

12) 분산 처리(distributed processing) 시스템

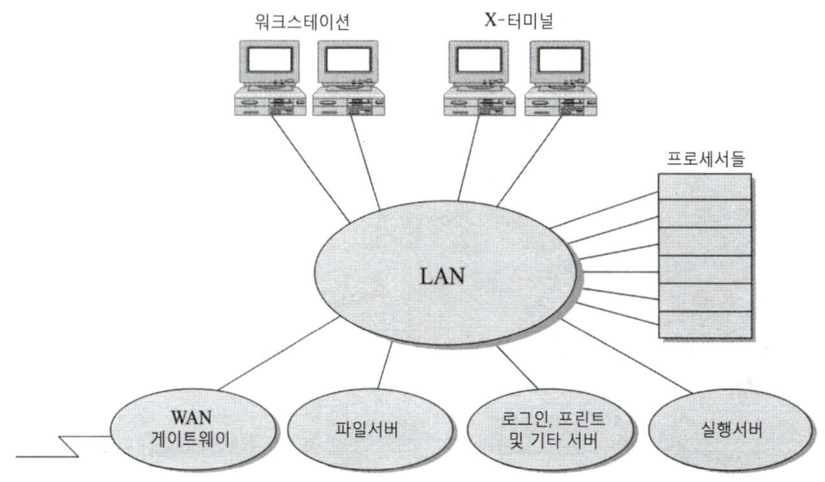

【그림 1-20】 분산 처리 시스템

- 하나의 대형 컴퓨터에서 수행하던 기능을 지역적으로 분산된 여러 개의 미니컴퓨터에 분담시킨 후 통신망을 통해 상호간에 교신하여 처리하는 방식.
- 정보의 전송을 위한 통신 네트워크로 연결됨.
- 상호 연결된 여러 개의 연산 노드 간에 기능적인 분산 및 연산속도와 신뢰성을 향상시킴.
- 컴퓨터 자원을 보다 효율적으로 이용 가능함.

■ 분산 처리 시스템의 장점

- 자원공유: 다른 노드에 있는 파일의 공유, 분산 데이터베이스 접근이 가능함.

- 계산속도 증가: 특정 노드에 작업부하가 심하면 부하가 적은 노드로 연산을 이동하여 부하를 공유함.
- 신뢰성 향상: 한 노드의 고장이 나머지 노드에 영향을 주지 않고 계속 동작할 수 있다.
- 통신 기능 제공: 다수의 노드가 네트워크로 상호 연결되어 있어 각각의 프로세서 간에 정보 교환이 가능함.

(2) 주요 운영체제 종류

1) 대표적인 운영체제의 종류

① CP/M(Control Program for Microcomputer)

인텔 8080/85(8bit machine) 마이크로프로세서를 기반으로 하는 처음 제작된 개인용 컴퓨터 운영체제로 MS-DOS가 나오기 이전에 컴퓨터 시장에서 확실하게 인정받았던 운영체제이다. 디지털 리서치(Digital Research)의 설립자인 게리 알렌 킬달(Gary Arlen Kildall) 교수가 1974년도 개발한 세계 최초의 BIOS(basic input output system)기반의 운영체제로 개인용 컴퓨터의 OS 시장을 독점하게 되었고, 자신들이 만든 세계 최초의 OS는 어떤 누구의 도전을 받지 않을 것이라는 착각 속에 빠지게 되었다.

승승장구하던 디지털 리서치사는 1980년 IBM과의 OS 공급계약을 거부함으로써 세계 최대의 소프트웨어 회사로 발돋움할 수 있는 기회를 잃어버리게 되었다. 이때 IBM과의 계약을 가로챈 회사가 바로 빌 게이츠의 마이크로소프트였다. 빌 게이츠는 킬달의 CP/M을 거의 그대로 베낀 MS-DOS를 만들어 IBM과 계약을 맺음으로써 이때부터 개인용 컴퓨터 OS 시장을 독점하게 되었으며, 세계 최대의 소프트웨어회사로 발전하게 되었다.

② MS-DOS(Microsoft Disk Operating System)

MS-DOS가 개발되기 훨씬 이전부터 IBM도 운영체제에 DOS라는 명칭을 사용하였다. 개인용 컴퓨터가 널리 확산되면서 MS-DOS가 사람들에게 많이 알려져 DOS라 하면 MS-DOS를 먼저 연상하게 된 것이다.

1981년 마이크로소프트사가 IBM사의 의뢰를 받아 개발한 IBM PC용 운영체제(CP/M-86 호환의 DOS)로 사상 최초로 대중화된 운영체제로 디스크 기반의 운영체제로 Windows 이전 시대를 주름잡았던 텍스트 모드의 운영체제이다. 시스템의 안정성 확보와 다양한 응용프로그램으로 윈도우 3.1과 윈도우 95/98의 기반으로 그 중요성은 아직도 남아 있다고 볼 수 있다.

③ UNIX

1969년에 AT&T의 벨연구소에서 개발한 운영체제로 처음에는 중형 컴퓨터에 사용하도록 고안되었으나 여러 가지 유틸리티가 공개되면서 일반 사용자들에게까지 확산되었다. 다중 사용자(multi user) 다중 작업용(multi-tasking)의 강력한 운영체제이며, 이식성이 가장 좋은 운영체제로 현재 메인 프레임의 운영체제 중 가장 많이 사용되고 있다. UNIX의 주요 특징은 다중 사용자(multi-user), 다중 프로세스 환경(multi-tasking)을 지원하며, 유닉스 기반의 시스템은 다른 시스템보다 훨씬 개방적이며, 쉽게 표준화되어 있으므로 서버급 이상의 컴퓨터의 운영체제로 널리 사용되고 있다.

④ LINUX

리눅스는 최초 개발자인 스웨덴의 '리누스 토발즈'(Linus B. Tovalds)의 이름을 딴 유닉스와 비슷한 운영체제로 공개 운영체제로써 완전 무료이며, 유닉스와 완벽하게 호환 가능하므로 대학기관과 연구소, 기업 등이 많이 사용해 왔다. 기본 프로그램을 바탕으로 사용자 나름대로 핵심 코드까지 수정할 수 있으며, 수정한 프로그램은 다시 공개해야 한다.

리눅스는 높은 품질과 기술 지원, 다양한 배포 패키지, 멀티유저, 멀티태스킹 등으로 특징이 있으며, 보안성이 높은 파일을 관리하고 시스템이 강력한 네트워크를 구축할 수 있다. 단점으로는 공개 운영체제이기 때문에 보안의 문제점 발생 시 보상받을 수 없다는 것이다.

⑤ OS/2(Operating System/2)

1987년에 발표된 IBM과 MS가 공동 개발한 인텔의 80286 CPU에 적합하도록 만든 16비트 체계의 다중 작업이 가능한 그래픽 환경(GUI)의 운영체제이다.

1991년 IBM과 마이크로소프트는 결별하고, 각각 독자적인 운영체제를 개발하게 되었으며, 향후 IBM은 독자적으로 OS/2를 발전시켜, 인텔의 80386 CPU에 적합하도록 완전한 32비트 운영체제인 OS/2 2.0을 1992년에 발표하였다. 마이크로소프트가 OS/2를 발전시킨 것이 바로 윈도우즈 NT이다.

OS/2의 특징은 메모리 제어 방식과 주변 장치 입출력 제어에서 탁월한 성능을 발휘하며, 음성 인식 기능을 지원하는 OS/2 워프도 출시되었으며, 개발 초에는 많은 각광을 받았지만 현재는 MS Windows series에 밀려 거의 사용되지 않고 있다.

⑥ 맥(MAC, 매킨토시)

애플사의 운영체제로 강력한 그래픽 기능과 디자인 분야와 전자 출판 분야에서 뛰어난 성능을 보이는 개인용 및 워크스테이션용 운영체제로, 현재 인터넷 검색과 푸시 기술을 제공하는 MAC OS 8까지 개발되었으며, 사용자 환경을 최대한 배려한다고 강조하지만 프로그램 개발에 소홀하여 윈도우 95가 출시되면서 사용자들이 점차 감소되고 있다.

⑦ Windows 3.1

MS-DOS와 Windows 95를 잇는 과도기에 생겨난 그래픽 환경의 운영체제로 MS-DOS의 업데이트 버전처럼 사용되기 때문에 완전한 윈도우 시리즈라고는 볼 수 없다.

⑧ Windows 95

세계 최대의 소프트웨어 제작 업체인 마이크로소프트사가 95년에 발표한 그래픽 환경의 운영체제로 데스크 탑과 객체지향, 멀티태스킹(다중작업, multi-tasking), 여러 개의 tasks (windows)에서 서로 다른 작업을 할 수 있음)과 멀티미디어 기능 제공 등이 주요 특징이다. 32비트 운영체제로 GUI(graphic user interface) 제공, 설치 하드웨어도 자동으로 검색하여 설치하는 플러그 앤 플레이(P&P, plug & play)기능을 지원하며, 편리한 네트워크 환경을 구축 및 인터넷을 사용할 수 있다는 것도 큰 특징 중의 하나이다.

⑨ Windows 98

마이크로소프트사가 98년 8월에 발표하였으며, Windows 95의 차기 버전이다. 윈도우 95보다 안정성이 강화되었고 실행속도가 향상되었다. 또한 주변장치를 연결할 수 있는 USB와 다양한 하드웨어 드라이버가 제공되었다. 인터넷 기능이 보강되었고 액티브 데스크톱으로 편리한 환경에서 작업할 수 있으며, 윈도우 95의 하드디스크 용량 제한(2G(giga byte))으로 인한 보조기억장치 크기의 문제를 거의 무제한 대용량으로 지원하도록 보완하였고, 시스템 상태를 점검하고 오류를 복구할 수 있는 다양한 마법사가 제공되었다.

⑩ Windows NT

마이크로소프트사가 만든 서버용 운영체제로 둘 이상의 CPU를 사용할 수 있고, 시스템 안정과 보안이 장점인 32비트 운영체제이다. 윈도우 95/98과 사용자 환경이 비슷하기 때문에 윈도우 95/98을 사용한 경험이 있는 사용자들은 쉽게 배울 수 있으며, 특징으로는 다중 사용자 지원, 32bit OS, 다양한 네트워크 관리 도구 지원, 보안성, 신뢰성, 시스템 안정성 강화 등을 들 수 있다.

⑪ Windows 2000 Server

네트워크용 운영체제로 파일 서버, 프린터 서버, 응용프로그램 서버, 통신 서버 등 다양한 목적으로 활용할 수 있으며, 네트워크를 통한 중앙관리를 지원하도록 설계되어 있다(윈도우 NT → 윈도우 2000 → 윈도우 2003으로 발전됨).

⑫ Windows XP

홈 에디션(home edition)은 주로 가정용, 단순 업무용 등 특별하지 않은 기능을 가진 컴퓨터를 위한 버전이며, 프로페셔널(professional) 버전은 Windows 2000 기능을 대부분 포함하는 버전이며, 멀티프로세서의 지원, 동적 디스크의 지원, 파일 시스템의 암호화 등의 기능을 지원하는 64bit용 운영체제이다.

⑬ 솔라리스(solaris)

썬 마이크로 시스템즈에서 개발한 유닉스 계열의 운영체제로 윈도우 95와 비슷한 그래픽 운영체제로 윈도우 95의 여러 가지 버그들과 프로그램의 독점을 막기 위해 발표되었다. 윈도우 95보다는 안정적이고, 뛰어난 그래픽과 멀티태스킹 능력을 가지고 있지만 응용 프로그램의 부족으로 많이 사용되지는 못하고 있다.

⑭ Window CE(embedded compact)

2011년에 발표한 휴대용 컴퓨터인 HPC용 운영체제로 마이크로소프트사에서 개발하였으며, 현재 CE 6.0까지 개발된 차세대 운영체제 기술로 주목받고 있으며 꾸준히 업그레이드되고 있어서 많은 사용자층을 확보하고 있다. 또한 핸드헬드(handheld) PC에 윈도우 CE를 탑재하면 윈도우용 프로그램을 그대로 사용할 수 있고, 무선 통신, PCMCIA 카드 등을 이용할 수 있기 때문에 어느 정도 주변기기를 확장할 수 있다.

⑮ iOS

애플에서 만든 스마트폰용 모바일 운영체제로, 운영체제 소스 코드(source code)의 수정이 불가능하며, 폐쇄적인 운영영체제이다. iOS는 해킹에 취약하지 않으며, iOS는 오직 앱스토어(App Store)에서만 어플 설치 및 업데이트가 가능하고 어플을 등록할 때에도 심사하기 때문에 보안이 매우 강력하다. 하지만 독자적인 운영체제 방식을 고집하므로 홈 화면이 단조롭고 사용자가 직접 홈 화면을 꾸밀 수가 없다는 단점도 있다.

⑯ Android

안드로이드는 구글(Google)에서 만든 OS로, 구글을 중심으로 여러 연합 개발자가 안드로이드를 만들었으며, 스마트폰 제조사들이 안드로이드 OS를 수정해서 최적화를 할 수 있기 때문에 개방적이지만 안드로이드는 어플을 어느 때나 설치가 가능하고 등록만 하면 바로 어플이 심사 없이 등록되기에 보안에 취약하다. 하지만 홈 화면을 자유롭게 꾸밀 수 있으며, 위젯도 설정이 가능하기 때문에 확장성이 좋다.

Tip 핸드헬드(Handheld) 기기

* 팜(palm) 사이즈 PC : 일반적으로 무게는 180~450g 정도의 작은 사이즈 PC로, 스타일러스, 자료입력을 위한 소프트웨어 키보드, 컴퓨터와의 동기화 및 메시지를 송수신할 수 있는 기능을 가진 휴대용 컴퓨터를 말한다. 종류로는 3Com의 Palm 시리즈, IBM의 Work Pad, 필립스의 Nino 등이 있으며, 핸드헬드 PC 중 가장 많이 사용되고 있다.
* 핸드헬드(handheld) PC : 핸드헬드 PC는 사람들이 손에 들고 다니면서 사용할 수 있는 정도의 크기를 가진 컴퓨터로 무게는 보통 450~675g 정도이고, 크기는 3×6×0.75인치 정도이며, 주 입력 장치로 키보드, 내비게이션용 스타일러스와 마우스 기능을 포함하고, 주 전원장치로 배터리를 사용하는 컴퓨터를 말한다. 종류로는 HP의 LX 시리즈 제품, Psion의 Range, Sharp의 Mobilon, OZ 600 등이 있다.
* 컴패니언(companion) 노트북 : 1998년에 새로이 분류된 핸드 헬드 기기로써 무게는 일반적으로 675~1.35kg 정도이고, CPU와 메모리를 탑재하고, 대용량 저장장치로 DRAM을 사용하고, 스타일러스 입력과 내비게이션을 위한 디지타이저가 탑재된 LCD 디스플레이를 가지고 있다. 응용 프로그램으로는 개인정보 관리, E-mail, 인터넷 검색 어플리케이션뿐만 아니라 워드프로세서, 스프레드시트, 프레젠테이션 등과 같은 일반적인 데스크톱 어플리케이션의 서브 세트 버전을 포함한다. 종류로는 MS의 Jupiter를 시작으로, HP의 Jornada 820, LG 전자의 Phenom Express 등이 개발되었다.

* 핸드헬드 PC란?

핸드헬드 PC는 주머니에 넣을 수 있다고 해서 포켓 PC 또는 PDA(개인용 휴대 단말기, personal digital assistant)라고 통칭해서 부르기도 한다. 핸드헬드 PC 시장은 지금까지 이동 컴퓨팅 단말을 주도해 왔던 노트북 계열이 크기나 무게 면에서의 단점에 의해 이동 컴퓨팅 시장에서 점점 소외되고 있는 반면, 핸드헬드 기기는 이러한 노트북 계열의 단점을 보완하여 이동 개인 데이터 장치로서 놀랄만한 발전을 하고 있다.

최근 인터넷 또는 인트라넷 기반의 무선 접속 등이 점점 확산되고 있으며, 핸드헬드 기기를 기본으로 한 무선장치, 무선포털, 이동상거래, 지역 서비스 등은 하드웨어 판매자, 어플리케이션 개발자, 무선/네트워크 캐리어 간에 많은 관심의 대상이 되고 있다. 또한 핸드헬드 모바일 컴퓨터는 펜과 종이를 기반으로 한 수기 방식에서 벗어나 바코드 스캐너를 갖춘 핸드헬드 컴퓨터 혹은 태블릿을 활용하여 실시간으로 접근할 수 있기 때문에 물류유통의 혁명을 가져오고 있다. 따라서 핸드헬드 기기 시장의 성장 잠재력을 무한하다고 할 수 있다.

2) Desk Top 컴퓨터 운영체제: 윈도우, 리눅스, 맥OS

2018년 말 기준 가구당 국내 컴퓨터 보급률(OECD 기준)은 74.7%로, 10명 중 7.5명 이상이 컴퓨터를 사용하고 있으며, 인터넷 보급률은 84.1%를 차지하고 있다.

데스크톱 컴퓨터에서의 대표적인 운영체제인 Microsoft(MS)사의 범용 운영체제 '윈도우(Windows)'의 완성도와 보급률은 거의 압도적이다. 87.3%의 PC 점유율을 가지고 있으며, 오픈소스 기반의 애플 맥OS는 9.28%, 리눅스는 1.53%로 둘을 합쳐서 10.7%로 사실상 마이크로소프트의 독점이라 봐도 무방하다.

(NetMarketShare, 2019. 3. 참고자료)

현재 PC 하드웨어의 성능은 꾸준하게 발전되고 있으며, 최신 버전의 데스크톱 운영체제와도 별 문제없이 잘 구동되고 있다. 하지만 CPU와 메모리 등의 H/W 성능이 발전됨에 따라 운영체제 자체의 구동이 시스템에 미치는 영향이 점점 줄어들고 있는 실정이다. 현재의 PC 운영체제의 발전 방향은 기능의 다양화와 사용 환경의 편리함 쪽으로 가고 있다.

【표 1-8】 운영체제 구분

구분		개요	주요 제품
범용 OS	데스크톱 OS	PC 및 클라이언트 등 일반적인 제어 환경에서 사용	Windows, Mac OS, Linux
	서버 OS	슈퍼컴퓨터, 병렬컴퓨터, 서버, 워크스테이션 등 대용량 컴퓨터 환경에서 사용	Windows NT, Unix, IBM system Z, HP-UX, Solaris 등
	모바일 OS	스마트폰, 태블릿, 넷북 등 모바일 컴퓨터 환경에서 사용	안드로이드, iOS, Windows Mobile, Bada, Synbian, Black Berry 등
특수목적용 OS	임베디드 OS	로봇, 가전, 자동차, 항공기 등 특정 기기의 컴퓨팅 환경을 지원	Embedded Linux, 윈도우 CE 닷넷, Embedded 윈도우 XP, VxWorks, pSOS, VRTX, TRON 등

3) 모바일(스마트폰) 운영체제: 안드로이드, iOS

국내의 95% 이상, 전 세계에서도 50% 이상의 휴대폰이 스마트폰이다. 퓨 리서치(Pew Research)가 세계 주요 선진국 27개 국가를 대상으로 조사한 결과로 주요 국가의 평균 스마트폰 보급률은 76%이며, 국내 스마트폰 보급률은 PC보다 훨씬 빠른 속도로 성장하고 있으며, 스마트폰 보급률은 세계 최고로 95.5%를 기록하고 있고, 휴대폰 보급률은 거의 100%에 가깝다. 미국의 스마트폰 보급률은 81%, 일본은 66%를 차지하고 있다.

(Pew Research, 2019. 2. 참고자료)

기본 전화 기능과 다양한 앱 & 메시지 기반의 다양한 작업을 수행할 수 있는 스마트폰에서의 운영체제의 선택은 필수적이라 할 수 있다. 현재 상용화되고 있는 모바일(스마트폰) 운영체제로는 구글(Google) 연합의 안드로이드 방식과 애플(Apple)의 iOS가 차지하는 비중이 97%에 가깝다. 노키아(Nokia)의 심비안이나 윈도우 모바일 등 다른 모바일 운영체제도 있지만 점유율 2%가 채 못 된다. 사실상 구글과 애플 두 기업의 운영체제가 약 75% : 23% 정도로 세계 모바일 기기 전체 시장을 독차지하고 있다고 봐도 무방하다.

(2019. 5. stat counter 발표자료)

현재 모바일 기기는 많은 발전을 거듭하고 있지만 크기의 제한 때문에 아직도 하드웨어의 성능에 대한 명확한 한계가 큰 편이며, 무조건 크기가 작아야 만족스러워했던 추세는 지나갔다. 모바일 기기의 최우선 요구조건은 휴대성이다. 모바일 기기의 특성상 스마트폰의 발전에 대한 한계는 현재 존재하고 있지만 많이 좁혀지고 있는 실정이다. 그중에서 가장 문제시되는 기술이 배터리 기술이다. 답보상태에 있는 배터리 기술의 혁신적인 발전은 기대하기 어렵지만 모바일 운영체제의 발전과 더불어 휴대용 배터리 기술의 발전이 요구되고 있는 실정이다.

페이스북이나 트위터, 유튜브 등 소셜 미디어 사용자 비율은 국가 그룹 안에서도 큰 차이를 보이는 것으로 나타났다. 소셜 미디어 사용자 비율이 가장 높은 국가는 이스라엘로 18세 이상 성인 가운데 77%가 소셜미디어를 사용하는 것으로 나타났다. 우리나라는 76%로 2위를 기록했고, 스웨덴과 네덜란드가 각각 73%와 72%로 3위와 4위에 올랐다.

(Pew Research, 2019. 2. 참고자료)

4) 임베디드(embedded) 운영체제: 임베디드 OS, RTOS

임베디드(내장형) 운영체제는 정보가전 및 정보통신, 항공기, 차량, 로봇, 산업기기, 의료기기 등 다양한 산업 분야의 디지털 제품에 내장되어, 일반적인 기능과 다양한 부가 기능을 제공하는 다양한 분야에서 광범위하게 사용되고 있다. 고유한 기기의 기능만을 수행하기 위한 임베디드 OS나 실시간 운영체제(RTOS, real time OS)는 범용성이 필요치 않은 전자기기를 위한 특별한 운영체제이다. 보통의 휴대용 정보기기는 작은 기억용량, 느린 중앙 처리장치, 한정된 배터리 용량 등이 특징이지만 차츰 개인용 컴퓨터에서 지원하는 다양한 기능들을 포함하여 확대되고 있는 추세이다.

모든 컴퓨터 또는 모바일 기기에서의 운영체제는 범용성이 필수이지만, 일반적인 전자기기, 가전제품, POS(point of sales) 등의 운영체제는 해당 기기가 구동되는 목적이 상당히 좁고 전문적이기 때문에 범용적일 필요가 없으며, 복잡한 운영체제의 구성도 필요치 않을 수 있다. 특히 결제 시스템으로 사용되는 POS 단말기는 기본적인 금전출납 기능과 더불어 재고, 재무, 잔금 등 다양한 관리를 할 수 있기 때문에 제한적 범용 운영체제를 사용한다.

임베디드 운영체제는 다양한 특성을 가진 임베디드 시스템에 내장될 수 있도록 저렴한 가격, 소형화, 낮은 전력 소비, 고신뢰성, 소프트웨어의 기능 및 성능의 최적화, 하드웨어에 대한 효율적 자원 관리 등의 기본적인 특성을 가지고 있다 내장형 정보기기 중 PDA의 운영체제로 팜(Palm) OS, MS사가 개발한 윈도 CE 등이 있고, 요즘 스마트폰에 사용되는 애플의 iOS와 구글의 안드로이드 등을 들 수 있다.

단원 연습문제

1. 운영체제란 무엇인가?

2. 운영체제의 주요 역할에 대하여 설명하시오.

3. 제어 프로그램과 시스템 소프트웨어의 차이점을 설명하시오.

4. 응용 프로그램의 필요성 및 종류에 대하여 설명하시오.

5. 운영체제의 4대 관리를 그림을 그려서 자세히 논하시오.

   1) 프로세스 관리

   2) 기억장치 관리

   3) 입출력(주변)장치 관리

   4) 정보(파일) 관리

6. 운영체제의 주요 목적에 대하여 설명하시오.

   1) 시스템 측면

   2) 사용자 측면

7. 운영체제의 주요 목표에 대하여 설명하시오.

8. 운영체제에서의 시스템 성능 평가 요소에 대하여 설명하시오.

9. 운영체제의 기본 기능에 대하여 설명하시오.

10. 관리자 관점에서의 운영체제의 기능 중 자원 관리자 관점에서의 기능에 대하여 설명하시오.

11. 계층 구조 관점에서의 운영체제 기능을 그림을 그리고, 설명해 보시오.

12. 프로세서 관점에서의 운영체제 기능을 그림을 그리고, 설명해 보시오.

13. 초기 운영체제 시스템의 특징에 대하여 설명하시오.

14. single job & multi job 방식의 차이점을 설명해 보시오.

15. 상주 모니터 시스템 설명 및 장단점에 대하여 설명하시오.

16. 일괄 처리 시스템의 특징에 대하여 설명하시오.

17. on-line 방식과 off-line 방식의 특징에 대하여 설명해 보시오.

18. 시분할 시스템의 설명 및 장단점에 대하여 설명하시오.

19. 다중 프로그래밍/다중처리 시스템의 설명 및 장단점에 대하여 설명하시오.

20. 버퍼링과 스풀링의 차이점을 비교해 보시오.

21. 분산 처리 시스템 설명 및 특징에 대하여 설명하시오.

22. 운영체제의 세대별 발달 과정에서 제0세대 및 제1세대 운영체제 기술의 특징에 대하여 설명해 보시오.

23. 운영체제의 세대별 발달 과정에서 제2세대 및 제3세대 운영체제 기술의 특징에 대하여 설명해 보시오.

24. 운영체제의 세대별 발달 과정에서 제5세대 운영체제 기술의 특징에 대하여 설명해 보시오.

25. 운영체제 종류 중 Unix & Linux 운영체제의 특징을 설명하시오.

26. 운영체제 종류 중 Windows NT & Windows CE의 특징에 대하여 설명해 보시오.

27. 운영체제 종류 중 매킨토시 & MAC OS의 특징에 대하여 설명하시오.

Operating System

Part 02

입출력 제어 및 인터럽트

Chapter 05 입출력 제어 프로그램

운영체제의 주요 기능 중의 하나는 자료 입출력(input/output)을 위한 모든 컴퓨터의 입출력 장치를 제어하는 것이다. 운영체제는 입출력 장치와 시스템의 다른 부분과의 인터페이스 기능을 제공해야 한다. 특히 입출력 장치와 CPU간의 상호 작용에 있어서 다양한 종류의 주변장치들을 관리할 때 필요한 입출력 프로그래밍 기능은 [표 2-1]과 같이 기본 기능과 중요 기능을 갖는다.

【표 2-1】 운영체제의 입출력 프로그램 기능

기본 기능	중요 기능
· 블록 단위의 데이터 전송 기능 · 컴퓨터 본체나 보조기억장치와 외부 환경과의 인터페이스 기능 · 하드웨어와는 독립적인 관리가 가능한 자원과의 독립성 유지 기능 · 프로세스 개념을 사용한 쉽고 편리한 입출력 수행 기능	· 주변장치와 주기억장치 간의 블록 단위 데이터 전송 기능 · 주변장치와 CPU간의 논리적 특성과 물리적 특성 일치 기능 · 주변장치와 주기억장치 간의 자원 공유 기능

5.1 입출력 장치의 구조 및 종류

입출력 하드웨어 장치는 크게 블록 장치(block device)와 문자 장치(character device)로 분류할 수 있다. 블록 장치는 자신의 주소를 가지고 있으면서 고정된 크기의 블록(block)으로 정보를 저장하는 장치이며, 문자 장치는 어떤 블록 구조와도 상관없이 문자 스트림(stream)으로 전송하거나 수신할 수 있다.

입출력 장치를 동작시키는 장치 제어기(device controller)는 모듈화하고 일반적인 설계를 제공하기 위한 입출력 장치의 전기적인 구성 요소이다. [그림 2-1]과 같이 컴퓨터 시스템에서는 CPU와 장치 제어기 사이의 통신을 위해 단일 버스를 사용한다.

입출력 프로그래밍은 일반적으로 네 가지 목적을 갖고 설계가 이루어진다.

- 첫째, 장치와의 독립성 유지
- 둘째, 입출력 시 오류 처리
- 셋째, 입출력 시 동기와 비동기 전송
- 넷째, 입출력 시 장치의 공유와 전용

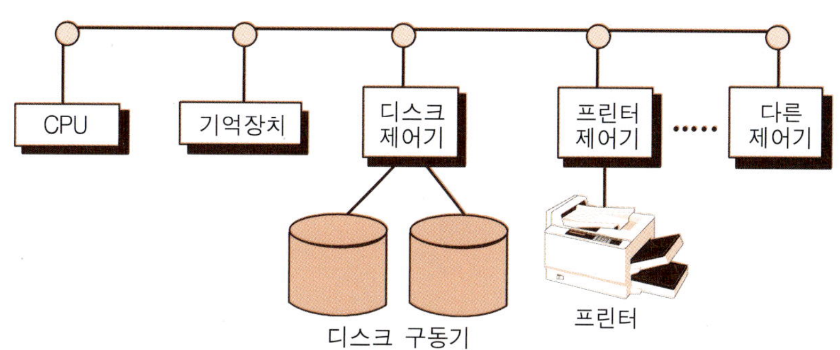

【그림 2-1】 장치 제어기 연결 구조

5.2 입출력 방식의 종류

CPU와 입출력 장치와의 처리 속도 차이는 수십~ 수십만 배에 이르고 있다. 최근에는 음성, 화상 등 자연어에 의한 다양한 방식의 입출력 기법들이 개발됨에 따라 입출력 프로그램의 복잡성이 날로 더해져 가고 있다. 따라서 이러한 속도 차이를 개선하여야 시스템의 성능을 향상시킬 수 있다.

컴퓨터 시스템에서 입출력하는 방법에는 CPU가 직접 담당하여 입출력하는 직접 입출력 방법과 입출력 채널(I/O channel) 또는 직접 기억장치 접근(DMA, direct memory access)에 의해 수행되는 간접 입출력 방법이 있다.

(1) 직접 입출력 방식

직접 입출력 방식은 초기의 컴퓨터에서 사용된 방식으로 CPU가 프로그램 수행 중 입출력 명령을 만나면 직접 나서서 입출력을 수행하는 방법이다. 즉, 전체 프로그램의 실행 시간은 프로그램의 입출력 시간에 실제의 실행 시간을 합한 것과 같다. 이 방식은 CPU가 장치 플래그(flag)의 상태를 검사하여 상태 플래그가 0일 때 입출력을 수행하게 된다.

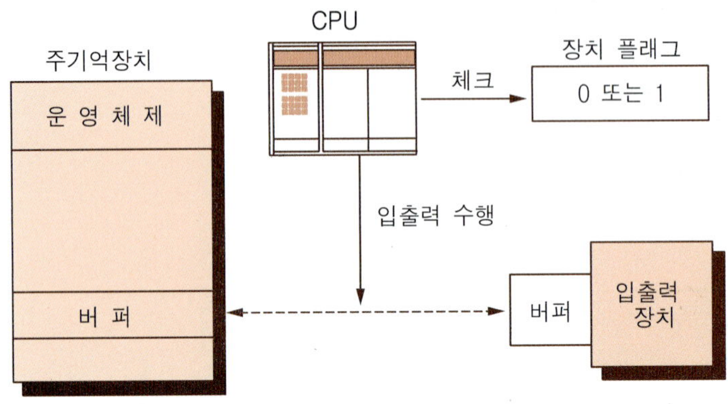

【그림 2-2】 직접 입출력 방식

(2) 간접 입출력 방식

간접 입출력 방식은 주로 다중 프로그래밍을 구현하기 위해 이용하는 방법으로 CPU가 직접 입출력을 담당하지 않고 전용 입출력 프로세서인 DMA나 채널(channel)을 사용하는 방식이다.

간접 입출력 방식은 어떤 프로그램이 수행되는 도중에 입출력 명령이 발생하면 CPU에게 입출력 명령의 종류, 장치 이름, 입출력 프로그램의 주소 등과 같은 정보가 전달되며, 이때 CPU는 입출력 프로세서에게 입출력 명령을 주고, 입출력 프로세서로부터 입출력 완성 신호가 올 때까지 작업을 중단하지 않고 다른 프로그램을 수행한다.

1) 직접 메모리 접근(DMA, direct memory access) 방식

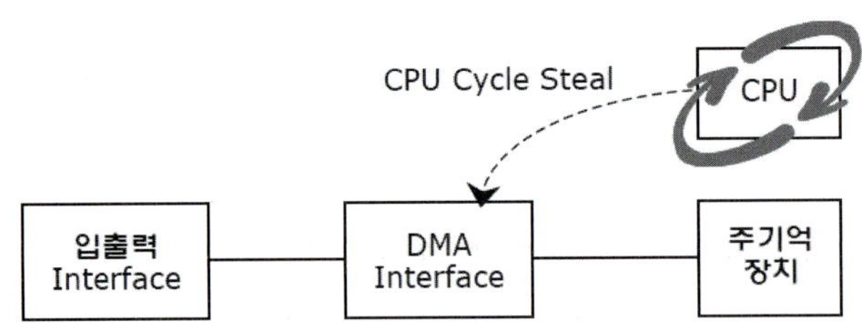

【그림 2-3】 CPU cycle steal(가로채기) 방식

DMA 방식은 주변장치들(하드디스크, 그래픽 카드, 네트워크 카드, 사운드 카드 등)이 메모리에 직접 접근하여 읽거나 쓸 수 있도록 하는 기능으로서, 컴퓨터 내부의 버스가 지원하는 기능이다.

직접 입출력과의 차이는 CPU 레지스터를 이용하지 않고 CPU의 사이클을 훔쳐(cycle steal) 입출력을 수행한다는 점이다.

Tip CPU cycle steal(CPU 사이클 훔치기(가로채기))

CPU와 DMA가 동시에 버스를 사용하고자 할 때, 속도가 빠른 CPU가 속도 느린 DMA에게 프로세서의 한 메모리 사이클을 중지시키고 버스 사용권을 먼저 주는 것으로, cycle stealing의 사용목적은 DMA가 메모리에 접근할 때 CPU가 항상 먼저 사용하게 되면 DMA는 계속 사용할 수 없는 starvation(기아 상태, 자원부족 상태) 현상이 일어날 수 있는 문제를 해결하기 위해 만든 하나의 기법이다.

사이클 스틸은 CPU와 DMA가 각각 연산과 입출력을 위해 동시에 기억장치를 접근하는 경우, CPU는 기억장치 참조 사이클을 멈추게 하고 DMA가 우선적으로 기억장치 참조 사이클을 수행하여 입출력을 수행하는 것이다. 즉, DMA에서의 데이터 전송은 기억장치 버스를 통하여 수행되도록 함으로써 빠르게 데이터 전송을 수행한다.

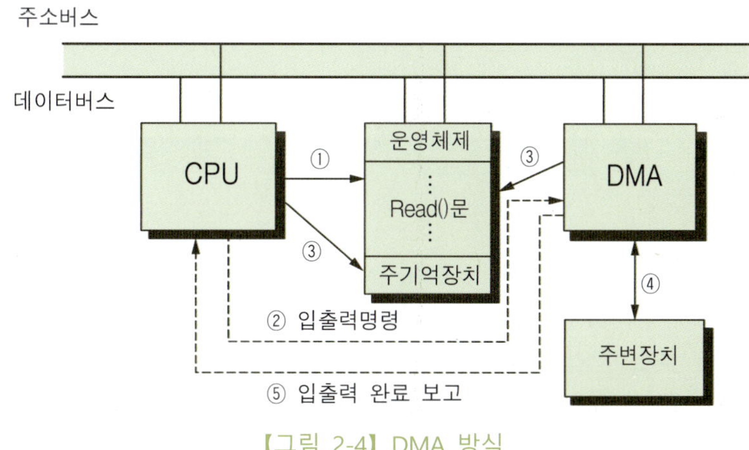

【그림 2-4】 DMA 방식

[그림 2-4]는 DMA 방식에 의한 입출력 과정을 보이고 있다.

① 프로그램 수행 도중 CPU가 입출력 명령을 만난다.

② CPU는 DMA에게 입출력 명령을 내린다.

③ CPU와 독립적으로 DMA는 기억장치의 데이터를 직접 입출력한다.

④ CPU는 입출력 명령을 내린 후 다른 프로그램을 수행한다.

⑤ DMA는 입출력 완성 시 CPU에게 인터럽트로 완료 사실을 보고한다.

2) 입출력 채널(i/o channel) 방식

입출력 채널(i/o channel) 방식은 가장 완벽한 입출력 방식으로, 입출력 채널은 독립된 입출력 전용 프로세서로써 CPU의 간섭 없이 채널이 입출력 동작을 수행하도록 지시하고, 이 동안 CPU는 다른 프로그램을 실행함으로써 CPU의 효율을 향상시킬 수 있어 다중 프로그래밍이 가능하게 된다.

채널이라 불리는 입출력 프로세서는 CPU와 비슷한 성능을 가지는 보조 CPU이며, 내부에 몇 개의 레지스터를 포함하고 있다. 대부분의 시스템은 여러 개의 채널이 있으며, 주변장치의 특성에 따라 주변 장치를 연결하는 방식도 달라진다. 입출력 채널의 종류는 [그림 2-5]와 같다.

Tip

채널(channel)

채널(channel)은 입출력장치와 주기억장치 사이에서 데이터를 전송하는 입출력 전용 처리기로써 입출력장치와 주기억장치 간의 속도 차이를 해결하는 역할을 담당한다.

입출력 채널의 기능

입출력 명령을 해독하고, 각각의 입출력장치에 입출력 명령을 지시하며, 지시된 입출력 명령의 실행을 담당한다. 입출력작업이 끝나면 CPU에게 인터럽트로 알려줌으로써 CPU가 다음 작업을 수행하게 한다.

2-1) 입출력 채널의 종류

① 선택(selector) 채널: 한 순간에 하나의 주변 장치만을 선택하여 연결하고 처리함. 주로 디스크나 드럼과 같이 고속인 장치들을 연결함.

② 멀티플렉서(multiplexer) 채널: 일시에 여러 장치들을 연결하여 처리하고 주로 터미널, 카드 판독기, 프린터 같은 저속의 장치들을 연결함.

③ 블록 멀티플렉서(block multiplexer) 채널: 주로 블록단위로 입출력하는 테이프와 같은 장치와 연결하여 처리하고, 다수의 주변장치들을 멀티 플렉싱하며 동시에 처리함.

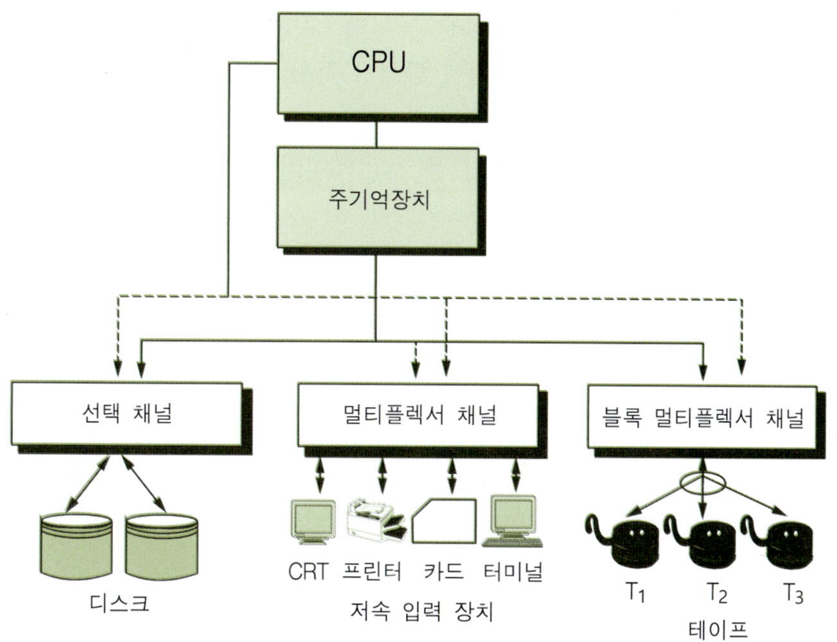

【그림 2-5】 다양한 입출력장치와 채널 연결

5.3 버퍼링과 스풀링

(1) 버퍼링

버퍼링(buffering)은 CPU와 I/O 장치간의 속도 차이를 극복할 수 있는 방법으로 주기억장치의 일부를 버퍼(buffer)로 사용한다. 주기억장치의 일부를 버퍼로 정해 놓고 주기억장치와 CPU 간 또는 주기억장치와 입출력 장치간의 데이터 이동에 있어서 시간 관리의 효율화를 위한 소프트웨어적인 처리를 행하게 된다.

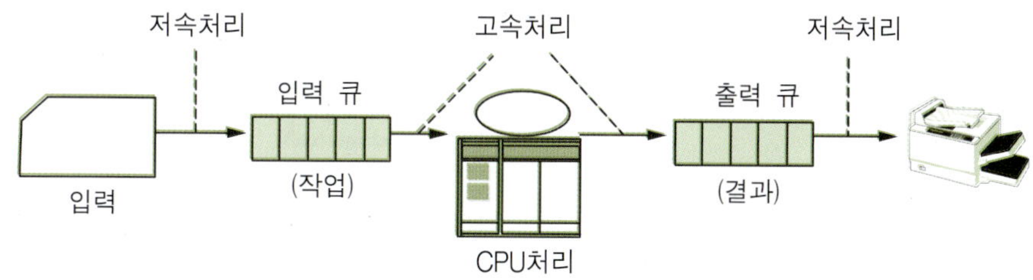

【그림 2-6】 버퍼링의 구조

특히 한 작업의 연산과 함께 입출력을 동시에 수행하는 방법으로 데이터를 입력하고 CPU가 이를 연산하려고 하는 순간에 입력 장치가 즉시 다음 입력을 시작한다. CPU가 문자나 데이터 하나하나를 읽을 때마다 채널에게 명령을 수행한다면 매우 복잡하고 많은 작업량이 필요하다. 따라서 버퍼를 사용하여 문자나 데이터를 미리 읽어 온 후 필요할 때마다 사용하게 한다.

Tip

버퍼(Buffer)

데이터를 한 곳에서 다른 한 곳으로 전송하는 동안 일시적으로 그 데이터를 보관하는 메모리의 영역을 말하며, 컴퓨터의 내부 메모리에 일정량의 필요한 데이터를 임시로 저장하기 위해 사용되는 공간으로 CPU와 I/O 장치 간의 속도차이를 극복할 수 있는 방법으로 사용된다.

스트리밍 서비스

기존의 동영상 파일(MOV, AVI 등)을 완전히 다운로드받아 재생하려면 많은 시간을 기다려야하므로 이러한 불편함을 개선하기 위하여 일정량의 데이터만 받으면 곧바로 실시간으로 재생이 가능하게 하는 서비스를 말한다. 스트리밍 서비스 기법을 이용하여 실시간 TV시청이나 VOD서비스가 가능해진 것이다.

1) 단일 버퍼링

단일 버퍼링(single buffering)은 한 개의 버퍼를 사용하는 경우로 CPU는 채널이 버퍼를 채울 동안 기다리거나 다른 프로그램을 실행하는 방식이다.

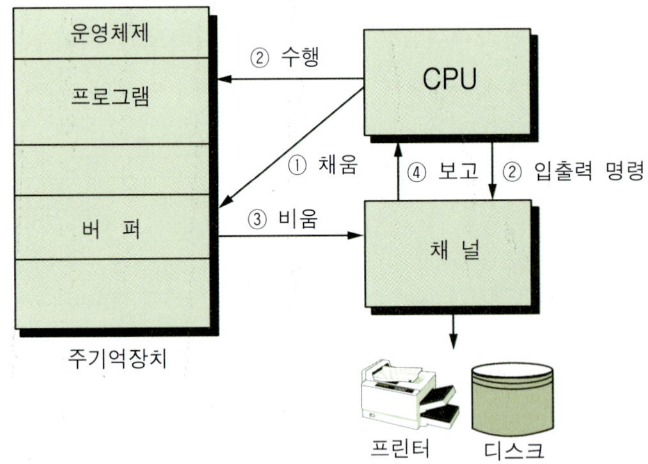

【그림 2-7】 단일 버퍼링의 구조

① CPU는 버퍼에 출력 데이터를 채운다(채널은 버퍼가 채워질 때까지 기다린다.).
② 버퍼가 채워지면 채널에게 명령하고, CPU 자신은 다른 일을 한다.
③ 채널은 CPU와 별개로 독립적으로 버퍼를 비운다.
④ 채널은 버퍼를 다 비운 후에 CPU에게 보고한다(i/o 처리 완료됨).

2) 이중 버퍼링

이중 버퍼링(dual buffering)은 두 개의 버퍼를 이용하여 단일 버퍼링의 단점을 보완하고 입출력과 CPU의 처리 성능을 높이는 방법이다. 두 개의 버퍼를 사용하므로 입출력 작업과 처리 작업이 동시에 진행될 수 있으나, 버퍼가 사용되지 않으면 기억장치의 낭비를 초래할 수 있다.

CPU는 채널에게 하나의 버퍼에 대한 입출력을 명령하면 채널은 CPU의 명령을 받고 독자적인 입출력을 수행한다. 따라서 CPU는 더 이상 입출력에 관여하지 않고 다른 버퍼를 채우거나 또 다른 일을 할 수 있으므로 CPU의 효율이 향상된다. [그림 2-8]은 이중 버퍼링의 구조를 보이고 있다.

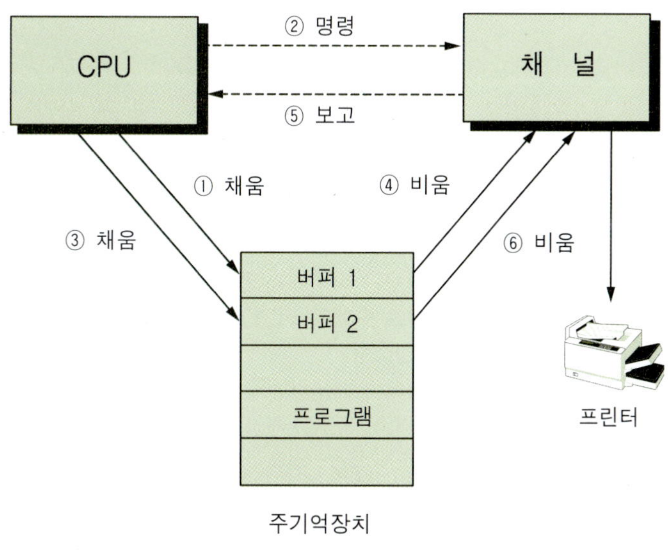

【그림 2-8】 이중 버퍼링의 구조

① CPU가 버퍼 1을 채운다.
② CPU는 채널에게 입출력을 명령한다.
③ 동시에 CPU는 즉시 버퍼 2를 채운다.

④ 채널은 버퍼 1을 비운다.

⑤ 채널은 버퍼 1을 다 비운 사실을 CPU에게 인터럽트를 걸어 보고한다.

⑥ CPU는 다시 버퍼 1을 채우고 채널에 입출력을 명령하면 채널은 버퍼 2를 비운다.

3) 환형 버퍼링

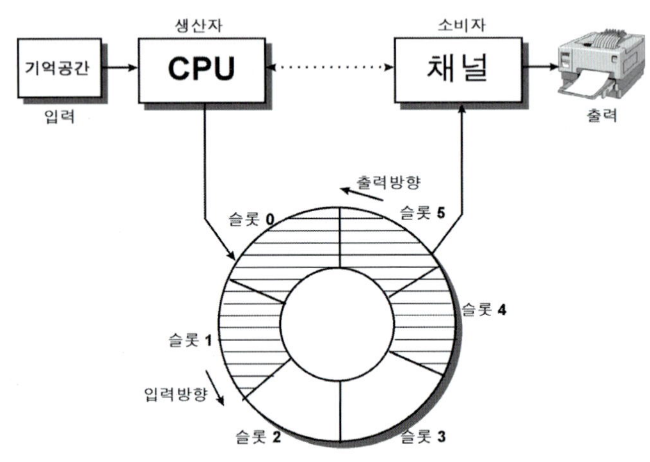

【그림 2-9】 환형 버퍼링의 구조

【표 2-2】 단일 버퍼/이중 버퍼/다중 버퍼의 장단점 비교

단일 버퍼	이중 버퍼	환형 버퍼
· 버퍼가 하나이기 때문에 메모리 공간을 적게 차지함 · CPU는 버퍼가 다 채워질 때까지 대기상태로 기다려야 함(비효율적임) · CPU의 효율성이 떨어짐	· 버퍼를 채우고 비우는 작업이 중복되어 병렬로 수행되므로 CPU의 대기 시간 감소함 · 단일 버퍼보다 메모리 공간을 많이 차지함(버퍼가 2개임)	· 여러 개의 버퍼가 있으므로 다양한 I/O 처리를 독립적으로 수행이 가능함 · 기억장치의 낭비를 초래함 · 버퍼가 많이 필요하지 않은 환경에서는 비효율적임

환형 버퍼링(circular buffering)은 환형 큐를 사용하여 여러 개의 버퍼를 원형으로 구성한 입출력 방식으로 CPU와 채널은 동시에 자신의 일을 독립적으로 수행한다. 환형 버퍼링은 여러 개의 버퍼를 사용하므로 사용되지 않을 경우에는 기억장치의 낭비를 초래하게 된다.

- 버퍼의 수가 많아지면: 기억장치의 낭비.
- 버퍼의 수가 적으면: 버퍼를 기다리는 프로세스의 수가 많아짐.

(2) 스풀링

스풀링(SPOOL, simultaneous peripheral operation on-line)은 디스크의 일부를 스풀 공간이라고 부르는 매우 큰 버퍼처럼 사용하는 방식이다. CPU의 처리 속도에 비해 카드 판독기나 라인 프린터 같은 입출력 장치의 처리 속도가 훨씬 느리기 때문에 전체적인 처리 속도 차이를 줄여주고 그 수가 제한되어 있는 입출력 장치의 사용으로 인한 입출력 작업의 지연을 방지하기 위하여 고안되었으며, 컴퓨터와 입출력 장치를 직접 연결하지 않고 비교적 입출력 장치보다 빠른 처리 속도를 갖는 물리적인 저장 장치를 위치시킨 것이다.

디스크를 스풀 공간으로 사용하는 이유는 입출력 장치와 CPU의 속도 차이를 해소하기 위해서이다. 즉 미리 입력 장치에서 블록을 읽어 들여 디스크 상에 출력 파일로 저장한 후 나중에 출력할 수 있도록 한다.

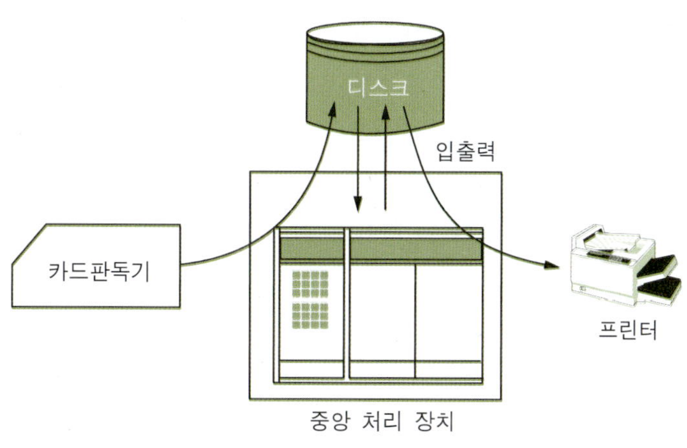

【그림 2-10】 스풀링의 구조

【표 2-3】 버퍼링과 스풀링의 차이점

버퍼링(buffering)	스풀링(spooling)
하드웨어적 구현	소프트웨어적 구현
한 작업에 대한 I/O와 계산가능	여러 작업에 대한 I/O와 계산가능
스택(stack) & 큐(queue)방식 입출력 수행	(큐)queue방식의 입출력 수행
단일 사용자	다중 사용자
버퍼의 위치는 주기억장치	스풀링의 위치는 디스크

Chapter 06 인터럽트(interrupt)

6.1 인터럽트 정의 및 처리 과정

인터럽트(interrupt)는 정상적인 프로그램을 수행하는 컴퓨터 시스템에 예기치 않은 상황이 발생할 경우 수행중인 프로그램을 중단하거나 비정상적인 종료를 하고 운영체제에 의해 적절한 조치를 취할 수 있도록 하는 기법을 말한다.

예를 들면 일상생활에서 전화를 받고 있는 도중에 손님이 찾아와서 초인종을 누른다면 일단 전화를 끊고 손님을 맞이한 다음, 다시 전화를 걸어서 통화하게 된다. 이 경우 초인종을 누르는 행위가 전화를 일시 중지시키는 인터럽트가 된다. 또 다른 예로는 프린팅 하는 도중에 더 이상 자료가 필요하지 않은 경우 스위치를 끊는 경우 등이 있다.

인터럽트가 발생하게 되면 운영체제가 제어권을 가지게 된다. 제어권이 제어 프로그램에게 주어지면 제어 프로그램(control program)의 인터럽트 처리루틴(interrupt handing routine)이 이를 처리하게 된다. 인터럽트 처리 루틴에서 처리가 끝나면, 운영체제 관리자에게 인터럽트 처리 완료를 알리게 되면, 시스템은 인터럽트가 발생하기 이전의 상태로 돌아가서 먼저 실행되던 처리 프로그램(processing program)의 실행을 다시 시작하게 된다.

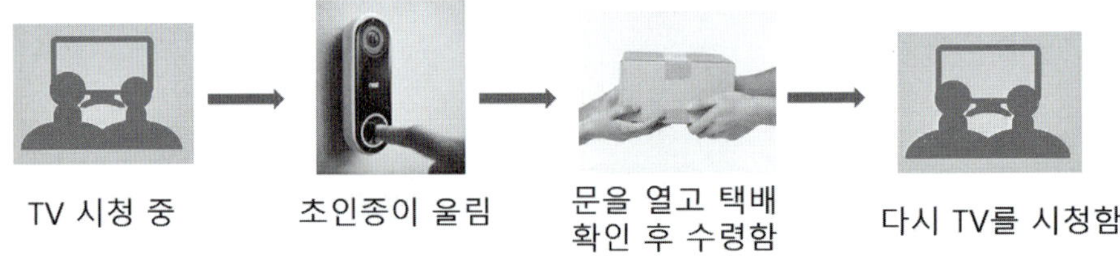

【그림 2-11】 일상생활 속에서의 인터럽트 예

(1) 인터럽트의 발생원인

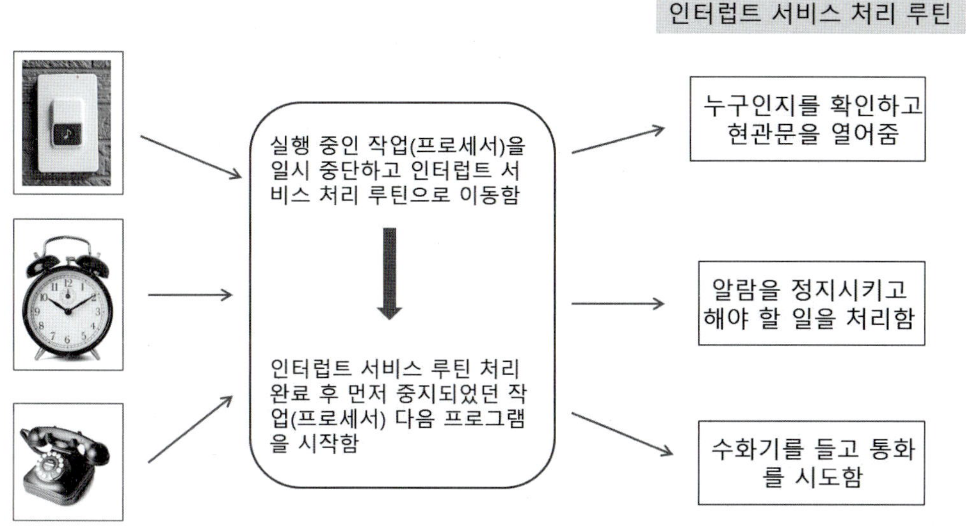

【그림 2-12】 인터럽트 발생원인 및 인터럽트 처리 과정 예

- 컴퓨터가 프로그램 수행 중에 컴퓨터 내부 및 외부에서 예상치 못한 상태 발생.
- 정전 혹은 데이터 전송 과정에서 오류 발생 등 컴퓨터 자체의 기계적인 문제 발생.
- 보호된 기억 공간에 접근 혹은 불법적인 명령어의 수행 등과 같은 프로그램상의 문제 발생.
- 컴퓨터 조작자가 의도적으로 조작에 의해 중단시키는 경우.
- 입출력 장치들의 동작에 CPU의 기능이 요청되는 경우.

(2) 인터럽트 처리 과정

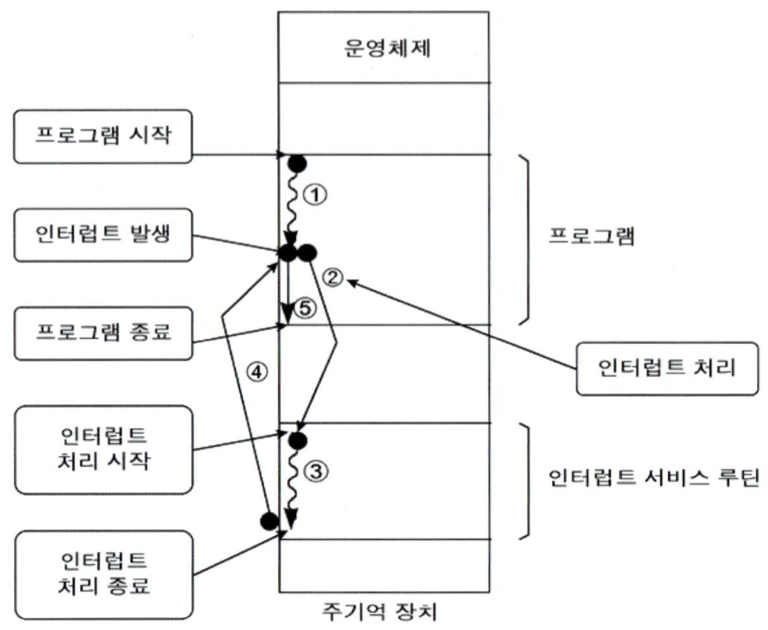

【그림 2-13】 인터럽트 처리 과정

① 프로세서 수행 도중에 인터럽트 발생 장치로부터 인터럽트가 발생하게 된다.
② 중앙처리장치가 인터럽트 요청을 받으면 현재 수행 중인 프로그램의 수행에 관련된 하드웨어 및 소프트웨어의 상태를 보존한다.
③ 인터럽트 처리 루틴에서 인터럽트의 원인이 무엇인가를 찾아낸 다음에 이에 대한 인터럽트 서비스 루틴을 수행시킨다.
④ 인터럽트 서비스 루틴의 수행을 통하여 실질적인 인터럽트에 대한 조치가 완료되면 인터럽트 처리를 종료한다.
⑤ 다시 인터럽트 처리 기능을 이용해서 미리 보존한 프로그램의 상태를 복구하고 인터럽트 당한 프로그램을 중단된 곳에서부터 계속할 수 있도록 조치한다.
⑥ 중앙처리장치는 조금 전 발생하였던 인터럽트 다음의 프로그램을 수행하게 된다.

인터럽트 처리 루틴이란 인터럽트 후에 인터럽트를 위한 주소로 분기하기까지의 처리 프로그램 루틴이며, 인터럽트 요청에 의해서 수행되어야 하는 프로그램 루틴이다.

6.2 대표적인 인터럽트 종류

(1) 인터럽트 종류

인터럽트의 종류는 기계 착오 인터럽트(machine check interrupt), 외부 인터럽트(external interrupt), 입출력 인터럽트(input/output interrupt), 프로그램 검사 인터럽트(program check interrupt), 감독자 호출 인터럽트(supervisor call interrupt) 등이 있다.

Tip

기계 착오 인터럽트(machine check interrupt)

* 프로그램을 수행하는 도중에 기계의 착오로 인하여 생기는 인터럽트
* 기계에 이상이 생겨 발생하는 인터럽트

재시작 인터럽트(restart interrupt)

* 조작자(operator)가 재시작 버튼을 누른 경우
* 다중처리 시스템에서 다른 프로세서로부터 재시작 명령문이 도착한 경우

외부 인터럽트(external interrupt)

* 외부의 신호에 따라 발생하는 인터럽트
* 조작자가 시스템의 요구에 따라 인터럽트 키를 누른 경우
* 타이머에 의해 일정한 시간이 경과한 경우

입출력 인터럽트(I/O interrupt) : 내부(internal) 인터럽트

* 입출력 요구가 발생하였을 때 발생하는 인터럽트
* CPU에서 채널이나 입출력장치의 변화를 알리기 위해 발생
* 입출력 종료 및 입출력 오류에 의해 생기는 인터럽트

프로그램 검사 인터럽트(program check interrupt)

* 프로그램 명령법이나 지정법에 잘못이 있을 때 발생하는 인터럽트
* devide by zero(0)로 나누었을 경우 발생
* 프로그램상의 착오나 예외 상황이 발생하였을 경우

감시자(제어자) 호출 인터럽트(SVC, supervisor call interrupt)

* 사용자가 프로그램에서 SVC 명령을 호출 하였을 경우
* I/O 수행 및 기억장치 할당 등의 역할을 하는 인터럽트
* SVC call 명령을 호출하였을 때 발생
* 조작자(operator)와의 대화를 위해 발생

【표 2-4】 인터럽트 종류와 의미

종류	의 미
입출력 인터럽트	해당 입출력 하드웨어가 주어진 입출력 동작을 완료하였거나, 입출력 도중 오류 등이 발생하였을 경우 CPU에 대하여 요청하는 인터럽트이다.
외부 인터럽트	CPU의 하드웨어 신호에 의해서 발생하고 프로그램의 외부적인 상황에서 일어나며, 프로그램과 비동기적인 인터럽트로서 입출력 장치, 타이밍 장치, 전원 등의 요인으로 발생하는 것을 말한다.
슈퍼바이저 호출 인터럽트	프로그램 명령어 상에서 신호가 발생하고, 명령어의 수행에 의해 발생하는 인터럽트로서 특수한 호출 명령으로 프로그래머에 의해 프로그램 상의 원하는 위치에서 인터럽트를 일으키게 된다.
프로그램 검사 인터럽트	프로그램 상의 불법적인 명령이나, 데이터의 잘못 사용으로 발생하는 인터럽트로 흔히 트랩(trap)이라고 한다.
기계 검사 인터럽트	컴퓨터 자체 내의 기계적인 장애나 에러로 인하여 발생한 오류이다. 즉 CPU, 메모리 및 각종 하드웨어 고장시 발생한다.
재시작 인터럽트	조작자(operator)가 콘솔 상에서 재시작(reset) 버튼이나, Ctrl+Alt+Del 키를 누른 경우에 발생한다.

(2) 인터럽트 처리 우선순위

인터럽트 처리 우선순위는 중앙처리장치에 연결되어 있는 여러 장치에서 동시에 하나 이상의 인터럽트가 발생했을 때 먼저 서비스할 장치를 결정하기 위해서 필요하다. 여러 장치에서 여러 가지의 인터럽트가 동시에 시스템 내에서 발생하였을 때 운영체제 관리자는 다음과 같은 우선순위로 인터럽트를 처리하게 된다.

① 전원이상 인터럽트.
② 기계 착오 인터럽트.
③ 외부 신호 인터럽트.
④ I/O 인터럽트(내부 인터럽트).
⑤ 명령어 잘못 사용 인터럽트(프로그램 검사).
⑥ 명령 실행 결과 이상 인터럽트.
⑦ 감독자 호출(SVC, Supervisor Call) 인터럽트.

인터럽트 처리 우선순위

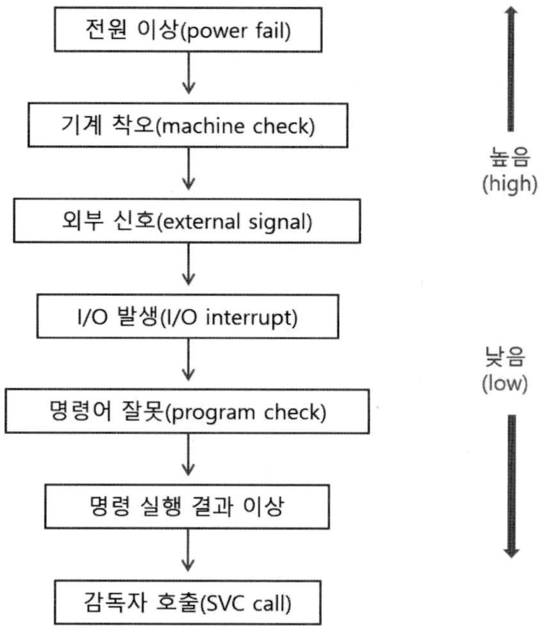

【그림 2-14】 인터럽트 처리 우선순위

단원 연습문제

1. 입출력 제어 프로그래밍의 기본 기능 및 중요 기능에 대하여 설명하시오.

2. 입출력 제어 프로그래밍의 설계시 고려해야 할 사항에 대하여 설명하시오.

3. 직접 입출력 방식과 간접 입출력 방식의 차이점에 대하여 설명하시오.

4. 직접 메모리 접근(DMA) 방식에서 CPU cycle 가로채기 방식을 설명해 보시오.

5. 채널의 필요성 및 입출력 채널의 기능에 대하여 설명하시오.

6. 단일 버퍼링과 이중 버퍼링의 장단점을 비교하여 설명해 보시오.

7. 환형 버퍼링의 설명 및 장단점에 대하여 설명해 보시오.

8. 인터럽트란 무엇이며, 일상생활에서의 인터럽트의 실례를 조사하여 발표해 보시오.

9. 인터럽트의 발생 원인에 대해서 설명하시오.

10. 인터럽트 처리 과정을 그림을 그려서 각 단계를 설명해 보시오.

11. 인터럽트 종류 설명 및 인터럽트 처리 우선순위를 기술해 보시오.

4차 산업혁명 쉽게 이해하기

2016년도에 전 세계를 뜨겁게 달군 하나의 이슈가 있다. 다보스포럼으로 불리기도 하는 세계경제포럼(World Economic Forum)의 주제로 '제4차 산업혁명의 이해'로 전 세계의 IT 석학들이 한 자리에 모여 4차 산업혁명에 대해 "3차 산업혁명을 기반으로 한 디지털과 바이오산업, 물리학 등의 경계를 융합하는 기술혁명으로써 3차 산업혁명의 특징을 기반으로 한 '지능'과 '정보'에 대한 '데이터 혁명'이 핵심이다."라고 정의하였다.

제4차 산업혁명은 '초연결성(Hyper-Connected)', '초지능화(Hyper-Intelligent)의 특징을 가지고 있으며, 이는 "모든 것이 상호 연결되고 보다 지능화된 사회로 변화"시킬 것이라는 것을 말하고 있다.

4차 산업혁명의 핵심 기술로는 '인공지능', '가상현실', 3D 프린터', '사물 인터넷(IoT)', '드론', '로봇' 등이 언급되고 있다. 이중 가장 Hot한 분야는 '사물 인터넷'과 '인공지능'라 할 수 있다. 2020년 5G 시대의 도래와 함께 사물들이 지능화되고 연결되는 초연결 시대의 등장으로 지금과는 비교도 될 수 없는 신산업 기술을 토대로 데이터를 가진 자가 미래의 주인공이 될 것으로 예측되고 있다.

4차 산업혁명의 핵심 속성으로 첫 번째가 '지능화'이다. AI 기술이 급속도로 발전함에 따라 사물이 지능화되고, 스스로 생각하고 결정함에 따라 모든 의사결정을 사람보다 더 정확하고 빠르게 할 수가 있다. 두 번째는 '초연결성'이다. 사람과 사람, 사람과 사물, 사물과 사물간의 연결이 서로 실시간으로 연결되는 초연결성 시대가 등장하게 되었다. 세 번째로는 '개인화'이다. 초연결성과 지능화로 인하여 개인맞춤형 서비스가 가능해지고, 로봇, 사물 인터넷, 3D 프린터 등의 기술들이 일반화되면서 누구나가 쉽게 일상생활에서 편리하게 실시간 맞춤형 서비스가 제공되고 있다. 마지막이 '융합'이다. 인공지능과 사물 인터넷, 만물 인터넷 기술들이 서로 융합되어 데이터 공유를 통해 과거에는 상상할 수 없었던 이종 기술 및 산업 간의 다양한 결합을 통해 새로운 기술 · 산업이 출현하게 될 것이다.

하지만 4차 산업혁명 기술이 우리들의 모든 문제를 다 해결해 줄 수는 없다. 초연결 시대로 인한 데이터 독점 시대의 도래와 더불어 양극화가 심해지고, 이에 따르는 기술만능주의에 대한 비판도 높아질 것이다. 또한 정보 네트워크를 통한 정보 해킹으로 인한 개인정보 유출이나 사생활 피해가 빈번히 발생하고, 인간보다 뛰어난 능력을 보유한 인공지능 기계들이 인간을 대신할 수 있으므로 인간의 효용가치 하락되고, 상대적 박탈감, 소외감, 자존감 저하 등의 문제에 직면할 수 있으며, 극단적으로는 인간 정체성 위기로 이어질 수도 있다.

데이터를 기반으로 하는 지능화 혁명이 제4차 산업혁명의 본질이기 때문에 데이터를 축적하고 활용하는 디지털 지능 시스템과 창의성, 도전 정신이 존중 받는 문화를 만들어야만 제4차 산업혁명 시대의 승자가 될 수 있다.

"모든 것이 연결되고 보다 지능적인 사회로의 진화"
- 다보스 포럼, 2016 -

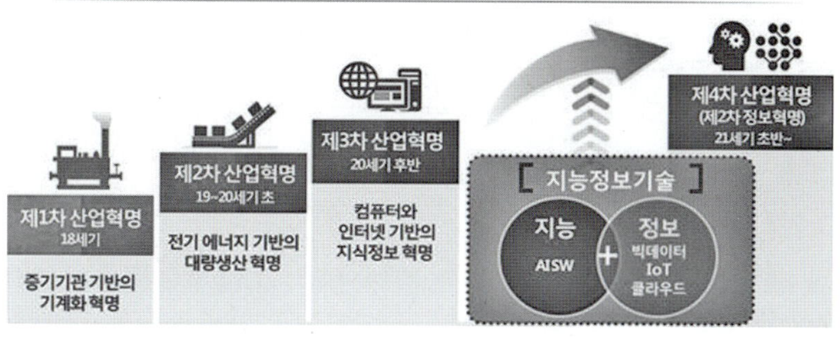

(이미지 출처: 미래창조과학부)

Operating System

Part 03

프로세서 관리

Chapter 07 프로세서 관리

7.1 프로세스의 정의 및 종류

사용자 및 시스템 프로그램들은 CPU에 의해 수행되며, 이와 같이 CPU에 의해 수행되는 프로그램을 프로세스(process)라고 한다. 컴퓨터 시스템은 시스템 프로세스와 사용자 프로세스들의 집합체로 구성되며 운영체제 프로세스들은 시스템 코드를 실행하고, 사용자 프로세스들은 사용자 코드를 실행한다. 이러한 프로세스들은 병행 수행이 가능하고 CPU는 수시로 이들 프로세스들 사이를 다중화면서 전환된다.

시스템 내의 모든 활동 요소들을 프로세스라고 하며, 프로세스는 작업의 기본 단위이다. 프로세스라는 개념은 1960년대 중반 운영체제인 MULTICS에서 처음 사용되었다. 일반적으로 운영체제는 다음과 같이 정의하고 있다.

- 현재 실행 중인 프로그램, 또는 살아 있는 프로그램
- 언제든지 실행 가능한 프로그램
- 운영체제 내에 PCB를 가진 프로그램
- 프로세스가 할당하는 개체로서 디스패치가 가능한 단위

Tip 디스패치(dispatch)

운영체제가 하나의 프로세스를 다른 프로세서에 할당하는 것으로, 준비 상태에 있는 여러 개의 프로세스 중 하나의 프로세스가 CPU를 할당받아 실행 상태로 바뀌는 것을 말한다.

시스템 프로그램 그 자체는 프로세스가 아니며 하나의 프로그램은 단순히 디스크 상에 저장된 파일의 내용으로서 수동적(passive)인 단위를 의미한다. 이에 비해 프로세스는 다음 명령어를 수행하도록 지정하는 프로그램 카운터(PC, program counter)를 가진 능동적(active)인 단위를 의미한다. 프로그램 자체는 수동적인 단위로서의 비활동적인 개체이고,

CPU가 이 프로그램에 생명을 불어넣을 때 비로소 프로세스라 부르는 능동적인 단위로서 활동 중인 개체가 된다.

하나의 프로세스는 자신의 업무를 수행하기 위하여 여러 가지 자원들을 필요로 하며 이러한 자원들은 프로세스가 생성될 때 할당될 수도 있고 프로세스가 실행되는 도중에 할당될 수도 있다.

1) 두 프로세스 쌍(p,q)의 실행 형태의 예

① 형태 1: 순차수행 모델(sequential processing model), 프로세스 p 명령 스트림이 완전히 수행 후 다음 프로세스 q 프로세스가 실행함.

② 형태 2: 모조(가짜) 병렬성(pseudo parallelism), 프로세스 p, q가 교대로 실행, 어느 한 순간에는 단지 하나의 프로세스만 수행함.

③ 형태 3: 실제 병렬성(real parallelism), 프로세스 p와 q가 시간 축에서 중첩되어 실행, 두 개의 분리된 processor가 필요함(즉, p processor, q processor 두 개가 있어야 함).

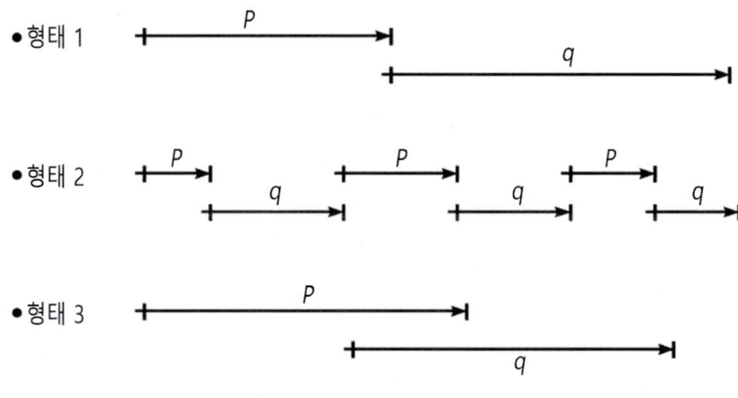

【그림 3-1】 프로세스의 실행 형태

7.2 프로세스의 상태 변환

하나의 프로세스가 시스템 내에 존재하는 동안 그 프로세스는 여러 가지 사건(event)들에 의해 여러 가지 상태 변화를 거치게 된다. 이러한 상태 변환의 종류에는 제출 상태

(submit state), 보류 상태(holding & pending state), 준비 상태(ready state), 대기 상태(waiting state), 실행 상태(running state), 완료(종료) 상태(halted & terminated state) 등이 있다.

단일 프로세서 시스템에서는 단지 하나의 프로세스만이 실행 상태에 있을 수 있고, 준비 상태나 대기 상태의 프로세스들은 여러 개가 있을 수 있다. 따라서 준비 상태와 대기 상태에 있는 프로세스들에 대하여 각각 준비 리스트(ready list)와 대기 리스트(block list)를 작성하여 이들을 관리한다. 준비 리스트에 있는 프로세스들은 각각 우선순위를 부여하여 가장 높은 우선순위를 갖는 프로세스가 다음번에 CPU를 할당받을 수 있다. 프로세스의 상태 전이도는 [그림 3-2]와 같다.

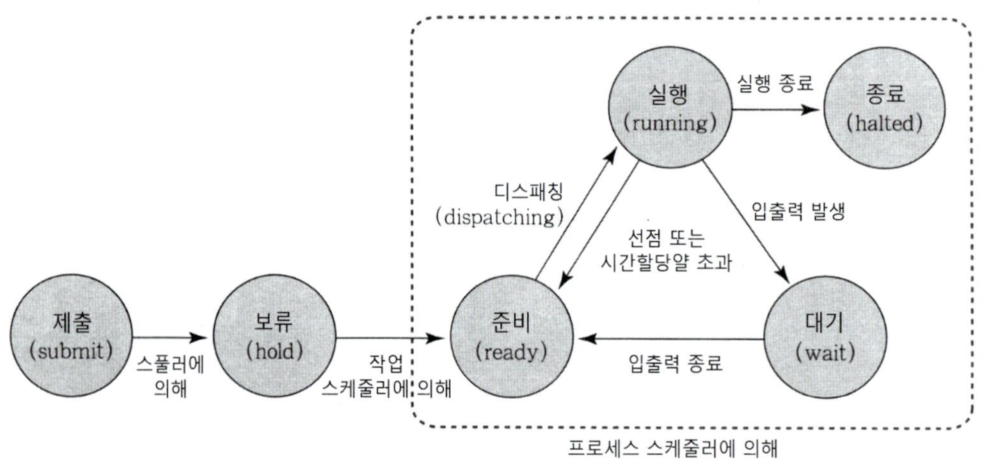

【그림 3-2】 프로세스의 상태변환 전이도

(1) 제출 상태(submit state)

- 사용자에 의해 작업이 제출되어진 상태.
- 스풀러(spooler)에 의해 디스크의 보류상태 리스트에 저장되어 있는 상태.

(2) 보류 상태(holding, pending state)

- 작업이 제출되어 스풀(spool) 공간인 디스크에 수록되어 있는 상태.
- 작업 스케줄러(job scheduler)에 의해 실행될 작업이 선택되면 준비상태로 변환된다.

(3) 준비 상태(ready state)

- CPU 사용이 가능한 상태 즉, CPU 스케줄러에 의해 할당받을 수 있는 상태.
- 디스패치 dispatch) : 준비상태에서 CPU를 배당 받는 과정.

(4) 실행 상태(running state)

- 프로세스가 CPU를 차지하고 있는 상태, CPU에 의해 프로세스를 수행하고 있는 상태.
- 이때 CPU는 스케줄링 정책에 따라 실행되는 도중에 선점(preemptive)되거나 완료될 때까지 비선점(non-preemptive)이 될 수 있다.

Tip 선점(preemptive) & 비선점(non-preemptive)

선점이란 프로세스가 CPU를 할당받아 수행 중일 때 우선순위 높은 프로세스가 강제로 CPU의 제어권을 강제적으로 빼앗는 경우 또는 시분할 시스템에서 CPU 할당시간(타임 할당량, time quantum)가 소진되었거나, 인터럽트나 시스템 호출시 실행 프로세스로부터 강제로 CPU를 회수되는 것을 말한다.

비선점은 이미 할당된 CPU를 다른 프로세스가 강제로 빼앗아 사용할 수 없는 경우로, 하나의 프로세스가 CPU를 할당받으면 그 프로세스에게 주어진 CPU 할당시간을 다 수행할 때까지 CPU 제어권을 강제로 빼앗을 수 없는 경우를 말한다.

(5) 대기/차단 상태(wait/blocked state)

- 프로세스가 CPU를 차지하고 실행되다가 입출력 처리와 같은 사건이 발생하게 되면, CPU를 양도하고 입출력 처리가 완료될 때까지 대기 큐에서 대기하고 있는 상태.
- 대기 중인 프로세스는 대기 큐에서 입출력이 완료가 되면 다시 준비상태의 준비 큐(queue)로 옮겨가서 나머지 실행을 위한 수행을 기다리게 된다.

(6) 교착 상태(deadlock state)

- 프로세스가 결코 일어날 수 없는 사건(event)의 발생을 기다리고 있는 상태.
- 해결방법: 예방(prevention), 회피(avoidance), 발견(detection), 회복(recovery).

(7) 완료 상태(terminated state)

- 프로세스가 CPU를 할당받아 주어진 시간 내에 완전히 수행을 종료한 상태.
- 종료된 프로세스는 시스템에서 제거되고 관련된 PCB(process control block)도 삭제

된다. 그 프로세스에 할당된 자원을 회수할 수 있도록 한다.

Tip 프로세스 제어 블록(PCB, process control block)

특정한 프로세스를 관리할 필요가 있는 정보를 포함하는 운영체제 커널의 자료구조로써 운영체제가 프로세스 스케줄링을 위해 프로세스에 관한 모든 정보를 가지고 있는 데이터베이스를 말한다.

각 프로세스가 생성될 때마다 고유의 PCB가 생성되고, 프로세스가 완료되면 PCB는 제거된다.

프로세스 상태의 주요 기능은 [표 3-1]과 같다.

【표 3-1】 프로세서 상태의 주요 기능

프로세스 상태	기능
제출 상태 (submit state)	사용자에 의해 작업이 시스템에 제출되어있는 상태를 말한다.
보류 상태 (hold state)	작업이 제출되어 스풀러에 의해 스풀 공간인 디스크에 수록되어 있는 상태를 말한다.
준비 상태 (ready state)	CPU가 사용 가능한 상태 즉 CPU를 할당받을 수 있는 상태로서 CPU가 프로세스 자신을 처리해 주기를 기다리고 있는 상태를 말한다.
실행 상태 (running state)	프로세스가 CPU를 차지하고 있는 상태로서 CPU에 의해 프로세스를 수행하고 있는 상태를 말한다.
대기 상태 (blocked state)	프로세스가 CPU를 차지하고 실행되다가 입출력 처리와 같은 사건이 발생하게 되면, CPU를 양도하고 입출력 처리가 완료될 때까지 대기 큐에서 대기하고 있는 상태를 말한다.
완료 상태 (complete state)	프로세스가 CPU를 할당받아 주어진 시간 내에 완전히 수행을 종료한 상태를 말한다.

7.3 프로세스의 상태 변환 관리 모듈

(1) 프로세스 상태 변환 단계

1) 프로세서 상태 변환 1단계(제출상태 → 보류상태)

- 하나의 작업이 시스템에 제출되면 보류 상태로 전환되게 된다.
- 스풀러(SPOOLer)에 의해 디스크에 수록된다.

2) 프로세서 상태 변환 2단계(보류상태 → 준비상태)

- 작업 스케줄러(job scheduler)에 의해 실행될 작업을 선정하여 대응되는 프로세스로 만들어 준비 리스트의 맨 뒤에 삽입한다.

3) 프로세서 상태 변환 3단계(준비상태 → 실행상태)

- CPU 스케줄러(process scheduler)는 준비 상태에 있는 여러 프로세스 중 실행될 프로세스를 선정하여 CPU를 할당한다. → 디스패치(dispatch)라고 함.
- 프로세스는 준비 상태에서 실행 상태로 전환된다.

4) 프로세서 상태 변환 4단계(실행상태 → 준비상태 → 실행 상태)

- 운영체제에서는 각각의 프로세스에게 지정된 시간 동안 CPU를 점유할 수 있도록 하며 이 시간을 타임 슬라이스(time slice) 또는 시간 할당량(time quantum)이라 한다. ==> 시간 할당량 동안 CPU를 사용하게 된다.
- 타임 슬라이스를 지정하는 이유는 특정 프로세스가 CPU를 계속하여 독점하는 현상을 방지하고 시분할과 다중 프로그래밍을 원활하게 하기 위함이다.
- CPU를 할당받은 프로세스는 지정된 시간이 초과하게 되면 시스템 클록(clock)에 의한 외부 인터럽트가 발생하여 CPU를 양도하고 프로세스 자신은 준비 리스트의 맨 뒤로 들어감으로써 상태 전환이 일어난다(실행 상태 → 준비 상태로 전환됨).
- 이때 CPU 스케줄러는 준비 상태의 준비 리스트에서 다시 CPU를 할당할 프로세스를 선정하여 할당 시간을 배정한 후 그 프로세스에게 CPU를 디스패치 함으로써 실행 상태로 전환하게 한다(준비 상태 → 실행 상태로 전환됨).
- 문맥 교환(context switching): 한 프로세스에서 다른 프로세스로 CPU가 할당되는 과정, 할당 시간이 길면 CPU가 프로세스에게 독점되고 할당 시간이 짧을수록 문맥 교환에 따른 오버헤드(overhead)가 발생한다.

5) 프로세서 상태 변환 5단계(실행상태 → 대기상태 → 준비상태)

- 실행 상태에 있는 프로세스가 지정된 할당 시간을 초과하기 전에 입출력이나 기타 사건이 발생하면 CPU를 스스로 반납하고 입출력이 완료될 때까지 대기 상태로 전환된다.
- 입출력이 완료되면 대기 상태의 프로세스에게 입출력 완료 사실을 알려 준비 상태로 전환시켜야 한다(대기상태 → 준비상태로 전환됨).

• 여러 가지 프로세스의 상태 변환에 대한 추적과 관리는 트래픽 제어기(traffic controller)가 담당한다.

【표 3-2】 프로세스 상태 전환 관리 모듈과 기능

모듈	기능
스풀러 (SPOOLer)	제출된 작업들을 스풀 공간인 디스크에 수록하여 보류 상태로 변환을 담당함 (제출 상태 ➡ 보류 상태)
작업 스케줄러 (job scheduler)	보류 상태의 작업들 중에서 실행될 작업을 선정하여 대응되는 프로세스를 조정한 역할을 함 (보류 상태 ➡ 준비 상태)
프로세스 스케줄러 (process scheduler)	여러 프로세스 중 실행될 프로세스를 선정하여 CPU를 할당(dispatch)함 (준비 상태 ➡ 실행 상태)
트래픽 제어기 (traffic controller)	모든 프로세스의 상태를 추적하고 파악, 프로세스 관리 및 모든 프로세스 상태의 변환 수행, 프로세스 간의 통신과 동기화 조정함

7.4 프로세스 제어 블록(PCB, process control block)

프로세스는 프로그램 자체와 PCB(process control block)로 이루어지며 PCB는 운영체제에게 프로세스에 대한 중요한 정보를 제공해 주는 자료 구조 테이블이다. 운영체제는 기억장치에 PCB를 유지하며 운영체제가 CPU를 다른 프로세스에 넘겨주고자 할 때 PCB에 보관된 정보를 사용한다.

PCB는 태스크 제어 블록(TCB, task control block) 또는 작업 제어 블록(JCB, job control block)으로 불리기도 한다. PCB는 프로세스 생성 시에 만들어지며 모든 프로세스는 각각 고유한 PCB를 가지게 된다. 수행이 완료된 프로세스인 경우에는 해당 PCB도 함께 제거된다.

• 프로세스의 현재 상태: 보류, 실행, 준비, 대기, 정지 등의 상태를 나타낸다.
• 포인터: 프로세스가 적재된 기억장치의 주소에 대한 포인터 프로세스에 할당된 자원에 대한 포인터 값을 가지고 있다.
• 프로세스의 식별자: 프로세스의 고유한 정수 번호를 나타낸다.
• 프로그램 카운터: 프로세스가 다음에 실행할 명령어의 주소를 가리킨다.
• 프로세스의 우선순위: 프로세스 스케줄링 시 실행될 우선순위를 가지고 있다.

- 각종 레지스터: CPU 레지스터는 컴퓨터에 따라 다양한 구조와 종류를 가지고 있으며, 누산기, 색인(index) 레지스터, 스택 레지스터 범용 레지스터들 외에도 상태코드 정보를 가지고 있다.
- 기억장치 관리 정보: 경계 레지스터나 페이지 테이블들을 포함하고 있다.
- 입출력 정보: 입출력 요구 사항들, 입출력 장치들과 개방된 파일 리스트 등을 포함한다.
- 기타 정보: 계정 정보(CPU가 사용된 시간량, 시간의 범위, 계정 번호, 작업 또는 프로세스 번호 등), 부모 및 자식 프로세스 번호를 포함한다.

프로세스의 현재 상태	포인터(pointer)
프로세스 식별자	
프로그램 카운터(PC, program counter)	
프로그램 우선순위(priority)	
각종 레지스터	
기억장치 관리 정보	
입출력 정보	
기타 정보	

【그림 3-3】 프로세스 제어 블록(PCB)

7.5 프로세스의 중단(suspend)과 재시작(resume)

프로세스가 실행 상태 또는 대기 상태에서 프로세스를 중단하고 재시작(resume & restart)시키는 이유는 시스템에 프로세스가 너무 많은 경우 전체적인 시스템의 부하를 줄이기 위해 몇 개의 프로세스를 일시적으로 중단시키고, 부하가 해소되면 중단시킨 프로세스를 다시 재시작하기 위해서이다.

또한 시스템에 장애가 발생하면 실행 중인 프로세스는 잠시 중단했다가 시스템이 기능을 회복할 때 다시 재시작할 수 있으며, 프로세스의 어느 부분이 의심스러울 때 사용자는 실행 중인 프로세스를 중단하여 확인한 후 재시작하거나 정지할 수도 있다. 또한 처리할 일이 너무 많아 시스템 부담이 크면 프로세스 몇 개를 중단했다가 시스템이 다시 정상 상태로 돌아왔을 때 재시작할 수도 있다.

중단된 프로세스를 재시작 할 때에는 프로세스가 중단된 시점부터 다시 시작한다. 프로세스의 중단과 재시작의 목적은 아래와 같다.

- 시스템의 기능에 이상이 생길 경우, 현재 실행 중인 프로세스는 잠시 중단되었다가 시스템의 기능이 정상으로 회복되면 다시 재시작시킨다.
- 프로세스의 어느 부분이 의심스러울 경우, 사용자는 실행 중인 프로세스를 완전히 정지시키지 않고 잠시 동안 중단시켜 두었다가 그 내용을 확인한 후 재시작시킬 것인지 정지시킬 것인지를 결정한다.
- 단기간 동안에 시스템에 많은 부하가 걸리면 부하를 줄이기 위해 몇 개의 프로세스를 잠시 중단시키고, 시스템이 다시 정상 상태에 돌아오면 재시작시킨다.
- 시스템의 부하를 줄이기 위해 입출력이나 기타 사건이 끝나 프로세스가 준비 상태로 전환할 때까지 기다리지 않고, 즉시 중단시킨다.

[그림 3-4]는 중단과 재시작을 포함하고 있는 프로세스 상태의 전이 과정을 나타내고 있다.

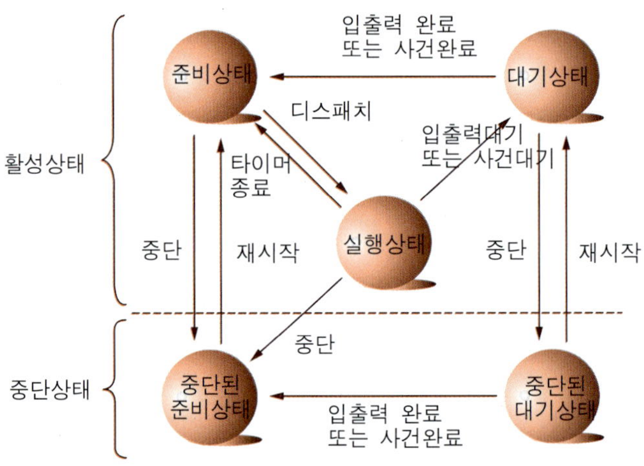

【그림 3-4】 프로세스의 중단과 재시작 상태도

[그림 3-4]는 정상상태의 상태 전이도에서 중단된 준비 상태와 중단된 대기 상태가 추가된 형태이며, 중단된 실행 상태는 존재하지 않는다. 중단된 준비 상태는 프로세스가 보조기억장치에 존재하며 주기억장치에 적재되는 동시에 실행할 수 있는 상태로서 사건이 발생하기를 기다리고 있는 상태를 말한다.

운영체제에서 실행되는 다수의 프로세스들은 상황에 따라 협력하기도 하고 경쟁하기도 하며 한정된 컴퓨터의 자원들을 시간적으로 공유하면서 실행한다. 이와 같이 시스템 내에 존재하는 다수의 병행 프로세스들은 상호간에 영향을 주지 않는 독립적인 프로세스(independent process)이거나 상호간에 협력이 이루어져야 하는 유기적인 프로세스(cooperating process)로 구분된다.

Tip 독립적인 프로세서와 유기적인 프로세스

어떤 프로세스가 시스템에서 실행 중인 다른 프로세스의 영향을 받지도 않고 영향을 주지도 않을 때 그 프로세스를 독립적인 프로세서라 하며, 다른 프로세스와 데이터를 공유하지 않는 프로세스를 말한다.

어떤 프로세스가 시스템에서 실행 중인 다른 프로세스에 영향을 받고 또 영향을 줄 때 그 프로세스를 유기적 프로세스라고 하며, 다른 프로세스와 서로 데이터를 공유하는 프로세스를 말한다.

Chapter 08 스레드(thread)

8.1 스레드의 정의

스레드는 프로세스나 태스크(task)보다 더 작은 단위로 다중 프로그래밍 시스템에서 CPU에게 보내져 실행되는 프로그램 단위이며, 사용 목적은 프로세스 스케줄링 부담을 줄여 성능을 향상시키기 위한 프로세스의 다른 표현 방식이다. 다중 프로세스를 이용하여 하나의 업무를 처리하는 경우에 동일한 자료들이 중첩되어 유지되고 관리되어진다. 또한 프로세스가 실행의 기본 단위라는 것은 하나의 프로세스 내에서 프로그램이 수행될 때 각각의 실행 단위 시간 내에 하나의 실행 포인트만이 존재함을 의미하는 것으로 단일 프로세스 내에서의 동시처리 또는 병렬 처리가 불가능함을 알 수 있다.

8.2 스레드의 개념 및 종류

단일 프로세스용 운영체제에서 프로세스를 생성하고 유지하는데 많은 비용을 필요로 하는 문제와 동시 처리 또는 병렬 처리가 불가능한 문제를 개선하기 위한 방법으로 스레드를 기본 단위로 하는 다중 스레딩이란 개념이 도입되었다.

스레드란 제어의 흐름을 의미하는 것으로 프로세스에서 실행의 개념만을 분리한 것이다. 즉 프로세스의 구성을 크게 제어의 흐름 부분과 실행 환경 부분으로 나눌 때 스레드는 프로세스의 실행 부분을 담당함으로써 실행의 기본 단위가 된다.

실제로 하나의 프로세스 내에는 여러 개의 스레드가 존재할 수 있으며, 스레드들은 실행에 필요한 최소한의 정보만을 가지고 프로그램 수행 시 자신이 속해 있는 프로세스의 실행 환경을 공유한다. 대부분의 기존 프로그램들은 하나의 프로세스가 하나의 스레드를 갖는 형태로 구성되어 있다.

Tip

다중 스레딩(multi threading)

스레드(thread)란 운영체제로부터 시간을 할당받는 하나의 독립된 코드 단위를 말하는데 가장 작은 논리적 단위이다. 현재 수행 중인 프로그램을 태스크(task) 또는 프로세스(process)라 부르고 프로세서는 하나 이상의 스레드를 가진다. 멀티스레딩이란 여러 개의 스레드가 동시에 실행 될 수 있다는 것을 의미한다.

다중작업(multitasking)

다수의 작업(혹은 프로세스)이 CPU와 같은 공용자원(shared resource)을 나누어 사용하는 것, 즉, 하나의 시스템에서 2가지 이상의 작업을 동시에 처리하거나 여러 개의 프로그램들을 동시에 실행시키는 것을 말한다.

[그림 3-5]는 단일 스레드형 프로세스와 다중 스레드형 프로세스의 차이점을 나타내고 있다. 단일 스레드형 프로세스는 [그림 3-5 (a)]와 같이 하나의 스레드가 힙 영역, 정적 영역, 코드, 레지스터와 스택을 공유한다. 다중 스레드형 프로세스는 [그림 3-5 (b)]와 같이 각각의 스레드가 힙 영역(heap storage), 정적 영역(static storage) 그리고 코드(code)를 공유하는 반면 자기 고유의 레지스터와 스택을 가지고 있다.

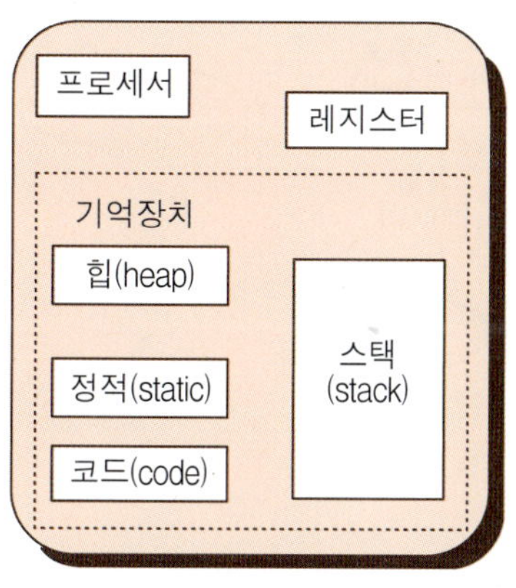

(a) 단일 스레드형 프로세스

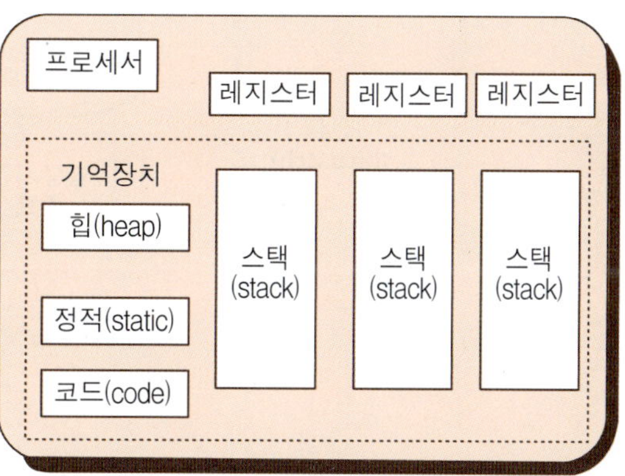

(b) 다중 스레드형 프로세스

【그림 3-5】 단일 및 다중 스레드형 프로세스

다중 스레딩이란 다수의 스레드를 이용하여 하나의 프로그램을 동시에 처리하는 것으로 하나의 프로그램을 위하여 다수의 실행 단위를 이용한다는 점에서 다중 프로세싱과 동일한 의미이다. 그러나 다중 프로세싱과는 달리 하나의 프로세스 자체에 다수의 실행 단위들이 존재하여 작업의 수행에 필요한 자원들을 공유하기 때문에 자원의 생성 및 관리가 중복되는 것을 최소화 할 수 있다. 하나의 프로그램을 다중 스레딩 기법을 이용하여 수행할 경우 각 스레드는 서로 독립적으로 동시에 수행이 가능하여 다중 프로세서 시스템에서는 물론 단일 프로세서 시스템 상에서도 업무의 실질적인 다중 처리를 가능하게 한다. 스레드와 프로세스 차이점은 실행점과 병행성을 기준으로 [표 3-3]과 같다.

【표 3-3】 스레드와 프로세스 차이점 비교

구분 항목	스레드	프로세스
실행점	CPU가 하나인 시스템에서 실행 중인 프로세스에는 여러 개의 스레드가 존재하므로 실행점이 여러 개임	CPU가 하나인 시스템에서는 하나의 프로세스만 실행되므로 실행점이 하나임
병행성	CPU가 하나인 시스템에서도 병행 실행이 가능함	CPU가 하나인 시스템에서는 순차적으로 실행됨

8.3 스레드의 상태 변환

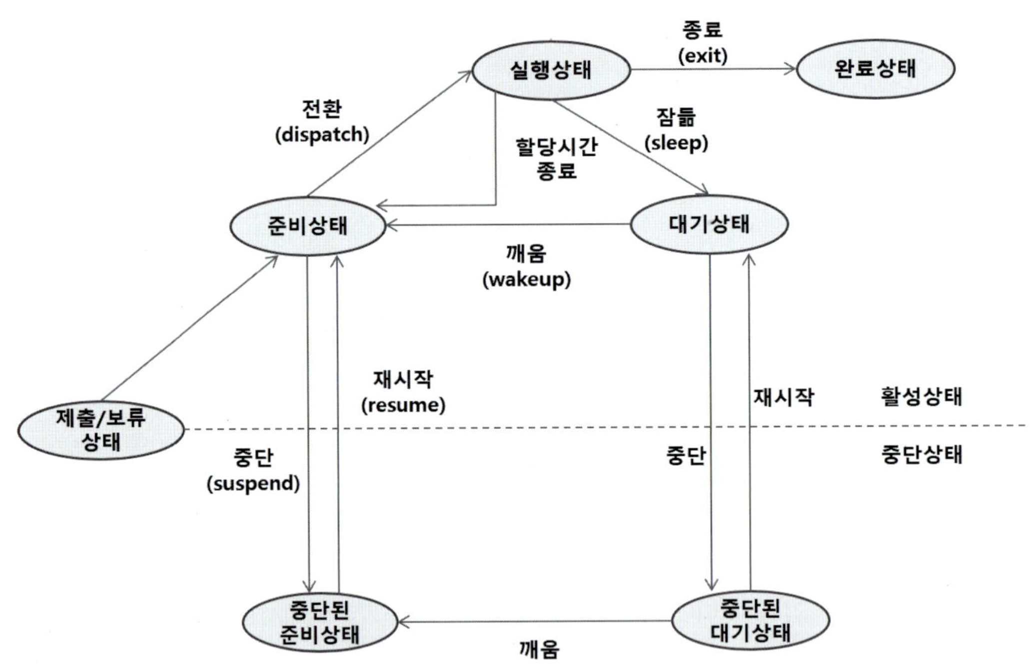

【그림 3-6】 스레드의 상태 변환

하나의 스레드는 실행 과정 동안에 상태 변화가 이루어지고, 각 스레드는 순차적 실행을 하며 자신의 프로그램 카운터와 스택을 가지고 있다. 한 스레드가 먼저 실행하고 나면 다른 스레드가 시간을 분할하여 공유하면서 실행함으로써 프로세스처럼 CPU를 공유하게 된다.

스레드는 자식 스레드를 생성시킬 수 있고 시스템 호출이 완료될 때까지 기다리는 동안 대기 상태에 있을 수 있다. 스레드의 실행 상태 변화는 준비, 실행, 대기, 완료 상태 등 크게 네 가지로 구분할 수 있다.

하나의 다중 스레드형 프로세스는 기존의 프로세스가 갖는 하나의 제어 스레드의 의미가 아닌 여러 개의 스레드가 연결된 형태를 갖는다. 각 스레드는 서로 독립적으로 실행될 수도 있고, 같은 주소 공간 내에서 동시에 수행되는 다른 스레드와 협력하면서 수행될 수도 있다.

하나의 응용 프로그램을 다중 스레드형으로 설계할 때 사용자는 직접적으로 스레드를 생성할 수 있으며 스레드의 구성 요소를 조절함으로써 자신의 프로그램에 적합한 형태의 스레드를 가질 수 있다.

Chapter 09 병행 프로세스의 개념

9.1 병행 프로세스 정의 및 개요

(1) 병행 프로세스의 정의

병행 프로세스(concurrent process) 또는 병행 처리란 두 개 또는 그 이상의 관련 있는 프로세스(프로그램)가 동시에 실행되는 것으로 같이 존재하고 있다는 뜻이다. 또한 메모리에 다수의 프로세스가 같이 존재한다는 것을 의미한다. 한 개의 CPU가 있는 단일처리 시스템에서는 병행 프로세스 중 한 개만이 실제로 실행되지만 CPU의 처리 시간을 효과적으로 나눔으로써 겉으로는 병행 프로세스들이 동시에 처리되는 것이다.

프로세스들은 서로 관련 없이 독립적으로 수행하는 독립적 병행 프로세서와 상호 관련성을 가지고 비동기적으로 수행하는 협력하여 동시에 수행하는 비동기적인 병행 프로세스로 구분할 수 있다. 병행 프로세스들이 서로 간에 비동기적(asynchronous)이라는 말은 다른 프로세스들이 어떤 상태에 있는지, 어떤 자원을 가지고 있는지, 어디까지 실행됐는지 등에 대해 모른 체 실행되고 있음을 의미한다. 이러한 병행 프로세스는 최근 컴퓨터의 가장 중요한 개념으로 다중 프로세스 시스템이나 분산 처리 시스템에서 필수 불가결한 주요 요소이다.

(2) 병행 프로세스의 특징

1) 독립적 프로세스(동기적 프로세스)

- 단일처리 시스템에서의 병행 프로세스.
- 실행 중인 타 프로세스들에 영향을 주거나 받지 않음.
- 타 프로세스들과 데이터를 공유하지 않음.
- 단일 프로세스 내에서도 병행성 문제 해결 필요.

2) 협력적 프로세스(비동기적 프로세스)

- 다중처리 시스템 내 타 프로세스의 실행에 영향을 주거나 받는 경우.
- 데이터 공유 방식/공유 데이터 접근 방식을 고려해야 함.
- 프로세스간 협력 이유.
  - 정보 공유 & 계산 속도 향상.
  - 모듈적 구성 강화.
  - 편의성 증대: 한 사용자가 편집, 인쇄 등 여러 태스크를 병렬로 수행 가능.

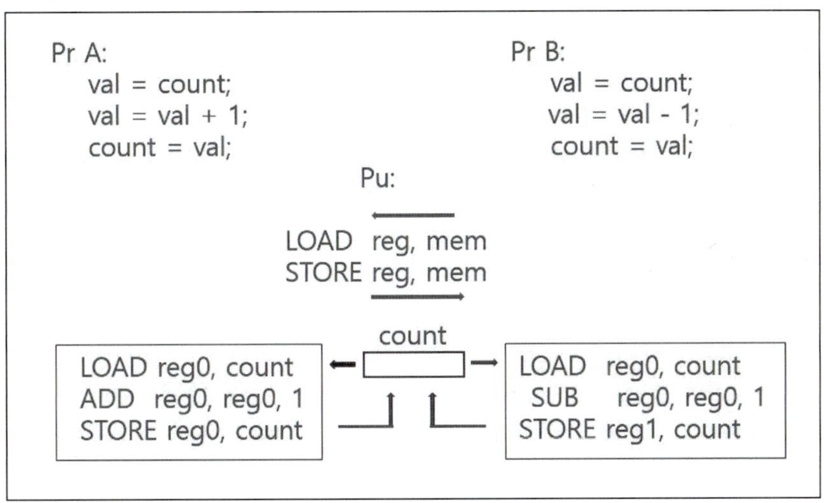

【그림 3-7】 병행 프로세스의 레지스터 내 계산 과정 예

- ex1) 메모리에 있는 변수 count는 현재 값이 10이며, 프로세스 A(Pr A)는 이 값을 하나 증가시키는 일을, 프로세스 B(Pr B)는 하나 감소시키는 일을 한다고 하자.
- (결과) 두 프로세스가 한 번씩 실행되었을 때의 결과 값은 누가 먼저 실행되든 여전히 10이어야 할 것이다.

  Pr A(증가)의 경우 먼저 메모리에서 count 값을 읽어 처리기 레지스터로 넣은 다음 1을 더하고 난 후, 처리기 레지스터에 들어 있는 결과 값 11을 메모리의 count 변수에 저장함으로써 실행을 완료한다.

  여기서 중요한 점은 결과 값 11이 저장되기 전까지는 메모리의 count 값이 10인 것을 명심하자.

  Pr B(감소) 역시 1을 뺀다는 것 외에는 A와 동일한 절차를 밟게 될 것이다. 정상적으로 실행됨을 가정하고 A가 먼저 실행되었을 경우 count는 11이 된 후 Pr B에 의해 다시 10이 될 것이며, 반대로 B가 먼저 실행되었다면 9가 된 후 Pr A에 의해 10이 될 것이므로 두 경우 모두 정확한 결과를 낳는다는 것을 알 수 있다.

- ex2) 공유 변수 count에 대해 A와 B가 아무 제약 없이 실행되도록 했을 경우를 알아보자.
- (결과) 먼저 Pr A가 count 값을 11로 증가시킨 후 저장하기 전에 CPU의 사용권이 B에게 넘겨진 후, B의 count에 대한 접근이 허용되면 Pr B는 1을 빼기위해 먼저 메모리에 있는 count 값을 읽어오게 될 텐데 이때의 값은 여전히 10일 것이다.
  Pr B에 의해 9가 저장된 후 다시 A가 실행되면 이전에 CPU를 뺏긴 시점부터 시작할 것이고, 결과적으로 처리기 레지스터에 있는 값 11을 저장하게 되어 count의 최종 값은 11이 될 것이며, 반대로 A와 B의 순서를 바꾸면 9가 저장될 것이다.

다중처리 시스템의 경우에는 두 프로세스가 동시에 실행될 수 있으므로 둘 다 10을 읽고 각자의 실행 결과를 저장하게 될 것이고, 결국 count의 최종 값은 조금이라도 늦게 저장하는 프로세스의 결과 값과 같이 11 또는 9가 될 것이다. 즉, 한 프로세스의 공유 변수 count에 대한 조작 도중 다른 프로세스에게도 count에 대한 조작이 허용되면 부정확한 결과 값을 초래하게 된다. 다시 말해, 단일처리 시스템의 경우 정확한 결과 값을 위해서는 Pr A의 count에 대한 조작 도중 CPU가 Pr B로 넘겨지더라도 Pr B의 count에 대한 조작은 허용되어서는 안 된다는 점이다.

(3) 병행성 정의

병행성(concurrency)은 여러 개의 프로세스가 같은 프로세서를 공유하거나 메모리 및 입출력장치를 공유한다는 의미를 가지고 있다. 병행성(concurrency)과 병렬성(parallelism)은 다르다. 병렬성은 다중처리 시스템의 경우 여러 개의 프로세스가 동시에 실행하는 것을 말한다. 병행성은 한정된 자원(CPU, 메모리, 디스크, I/O 등)에 대한 사용 순서 문제, 프로세스간의 통신, 자원의 할당 및 경쟁 등 다양한 운영체제 설계 문제에 관련되어 있다.

이러한 문제들은 다중 프로세스 시스템이나 분산 처리 시스템뿐만 아니라 단일 프로세스를 가지는 다중 프로그래밍 환경에서 다수의 프로세스들이 서로 상호 관계를 갖고 동시 병행 처리되어야 하기 때문에 다음과 같은 문제점이 발생하므로 해결해야 한다.

- 여러 개의 프로세스가 병행되어 처리될 때 실행순서와 관계없이 항상 같은 결과를 얻어야하는지의 결정성(determinacy) 문제.
- 공유 자원(프린터, 통신망 등)의 배타적 사용 문제(한 순간에 한 프로세스만 사용)에 대한 상호배제(mutual exclusion) 문제.
- 하나의 기능(공유 데이터 조작)을 함께 수행함에 따른 프로세스간의 동기화(synchronization) 문제.
- 프로세스 사이의 메시지 교환을 위한 메시지 전달방식 상의 통신(communication) 문제.
- 프로세스의 교착 상태(deadlock) 문제.

Tip 임계 영역critical section), 상호배제(mutual exclusion)

① 임계 영역(critical section)는 공유 자원에 접근하는 프로세스의 영역이다. 즉, 프로그램 코드 중에서 공유 자원에 접근하는 부분의 코드를 의미한다.

② 임계 구역을 가진 스레드들이 동시에 실행되지 않고 서로 배제되어(상호 배타적) 실행되게 하는 기술로써 동시에 실행되는 프로세스들이 임계 영역(critical section)에 동시에 들어가지 않도록 하는 것을 말한다.

1) 프로세스간의 상호 작용

【표 3-4】 프로세스간의 상호 작용 비교

인식 정도	프로세스 관계	미치는 영향	문제점
서로를 전혀 인식 못하는 프로세스	경쟁 관계	· 다른 프로세스들과 전혀 상관이 없음 · 프로세스 타이밍에 영향을 받을 수 있음	상호배제/교착 상태 기아 상태
간접적으로 인식하는 프로세스	공유에 의한 협조	· 다른 프로세스로부터 얻은 정보에 의존적임 · 프로세스 타이밍에 영향을 받을 수 있음	상호배제/교착 상태 기아 상태 일관성
직접적으로 인식하는 프로세스	통신에 의한 협조	· 다른 프로세스로부터 얻은 정보에 의존적임 · 프로세스 타이밍에 영향을 받을 수 있음	교착 상태/기아 상태

여러 개의 프로세스가 동시에 실행되는 환경에서는 한정된 자원에 대한 사용을 위하여 각각의 프로세스들이 서로 경쟁적인 관계로 변하게 된다. 프로세스간 상호 작용은 서로 다른 프로세스에 대한 정보가 전혀 없는 상태에서 일어날 수도 있고 서로에 대한 정보를 직접

또는 간접적으로 인식하고 있는 상황에서 일어날 수도 있다. 따라서 프로세스간의 상호 작용을 잘 이해해야만 프로세스간의 동기나 조정, 통신 등을 통하여 상호 간섭의 문제를 해결할 수 있게 된다.

1-1) 프로세스 사이의 경쟁

프로세스 사이의 경쟁 관계는 직접 또는 간접적으로 상대 프로세스를 전혀 인지하지 않고 독자적으로 작업을 수행할 경우 일어날 수 있다. 예를 들어 서로 다른 프로세스들이 시스템 내의 각종 자원에 대해 다른 프로세스를 의식하지 않고 독자적으로 각각 접근하려는 경우, 운영체제가 이러한 접근에 대해서 적절한 조절을 해주어야 자원 사용에 대한 여러 문제가 없어진다.

특히 병행 처리되는 프로세스들이 같은 자원에 대한 사용을 위해 경쟁할 때에는 혼란이 일어날 수 있으며 하나의 자원에 대해 두개의 경쟁하는 프로세스가 있을 때에도 문제가 발생할 수 있다.

1-2) 프로세스 사이의 협조

프로세스 사이의 협조 관계는 간접적으로 상대 프로세스를 인식하는 경우와 직접적으로 상대 프로세스를 인식하는 경우의 두 가지 형태로 나타낼 수 있다. 여러 개의 프로세스들이 공유 변수, 공유 파일, 데이터베이스에 접근하려고 하는 경우 어떤 프로세스는 나머지 프로세스들에게 알리지 않고 공유 데이터를 사용하거나 갱신하기도 한다. 이와 같은 경우 프로세스들은 공유 데이터를 제대로 관리하기 위하여 서로 협력해야 한다. 즉 적절한 제어 기법을 이용하여 공유 데이터에 대한 무결성(integrity)을 보장해야만 한다.

Tip 무결성(integrity)

데이터의 정확성, 일관성, 유효성이 유지되는 것을 말하며, 정보가 원 그대로 변형되지 않고 전달되는 성질로, 원래의 정보 또는 신호가 전송/저장/변환 중에 또는 그 후에도 동일함을 유지할 때 무결성이 보장된다고 함.

예를 들어 서로 다른 프로세스 P1과 P2가 변수 X와 Y를 공유하여 병행 처리하는 경우를 보자. 프로세스 P1은 공유 변수 X와 Y에 대해서 각각 6을 증가시키고 프로세스 P2는 공유 변수 X와 Y에 대해서 3을 곱해주는 작업을 한다고 가정한다(공유 조건에서 X와 Y의 초기값은 같고 P1과 P2의 처리 후에도 항상 X와 Y는 같아야 한다.).

```
P1 : X = X + 6;        P2 : X = X * 3;
     Y = Y + 6;             Y = Y * 3;
```

프로세스 P1과 P2의 병행 처리는 그 결과가 항상 X = Y가 되어야 한다. 즉 일관성이 유지되어야 한다. 다음 [1]과 같은 순서로 처리 될 때에는 일관성이 유지되나 [2]와 같이 수행될 때에는 X ≠ Y가 된다. 이 문제는 공유 객체를 사용하는 프로세스 사이의 상호 협조의 중요성을 말해주고 있다. 이는 상호배제 기법으로 접근하여 각 프로세스 내의 전체 명령어 순서를 임계 구역으로 선언함으로써 해결할 수 있다.

```
[1]                    [2]
  P1 : X = X + 6;        P1 : X = X + 6;
  P1 : Y = Y + 6;        P2 : Y = Y * 3;
  P2 : X = X * 3;        P1 : Y = Y + 6;
  P2 : Y = Y * 3;        P2 : X = X * 3;
```

또한 서로 다른 프로세스들이 통신에 의해 협력할 때에는 모든 프로세스들이 연결하는 작업에 함께 참여한다. 각 프로세스들은 통신을 통하여 동기화나 협력 등을 할 수 있으며 보통 통신이라 하면 어떤 종류의 메시지로 구성되어 있는 것으로 생각할 수 있다. 메시지를 주고받기 위한 기본 연산은 프로그래밍 언어나 커널에 의해 제공될 수 있다. 메시지를 주고받는 경우에는 프로세스들 사이에 아무것도 공유되지 않으므로 상호배제를 통한 요구 조건은 필요하지 않으나 교착 상태와 기아 상태와 같은 문제는 여전히 발생할 수 있다.

Chapter 10 상호배제

10.1 상호배제의 정의

(1) 임계구역 및 상호배제 개념

임계구역(임계 영역(critical region), critical section)란 공유되는 자원에 대한 처리 내용 중에서 상호배제를 시켜야 하는 일정 부분에 대해서는 어느 하나의 프로세스가 처리하는 동안에 다른 프로세스들의 접근을 허용하지 말아야 한다.

즉, 임계구역 내에 있다는 것은 해당 프로세스만 공유 데이터에 대해 배타적 접근하고 나머지 프로세스들은 기다려야한다. 이 때 상호배제를 시켜야 하는 일정 부분을 임계 구역이라고 말한다.

상호배제(mutual exclusion)란 한 프로세스가 공유 자원(메모리, 파일 등)에 대해서 한 프로세스만이 접근하고, 다른 프로세스들이 사용하지 못하도록 배제시키는 제어기법을 말한다. 즉, 두 프로세스가 하나의 공유 자원을 번갈아 사용할 수 있게 하고 동시에는 수행하지 못하게 하는 것으로 프로그램들이 공유 자원을 동시에 사용하려 할 때 필요하다. 프로세스들이 공유 데이터에 대해 서로 접근을 시도하는 상황을 경쟁 상태(race condition)라 한다. 이러한 경쟁관계에 있는 프로세스들로 인해 상호배제, 교착 상태(deadlock), 기아(starvation)와 같은 문제가 발생한다.

임계구역과 상호배제 문제는 어떤 프로세스가 공유자원을 사용하고 있을 때 그 프로세스는 임계구역 내에 있도록 하고, 다른 프로세스들을 임계구역 내에 있지 못하도록 해야 한다. 임계구역 내에 있던 프로세스가 임계구역을 벗어나면 임계구역 내에 들어가기를 기다리고 있던 프로세스들 중 하나가 임계구역 내에 들어가도록 허용한다.

따라서 임계구역 내의 수행은 가능한 빨리 끝내야 하며 임계구역에 들어가서 프로세스는 블록 상태(blocking)에 빠져서는 안 된다.

■ 임계 영역 진입 순서

① 임계영역에 들어가고자 하는 프로세스는 먼저 임계영역 내 다른 프로세스가 있는지를 확인한다.

② 확인한 후 있다면 기다리고, 없다면 들어가면서 자신이 나올 때까지 다른 프로세스가 들어오지 못하도록 한다.

③ 임계영역을 벗어날 때는 자신이 나오는 사실을 알려서 다른 프로세스가 들어올 수 있도록 한다.

[그림 3-8]은 두 프로세스가 공통 버퍼를 사용할 때 이 버퍼를 임계구역이라 하며, 동시에 버퍼를 사용해서는 안 된다. 만약 한 프린터를 두 프로그램이 공유하여 사용한다면 그 결과는 엉터리가 될 것이다. 이와 같이 상호배제를 지키는 것은 병행 프로세스에 있어서 가장 중요한 문제라 할 수 있다.

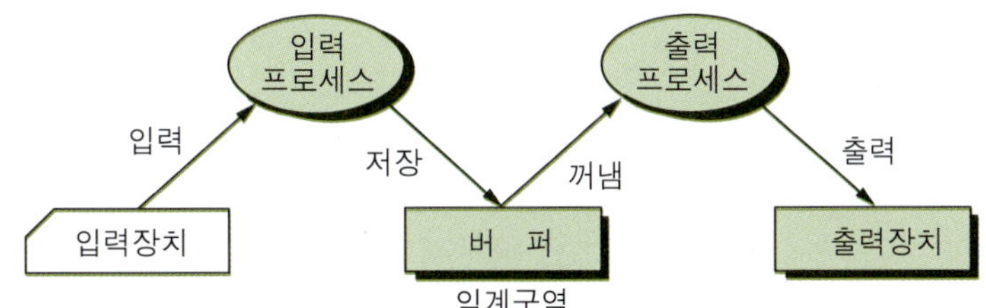

· 저장과 꺼냄을 동시에 해서는 안 된다.
· 저장과 꺼냄이 동시 불가능하므로 버퍼를 임계구역이라고 한다.

【그림 3-8】 임계구역과 상호배제 문제

공유 메모리를 사용하는 병행 프로세스들이 올바르고 효과적으로 수행되도록 하려면 다음과 같은 추가된 조건이 필요하다. 즉 임계구역 문제를 해결하기 위한 세 가지 요구 조건은 다음과 같다.

- 상호배제 조건 : 두 개 이상의 프로세스들이 동시에 임계구역에 있어서는 안 된다.
- 진행 조건 : 임계구역 바깥에 있는 프로세스가 다른 프로세스의 임계구역 진입을 막아서는 안 된다.
- 한계 대기 조건 : 어떤 프로세스도 임계 구역으로 들어가는 것이 무한정 연기되어서는 안 된다.

상호배제를 구현하기 위한 여러 가지 해결 방법으로는 소프트웨어에 의한 방법, 하드웨어에 의한 방법, 세마포어를 이용한 방법, 모니터를 이용한 방법 등이 있다. 상호배제를 위한 방법 중 가장 많이 사용되는 것이 세마포어(semaphore)를 이용한 방법이다.

상호배제의 소프트웨어적 구현과 하드웨어에 의한 방법은 임계구역 외부의 프로세스들이 바쁜 대기(busy waiting)를 일으킨다.

Tip 바쁜 대기(busy waiting)

바쁜 대기는 어떠한 특정 공유자원에 대하여 두 개 이상의 프로세스나 스레드가 그 이용 권한을 획득하고자 하는 동기화 상황에서 그 권한 획득을 위한 과정에서 일어나는 현상이다.

바쁜 대기의 예 : 변수가 특정한 값이 될 때까지 루프를 계속 돌면서 끊임없이 변수의 값을 검사하는 경우에 발생한다. busy waiting은 아무 일도 하지 않으면서 CPU 시간을 소모하기 때문에 피해야만 한다.

(2) 상호배제 구현 기법

1) 소프트웨어적 구현 기법

소프트웨어적인 해결 방법을 이해하기 위해 몇 개의 단계로 나누어 설명한다. 여기서 변수 turn(정수형)은 2개 프로세스 P_0, P_1의 공유 변수이고, i는 프로세스 지역 변수이다. turn, i, j는 0 또는 1의 초기 값을 가지며 i = 1-j이다.

```
[알고리즘 1]
while (1) {
      . . .
      while (turn != i);
      // 임계 구역(critical section)
       . . .
      turn : = j;
      // 잔류 구역(remainder section)
       . . .
   }
```

【그림 3-9】 [알고리즘 1]에서의 임계구역과 상호배제 문제

[그림 3-9]의 [알고리즘 1]에서 turn 변수에 의해 Pi와 Pj 중에서 한 프로세스가 임계 구역에 진입하게 된다. 즉, Pi는 turn 값이 i와 같을 때 진입하고, Pj는 turn 값이 j와 같을 때 진입한다. 이 방법은 한 순간에 한 프로세스만이 임계 구역에 들어갈 수 있도록 한다. 그러

나 이것은 임계 구역의 실행 순서를 2개의 프로세스가 교대로 가져야 하므로 임계 구역 요구 조건에서 2개 프로세스의 상대적인 시간적 차이를 고려하지 않고 있을 뿐 아니라 진행 요구 조건을 충족시키지 못하고 있다. 예를 들어 turn = 0일 경우 프로세스 Pj가 수행 중이 아니라도 두 번 연속해서 임계 구역에 들어갈 수 없다.

[그림 3-10]은 프로세스 Pi의 구조에 대한 소프트웨어적인 [알고리즘 2]를 나타낸 것이며, Boolean 배열 flag[i]가 false로 초기화된다. flag[i]가 true라면 Pi가 임계구역에 들어갈 준비가 되어 있다는 것을 의미한다.

[알고리즘 2]에서 프로세스 Pi는 처음에 flag[i]를 true로 지정하여 임계구역 진입할 것을 알린다. 그 다음에 Pi는 프로세스 Pj가 진입할 의사가 있는지를 확인한다. 만일 Pj가 준비되었다면 Pj가 임계 구역에 있지 않겠다고 할 때까지 기다린 후에 Pi가 진입한다. 임계 구역을 떠날 때는 Pi flag[i]를 false로 바꾸어 더 이상 임계 구역 내에 있지 않음을 나타낸다.

그러나 이 방식은 상호배제 조건은 충족하지만 임계 요구 조건에서 한계 대기 조건에 충족되지 않는다. 즉 2개의 프로세스가 거의 같은 시간에 진입하고 나면 flag[i], flag[j] 모두 true가 되며, 2개의 프로세스는 내의 while 문에서 영원히 대기한다. 이와 같이 2개의 프로세스가 상대방 flag가 false가 되기를 무한히 기다리는 상태를 교착 상태라고 한다.

```
[알고리즘 2]
while (1) {
      . . .
      flag[i] := true;
      while (flag[j] == true);
      // 임계 구역(critical section)
      . . .
       flag[i] := false;
      // 잔류 구역(remainder section)
       . . .
  }
```

【그림 3-10】 [알고리즘 2]에서의 프로세스 Pi의 구조

- 2개 프로세스간 기준 대표적인 알고리즘: 데커(Dekker) 알고리즘, 피터슨(Peterson) 알고리즘.
- 여러 개 프로세스간 기준 대표적인 알고리즘: Lamport의 빵집 알고리즘.

1-1) 2개 프로세스간의 상호배제

① 데커(dekker) 알고리즘: 상호배제의 최초의 소프트웨어 해결법, 주도권을 가진 프로세스를 나타내는 변수를 이용하여 상호배제를 구현함.

```
while (1) {
      . . .
      flag[i] := true;
      while (flag[j]) {
            if (turn == j)  {
                flag[i] := false;
                while (turn == j);
                flag[i] := true;
            }
      }
      // 임계 구역 (critical section)
      . . .
      turn := j;
      flag[i] := false;
      // 잔류 구역(remainder section)
      . . .
 }
```

【그림 3-11】 데커 알고리즘

데커 알고리즘은 2개의 프로세스를 위한 상호배제의 문제를 최초로 정확한 소프트웨어 해결 방법으로 제시한 것이다. 두 프로세스 P0과 P1은 변수 boolean flag[2]와 integer turn을 공유한다. 이 공유 변수의 초기 값은 flag[0] = flag[1] = false이고 turn은 0 또는 1의 값을 갖는다.

Pi가 임계 구역에 들어가려면 flag[i]에 진입하겠다는 의사 표시를 true로 하며, Pj가 똑같이 임계 구역에 들어가려 하는지를 확인한다. 만일 flag[j]가 false이어서 Pj가 임계 구역에 있지 않고 들어가려고 하지도 않음을 확인하면 Pi는 임계 구역으로 들어간다. 그렇지 않으면 turn 변수가 j일 때 Pj에게 우선권을 내준다. turn 변수가 i라면 flag[j]가 false가 되기를 기다린다.

임계 구역에서 나오는 프로세스는 flag[i]를 false로 하여 빠져 나옴을 알린다. 두 프로세스가 동시에 진행될 때 자신의 flag를 true로 하고 상대방 flag를 검사한 후 turn 값에 따라서 if 문 이하 명령문을 수행하거나 수행하지 않을 수 있다. 결국 turn 값이 i면 P_i가 진입하고 turn 값이 j이면 P_j가 진입하게 된다.

② 피터슨(Peterson) 알고리즘: 데커의 'busy waiting 기법'을 이용한 알고리즘 사용 의사와 다음 차례를 동시에 검사하는 방법.

피터슨 알고리즘은 [알고리즘 1]과 [알고리즘 2]를 결합해서 모든 요구 조건을 만족시키는 임계 구역 문제에 대한 정확한 해결 방법을 얻을 수 있다. 공유 변수의 초기 값은 flag[0] = flag[1] = false이고 turn은 0 또는 1의 값을 갖는다.

```
while (1) {
      . . .
      flag[i] := true;
      turn := j;
      while (flag[j] && turn == j);
      // 임계 구역 (critical section)
      . . .
      flag[i] := false;
      // 잔류 구역(remainder section)
      . . .
 }
```

【그림 3-12】 피터슨 알고리즘

Pi가 임계 구역에 진입하려면 먼저 flag[i]에 임계 구역에 들어가고 싶다는 의사 표시로 true 값을 넣는다. 그 다음 turn 변수를 j로 설정하고 내부 while 문을 수행한다. 이 때 프로세스 j가 들어갈 의사 표시를 하지 않으면 flag[j]가 false이므로 임계 구역에 들어갈 수 있다. 그러나 만약 2개의 프로세스가 동시에 진입하려고 한다면 둘 중에 하나만을 선택해야 하므로 변수 turn이 역할을 한다. 조금이라도 turn 변수가 늦게 수행되면 프로세스가 내부의 while 문에서 기회를 양보하게 된다.

임계 구역에서 나오는 프로세스 Pi는 flag[i]를 false로 함으로써 다른 프로세스가 임계 구역에 들어가도록 허용한다. 따라서 두 개의 프로세스가 동시에 진행할 경우 각각 자신의 flag를 true로 한다. Pi는 turn 값을 j로, Pj는 turn 값을 i로 하는데 내부 while 문에서 turn 값에 따라서 Pi나 Pj 중 하나가 임계 구역에 진입하게 된다.

1-2) N-프로세스간의 상호배제

n개 프로세스의 상호배제 문제를 소프트웨어로 해결한 최초의 시도는 1965년 Dijkstra가 제안하였다. 1974년 Lamport는 특히 분산 처리 시스템에 유용한 알고리즘을 개발했으며, 이 알고리즘은 고객이 많은 빵집에서 사용되고 있는 번호표를 받고 대기하는 개념을 사용했다고 해서 Lamport의 빵집(bakery) 알고리즘이라고 하였다.

Lamport의 빵집(제과점) 알고리즘은 분산 처리 환경에 유용하며, 먼저 번호를 부여받고 낮은 번호부터 실행하게 하지만 꼭 먼저 우선은 아니다. 이 방법은 상호배제, 한계 대기, 진행 조건 모두 만족하는 알고리즘이다. 고객은 제과점에 들어갈 때 번호표를 부여받는데, 낮은 번호를 가진 고객이 먼저 서비스 받는다. 번호표의 가장 낮은 번호는 1이며, 알고리즘에서 번호 0은 번호표를 받지 않은 것을 나타내기 위해서 사용한다.

Lamport의 빵집 알고리즘에서 사용되는 변수는 boolean choosing[n]과 int number[n]이며 이에 대한 프로세스 Pi의 구조는 [그림 3-13]과 같다. choosing[i]는 초기 값으로 false가 설정되고 번호표를 뽑기 전에는 true이고 번호표를 뽑은 후에는 false가 된다. number[i]는 0으로 초기화되며 알고리즘 기술 편의상 다음의 수식을 정의한다.

```
k = max(a0, .., an-1) ⇒ k ≧ ai for i = 0,⋯,n-1
   (a, b) < (c, d) ⇒  a < c 또는 a == c && b < d
```

```
while (1) {
 . . .
choosing[i] : = true; // 번호표를 뽑기 전
number[i] = max(number[0], number[1],...number[n-1]) + 1;
choosing[i] = false; // 번호표를 뽑은 후
for (j : =0; j < n; j ++) {//모든 프로세스에 대한 번호표 비교루프
  while (choosing[j]); // Pj가 번호표 받을 때까지 대기
  while (number[j] != 0 && (number[j], j) < (number [i], i));
}
//임계 구역(critical section)
 . . .
number[i] := 0;
// 잔류 구역(remainder section)
 . . .
}
```

【그림 3-13】 Lamport의 빵집 알고리즘

number 변수는 번호표를 나타내며, 기존 프로세스가 가지고 있는 가장 큰 번호표보다 하나 큰 값을 취한다. 프로세스들은 비동기적으로 수행되므로 동시에 도착한 두 개 이상의 프로세스가 같은 번호표를 받을 수도 있고, 이 경우 프로세스의 번호를 비교하여 프로세스 번호가 작은 프로세스가 우선권이 높은 것으로 간주한다.

while(choosing[j]); 루프는 다른 프로세스들 Pj가 번호표를 뽑고 있는 중이면 모두 번호표를 뽑을 때까지 Pi는 대기하게 된다. while(number[j] ! = 0 && (number[j], j) < (number[i], i); 루프는 Pj가 번호표를 뽑아서 number[j]가 0이 아니고, Pj의 번호표가 Pi의 번호표보다 작거나(우선순위가 높거나) 또는 Pj가 번호표와 Pi의 번호표가 같은 경우에 j가 i보다 작다면 Pi는 while 루프에서 Pj의 종료를 대기한다. Pi가 임계 구역으로 들어갈 수 있는 조건은 Pi가 모든 프로세스 Pj(0 ≤ j < n)에 대한 검사를 종료할 시점이다. 이것은 어떤 다른 프로세스도 Pi의 프로세스의 번호표보다 더 작은 번호표를 갖고 있지 못한 경우에만 Pi가 임계 구역에 진입할 수 있다는 뜻이다.

Pj가 임계 구역 안에 있을 때, Pi(i≠j)의 number[j]가 0이 아니라면 즉 번호표를 뽑았다면, (number[j], j) < (number[i], i)임을 보일 수 있다. 이 알고리즘은 상호배제, 한계 대기, 진행 조건을 모두 충족한다.

2) 하드웨어적 구현 방법

더 이상 쪼개지지 않는 원자적(atomic) 명령어로 구현하는 방법은 간단한 하드웨어 명령을 사용하여 임계영역 문제를 해결하는 방법으로, TestAndSet 명령이나 swap 명령어들을 이용하면 간단히 N개 프로세스의 상호배제 해결이 가능하다. 임계 영역에 들어가려고 하는 프로세스가 많을 때는 무한 연기가 발생할 가능성이 있다.

2-1) TestAndSet 명령 방식

```
bool TestAndSet(bool &target)
{
bool t = target;
target = true;
return t;
}
주) & : reference 기호로 가인수 target을 함수 내에서 변화시키면
        호출한 실인수의 내용이 바뀜.
```

- lock은 공유 변수이며, 초기 값은 false(거짓)임.

```
while (1) {
...
while (TestAndSet(lock)) ;
// 임계영역 (critical section)
...
lock = false;
...
}
```

2-2) swap 명령

- swap 명령의 정의: 두 워드의 내용을 교체하는 하드웨어 명령임.

```
void Swap(bool &a, bool &b)
{
bool t = a;
a = b;
b = t;
}
```

- lock은 공유 변수로서 초기 값 false를 갖고 있고, key는 지역 변수임.

```
while (1) {
...
key = true;
do {
Swap(lock, key);
} while (key == true);
// 임계영역 (critical section)
...
lock = false;
...
}
```

10.2 세마포어(semaphore)

복잡한 임계 구역의 문제를 소프트웨어나 하드웨어적인 해결방법으로 일반화시켜서 해결하기는 어렵다. 이러한 어려움을 극복하기 위해 1965년 Dijkstra는 세마포어(semaphore)라는 개념을 만들었으며, "THE"라는 운영체제에서 처음 사용하였다.

세마포어는 정수형 변수로서 초기화 및 두 개의 연산 P와 V로만 접근 가능한 특수한 변수이다. P와 V는 네덜란드에서 나온 말로 검사하다(Proberen)와 증가하다(Verhogen)에서 유래하였다. 세마포어 P와 V의 정의는 다음과 같다. P(s)는 기다리는 연산, V(s)는 실행하고 반환하는 연산이다.

```
P(s)
     if (s.value > 0)
           s. value--;
     else
           현재의 프로세스를 s. list에서 기다린다.
V(s)
      if (1개 이상의 프로세스가 s에서 대기 중이면)
            그 중 1개 프로세스만 진행
      else
            s. value++;
```

【그림 3-14】 세마포어 P와 V

Test_And_Set과 마찬가지로 wait와 signal도 분할 불가능한 연산으로 간주해야 한다. 0과 1의 값만을 갖는 세마포어를 이진 세마포어(binary semaphore)라 하고, 그 이외의 정수 값도 갖는 것을 계수형 세마포어(counting semaphore)라 한다. 세마포어를 이용한 n개의 프로세스 상호배제는 [그림 3-15]와 같이 구현할 수 있으며 여기서 세마포어 공유 변수는 Mutex이고 초기 값은 1이다.

```
while (1) {
      ⋮
      P(Mutex);
      임계 구역(critical section)
      ⋮
      V(Mutex);
      잔류 구역(remainder section)
      ⋮
}
```

【그림 3-15】 세마포어를 이용한 상호배제 구현

- 각 프로세스에 제어 신호를 전달하여 순서대로 작업을 수행하도록 하는 기법이다.

- P 연산: 자원을 사용하려는 프로세스들의 진입 여부를 자원의 개수(S)를 통해 결정하는 것으로 자원의 개수를 감소시켜(S--) 자원이 점유되었음을 알림(wait 동작).
- V 연산: 대기 중인 프로세스를 깨우는 신호(wake up)로서, 자원의 개수를 증가시켜 (S++) 자원이 반납되었음을 알림(siginal 동작).

(1) 세마포어 구성 방법

■ 방법 1: 최초 제시된 방법은 바쁜 대기(busy waiting)을 이용한 방법이다.

```
P(S) {
while S <=0
; // 아무 것도 하지 않음(반복문)
S--;
}
V(S) {
S++;
}
```

- 이 방법은 임계 구역에 들어갈 수 있을 때까지 빈 반복문을 수행하기 때문에, 단일처리기 다중프로세스 환경에서 처리기 효율이 떨어진다. 또한 대기 중인 프로세스들 중 어느 것을 먼저 임계 구역에 진입시킬지를 결정할 수 없다.

■ 방법 2: 최초 방법의 단점을 보완한 방법으로서 재움 큐를 활용하여 프로세스를 재우는 방식이다.

```
P(S) {
S--;
if S < 0
// 이 프로세스를 재움 큐에 추가함 (block, 잠 듦)
}
V(S) {
S++;
if S <= 0
// 재움 큐로부터 프로세스를 제거(wake up, 깨어남)
}
```

10.3 모니터(monitor)

모니터(monitor)는 프로세스들 간의 동기화 기술들 중에서 가장 최고의 기술이라 할 수 있다. 모니터란 병행 다중 프로그래밍에서 상호배제를 구현하기 위한 특수 프로그램 기법으로 병행 프로세스들이 사용하는 하나의 공유 자료 구조와 병행 프로세스들 간의 동기화 제어를 위해 공유 자료를 접근하는 기능들의 집합을 의미한다. 공유 자원을 할당하기 위한 병행성 구조는 자료 추상화의 개념을 기초로 하고 있다.

모니터 기술은 세마포어, 메시지 전송 방식과 같은 기법들보다 더 일반화된 개념이다. 구조적인 면에서 모니터는 공유 데이터와 이 데이터를 처리하는 프로시저의 집합이라 할 수 있다. 그리고 모니터 내의 공유 데이터는 모니터 내부의 프로시저에 의해서 접근이 가능하므로 모니터 외부의 프로세스는 모니터 내부의 데이터를 직접 접근할 수 없으며 이를 정보은닉(information hiding) 개념이라고도 한다. 한 순간에 하나의 프로세서만이 모니터에 진입할 수 있으며, 모니터 내부의 변수는 모니터 내부에서만 접근 가능하다(정보 은폐 기능을 제공함).

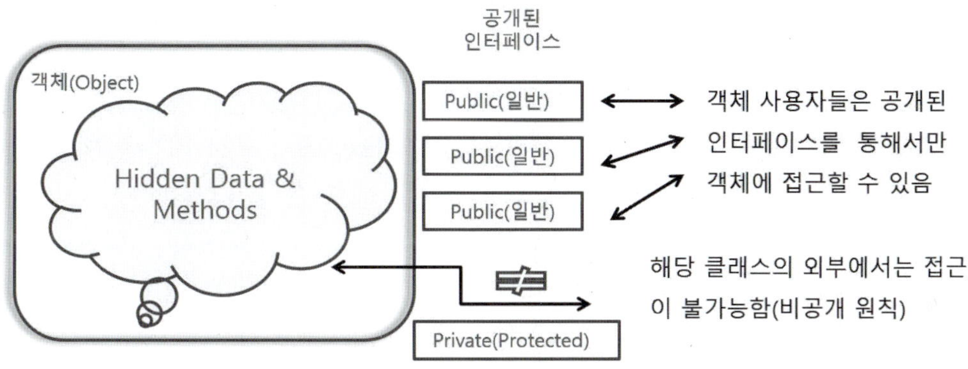

【그림 3-16】 정보은닉의 예

프로그램들이 오류 없이 정확하게 실행하기 위해서는 프로그램들 상에서 수행되는 조작들과 관계된 자료 구조들은 대단히 중요하다. 하나의 모니터는 프로세스들 간의 상호배제되어야 할 임계 구역과 함께 동기화 제어를 위해 사용되는 공유 자료 구조들에 대한 몸체를 제공한다. 모니터가 공유 자료 구조의 몸체를 제공함으로써 더 이상 자료 구조들은 공유되거나 전역화되지 않고 모니터 몸체 내의 지역화 된 자료 구조가 된다. 따라서 세마포어 방식과 같이 각 프로세스 구조에 더 이상 임계 구역을 포함하지 않게 되며 다음과 같은 특징을 갖는다.

- 모니터 내부의 공유 자원을 원하는 프로세스는 해당 모니터의 프로시저를 호출해야 한다.
- 모니터 외부의 프로세스는 모니터 내부의 데이터를 직접 액세스할 수 없다.
- 한 순간에 하나의 프로세스만이 진입할 수 있다.
- 모니터 내에서 동기화를 위해 사용되는 연산은 wait와 signal이다.

- 자료 추상화와 정보 은폐 개념을 기초로 하며, 공유 자원을 할당하기 위한 병행성 구조로 이루어져 있다.
- 모니터 내의 공유 자원을 사용하려면 프로세스는 반드시 모니터의 진입부를 호출해야 한다.
- 외부의 프로시저는 직접 액세스할 수 없으며, 모니터의 경계에서 상호배제가 시행된다.

10.4 프로세스간의 통신

프로세스간의 통신은 공유 메모리(shared memory)를 이용하는 방식과 메시지 시스템(message system) 방식의 두 가지가 있다. 공유 메모리는 어떤 변수들을 공유하기 위하여 프로세스들 간의 통신을 필요로 하며, 공유 메모리 시스템에서 통신 기능을 제공하는 책임은 응용 프로그래머에게 있다. 즉, 운영체제는 공유 메모리만을 제공한다. 메시지 시스템 방식은 프로세스들이 메시지를 교환하도록 해주며 통신 기능을 제공하는 책임은 운영체제에 있다. 이들 두 가지 기법은 하나의 운영체제 내에서 구현되며 필요에 따라 더 좋은 방식을 사용한다.

한 시스템 내의 프로세스들 간에는 공유 메모리의 사용이 가능하지만 분산 처리 시스템에서 공유 메모리는 주소 공간이 분할되어 있기 때문에 어렵다. 메시지 시스템 방식도 직접 메시지 전체를 전송할 수도 있고 주소를 전송할 수도 있다. 하지만 사용자 입장에서는 시스템이 알아서 적절한 방법으로 메시지를 전달해 주기 때문에 이러한 문제는 걱정할 필요가 없다. 그러나 분산 처리 시스템이 일반화되면서 메시지 시스템 방식에 의한 프로세스간의 통신에 다음 두 가지 문제점 해결이 요구되어지고 있다.

- 다수의 프로세스가 서로 상호 작용하면서 작업을 하면 프로세스간의 상호배제를 해결하기 위한 동기화 문제.
- 프로세스 사이의 원활한 정보 교환을 위한 통신 문제.

이러한 두 가지 문제를 해결할 수 있는 방법으로 메시지 전달 기법이 사용되는데 메시지 전달 시스템은 여러 가지 형태로 구현될 수 있으나 일반적으로 다음과 같은 시스템 호출에 의해 메시지를 주고받는다.

```
■ Send (receiver process, message);
■ Receive (sender process, message);
```

【그림 3-17】 메시지 전달의 시스템 호출

(1) 동기화의 고려사항

다수의 프로세스가 서로 상호 작용을 하면서 작업을 하게 되면 프로세스간의 상호배제를 해결하기 위한 동기화 문제를 고려해야 한다. 즉 송신자와 수신자가 각각 마음대로 송수신할 수 있는 것이 아니라 상대방의 상태에 따라 송신이나 수신을 대기하거나 비-대기하게 된다. 따라서 송신자와 수신자는 각각 대기 송수신(blocking send/receive) 및 비-대기 송수신(nonblocking send/receive)을 하는데 일반적으로 다음의 3가지 형태로 구현된다.

1) 대기 송신과 대기 수신 형태(무 용량)

이 형태는 송신자와 수신자가 모두 상대방의 메시지를 완전히 전달받을 때까지 대기하는 경우이다. 이러한 경우는 두 개의 프로세스 사이에 완전한 동기화가 이루어져야 하며, 두 개 프로세스 사이의 통신 링크 큐의 용량이 0(zero)인 비-버퍼링 시스템이 된다. 비-버퍼링 시스템은 메시지 수신이 모두 끝난 후에 송신을 하거나 송신이 모두 끝난 후에 수신을 하여야 하므로 이러한 동기화 방법을 랑데부(rendezvous)라고 한다.

2) 비-대기 송신과 대기 수신의 형태(유한 용량)

이 형태는 송신자는 아무런 제약 없이 계속 송신할 수 있고 수신자는 요청한 메시지가 도착할 때까지 대기하는 경우로서 가장 일반적으로 사용되는 방법이다. 이 때 통신 링크 큐는 유한 용량의 버퍼링 시스템이 되며 큐가 모두 채워진 때에는 대기하게 된다.

비-대기 송신 방법은 어떤 프로세스가 여러 개의 수신자들에게 메시지를 즉각적으로 보낼 수 있다는 장점을 가지고 있다. 그러나 잘못된 메시지가 반복되어 아무런 제약 없이 계속해서 보내질 수 있는 위험이 존재하기 때문에 수신자 쪽의 메시지 수신에 대한 응답을 검사하는 루틴을 가지는 것이 좋다.

3) 비-대기 송신과 비-대기 수신의 형태(무한 용량)

이 형태는 송신자와 수신자가 아무런 제약 없이 계속 송신과 수신을 할 수 있는 방법으로 메시지가 통신 링크 내에 없어지지 않고 계속 저장되어 있다. 통신 링크 큐는 무한 용량이며 송신자는 지연되지 않는다.

【표 3-5】 송수신자의 통신 링크 용량에 의한 분류

분류	의미	통신 방식 예	송수신 형태
무 용량	통신 링크 큐의 저장 용량은 0(zero 용량)	동기식 통신(랑데부)	대기 송수신
유한 용량	통신 링크의 큐가 유한 용량	비동기식 통신	비-대기 송신, 대기 수신
무한 용량	통신 링크의 큐는 잠재적으로 무한 요량		비-대기 송수신

(2) 주소화의 고려 사항

두 개의 프로세스가 메시지 통신을 할 때 송신자와 수신자는 다음과 같은 주소화 방법을 고려해야 한다. 주소화 방법은 메시지의 수신자와 송신자를 외부적으로 직접 표현하는 직접 통신과 우편함을 이용하여 송수신자를 간접으로 표현하는 간접 통신 방법이 있다.

1) 직접 통신

직접 통신은 메시지 송수신을 원하는 각 프로세스가 송신자 혹은 수신자의 이름을 반드시 정확하게 지정해 주어야 하며 수신자는 송신자의 주소나 이름을 지정할 수도 있고, 그렇지 않을 수도 있다.

직접 통신에는 대칭적 직접 통신과 비대칭적 직접 통신의 두 가지 방법으로 주소 지정이 이루어진다. 대칭적 직접 통신은 송신자와 수신자 모두가 상대방의 주소 이름을 직접 명시하며, 두 개의 프로세스가 주로 1 : 1 통신을 하는 경우에 사용된다.

```
■ Send (P, message)    // 프로세스 p에게 메시지를 송신
■ Receive (Q, message) // 프로세스 Q로부터 메시지를 수신
```

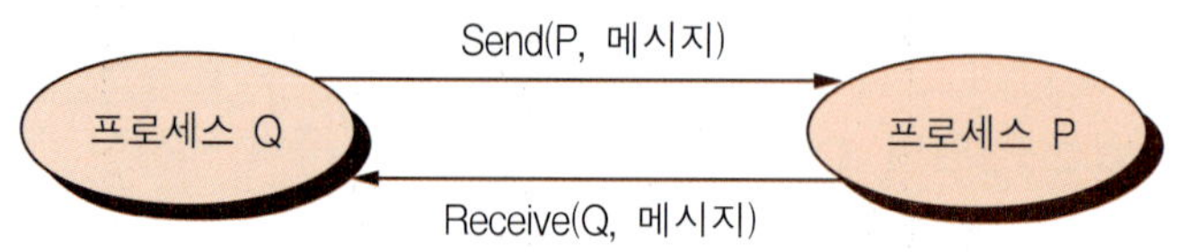

【그림 3-18】 주소 지정의 대칭적 직접 통신 방법

비대칭적 직접 통신은 송신자는 수신자를 직접 지정하지만, 수신자는 송신자를 직접 지정하지 않는 경우에 사용된다. 즉 수신자가 송신자의 주소나 이름을 알 필요가 없을 때에 사용한다. 이때에는 1 : n이나 n : 1의 통신이 가능하다.

- Send (P, message)   // 프로세스 p에게 메시지를 송신
- Receive (?, message) // ?는 메시지를 발생시킨 프로세스 이름으로 자동설정

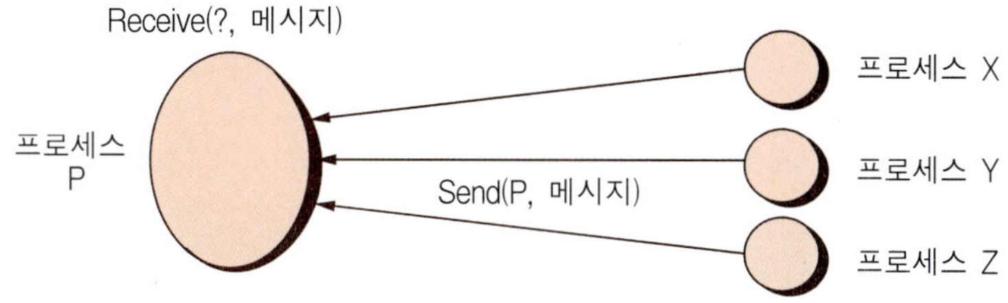

(a) 프로세스 P가 프로세스?(X,Y,Z)로부터 메시지를 받음

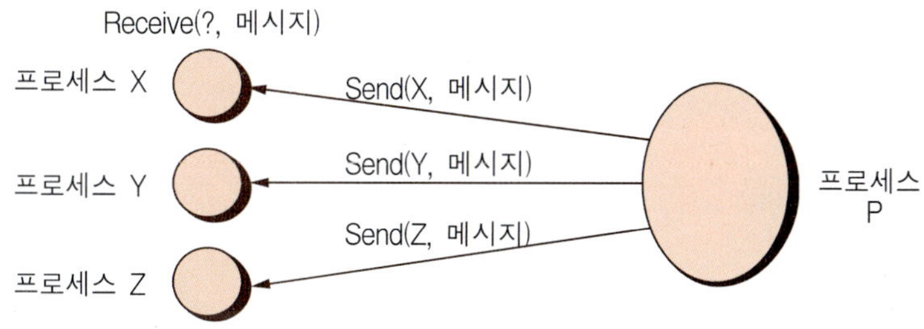

(b) 프로세스 P가 프로세스?(X,Y,Z)로부터 메시지를 보냄

【그림 3-19】 주소 지정의 비대칭적 직접 통신 방법

직접 통신 방법에서의 통신 링크의 특징은 다음과 같다.

- 통신을 원하는 프로세스들 사이의 링크는 자동 설정된다.
- 프로세스는 상대방의 프로세스의 고유 이름을 알아야 한다.
- 통신 링크는 정확히 두 프로세스 사이에서만 설정된다.
- 통신 프로세스 쌍에는 단 하나의 링크만 존재한다.
- 통신 링크는 양방향이며, 대칭적이고 1 : 1 통신이다.
- 안정성과 신뢰성이 높다.

2) 간접 통신

간접 통신은 송신자와 수신자가 직접 메시지를 주고받는 것이 아니라 일시적으로 메시지를 보관해 둘 수 있는 공용의 큐인 메일 박스(mailbox)를 통하여 송신하고 수신된다. 메일 박스는 여러 송신자와 수신자들이 공동으로 사용할 수 있는 메시지 큐를 통하여 해당 메시지를 처리하는 방법을 사용한다.

```
■ Send (P, message)      // 메시지를 메일 박스 p에 전송
■ Receive (Q, message)   // 메일 박스 p에서 메시지 수신
```

송신자와 수신자간의 통신 링크의 연결 방법은 1 : 1, n : 1, 1 : n, n : m 등 다양하게 설정할 수 있다. 1 : 1 연결 방법은 두 개 프로세스 사이에 사적인 통신 링크를 유지한 후 메일 박스를 통하여 서로 메시지를 주고받을 수 있는 형태이다. n : 1 연결 방법은 분산 처리 시스템인 클라이언트/서버 시스템에서 사용되는 형태이며, 이 때 메일 박스를 통해 한 번의 전송만을 하고자 한다면 포트(port)를 설정함으로써 가능하다. 1 : n 연결 방법은 하나의 프로세스가 다수의 프로세스들에게 메시지나 정보를 한꺼번에 보내는 응용 분야에서 사용된다. 간접 통신에서의 일반적인 특징은 다음과 같다.

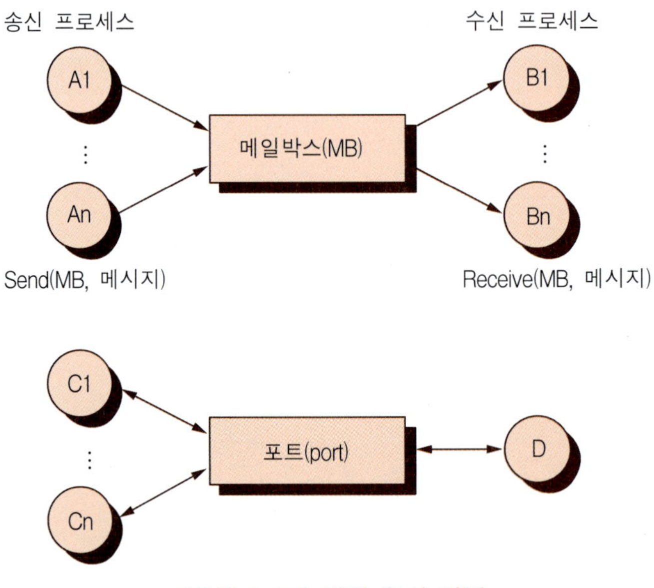

【그림 3-20】 간접 통신 방법

- 공유 우편함을 갖는 프로세스 간에만 통신 링크가 설정된다.
- 1개의 통신 링크는 두개 이상의 프로세스와 관계할 수 있다.
- 통신 링크는 단일 방향 또는 양방향 통신이다.
- 두 송수신 프로세스 사이에 여러 개의 링크가 형성될 수 있다.

【표 3-6】 병행 처리 프로세스에서 문제의 정의와 발생 원인

문제	정의	발생 원인
결정성	프로세스 시스템 내에서 어떠한 순서로 조작이 발생해도 계산 결과는 기억장치 초기 값에 의해 결정이 되므로 프로세스의 상대적인 진행 속도에 영향을 받지 않음	각각의 프로세스들이 주기억 장치를 공유할 경우 발생
상호배제	어떠한 자원에 대해서 어느 시점에서 한 개의 프로세스만 사용할 수 있도록 하는 것으로서 각 프로세스는 자원의 내부 상태를 변경함으로 한 프로세스가 자원을 사용할 때는 lock시에 다른 프로세스가 사용치 못하게 함	두 개 이상의 독립적인 프로세스들이 재사용이 가능한 자원을 필요로 할 때에 발생
동기화	같은 자원을 사용하는 프로세스들이 동시에 요청할 때 이들이 질서정연하게 자원을 사용하게 하는 작업	두 개의 프로세스가 실행될 때에 한 프로세스의 진행 상태에 의존하게 될 때 발생
통신 문제	확실한 자료의 교환 문제를 의사소통 문제라 함	상호배제 문제와 동기화 문제를 해결하기 위해서는 프로세스 상호간에 발생하는 자료 교환 문제로서 보통 메시지 전달 방법을 이용
교착 상태	하나 또는 그 이상의 프로세스가 계속할 수 없는 상태로써 자원이 한정되어 있어서 시스템 내부의 일부 자원을 기다리고 있기 때문에 선점이 없을 때는 무한정 기다리는 상태	자원이 한정되어 있으면 시스템 내의 일부 프로세스들이 서로 상대방이 차지하고 있는 자원을 기다릴 때 발생

Chapter 11 교착 상태(deadlock)

11.1 교착 상태의 개념

컴퓨터 시스템의 다중 프로그래밍 환경에서는 여러 프로세스들이 한정된 자원을 사용하기 위해 경쟁하기도 하고, 또한 한 프로세스가 자원을 요청했을 때 해당 자원이 사용이 불가능한 상태라면 교착 상태가 발생하게 된다. 즉, 요청한 자원을 다른 프로세스가 점유하고 있고, 점유하고 있는 프로세스도 다른 자원에 대해 대기 상태에 있기 때문에 두 프로세스가 대기 상태에서 벗어날 수 없는 상황을 교착 상태(deadlock)에 빠졌다고 한다.

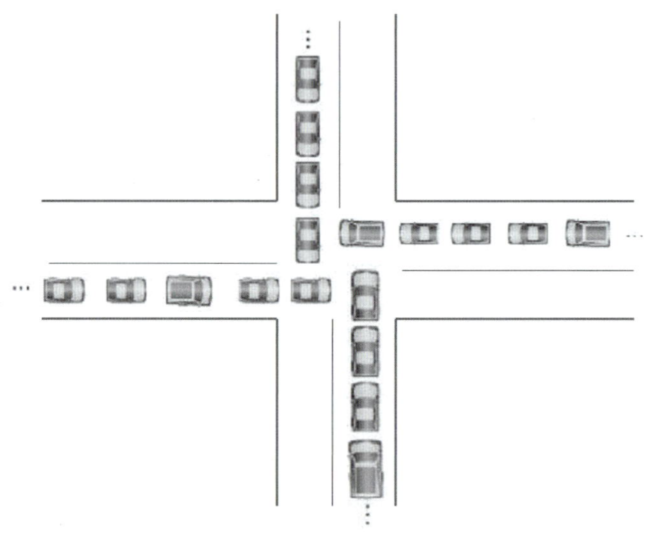

【그림 3-21】 일상생활에서의 교착 상태 예

(1) 교착 상태 정의

다중처리 환경에서 다수의 프로세스가 특정 자원의 할당을 무한정 기다리고 있는 상태를 말하며, 교착 상태는 시스템 내에서 자원을 사용하기 위해 경쟁하거나 상호간에 통신하는 프로세스 집합들이 영구적으로 블로킹(차단, blocking)된 상태이다. 즉 자원을 사용하기 위해 경쟁하고 있는 하나 또는 둘 이상의 프로세스들이 영원히 해결 불가능한 특정 사건을 기다릴 때 발생한다. 교착 상태에 있는 프로세스들은 결코 실행을 끝낼 수 없으며 시스템 자원이 묶여있어서 다른 작업을 시작하는 것도 불가능 상태이다.

- 하나 또는 둘 이상의 프로세스가 더 이상 계속할 수 없는 어떤 특정 사건(event)을 기다리고 있는 상태를 말한다. 여기서 특정 사건은 자원의 할당과 해제를 의미한다.
- 둘 이상의 서로 다른 프로세스가 요구한 자원을 할당받아 점유하고 있으면서 상호간의 상대방 프로세스가 가지고 있는 자원을 요구하는 경우를 말한다.

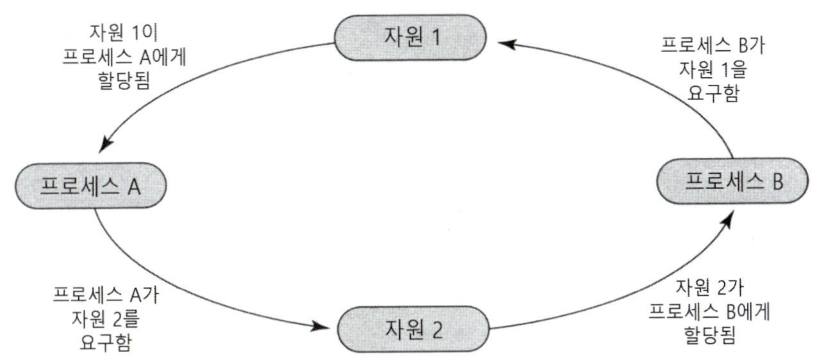

【그림 3-22】 두 프로세스간의 교착 상태의 예

프로세스 A가 자원 1을 가지고 있으면서 자원 2를 요구하고 있고, 반면에 프로세스 B가 자원 2를 가지고 있으면서 자원 1을 요구하고 있다. 따라서 각 프로세스는 자신에게 할당된 자원을 가지고 있으면서 상대방 프로세스의 자원을 요구하는 상태로 서로 상대방이 자원을 놓아주기를 기다리고 있으면서 자신이 가지고 있는 자원을 놓아주지 않는 상태이다. 이러한 현상을 환형 대기(circular wait)라 한다.

[그림 3-23]의 자원 할당 그래프로 교착 상태의 예를 나타내고 있다. 프로세스 집합 P = {P1, P2, P3}, 자원 집합 R = {R1, R2, R3, R4}, 정점 집합 V = {(P1, R1), (P2, R3), (P3, R2), (R1, P2), (R2, P1), (R2, P2), (R3, P3)}으로 나타낼 수 있다.

프로세스1(P1)은 R1에 자원을 요청하고 R2의 자원을 보유하고 있으며, 프로세스2(P2)는 R3에 자원 요청을 하고 R1과 R2의 자원을 가지고 있다. 또한 프로세스3(P3)의 경우는 R3의 자원을 가지고 있고 R2 자원을 요청하고 있다. 모든 프로세스는 자원을 가지고도 있지만 자원을 요청하고 기다리고 있는 상태이다. 따라서 모든 프로세스는 실행을 완료할 수가 없게 되며, 자원 할당 그래프 상에서 프로세스 P1, P2, P3은 교착 상태에 빠지게 된다.

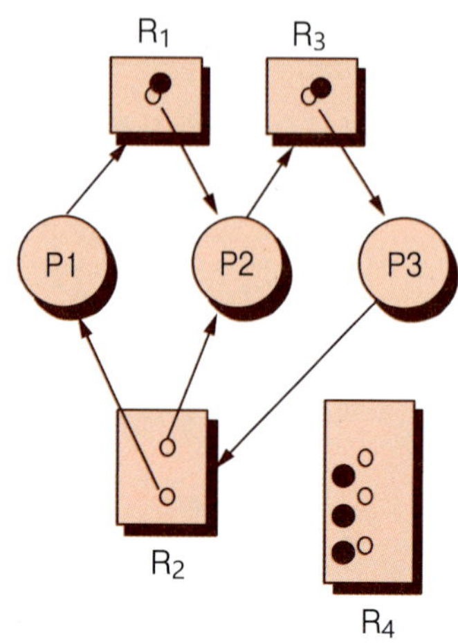

【그림 3-23】 자원 할당 그래프에서 교착 상태

(2) 교착 상태에서의 자원 종류 및 성격

【표 3-7】 자원의 종류 및 성격

종류	성격	자원의 예
선점형 자원	자원이 어떤 프로세스에게 할당되면 도중에 강제로 빼앗을 수 있는 자원	CPU, 주기억장치
비선점형 자원	자원이 어떤 프로세스에게 일단 할당되면 절대 빼앗기지 않는 자원	자기 테이프 구동기, 프린터
전용 자원	특정한 프로세스가 독점하여 사용하는 자원	자기 디스크, 자기 테이프
공용 자원	다수의 프로세스들 사이에서 공동으로 사용되는 자원	CPU, 주기억장치, 데이터베이스
재사용 자원	전체 총량이 고정되어 있고, 부수적인 자원들이 생성되거나 파괴되지 않는 자원	CPU, I/O 채널, 기억장치, 버스, 파일, 데이터베이스
소비 자원	전체 총량이 고정되어 있지 않고, 부수적인 자원들이 생성되거나 파괴되는 자원	인터럽트, 신호, 메시지, I/O 버퍼 내의 정보 등

다중 프로그래밍 시스템에서 운영체제의 중요한 과제 중의 하나가 자원의 공유 문제이다. 자원이 다수 사용자 프로세스에 의해 공유되고 이들 각각이 자신에게 할당된 자원에 대해 독점적인 통제권을 가지고 있을 때, 서로 간에 자원 사용을 요구하여 교착 상태가 일어나

일부 사용자 프로세스가 절대로 작업을 마칠 수 없는 상태에 빠질 수 있다. 또한 시스템이 가지고 있는 한정적인 자원보다 사용하고자 하는 프로세스들의 요청이 더 많기 때문에 발생할 수 있으며, 각 프로세서들이 보유된 자원들이 교착 상태에서 벗어나기 전까지는 전혀 활용되지 못한다는 점에서 시스템의 성능 저하로 나타날 수밖에 없다. 이러한 교착 상태를 이해하기 위해서는 시스템에서 사용하는 컴퓨터 자원의 종류 및 성격을 알아야 한다. [표 3-7]은 시스템에서 사용하는 자원의 종류와 성격을 분류한 표이다.

11.2 무한 연기의 정의

(1) 무한 연기 정의

여러 다른 프로세스들이 시스템에서 스케줄링되어 처리되는 동안 한 특정 프로세스의 스케줄링이 무기한으로 연기될 수 있으며 이러한 현상을 무한 연기(infinite postponement)라고 한다. 교착 상태는 무한 연기와 비슷하며, 이들 모두는 자원을 사용할 수 있기를 기다리며 무한정 대기 상태에 있는 하나 이상의 프로세스를 포함하고 있다.

교착 상태에 있는 프로세스는 요청하는 자원을 다른 프로세스가 사용 중이기 때문에 결코 해제되지 않을 자원(비선점 자원, 전용자원)을 기다리고 있는 상태이다. 그러나 무한 연기는 어떤 프로세스가 단계적으로 자원 사용이 가능하지만 편중된 자원 할당 스케줄링 정책 때문에 그 프로세스에게 무한정(무기한) 할당되지 않는 자원을 기다릴 때 발생한다.

따라서 교착 상태는 특정 프로세스가 특정한 자원을 위하여 무한정 기다려도 해결할 수 없는 상태이지만, 무한 연기는 한 프로세스가 시스템에 의해 처리되는 동안 다른 프로세스의 스케줄링이 끝없이 연기될 가능성이 있지만 오랫동안 기다리게 되면 해결이 가능하다.

(2) 무한 연기 발생원인 및 해결 방안

다중 프로그래밍 시스템에서 자원 할당 및 CPU 스케줄링에 의해 하나의 프로세스를 선택하는 동안 다른 프로세스들은 기다리게 된다. 이러한 상황에서 무한 연기가 발생할 수 있다. 무한 연기 발생 원인은 운영체제의 편중된 자원 할당 정책 때문에 발생하며 자원 할당 정책이 우선순위에 의해 수행된다면 우선순위가 낮은 프로세스는 자신보다 높은 우선순위의 프로세스가 계속 도착하여 자원을 할당받게 되므로 우선순위가 낮은 프로세스는 그 자원을 무기한으로 기다리게 될 수 있는 것이다.

따라서 운영체제에서는 이러한 대기 중인 프로세스를 효율적이고 공평하게 취급하여 스케줄링 하도록 설계되어야 한다. 일부 시스템에서는 무한 연기를 해결하는 방법으로 프로세스가 자원을 기다리고 있는 시간에 비례하여 우선순위를 부여함으로써 무한 연기 문제를 방지하는 에이징(노화(老化) 기법, aging) 기법을 사용하고 있다. 결국 노화 기법에 의하여 오랫동안 대기한 프로세스의 우선순위가 새로 도착하는 다른 모든 프로세스보다 높아져서 먼저 자원을 할당받게 된다.

Tip 노화(aging) 기법

오랫동안 대기한 프로세스는 편중된 자원할당 정책 때문에 자원을 할당받지 못하여 기아 상태(starvation)에 빠지게 된다. 무한 연기(기아 상태)에 빠진 프로세서의 우선순위를 새로 도착하는 다른 모든 프로세스보다 높게 부여하여 먼저 자원을 할당을 받게 됨으로써 무한 연기를 해결할 수 있다.

【표 3-8】 무한 연기와 교착 상태의 비교

구분	의 미	해결 방법
무한 연기	어떤 특정 프로세스가 자원을 할당받기 위해 무한정 기다리는 상태이다(스스로 해결 가능)	자원의 편중된 분배정책으로 발생하며 에이징 기법(aging)에 의해 해결된다.
교착 상태	시스템에 있는 여러 개 또는 모든 프로세스가 아무 일도 못하고 결코 발생할 수 없는 특정 사건을 무한정 기다리며, 무기한 연기되어 있는 상태이다(스스로 해결 안 됨)	상호배제, 점유와 대기, 비선점, 환형대기와 같은 조건에 의해 발생하며 이를 부정함으로써 해결한다.

11.3 교착 상태 발생 조건

교착 상태에 있는 모든 프로세스들은 결코 스스로 실행을 끝낼 수 없다. 교착 상태가 발생하기 위해서는 다음의 네 가지 조건이 만족되어야 한다. 이 네 가지 조건이 동시에 만족될 때 교착 상태가 발생하며 이 조건 중 하나만 발생하지 않아도 교착 상태의 발생을 방지할 수 있다.

(1) 상호배제(mutual exclusion) 조건

상호배제 조건은 프로세스들이 자원을 배타적으로 점유하고 있어서 다른 프로세스들이 그 자원을 사용할 수 없도록 만든다. 즉, 프로세스들이 그들이 필요한 자원에 대해 배타적인 통제권을 요구함에 따라서 다른 프로세서들이 최소한 한 번에 한 프로세스만이 자원을 사용할 수 있으며 다른 프로세스가 그 자원을 요구하게 되면 자원을 요구한 프로세스는 자원이 해제될 때까지 임계 구역 밖에서 대기한다.

- 필요자원에 대한 배타적 통제권을 가짐.

(2) 점유와 대기(hold and wait) 조건(부분 할당)

점유와 대기 조건은 프로세스가 자신에게 이미 할당된 자원들을 점유하고 있으면서, 다른 자원을 추가로 요구하며 기다리고 있는 것이다. 따라서 최소한 하나의 자원을 점유하고 있는 프로세스가 존재해야 하며 이 프로세스는 다른 프로세스에 할당된 자원을 추가로 점유하기 위하여 대기해야만 한다.

- 부분 할당, 프로세서가 자신의 자원을 해제하지 않은 상태에서 또 다른 자원을 요구함.

(3) 비선점(non-preemption) 조건

비선점 조건은 다른 프로세스가 사용하고 있는 자원을 타 프로세스가 강제로 선점할 수 없는 것으로 현재 프로세스에게 일단 할당된 자원은 모든 처리가 끝나서 해당 프로세스가 그 자원을 해제시킬 때까지 중단되지 말아야 한다는 것이다. 자원들은 그들이 점유하고 있는 프로세스로부터 도중에 해체되지 않음.

- 할당된 자원들은 사용이 끝날 때까지 도중에 해제할 수 없음.

(4) 환형 대기(circular wait) 조건: 치명적인 포옹(deadly embrace) 관계

환형 대기는 프로세스와 자원들이 원형을 이루며 각 프로세스는 자신에게 할당된 자원을 가지면서 상대방의 자원을 상호 요청하는 경우를 말한다.

- 프로세스와 자원들이 원형을 이루며, 각 프로세스는 자신에게 할당된 자원을 가지면서 상대방 프로세스를 요청함.

교착 상태 발생 네 가지 조건 중에서 상호배제, 점유와 대기, 비선점 조건은 교착 상태가 발생할 때 반드시 나타나게 되는 필요조건이나 이 세 가지 조건만으로는 결코 교착 상태가 발생하지 않는다. 그러나 환형 대기 조건은 위의 3가지 조건을 모두 갖고 있는 형태이므로 이 조건은 교착 상태가 되기 위한 필요충분조건이라 할 수 있다.

【표 3-9】 교착 상태 발생 4가지 조건

교착 상태 발생 조건	정의
상호배제 조건	한 자원에 대한 여러 프로세서의 동시 접근 불가함
점유와 대기 조건	자원을 가지고 있는 상태에서 다른 프로세서가 사용하고 있는 자원의 반납을 기다리는 것
비선점 조건	다른 프로세서의 자원을 강제로 가져올 수 없음
환형 대기 조건	각 프로세서가 순환적으로 다른 프로세서가 사용하고 있는 자원을 요청하고 있는 것

Tip

선점(preemptive) 방식

한 프로세스가 CPU 또는 자원을 할당받아 실행중이라도 다른 프로세스가 현재 프로세스를 중지시키고 CPU나 자원을 강제적으로 뺏을 수 있는 방식으로 다중 프로그램의 정도를 높일 수 있으며, 빠른 응답을 요구하는 시분할시스템에서 유리한 방식임. 선점에 따르는 문맥 교환이 자주 발생함으로 오버헤드가 증가함.

비선점(non-preemptive) 방식

한 프로세스가 CPU 또는 자원을 할당받아 실행중이라면 다른 프로세스들이 CPU나 자원을 강제적으로 뺏을 수 없는 방식으로 일괄 처리 시스템에 적합하지만 시분할 시스템에는 적합하지 않음. 모든 프로세스에 대한 공정한 처리 가능하며, 프로세스 간의 오버헤드가 적어 효율적이지만 긴 작업이 짧은 작업을 오랫동안 기다리게 되는 경우에 발생함.

11.4 교착 상태 연구 분야

교착 상태가 발생한 프로세서는 스스로 문제를 해결할 수 없으며, 대부분의 운영체제들은 교착 상태를 막는 것은 불가능하다. 이러한 교착 상태를 해결하기 위한 연구 분야는 다음과 같다.

(1) 예방(prevention)

▶ 교착 상태 예방(prevention): 발생 가능성을 사전에 예방함.

- 상호배제 조건의 부정: 공유할 수 없는 자원을 사용할 때만 성립함.
- 점유와 대기 조건의 부정: 프로세스가 자원 요청 시 다른 자원들을 점유하지 않을 것을 보장함.
- 비선점 조건의 부정: 어떤 자원에 대한 할당 요구가 받아지지 않으면 점유 자원을 반납함.

- 환형대기 조건의 부정: 모든 프로세스에게 각 자원의 유형별로 할당 순서를 부여하는 방법.

(2) 회피(avoidance)

▶ 교착 상태 회피(avoidance): 발생 가능성을 인정하고 적절히 피해 감.

- 사용자가 자원이 어떻게 요청될 지에 대한 추가 정보를 제공하도록 요청함.

(3) 발견(detection)

▶ 교착 상태 발견(detection): 교착 상태 발생원인 판단/소거.

- 자원할당 그래프를 바탕으로 프로세스가 일정 기간 내에 안정적으로 종료될 수 있다는 확신이 있는 경우에 자원을 할당하며 그 외 요구는 만족될 때까지 계속 거절함.

(4) 회복(recovery)

▶ 교착 상태 회복(recovery): 교착 상태에 걸린 해당 자원/프로세스를 제거함.

11.5 교착 상태 해결방안

(1) 교착 상태의 예방(deadlock prevention)

교착 상태 예방(deadlock prevention)은 교착 상태가 발생하지 않도록 사전에 제거하여 시스템을 제어하는 것이다. 교착 상태의 예방은 가장 정확한 해결 방법으로 적절한 자원 배당 정책을 제시함으로써 교착 상태를 사전에 예방할 수 있다. 교착 상태 예방은 교착 상태 발생 필요조건의 네 가지 중 하나를 제거함(부정)으로써 교착 상태의 발생을 방지할 수 있다.

1) 상호배제 조건의 부정

상호배제 조건은 여러 개의 프로세스가 공유 불가능한 전용 자원인 경우에 발생하는 것이며 기억장치나 CPU와 같은 공유 및 선점형 자원에 대해서는 상호배제 조건이 발생하지 않는다.

즉 프린터나 자기 디스크와 같이 본질적으로 공유 및 선점이 불가능한 자원인 경우에 상호배제 조건의 제거는 원칙적으로 불가능하고 상호배제 방법은 공유 가능한 자원 할당에서만 가능하다.

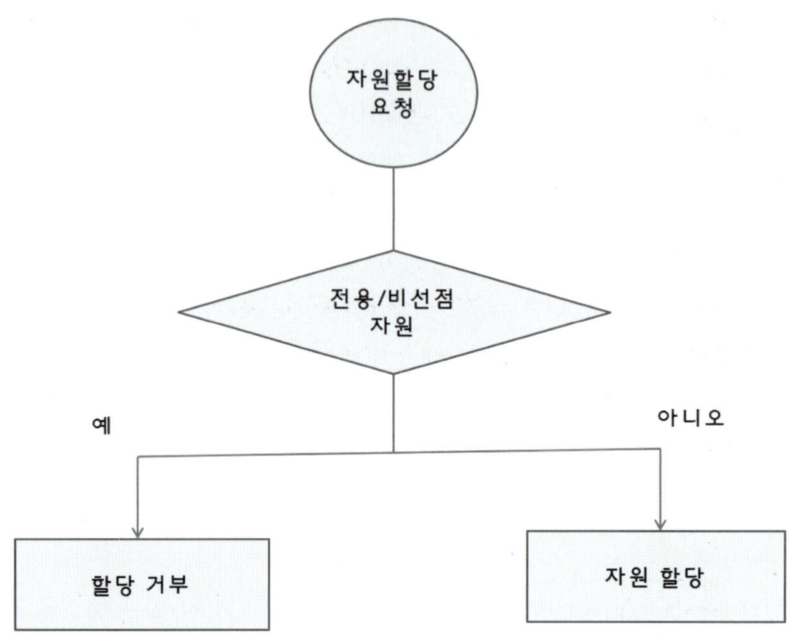

【그림 3-24】 상호배제 조건의 부정(예)

2) 점유와 대기 조건의 부정

점유와 대기 조건의 부정은 2가지 방법을 사용하는데, 하나는 프로세스가 수행되기 전에 필요한 모든 자원을 할당시켜 주는 방법과 다른 하나는 자원을 점유하지 않을 때만 자원을 요구하도록 하는 방법을 사용한다.

각 프로세스가 필요한 자원들을 모두 한꺼번에 요청하고 시스템은 요청된 자원들을 분석하여 한 프로세스가 요구한 자원을 전부 할당하여 주든지 또는 하나라도 부족하면 전혀 할당하지 않든지 하는 방식으로 자원을 할당하는 방법이다. 따라서 프로세스는 일시에 요구한 모든 자원 중에서 원하는 자원이 사용가능하지 않아 할당되지 않을 때는 그 프로세스는 원하는 자원이 모두 사용 가능해질 때까지 기다려야 하며 기다리는 동안에는 아무 자원도 가지고 있을 수 없다.

그러나 이러한 방법은 다음과 같은 문제점을 발생시킬 수 있다.

- 자원 낭비와 비용 증가 문제를 초래하게 된다.
- 자원을 공유할 수 없다.

- 자원이 부족한 상태에서 필요한 자원 모두가 동시에 사용이 불가능하다.
- 어떤 프로세스는 끝내 필요한 자원을 모두 얻지 못하는 문제가 발생한다.

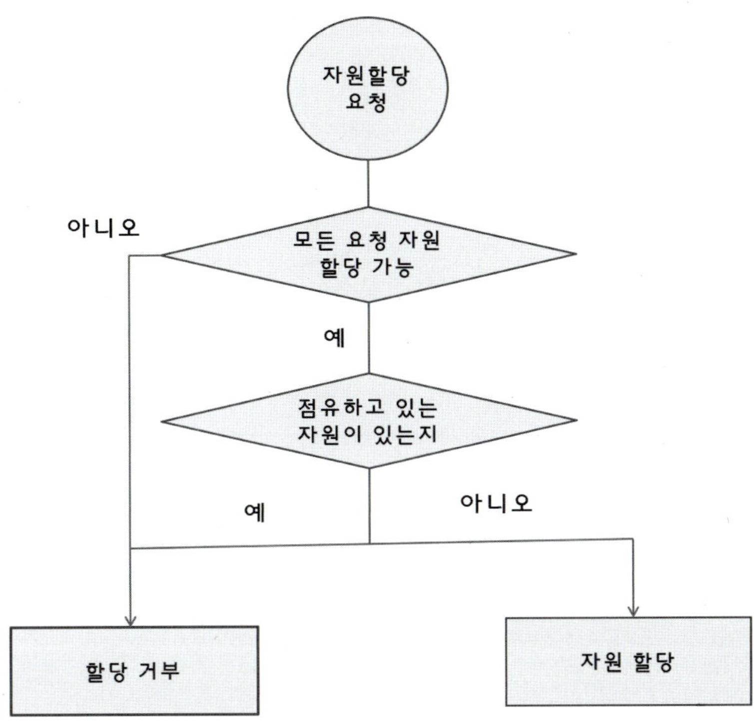

【그림 3-25】 점유와 대기 조건의 부정(예)

3) 비선점 조건의 부정

비선점 조건은 공유 불가능한 전용 자원인 경우에 나타나는 것으로 이를 제거하기 위해서는 해당 자원에 대해 선점이 가능하도록 하여야 한다. 즉 지금까지 해당 자원을 수행한 전체 처리 내용에 대한 보관과 복구가 가능하도록 하는 방법과 또는 현재까지 처리한 모든 작업 내용을 포기하게 하고 다른 프로세스에게 이 자원을 할당시켜 줄 수 있도록 해 주는 방법이다.

전자의 방법은 작업 내용에 대한 보관과 복구가 용이한 자원에 대해서만 적용이 가능하며, 후자의 경우는 보관과 복구가 불가능한 자원인 프린터, 테이프에 대해서만 적용하게 된다.

이 두 가지 방법을 사용하게 되면 교착 상태의 예방이 가능하지만 역시 다음과 같은 문제점이 발생한다.

- 자원 사용의 내용을 보관하거나 이를 복구하는 비용 증가 문제.

- 현재까지 처리한 작업 내용의 포기에 따른 비용 문제.
- 자원을 계속 선점 당하여 현재까지 작업 내용을 계속 포기하게 되는 문제.

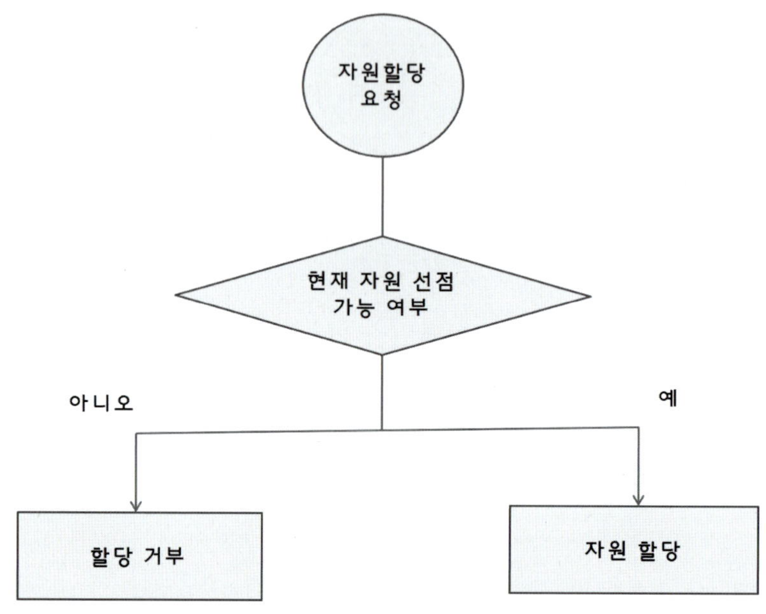

【그림 3-26】 비선점 조건의 부정(예)

4) 환형대기 조건의 부정

환형 대기 조건은 시스템 내에 있는 각 자원의 형태에 순서 번호를 부여함으로써 제거가 가능하다. 예를 들면 어떤 프로세스가 특정 형태의 자원들을 할당받고 있다면 다음에 요구할 수 있는 자원은 현재 할당받고 있는 자원의 순서 번호 이후의 자원이 되도록 하는 것이다.

이와 같은 환형 대기 조건은 제거가 가능하며, 이에 따라서 교착 상태의 예방도 가능하지만 다음과 같은 문제점을 발생시킬 수 있다.

- 프로세스에 대한 자원 할당 순서를 예상하여 자원의 순서 번호를 부여하기 때문에 예상을 벗어나는 자원의 요청 순서가 나타나게 되면 더 이상 실행할 수 없어 자원 사용의 효율성이 크게 떨어진다.
- 새로운 자원이 그 시스템에 추가될 때에 자원의 순서 번호를 재구성하며, 이에 따라 이미 작성된 프로그램도 수정해야 한다.
- 처리가 급한 프로그램이 발생할 때는 자원 할당에 어려움이 발생한다.

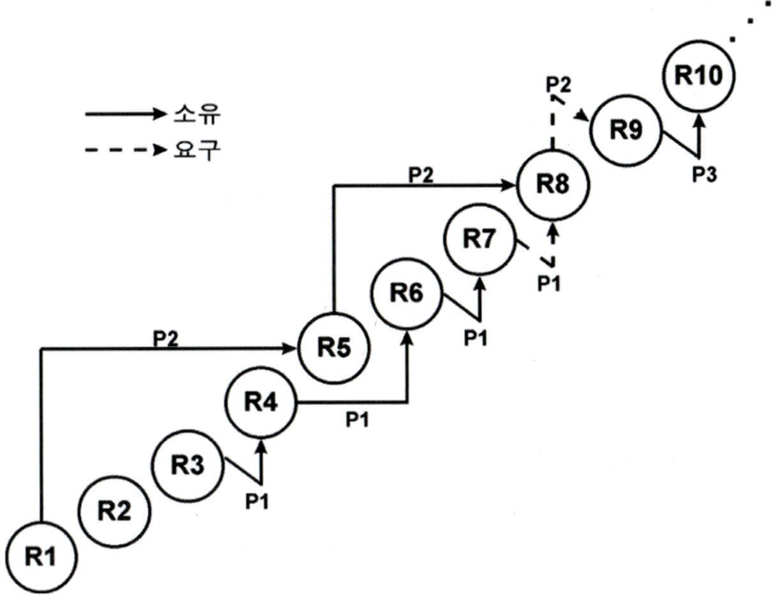

【그림 3-27】 환형대기 조건의 부정(예)

[그림 3-27]에서 환형대기 조건의 부정의 예를 설명하자면 우선 프로세서 1(P1)이 자원 R3, R4를 점유하고 있는 상태이므로, 프로세서 2(P2)가 자원을 요청하면 이미 P1이 자원 3,4를 사용 중이므로 그 다음 자원인 R5를 할당하게 되면 교착 상태가 발생하지 않는다. 이후 P1은 R6와 R7을 사용이기 때문에 P2가 다시 자원을 요청할 때에는 그 다음 자원인 R8을 배당하게 되면 교착 상태 문제점을 해결할 수 있다.

이처럼 프로세서가 자원을 요청할 때에는 자원 요청 순서에 맞게 그 전에 배당한 자원보다 큰 번호의 자원을 배당하게 되면 교착 상태를 예방할 수 있다. 하지만 자원의 수가 무한정 많지 않기 때문에 더 이상 실행할 수 없는 상태가 발생하고, 자원 사용의 효율성이 낮아질 수 있다.

(2) 교착 상태의 회피(deadlock avoidance)

교착 상태(deadlock avoidance)는 교착 상태 발생 가능성을 미리 제거하는 것이 아니라 발생 가능성을 인정하고 교착 상태가 발생하려고 할 때 이를 적절히 피해 가는 방법이다. 특히 각 프로세스들이 원하는 자원에 대한 할당과 요청을 정상적으로 진행시키면서 각 프로세스들의 자원 사용에 대한 정보를 세밀하게 분석하여 시스템 내의 자원 사용에 대한 상황이 계속적으로 안전상태가 되도록 한다.

프로세스가 자원을 요구할 때 시스템은 자원을 할당한 후에도 안정 상태로 남아있게 되는지를 사전에 검사하여 교착 상태를 회피하는 기법으로 안정 상태에 있으면 자원을 할당하고, 그렇지 않으면 다른 프로세스들이 자원을 해지할 때까지 대기한다. 즉, 요청한 자원을 할당하더라도 조건을 충족시키지 못할 경우에는 자원 할당을 중지시킨다. 일반적인 방법으로 1965년 E.J. Dijkstra에 의해 제안된 은행가 알고리즘(banker's algorithm)이 있으며 은행에서 신용도에 따라 모든 고객의 요구가 충족되도록 현금 또는 대출을 할당하는 데서 유래한 기법이다.

- 해당 시스템이 갖고 있는 모든 자원의 종류 및 각 자원의 최대 개수.
- 각 프로세스들이 필요로 하는 자원의 최대 요구량.
- 각 프로세스에게 이미 할당된 자원의 수.
- 각 프로세스들이 추가로 원하는 자원의 요구량.
- 각 자원의 사용 가능 개수.

1) 안전상태와 불안전상태 개념

시스템이 특정한 순서대로 각 프로세스에게 자원을 할당할 수 있고 교착 상태를 방지할 수 있으면 안전 상태(safe state)라고 하며, 결국 모든 작업이 완료될 수 있는 상태이다. 불안전 상태(unsafe state)란 결국에는 교착 상태가 발생할 수 있는 상태이다.

그러나 불안전상태라고 해서 모두 교착 상태는 아니며, 불안전상태는 교착 상태로 될 가능성이 있는 상태이다. [그림 3-28]은 시스템의 3가지 상태 공간을 보여주고 있다.

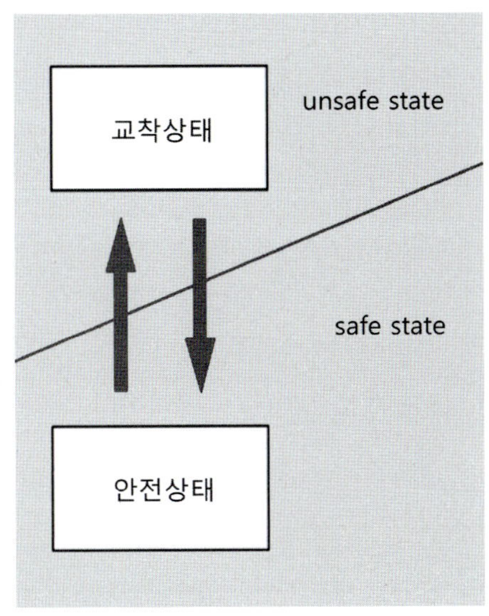

【그림 3-28】 교착 상태와 안전 및 불안전상태

2) 안전상태와 불안전상태의 예

■ 안전상태의 예

3개의 프로세스가 있고 총 자원이 10개라고 가정하자. [표 3-10]과 같이 현재 각 프로세스에 할당된 할당량은 8개이고 잔여량은 2개이다.

【표 3-10】 시스템 안전상태의 예

프로세스	현재 할당량	최대 요구량	추가 요구량
프로세스 1	1	3	2
프로세스 2	5	10	5
프로세스 3	2	5	3

이 상태에서 프로세스 1의 추가 요구량이 2개이므로 잔여량 2개를 프로세스 1에게 할당하여 먼저 수행하게 되면, 프로세서 1은 처리가 종료되고, 이후 프로세서 1의 할당된 자원을 모두 운영체제에게 반납한다. 이때 잔여량은 3이 되며, 프로세스 3에게 할당이 가능하게 된다.

프로세스 3이 수행되고 정상 종료되면 잔여량은 다시 5가 되어 프로세스 2에게 할당하여 모두 정상적으로 종료가 될 수 있다. 즉 실행의 종료 순서는 프로세스 1, 프로세스 3, 프로세스 2가 되며, 이와 같은 순서를 안전순서라 하고, 안전순서가 하나 이상 존재하게 되면 안전상태가 된다.

■ 불안전상태의 예

3개의 프로세스가 있고 총 자원이 12개라고 가정하자. [표 3-11]과 같이 현재 각 프로세스에게 할당된 총 할당량은 11개이고 잔여량은 1개이다.

【표 3-11】 시스템 불안전상태의 예

프로세스	현재 할당량	최대 요구량	추가 요구량
프로세스 1	6	9	3
프로세스 2	3	5	2
프로세스 3	2	4	2

이 경우에는 현재 잔여량은 1개뿐이므로 어느 프로세스에게도 추가 요구량만큼 자원을 할당할 수 없다. 따라서 이 시스템의 상태는 불안전상태이며 교착 상태가 발생할 가능성이 있다. 즉, 아무도 보유하고 있는 자원을 반납하지 않게 되면 교착 상태가 발생하게 된다.

■ 안전상태에서 불안전상태로의 전이

앞에서와 마찬가지로 3개의 프로세스가 있고 총 자원이 12개라고 가정하자. [표 3-12]와 같이 현재 각 프로세스에게 할당된 총 할당량은 10개이고 잔여량은 2개이다. 따라서 현재 이 시스템의 상태는 프로세스 2에 추가 요구량을 할당할 수 있으므로 안전상태이다.

【표 3-12】 안전상태의 예

프로세스	현재 할당량	최대 요구량	추가 요구량
프로세스 1	2	5	3
프로세스 2	4	6	2
프로세스 3	4	8	4

위의 안전상태에서 만약 운영체제가 프로세스 3에 추가 요구량 4대 중 잔여량 2대를 할당한다면, 어떤 프로세스도 종료할 수 없게 되어 [표 3-13]과 같이 불안전상태로 변한다.

【표 3-13】 안전상태에서 불안전상태로의 전이 예

프로세스	현재 할당량	최대 요구량	추가 요구량
프로세스 1	2	5	3
프로세스 2	4	6	2
프로세스 3	6	8	2

3) 은행가 알고리즘

은행가 알고리즘을 구현하기 위해서는 자원 할당 시스템의 상태를 나타내는 여러 가지 자료구조를 유지해야 한다. n은 시스템의 프로세스 수이며 m은 자원 형태의 수라 한다면 [표 3-14]와 같은 자료구조가 필요하다.

【표 3-14】 은행가 알고리즘 구현에 필요한 자료구조

Available	각 자원의 형태 별로 사용 가능한 자원의 수를 표시하는 길이가 m인 벡터이다. Available[j] = k라면, 자원 형태 R_j의 자원이 k개가 남아 있다는 의미이다(잔여량).
Max	각 프로세스의 최대 자원의 요구를 표시하는 n × m 행렬이다. Max[i,j] = k라면, 프로세스 P_i는 자원 형태가 R_j인 자원을 최대 k개까지 요구할 수 있다는 의미이다(최대 요구량).
Allocation	현재 각 프로세스에게 할당되어 있는 자원의 수를 정의하는 n × m 행렬이다. Allocation[i,j] = k라면 프로세스 P_i는 현재 R_j라는 자원 형태를 K개 할당받고 있다는 의미이다(할당량).
Need	각 프로세스의 남아있는 자원의 요구를 표시하는 n × m 행렬이다. Need[i,j] = k라면, 프로세스 P_i는 자신의 작업을 종료하기 위해 자원 형태를 R_j를 k개 추가로 더 필요로 한다는 의미이다(추가 요구량, 필요량).

은행가 알고리즘에서 프로세스 P_i의 자원 요청 벡터를 Request라 하고, Request[j] = k라 하면 프로세스 P_i는 R_j 자원을 k개 요구한다. 프로세스 P_i가 자원을 요청하면 다음 [그림 3-30]과 같은 단계를 거쳐 알고리즘이 수행된다.

예제

P_0부터 P_4까지 5개의 프로세스 {P_0, P_1, .. P_4}와 3개의 자원 형태 A, B, C를 가진 시스템을 가정한다. 자원 형태는 A가 10개, B가 5개, C가 7개 있다. 시간 t_0에 시스템의 상태가 [그림 3-29]와 같다고 가정하자.

상태 \ 프로세스	Allocation	Max	Available
	A B C	A B C	A B C
P_0	0 1 0	6 5 3	3 3 2
P_1	1 0 0	2 2 2	
P_2	3 0 2	9 0 2	
P_3	3 1 1	3 2 2	
P_4	0 0 2	3 2 3	

【그림 3-29】 시간 t_0에 대한 시스템 상태

단계 1 : $Request_i \le Need_i$라면 단계 2로 간다. 그렇지 않으면 최대 요구량을 초과하기 때문에 오류 상태로 된다(요구량 > 필요량)

단계 2 : Request ≤ Available 라면 단계 3으로 간다. 그렇지 않으면 자원이 부족하기 때문에 대기한다(요구량 > 잔여량)

단계 3 : 시스템은 상태를 다음과 같이 수행하여 요구된 자원들을 프로세스에게 할당되도록 한다.
잔여량 = 잔여량 - 요구량 (Available := Available - $Request_i$)
할당량 = 할당량 + 요구량 ($Allocation_i$:= $Allocation_i$ + $Request_i$)
필요량 = 필요량 - 요구량 ($Need_i$:= $Need_i$ - $Request_i$)

단계 4 : Work, Finish를 각각 길이가 m, n인 벡터라고 하면, Work = Available로 Finish[i] = false, i= 1, 2, 3, .. n으로 초기화 한다. Work는 남아 있는 자원의 수인 Available로 설정한다.

단계 5 : 다음의 두 조건을 만족하는 i 값을 찾는다.
a. Finish[i] = false
b. $Need_i \le Work$
이러한 값이 있으면 단계 6으로 가고, 없으면 단계 7로 간다.

단계 6 : 자원을 할당한 후 해제한다.
Work = Work + $Allocation_i$
Finish[i] = true
단계 5로 간다.

단계 7 : 만약, 모든 i에 대하여 Finish[i] = true이면 시스템은 안전상태이고 아니면 불안전상태이다.

【그림 3-30】 은행가 알고리즘

새로운 시스템의 상태가 안전한가를 결정해야 하는데, 이는 알고리즘을 실행하여 <P_1, P_3, P_4, P_0, P_2> 순서가 안전 요구를 충족하는 것을 발견할 수 있다. 따라서 즉시 프로세스 P_1의 요구를 허용한다. 그러나 시스템이 이 상태에 있을 때는 P_4가 (3, 3, 0)을 요청하면 자원이 부족하기 때문에 허용할 수 없다는 것을 알 수 있다. 은행가 알고리즘의 단점은 다음과 같다.

- 할당할 자원량이 일정량 존재해야 한다.
- 최대 자원 요구량을 이미 알아야 한다.
- 일정한 수의 사용자 프로세스가 있을 때만 적용할 수 있다.
- 프로세스들은 유한한 시간 내에 할당된 자원을 반납해야 한다.

(3) 교착 상태의 발견(deadlock detection)

교착 상태 발견(deadlock detection)은 시스템 운영 중에 교착 상태가 발생했는지를 결정하고 관련된 프로세스와 자원을 발견하는 것을 말하며, 프로세스와 자원 간에 순환적 요구와 할당 관계에 있는 것을 규명하는 것으로는 자원 할당 그래프의 제거와 교착 상태 발견 알고리즘이 있다.

1) 교착 상태 발견 알고리즘

시스템이 교착 상태 회피나 교착 상태 방지 알고리즘을 사용하지 않는다면, 교착 상태가 발생할 수 있다. 이러한 환경에서는 시스템이 교착 상태가 발생하였는지를 파악하기 위하여 시스템의 상태를 검사하여 교착 상태 발견 알고리즘을 호출하여야 한다. 교착 상태 발견 알고리즘을 호출하는 결정 요소는 교착 상태의 발생 빈도수와 교착 상태가 발생하였을 때 영향을 받는 프로세스의 수로 결정한다.

교착 상태가 자주 발생하면 발견 알고리즘도 더 자주 호출해야 하므로 교착 상태로 된 프로세스들에 할당된 자원들은 교착 상태가 해결될 때까지 쉬게 된다. 또한 교착 상태의 순환에 포함된 프로세스들의 수는 점점 증가한다. 교착 상태 발견 알고리즘도 은행가 알고리즘에 사용한 요소와 유사한 자료 구조를 사용한다.

단계 1 : Work, Finish를 각각 길이가 m, n인 벡터라고 하면, Work = Available로 초기화한다. i = 1, 2, 3, .. n일 때 만약, $Allocation_i \neq 0$이면 Finish[i] = false이고, 그렇지 않으면 Finish[i] = true로 초기화 한다.

단계 2 : 다음과 같이 되는 인덱스 i값을 찾는다.

a. Finish[i] = false

b. $Request_i \leq Work$

만약 여기에 맞는 i가 있으면 즉 요구 자원을 할당받을 수 있으면 단계 3으로 가고 없으면 단계 4로 간다.

단계 3 : $Work = Work + Allocation_i$

inish[i] = true

단계 2로 간다.

단계 4 : Finish[i] = false라면, $1 \leq i \leq n$인 범위에서 시스템은 교착 상태에 있다.

【그림 3-31】 교착 상태 발견 알고리즘

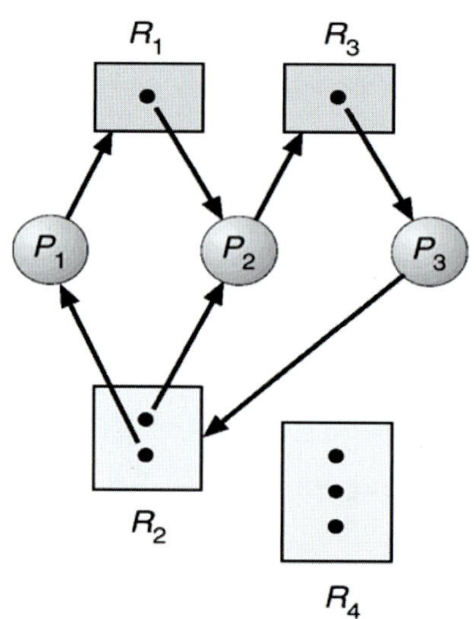

【그림 3-32】 프로세서와 자원간의 자원할당 그래프 예

2) 자원할당 그래프 및 제거 과정

자원 할당 그래프는 교착 상태를 찾아내는데 사용하는 방법으로 방향 그래프를 이용하여 자원의 할당 사항과 요구 사항을 나타낸다. 그래프 제거 법에 의해 실행을 완료할 수 있는 프로세스와 교착 상태에 빠진 프로세스를 결정할 수 있으며 그래프에서의 제거는 이 프로세스가 작업을 완료하고 그 자원을 시스템에 반납할 수 있다는 사실을 반영한다.

따라서 어떤 그래프에서 모든 프로세스를 제거할 수 있으면 교착 상태는 없고 모든 프로세스가 제거될 수 없으면 제거 불능인 프로세스들이 그래프 내에서 교착 상태에 빠진 프로세스 그룹을 형성하고 있는 것이다.

그래프에서 특정 프로세스의 제거는 자원에서 해당 프로세스로 향한 화살표를 제거하고 해당 프로세스에서 자원으로 향하는 화살표를 제거함으로써 이루어진다.

[그림 3-33]은 자원 할당 그래프의 제거 과정을 나타내고 있다. 사각형은 프로세스, 큰 원은 동일 자원의 집합, 큰 원 안에 그려진 작은 원은 각 자원의 집합 내에 속하는 동일한 자원의 수를 나타낸다.

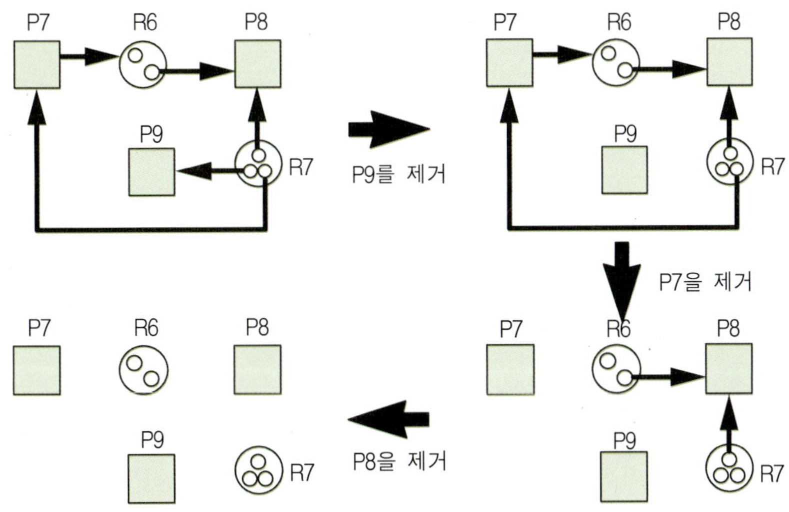

【그림 3-33】 자원 할당 그래프 제거 과정

(4) 교착 상태의 회복(deadlock recovery)

교착 상태 회복(recovery from deadlock)은 시스템으로부터 교착 상태를 제거하여 이후로는 시스템이 잘 진행되게 한다. 대부분의 시스템에서는 하나 또는 그 이상의 교착 상태에 빠진 프로세스를 완전히 제거시켜서 회복하기 때문에 제거된 프로세스는 지금까지 수행했던 작업의 일부 혹은 전부를 잃어버리고 다시 재시작하기 때문에 시간적 경제적인 부담이 크다.

운영체제는 교착 상태가 발생하면 최소의 피해를 보장하면서 교착 상태를 회복해야 한다. 교착 상태 회복의 첫 단계는 교착 상태 탐지 알고리즘을 수행하여 교착 상태에 빠진 프로세스들을 식별하는 것이다.

다음 단계로는 교착 상태에 빠진 프로세스들을 종료시키거나 이들이 배당 받았던 자원들을 선점하여 다른 프로세스가 사용할 수 있도록 함으로써 교착 상태를 회복해 나간다.

1) 프로세서 종료 방법

교착 상태에 빠진 프로세스들을 종료시키는 방법은 종료된 프로세스가 교착 상태가 되기 전에 수행했던 작업을 잃어버리고 다시 처음부터 재시작 해야 하기 때문에 최소의 피해가 발생하는 프로세스를 선택하는 방안이 필요하다. 교착 상태를 해결하는 방식은 다음의 두 가지가 있다.

① 교착 상태 프로세스들을 모두 종료하는 방법

이 방식은 가장 단순한 방법으로 교착 상태에 빠진 모든 프로세스를 종료함으로써 확실하게 교착 상태의 사이클을 해결하지만 비용이 많이 든다. 이유는 우선 이들이 오랜 시간 동안 연산했을 가능성이 있으며 현재까지 수행한 부분적인 결과들을 모두 잃어버리게 되어 나중에 처음부터 다시 재 연산을 해야 하기 때문이다.

② 교착 상태 사이클이 제거될 때까지 한 프로세스 씩 종료하는 방법

이 방식은 교착 상태에 빠진 프로세스들 중에서 한 프로세스씩 차례로 종료시켜 가면서 해결하는 방식이다. 그러나 매번 각 프로세스가 종료될 때마다 교착 상태 발견 알고리즘을 호출하여 프로세스들이 아직도 교착 상태에 있는가를 확인해야 하므로 상당한 부담이 요구되는 문제점이 있다.

특히 프로세스를 종료시키는데 있어서 기본적으로 최소의 비용으로 종료시키는 방법을 찾아야 한다. 이러한 최소 비용의 원칙으로 희생자 프로세스를 선정하는 데는 다음과 같은 요인들을 고려해야 한다.

- 프로세스들의 우선순위 여부.
- 지금까지 프로세스가 수행된 시간과 종료하는데 필요한 시간.
- 프로세스가 사용한 자원 유형과 자원의 수.
- 복귀하는데 얼마나 많은 프로세스가 포함되어 있는가의 여부.
- 프로세스가 대화식 처리 방식 또는 일괄 처리 방식인지의 여부.

2) 자원 선점 방법

교착 상태에 빠진 프로세스들의 자원 선점을 이용하여 이들 자원의 교착 상태를 해결하려면 프로세스로부터 자원들을 선점하여 이들 자원을 교착 상태가 해결될 때까지 다른 프로세스들에게 할당해야 한다. 교착 상태를 회복하기 위하여 자원의 선점권을 이용하려면 자원 선점 시 다음 세 가지 사항들을 해결해야 한다.

① 희생자 선정 문제

교착 상태의 빠진 프로세스들 중에서 최소의 피해를 주면서 어느 프로세스 자원을 선점할 것인지를 결정해야 한다. 이는 프로세스 중지에서와 같이 비용을 최소화하기 위하여 자원의 선점 순서를 결정해야 한다. 비용 요인으로 교착 상태 프로세스가 점유하고 있는 자원의 수나 교착 상태 프로세스가 지금까지 실행하는데 소요한 시간과 같은 매개변수들을 고려하여 결정한다.

② 복귀 문제

프로세스로부터 자원을 선점 당하면 필요한 자원이 부족하기 때문에 이 프로세스를 정상 실행할 수 없게 된다. 따라서 자원을 선점 당한 프로세스를 안전상태로 복귀시키고 중지된 지점부터 다시 재 시작해야 한다. 일반적으로 안전상태가 어떤 것인지를 결정하기 어렵기 때문에 가장 단순한 방법으로 완전 복귀(total rollback) 방법, 즉 그 프로세스를 완전히 취소한 후 중지시키고 처음부터 다시 재 시작하는 방법을 사용한다.

③ 기아 상태 문제

자원들이 항상 동일한 프로세스로부터 선점되면 기아 상태(starvation)가 발생할 수 있다. 희생자의 선택을 기본적으로 비용의 감소에만 국한하여 선정할 경우 어느 한 프로세스가 반복적으로 희생자로 선정될 수 있는 가능성이 있다. 이러한 사항에 대한 해결 방안으로 희생자 반복 선택 횟수의 상한선을 정하여 상한선 이상은 프로세스가 반복적으로 계속 희생자가 되지 못하도록 한다.

단원 연습문제

1. 프로세서란 무엇인가?

2. 프로세서의 3가지 실행 형태를 그려보고, 각 형태에 대하여 설명하시오.

3. 프로세서의 상태 변환에 대하여 자세히 논하시오.

   1) 프로세스 상태 전이도(diagram)(그림)

   2) 프로세서 상태의 주요 기능

   3) 프로세스 상태 변환 단계 설명(5단계)

   4) 프로세서 상태 전환 관리 모듈과 기능

4. 프로세서 제어 블록(PCB)에 대하여 설명하시오.

5. 프로세서 중단(suspend) 및 재시작(resume)의 필요성에 대하여 설명하시오.

6. 스레드 개념에 대하여 설명하시오.

7. 다중 스레딩(multi-threading)이란 무엇인가?

8. 스레드와 프로세스의 차이점에 대하여 설명하시오.

9. 스레드의 상태 변환에 대하여 설명하시오.

1) 스레드의 상태 변환도

2) 스레드 상태 변환 단계 설명

3) 활동상태와 지연상태 설명

10. 병행 프로세서의 개념과 특징에 대하여 설명하시오.

11. 병행성의 정의와 병행성/병렬성의 차이점에 대하여 설명하시오.

12. 상호배제 및 임계구역의 개념에 대하여 설명하시오.

13. 상호배제 소프트웨어 구현 기법 중 2개 프로세스간의 상호배제에 대하여 설명하시고, 데커 알고리즘의 상호배제 구현 과정을 설명하시오.

14. N-프로세스간의 상호배제 해결 알고리즘인 Lamport(빵집) 알고리즘에 대하여 설명해 보시오.

15. 세마포어(semaphore) 설명 및 세마포어 구성 방법 중 바쁜 대기(busy waiting)을 이용한 방법에 대하여 설명하시오.

16. 모니터 방식 및 특징에 대하여 설명하시오.

17. 프로세스간 통신에 있어서 송수신자의 통신 링크 용량에 의한 분류에 대하여 설명해 보시오.

18. 다수의 프로세스간 동기화 고려사항 중 직접 통신 방법에서의 통신 링크의 특징에 대하여 설명하시오.

19. 교착 상태의 정의를 설명하고, 일상생활에서의 교착 상태 예를 찾아보고 이에 대하여 설명해 보시오.

20. 두 프로세스간의 교착 상태 예를 그래프를 그려서 설명하시오.

21. 선점형/비선점형 자원과 전용자원/공용 자원의 차이점을 설명하시오.

22. 무한 연기(infinite postponement)를 설명하고, 발생원인 및 해결 방안에 대하여 설명해 보시오.

23. 무한 연기와 교착 상태의 차이점 및 해결 방안에 대하여 설명해 보시오.

24. 교착 상태 발생 조건 4가지를 설명하고, 각 조건을 해결하는 방법에 대하여 설명하시오.

25. 교착 상태 연구 분야에 대하여 간략히 설명시오.

26. 교착 상태 예방 방법에 대하여 자세히 설명하시오.

27. 교착 상태 회피 방법을 설명하고, 안전상태(safe state)와 불안전상태(unsafe state)의 예를 들어 설명해 보시오.

28. 교착 상태 발견 방법을 설명하고, 자원할당 그래프 제거 과정의 문제점에 대하여 설명해 보시오.

29. 교착 상태 회복 방법을 설명하고, 프로세서 종료 방법과 자원 선점 방법의 종류를 설명하고, 각 방법의 문제점에 대해서 설명해 보시오.

Operating System

Part 04

기억장치 관리

Chapter 12 | 기억장치 관리
Chapter 13 | 주기억장치 관리 기법
Chapter 14 | 가상기억장치 관리 기법
Chapter 15 | 가상기억장치 관리 방법
Chapter 16 | 보조 기억장치 개요 및 디스크 스케줄링 방법

Chapter 12 기억장치 관리

12.1 기억장치의 개요

기억장치는 현대의 컴퓨터 시스템을 운영함에 있어 가장 조심하게 다루어야 하는 중요한 자원이다. 기억장치를 관리하는 운영체제의 일부를 기억 장치 관리자(memory manager)라고 한다. 기억장치 관리자는 기억장치의 어느 부분이 사용 중인지 아닌지를 조사하고 프로세스에게 그들이 필요할 때마다 기억장치를 할당하고 사용이 끝나면 회수해야 한다. 또한 주기억장치가 모든 프로세스가 사용하기에 부족한 경우에 디스크와 주기억장치 사이에 프로세스 교체 작업을 관리해야 한다. 주기억장치는 각각 자신의 주소를 갖는 바이트나 워드로 된 대규모 배열로 구성되어 있다.

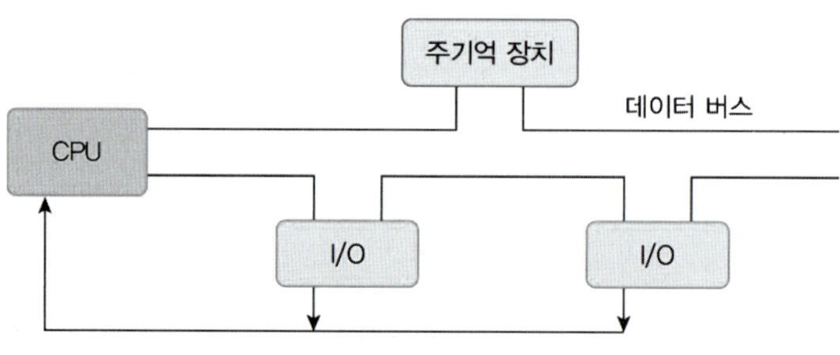

【그림 4-1】 주기억장치의 역할

주기억장치는 CPU가 명령이나 자료를 직접 인출(fetch) 혹은 반환할 수 있는 기억장치의 부분으로 주기억장치 내의 모든 명령어와 해당 주소에 의해서 접근하게 된다. 가상기억장치(virtual memory)는 특정 프로그램의 전체가 주기억장치 내에 들어 있지 않아도 실행이 가능하게 하는 기법으로서 현재 실행하고 있는 프로그램의 일부를 주기억장치에 유지하고 나머지는 보조기억장치 하나인 자기 디스크에 유지시키는 기법으로 컴퓨터 시스템에서 주기억장치의 이용 가능한 기억 공간보다 훨씬 큰 주소 지정을 할 수 있도록 하는 기법이다.

12.2 기억장치의 계층 구조

모든 프로그램과 데이터가 CPU에 의해서 실행되고 참조되기 위해서는 먼저 주기억장치 내에 적재되어야 한다. 당장 필요하지 않은 프로그램과 데이터는 보조기억장치에 저장해 두었다가 실행되거나 참조되기 위하여 필요시에 주기억장치로 옮겨져야 한다. 주기억장치는 보조기억장치보다 훨씬 빠르고 용량이 적다. 반면에 보조기억장치는 주기억장치보다 속도는 느리지만 가격이 싸고 대용량이다.

1980년대 CPU와 주기억장치 사이에 캐시 기억장치(cash memory)를 개발하여 사용함으로써 시스템의 성능과 CPU 이용률을 극대화시킬 수 있게 되었다. 캐시는 주기억장치보다 10~100배 이상의 빠른 속도를 갖고 상대적으로 용량이 작은 CPU 내의 기억 장소이다. CPU가 주기억장치에 있는 프로그램이나 데이터를 실행하거나 참조하기 전에 미리 캐시에 옮겨짐으로써 주기억장치보다 훨씬 빠르게 실행되거나 참조되게 한다.

주기억장치와 보조기억장치 사이에 위치한 버퍼(buffer)는 CPU의 연산 속도에 비해 상대적으로 입출력 속도가 늦은 보조기억장치의 제한을 극복하기 위해 만든 것으로 버퍼는 주기억장치 내의 기억 공간이다. 버퍼나 디스크 캐시(disk cache)를 사용하여 CPU 연산과 보조기억장치로의 입출력 속도 차이를 해소할 수 있다. 보조기억장치는 디스크나 테이프, 드럼 등을 사용한다.

[그림 4-2]는 기억장치의 계층 구조를 보여주고 있다.

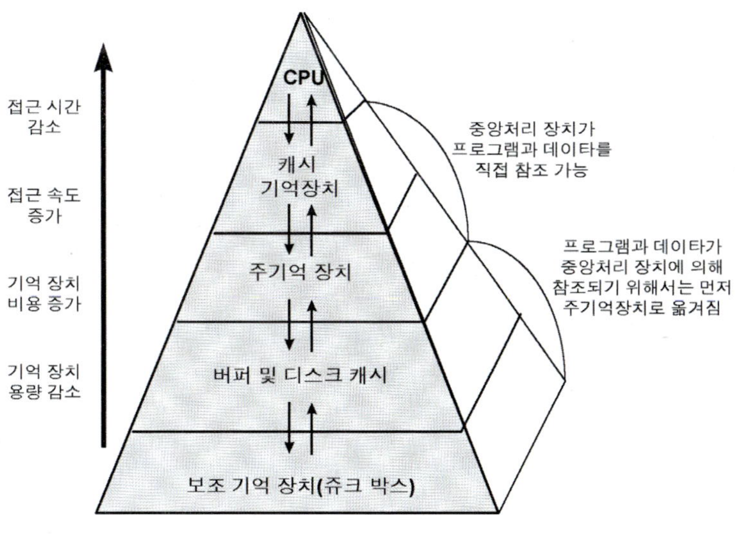

【그림 4-2】 기억장치 계층 구조

12.3 주기억장치 구성

단일 사용자(single user) 시스템을 위한 주기억장치는 운영체제가 상주할 영역과 현재 수행되고 있는 사용자 프로그램이 적재될 영역으로 나누어진다. 다중 프로그래밍 시스템에서는 여러 개의 프로세스가 처리되고 있는 상태이기 때문에 운영체제가 상주하는 영역 이외의 부분에 해당 프로세스를 위한 다수 개의 사용자 영역이 존재한다. 따라서 다수 개의 프로그램이 주기억장치에 적재되는 경우 주기억장치 성능을 극대화하기 위하여 주기억장치를 관리하는 운영체제의 여러 가지 기법들이 요구된다.

주기억장치 관리에 운영체제가 필요한 근본적인 이유는 두 가지 경우로 구분할 수 있다. 첫째, 주기억장치의 크기가 커서 CPU의 주소화 범위를 초과하는 경우이며 둘째, 모든 프로그램과 자료를 저장하기에 주기억장치의 크기가 부족한 경우이다. 이 두 가지 경우는 CPU가 운영체제의 도움 없이는 주기억장치에 저장된 모든 프로그램과 자료들을 직접 주소화가 불가능하다.

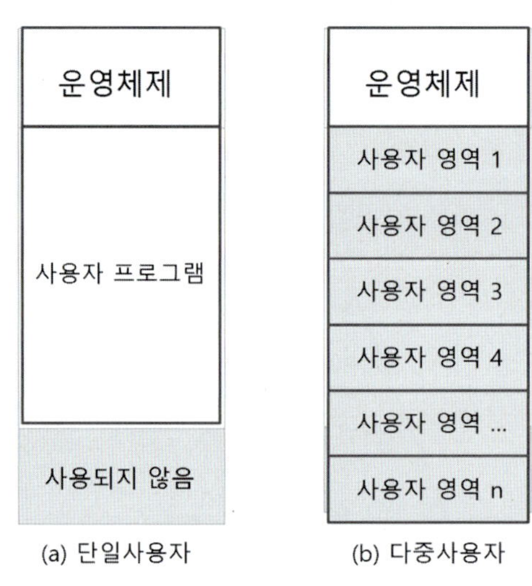

【그림 4-3】 주기억장치 구성의 구분

Chapter 13 주기억장치 관리 기법

13.1 주기억장치 관리 기법

주기억장치는 기억장치 주소의 연속으로 되어 있으며, 모든 프로세스는 그 프로세스가 수행되기 전에 반드시 주기억장치 내에 존재해야 하므로 프로세스의 크기는 물리적인 기억장치의 크기로 제한된다. 주기억장치를 관리한다는 것은 실행을 위한 프로그램을 주기억장치 내에 어떻게 적재시킬 것인가에 관한 문제이며, 프로그램을 주기억 공간 내에 적재시키는 방법은 연속 적재 방법과 분산 적재 방법으로 분류할 수 있다.

여기서는 단일사용자 기억장치 관리 방법과 다중사용자 기억장치 관리 방법에 대하여 알아보기로 하자.

<table>
<tr><th colspan="6">연속 적재 방법</th><th colspan="3">분산 적재 방법</th></tr>
<tr><td colspan="6">주기억장치</td><td colspan="3">가상기억장치</td></tr>
<tr><td colspan="3">단일 사용자(분할)</td><td colspan="6">다중 사용자(다중 프로그래밍)</td></tr>
<tr><td rowspan="2">상주 모니터</td><td rowspan="2">오버레이</td><td rowspan="2">스와핑 (교체)</td><td colspan="2">고정 분할</td><td rowspan="2">동적 분할</td><td rowspan="2">페이징</td><td rowspan="2">세그먼테이션</td><td rowspan="2">페이징/ 세그먼테이션 혼용</td></tr>
<tr><td>절대 번역</td><td>재배치 번역</td></tr>
</table>

【그림 4-4】 주기억장치 관리 기법

(1) 연속 적재 방법

연속 적재(contiguous loading) 방법은 다중 프로그래밍이 시도되기 전의 초기 시스템에서 사용한 방식으로 실행을 위한 각 프로그램을 주기억 공간 내에서 연속되게 저장하는 방법이다. 주기억 공간을 한사람의 사용자만 사용할 수 있는 단일 사용자 기법과 여러 사용자가 사용할 수 있는 고정 분할 기법 및 동적 분할 기법이 있다. 연속 적재 방법은 운영체제가 기억장치 할당을 관리하기 쉬운 장점이 있으나 주기억장치에 큰 공간이 생길 때까지 기다렸다가 다음 프로그램을 적재하여 실행하여야 하는 단점이 있다.

(2) 분산 적재(불연속 적재) 방법

분산 적재(scatter loading) 방법은 하나의 프로그램을 여러 개의 조각으로 나누어 주기억 공간 내에 분산하여 배치하는 기법으로 프로그램이 페이지(page)나 세그먼트(segment)라는 단위로 구성되어 디스크 상에 존재하다가 실행에 필요한 부분만이 주기억 공간 내에 적재되는 방법이다. 이 방법은 운영체제가 분산 기억장치 할당을 관리하는 일이 어려운 단점이 있으나 주기억장치가 여러 개의 작은 부분으로 나누어져 있기 때문에 기다리지 않고 바로 다음 프로그램을 적재하여 실행할 수 있어 다중 프로그래밍이 가능한 장점이 있다.

분산 적재 방법은 실행에 필요한 전체 프로그램을 구성하는 조각들이 모두 주기억장치 내에 적재되어야 하는 순수 페이징 기법, 순수 세그먼테이션 기법, 순수 페이징/세그먼테이션 혼합 기법과 가상기억장치의 개념을 도입하여 프로그램의 일부분만 적재되어도 실행이 가능한 요구 페이징 기법, 요구 세그먼테이션 기법, 요구 페이징/세그먼테이션 혼합 기법으로 분류할 수 있다.

【그림 4-5】 주기억장치 연속 적재 & 분산 적재 방법

13.2 주기억장치 관리 전략(memory management strategy(policy))

주기억장치 관리 전략(정책)은 보조기억장치의 프로그램이나 데이터를 주기억장치에 적재 시키는 시기, 적재 위치 등을 지정하여 한정된 주기억장치의 공간을 효율적으로 사용하기 위한 것이다.

(1) 반입(fetch strategy) 전략: 요구/예상 반입

CPU에 의해 실행되기 위해서는 주기억장치로 적재할 프로그램이나 자료를 언제 가져 올 것인가 결정해야 된다.

- 요구 반입(demand fetch): 실행 중인 프로그램이 특정 프로그램이나 데이터 등의 참조를 요구할 때 적재하는 방법.
- 예상 반입(anticipatory fetch): 실행 중인 프로그램에 의해 참조될 프로그램이나 데이터를 예상하여 미리 적재하는 방법.

(2) 배치/할당(placement/allocation) 전략: 최초/최적/최악 적합

새로 반입되는 프로그램이나 데이터를 주기억장치의 어디에 위치시킬 것인지를 결정하는 전략으로 최소 적합(first fit), 후속 적합(next fit). 최적 적합(best fit), 최악 적합(worst fit)이 있다.

- 최초 적합(first fit): 빈 영역 중에 첫 번째 영역에 배치시키는 방법.
- 후속 적합(next fit): 지난 번 검색이 끝난 곳에서 시작하여 요구하는 크기에 맞는 첫 번째 영역에 배치시키는 방법.
- 최적 적합(best fit): 빈 영역 중에 가장 적합한 곳에 배치시키는 방법.
- 최악 적합(worst fit): 빈 영역 중에 가장 큰 곳에 배치시키는 방법.

(3) 교체/재배치(swapping/replacement) 전략

주기억장치의 모든 영역이 이미 사용 중인 상태에서 새로운 프로그램이나 데이터를 주기억장치에 배치하려고 할 때, 이미 사용되고 있는 영역 중에서 어느 영역을 교체하여 사용할 것인지를 결정하는 전략이다.

(4) 할당 기법(allocation strategy)

새로이 생성되는 프로세스에 대하여 "주기억장치 공간 할당을 어떻게 할 것인가"를 결정하는 기법.

- 연속 할당 방법: 실행될 프로그램 전체를 연속적인 주기억장치의 장소에 할당시켜 실행함.
- 불연속 할당 방법: 실행될 프로그램과 주기억장소를 일정한 크기의 페이지와 같은 논리적 크기로 나눈 후 여러 주기억장치에 분산 할당하여 실행함.

13.3 단일 사용자(single user) 기억장치 할당(allocation)

초기 컴퓨터 시스템에서는 한 번에 한 사용자만이 시스템을 독점하여 사용할 수 있었기 때문에 모든 자원을 전용하여 사용하였다. 단일 사용자 연속 기억장치 할당은 모든 프로그램의 크기는 주기억장치의 용량을 초과할 수 없으므로 용량을 초과하는 프로그램은 실행할 수 없으며, 한 순간에 오직 1명의 사용자만이 주기억장치를 전용하여 사용하므로 다른 모든 사용자는 기다려야 하는 단점이 있는 방법이다.

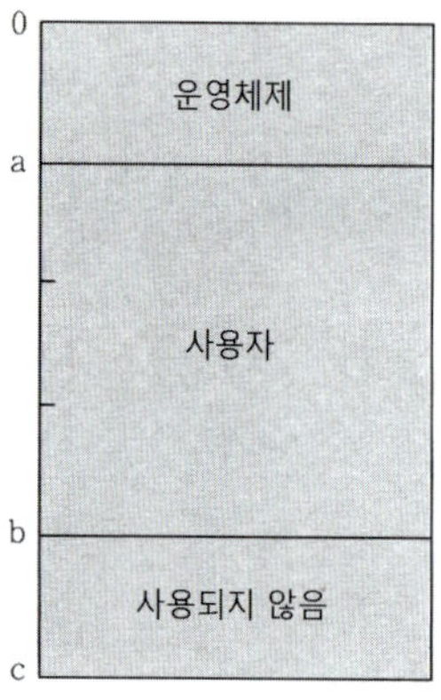

【그림 4-6】 단일 사용자 시스템 기억장치 할당

단일 사용자 기억장치 할당 방식의 장점은 구현이 매우 단순하며 이해하기 쉽지만 단점으로는 기억장치 및 자원의 낭비가 심하며, 입출력을 수행하는 동안 CPU를 사용하지 않고 있어 CPU 시간의 낭비가 크다.

[그림 4-7]에서는 해당 번지만큼의 영역만 사용자가 사용할 수 있으며, 운영체제와 사용자 프로그램의 경계는 경계 레지스터(bound register)로 접근을 제한할 수 있다. 만약 운영체제 영역을 침범했을 경우 운영체제 관리자는 인터럽트를 발생시키고 제어권을 운영체제에게 넘긴다.

【표 4-1】 단일 분할 할당 관리 특징

장점	단점
· 주기억장치 관리를 위한 특별한 H/W, S/W가 필요 없다. · 구현이 간단하며, 이해하기가 쉽다. · 주기억장치 사용이 최대로 유연하다. · 스케줄링 개념이 없기 때문에 단순하다.	· 운영체제가 없기 때문에 서비스의 한계성이 있다. · 다수의 사용자 이용이 불가능하다. · 자원(주기억장치, 주변장치)의 낭비가 심하다.

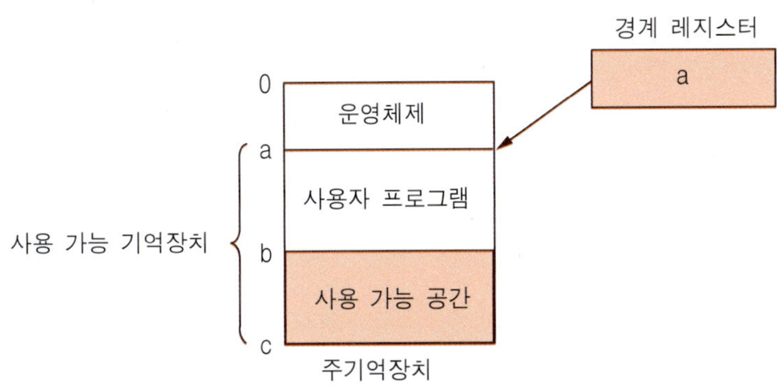

【그림 4-7】 단일 분할(사용자) 기억장치 할당

(1) 상주 모니터

초기 일괄 처리 방식에서는 CPU 유휴 시간(idle time, 휴지 시간)을 극복하기 위해 작업 묶음들을 자동적으로 처리할 수 있는 자동 작업 순서화가 가능한 상주 모니터(resident moniter)라 불리는 초기의 운영체제가 나오게 되었다.

주기억장치에서 OS가 인터럽트를 제어하고 시스템 호출이나 오류를 처리하기 위한 부분을 상주 모니터(resident monitor)라 하며, 상주 모니터 기법은 단일 사용자를 위한 주기억장치 관리 기법 중 하나의 기술이며, 주기억장치는 상주 모니터와 사용자 부분 2개로 나누어져 관리되며, 사용자 부분과의 경계에는 차폐(경계) 레지스터(fence(bound) register)를 두어 관리된다.

상주 모니터는 어떤 작업 또는 프로그램이 다음에 실행되어야 할 것인가에 대한 정보를 유지하고 있다. 상주 모니터의 기억 장소에서의 위치는 인터럽트 벡터(interrupt vector)의 위치에 영향을 받으며, 일반적으로 기억장치의 저위(low bound)에 둔다. 상주 모니터의 특징은 [표 4-2]와 같다.

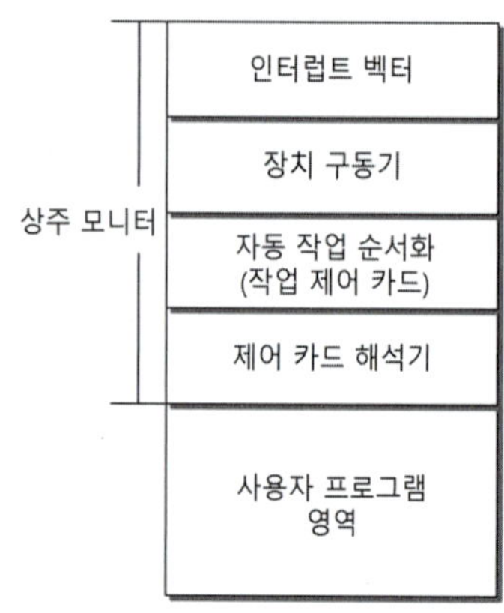

【그림 4-8】 상주 모니터

【표 4-2】 상주 모니터 특징

장점	단점
· 구현 방식이 단순하며, 이해하기 쉽다. · 사용자(user)에게 H/W 이용의 편리성을 제공한다. · 운영체제가 항상 주기억장치에 상주한다.	· 입출력 시간 동안 CPU가 유휴상태가 된다. · 주기억장치 등의 자원 낭비가 크다. · 사용자 공간보다 큰 프로그램은 실행이 불가능하다.

(2) 오버레이(중첩) 기법

초기 운영체제 시스템에서의 사용자들은 기억장치의 크기보다 큰 프로그램을 수행할 수 없었다. 이를 해결하기 위한 기법이 오버레이(overlay) 기법이다. 중첩(overlay) 기법은 디스크에 프로그램을 유지하고 운영체제에 의해서 기억장치를 교체하는 기법으로써 프로그램을 몇 개의 조각으로 분할하여 프로그램이 시작되면 각 단계별로 차례로 적재하여 실행함으로써 여러 단계를 거치면서 커다란 프로그램을 실행하는 방법이다.

【표 4-3】 오버레이 기법 특징

장점	단점
· 동적 적재에서 오버레이는 운영체제로부터 특별한 지원을 필요로 하지 않는다. · 기억장치 크기보다 더 큰 프로그램을 수행할 수 있다.	· 코딩할 때 프로그램 구조, 코드 및 자료구조를 완전히 이해해야 한다. · 오버레이 구조가 복잡한 경우는 프로그램을 충분히 이해하기가 어렵고 수정하기가 쉽지 않다.

Tip 오버레이 기법(중첩, overlay)

- 프로그램이 기억장치의 크기보다 클 경우에도 프로그램을 수행을 허용하는 방법으로 오버레이 영역보다 커다란 프로그램도 분할하여 적재시킴으로써 처리가 가능
- 프로그램의 필요한 부분만을 주기억장치에 적재하고 실행에 더 이상 필요 없는 부분은 보조기억장치에 적재하여 실행하는 방법

▸ 오버레이 기법의 장단점

- 장점 : 동적 적재에서처럼 오버레이는 운영체제로부터 어떤 특별한 지원을 필요로 하지 않는다. 간단한 파일 구조를 사용함으로써 구현하기가 쉽다.
- 단점 : 복잡한 오버레이 구조를 갖는 프로그램인 경우에는 그 프로그램을 충분히 이해하기가 어렵고 수정하기가 쉽지 않다.

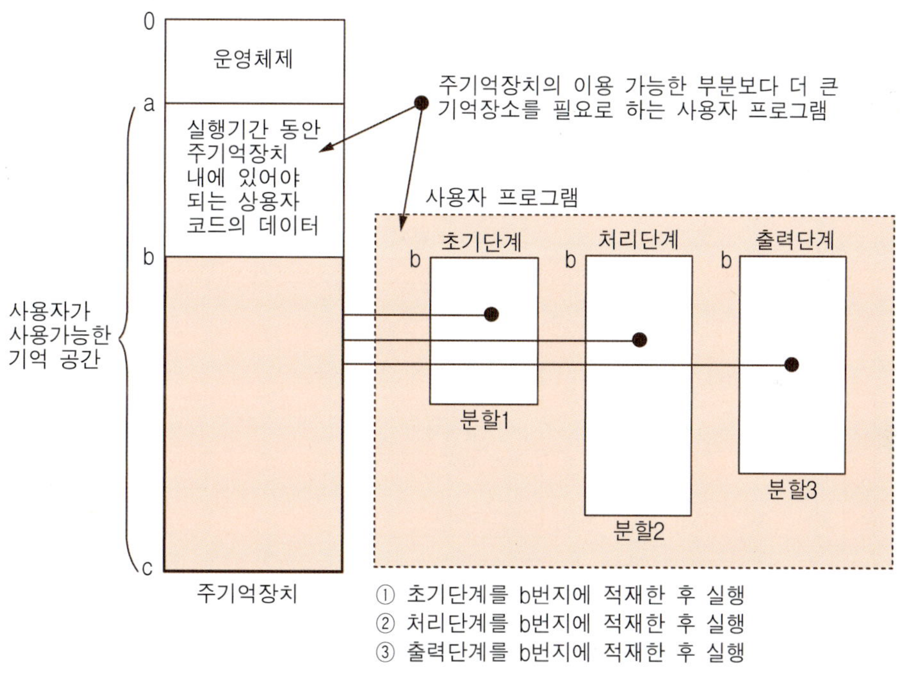

【그림 4-9】 오버레이 구조

(3) 교체(swapping)

교체(swapping) 기법은 충분하지 못한 크기의 주기억장치를 가진 시스템에서 여러 사용자 프로그램을 실행시키기 위한 방법으로 주기억 공간 내에 적재되어 실행되는 프로그램은

일시적으로 보조기억장치로 이동될 수 있으며(swap-out) 보조기억장치에서 주기억장치로 이동될 수도 있다(swap-in).

교체 방법은 현재 수행되고 있는 프로세서들만 기억장치에 남겨 놓고 나머지는 디스크의 교체 영역에 저장하는 것이다. 즉, 어떤 프로세서가 입출력 요청에 의해 대기 상태에 들어가면 그 프로세서는 당분간 중앙처리장치를 사용하지 않을 것이므로 그것을 디스크로 내보내고 다른 프로세서가 그것이 차지하고 있던 주기억장치 영역을 사용할 수 있게 해 준다.

다중 프로그래밍 환경에서는 CPU 할당시간이 초과하면 기억장치 관리자는 방금 실행이 끝난 프로세서를 보조기억장치로 내보내고 다른 프로세스를 주기억장치의 사용 가능한 공간으로 불러오는 교체(swapping) 작업을 행한다. 이러한 교체를 롤-인(roll-in), 롤-아웃(roll-out) 기법이라 한다.

이러한 교체 기법에서는 문맥 교환(context switching) 시간이 자주 발생하는 문제가 있으며 효과적인 CPU 사용을 위해서는 각 프로세스에 대한 전체 수행 시간이 교체되는 시간에 비해서 길어야 교체 기법의 효과를 볼 수 있다. 교체 방법은 주기억장치의 크기가 제한되어 있을 때 유용하며, 오늘날 일반적으로 사용되는 가상기억장치 기법의 페이징 시스템의 기초가 되었다.

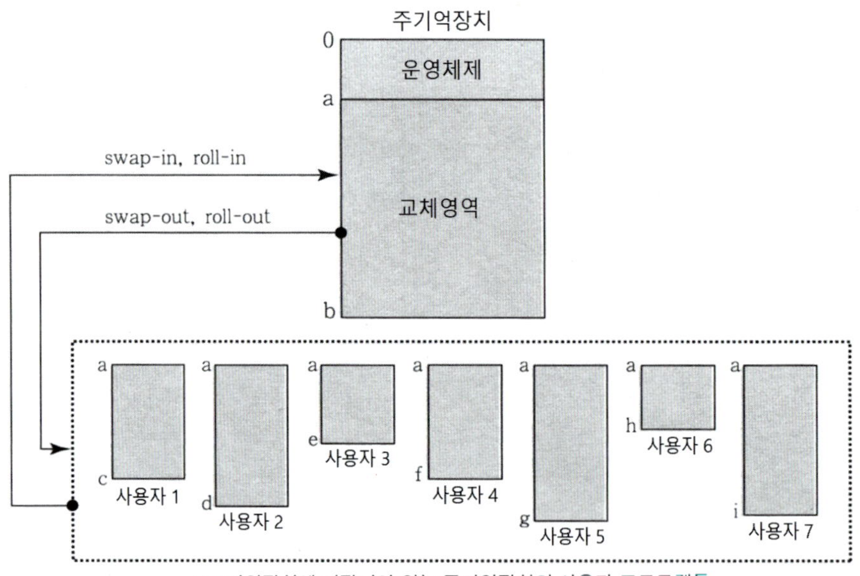

【그림 4-10】 교체(swapping) 기법

Tip 문맥교환(context switching)

하나의 프로세스가 CPU를 사용 중인 상태에서 다른 프로세스가 CPU를 사용할 수 있도록 현재 수행 중인 프로세스의 상태(문맥)를 보관하고 새로운 프로세스에게 CPU 제어권을 넘겨주는 것을 말한다. 문맥교환 중에는 CPU가 작업을 수행할 수 없기 때문에, 문맥 교환이 자주 발생하면 오버헤드(overhead)가 커진다.

【표 4-4】 교체 기법 특징

장점	단점
· 구조가 단순하며, 이해하기 쉽다. · 구현 방식이 단순하다. · 가상기억장치의 페이징 시스템(paging system)의 기초가 되었다.	· 기억 공간 및 주변 장치 낭비가 초래된다. · CPU의 유휴 시간이 많이 생긴다. · 오버레이 기능이 없을 때는 기억 공간 보다 작은 프로그램만 수행이 가능하다.

13.4 다중 사용자 기억장치 할당

다중 사용자 시스템에서는 여러 사용자의 작업들이 동시에 진행되며 따라서 주기억장치에는 여러 개의 프로그램들이 함께 올라와서 수행된다. 여러 사용자의 프로그램들이 한 기억 장소를 공유하여 사용하여야 하는 문제점을 해결하여야 한다.

Tip 다중 사용자 기억장치 할당

- 다중 프로그래밍 시스템을 구현함으로써 얻을 수 있는 이점
  - CPU의 이용률과 시스템 처리량(throughput)의 증대
- 분할(partition) : 하나의 단일 작업이 적재될 수 있는 일정한 크기의 기억장치 영역으로서 다중 프로그래밍의 정도는 분할의 수에 의해 제한을 받는다.

주기억장치를 이용하는 다중 프로그래밍 방법 중 하나인 고정 분할 할당(fixed partition allocation) 방식은 시스템의 초기 프로그램 적재(initial program loading) 시 주기억장치를 일정한 몇 개의 고정된 크기들로 분할함으로써 실행 중인 여러 프로세스에게 할당하는 기법을 말한다. 여기서 분할(partition)이란 하나의 단일 작업이 적재될 수 있는 일정한 크기의 기억장치 영역을 의미하며, 다중 프로그래밍의 정도(degree of multiprogramming)는 분할의 수에 의해 제한을 받고 신중히 고려하여 결정하여야 한다.

Tip 다중 프로그래밍의 정도(degree of multiprogramming)

주기억장치에 동시에 적재된 프로그램의 수를 다중 프로그래밍의 정도라고하며, 주기억장치 내에 많은 사용자 프로그램이 있으면 좋지만, 너무 많아지면 지나친 교체(swapping)가 발생하여 오히려 시스템 효율성이 떨어지게 된다. 따라서 시스템 구성 시 시스템 환경을 고려하여 다중 프로그래밍의 정도를 정해야 한다.

(1) 고정 분할(fixed partition) 기억장치 할당

다중 프로그래밍 시스템을 구현함으로써 얻을 수 있는 이점은 CPU 이용률과 시스템 처리량(throughput)을 증대할 수 있다. 고정 분할 기억장치 할당은 주기억장치를 일정한 수의 고정된 크기들로 분할하여 실행 중인 여러 프로세스에게 할당하는 기법을 말한다.

고정 분할 방식에서는 기억장치를 몇 가지 크기의 영구적인 분할로 나누고 각 프로세서가 하나씩의 분할을 차지하여 사용하도록 한다. 각 분할 사이에는 하드웨어적으로 격리가 이루어져 서로의 영역을 침범할 수 없게 한다. 이 방식은 간단하지만 분할의 수와 크기에 대한 융통성이 없다.

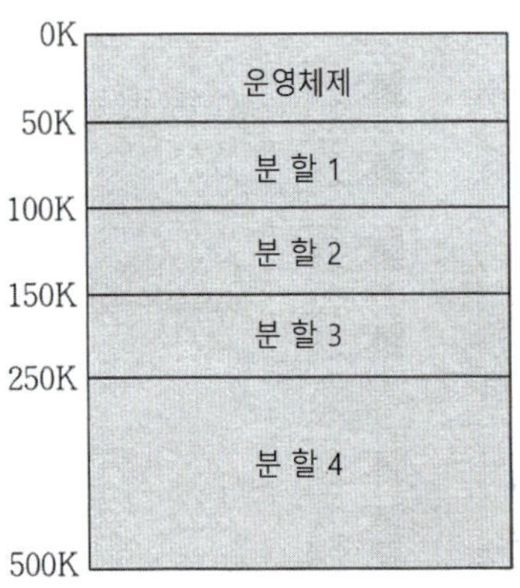

【그림 4-11】 고정 분할 기억장치 관리

(2) 절대 번역(absolute compile) 및 적재(loading)

절대 번역 및 적재(absolute compile & loading)는 초기의 다중 프로그래밍 시스템에서 사용한 방법이다. 이는 주기억장치가 여러 개의 고정된 분할로 나누어져 있고 하나의 작업은 어셈블러와 컴파일러에 의해 번역되어 지정된 분할에서만 실행될 수 있다.

즉 프로그램 실행 중에는 컴파일할 때 결정된 주소가 그대로 사용되므로 절대 재배치(absolute relocation)라고도 한다.

절대 번역 및 적재 방법은 한 작업이 실행 준비가 되어 있다 하더라도 지정된 자신의 분할이 이미 차 있다면 다른 분할이 이용이 가능하더라도 그 작업은 기다려야만 한다. 이 방법은 주기억장치의 낭비를 초래하기는 하지만 운영체제 측면에서 비교적 간단하고 구현하기가 용이하다는 장점이 있다.

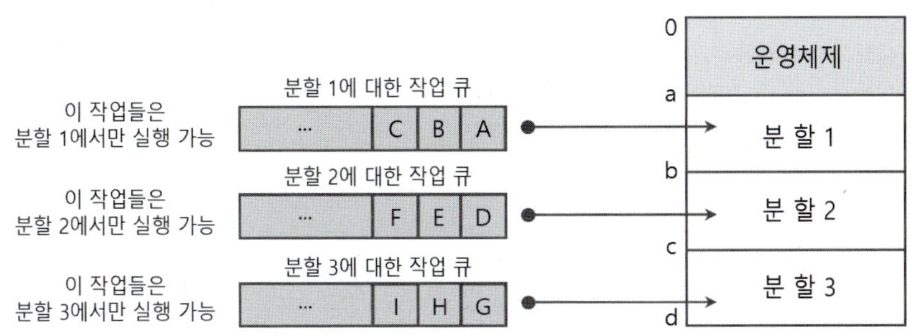

【그림 4-12】 고정 분할 기억장치 할당(절대번역 및 적재)

(3) 재배치번역 및 적재(relocation compile & loading)

절대 번역 및 적재 방식은 다른 분할이 비어 있다 하더라도 자신에게 할당된 분할이 비어 있게 될 때까지 기다려야 하는 문제점이 있었다. 이러한 문제점들을 극복하기 위해 [그림 4-13]과 같이 재배치 번역 및 적재(relocation compile & loading)는 모든 작업을 하나의 작업 큐에 넣어 어느 분할에서든지 실행 가능하도록 하는 기법이다.

즉, 컴파일이나 연결 편집이 끝난 후라도 절대 번역 및 적재기법과는 달리 기억 공간의 주소 결속이 절대적으로 연결되어 있지 않고, 단지 상대적인 주소 관계를 나타내고 있을 뿐이다. 따라서 이를 정적 재배치(static relocation)라고 한다. 이 기법은 절대 번역 및 적재 기법보다 주기억장치의 낭비를 줄이지만 운영체제가 다소 복잡해지는 제약이 따르게 되므로 구현하기가 어렵다.

Tip 고정 분할 기억장치 할당의 장단점

- 장점 : 다중 프로그램이 가능하며 수행속도를 증가시킴으로써 CPU를 보다 효율적으로 사용할 수 있다.
- 단점 : 단편화에 의해 기억장치의 낭비가 크다. 주어진 분할보다 큰 경우나 너무 적은 경우에 기억장치의 낭비가 크다. 수행할 프로그램의 크기를 미리 알고 있어야 한다.

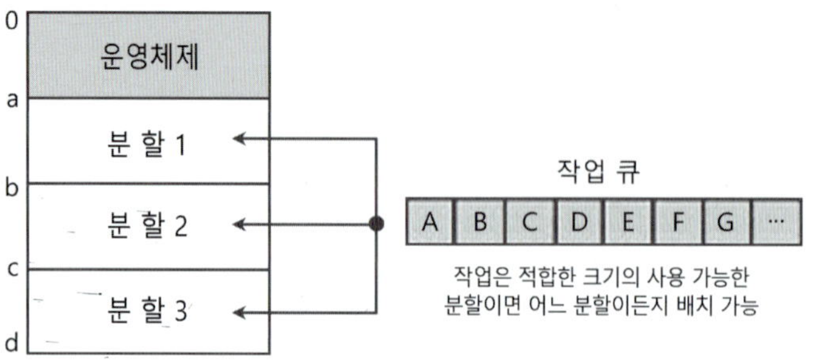

【그림 4-13】 고정 분할 기억장치 할당(재배치 번역 및 적재)

(4) 고정 분할 기억장치 할당에서의 단편화(fragmentation)

기억장치의 단편화(fragmentation)는 여러 분할의 작업들이 수행되는 과정에서 사용자의 작업 크기가 분할에 정확히 맞지 않거나, 또는 분할이 너무 작아서 대기 중인 어떤 작업도 이 분할에 적재될 수 없는 여분의 기억 공간을 말한다. 기억장치 내에 단편화 현상이 자주 발생하게 되면 기억장치의 낭비를 초래하게 된다.

기억장치 단편화는 모든 컴퓨터 시스템에서 발생하며 내부 단편화와 외부 단편화의 두 가지 경우가 있다. 내부 단편화(internal fragmentation)는 하나의 분할에 작업을 할당하고 남은 빈 공백을 말하며, 외부 단편화(external fragmentation)는 대기 중인 작업보다 분할이 너무 적어 할당된 분할 전체가 빈 공백으로 있을 때의 상태를 말한다.

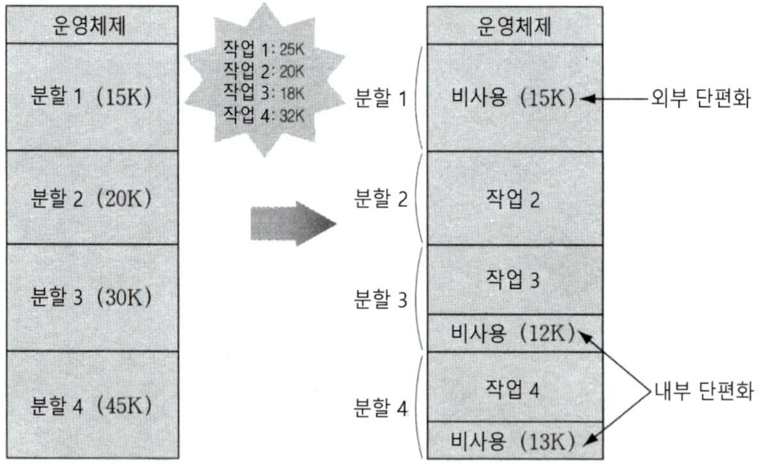

【그림 4-14】 고정 분할에서의 기억장치 단편화 현상

고정 분할 할당 시에 고려되어야 할 문제 중의 하나는 얼마나 큰 영역을 몇 개나 만들 것인가 하는 분할의 크기를 결정하는 것이다. 이러한 결정은 일반적으로 사용자 프로그램의 기억장치 요구량에 대한 과거의 형태와 경험을 토대로 결정될 수 있다. 예를 들어 주기억 공간을 4개로 분할하여 초기에 4개의 작업이 할당되는 경우 각각의 분할 영역마다의 단편화 현상은 [표 4-5]와 같다.

【표 4-5】 기억장치 단편화 현상

분할 영역	분할 크기	작업 크기	단편화 영역	단편화 구분
1	15KB	25KB	15KB	외부 단편화
2	20KB	20KB	0KB	단편화 발생 없음
3	30KB	18KB	12KB	내부 단편화
4	45KB	32KB	13KB	내부 단편화
합계	110KB	95KB	40KB	

【표 4-6】 고정 분할 할당의 장점과 단점

장점	단점
· 구현이 용이하다. · 운영체제의 오버헤드가 적다.	· 단편화 현상이 발생하며 기억 공간이 낭비될 가능성이 있다. · 활성화된 프로세스의 수가 고정된다.

(5) 가변분할(variable partition) 기억장치 할당

고정 분할에서의 단편화 현상을 줄이기 위하여 가장 합리적인 가변 크기의 분할을 결정하여 각 작업에 맞게 주기억장치를 할당하는 기법이다. 고정된 분할의 경계를 없애고 각 작업에 필요한 만큼의 기억장치를 할당시킨다. 프로그램에서 요구되는 기억장소의 크기에 알맞은 크기만큼 할당하고 사용하지 않는 기억장소는 회수하여 가용 공간을 만드는 배정하는 방식이다.

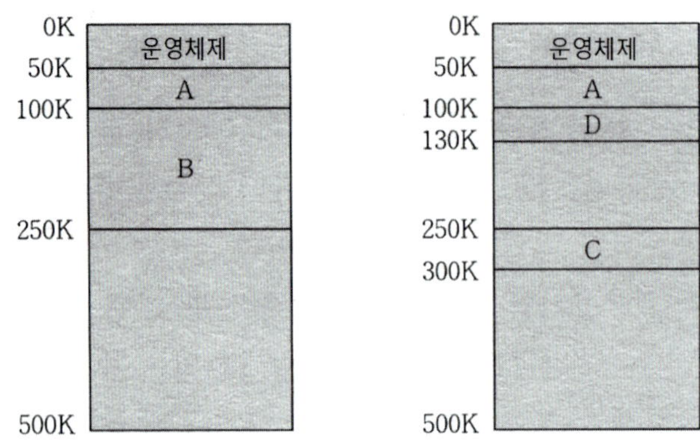

【그림 4-15】 가변분할 기억장치 관리

가변 분할 방식은 프로세서가 요구하는 만큼의 기억장치를 떼어서 분할로 만들어 할당하는 것으로 분할의 크기는 다양하며 그 개수도 프로세서가 생성되고 끝남에 따라 계속 변하므로 동적 기억장치 관리(DAT, dynamic address translation)가 필요하다.

Tip 가변분할 기억장치 할당의 장단점

- 장점
  - 기억장치의 불필요하게 낭비하는 내부 단편화를 방지할 수 있다.
  - 다중 프로그래밍의 정도를 높여 입출력장치 등의 자원을 효율적으로 사용할 수 있다.
- 단점
  - 기억장치를 집약(compaction)하는데 시간을 소비한다.
  - 집약에 의해 생성된 기억장치가 프로그램보다 작을 시 기억장치는 낭비되는 공간이 된다.
  - 재 할당 시 외부 단편화(external fragmentation) 문제가 많이 발생할 수 있다.

(6) 동적 분할 할당 단편화 문제 해결 방법

동적 분할 할당 기법에서는 작업 스케줄링에 의해서 어떤 작업의 실행이 결정되면 그 작업이 필요로 하는 양만큼 기억 공간이 할당된다. 이 경우 작업의 크기가 그 분할의 크기에 꼭 맞기 때문에 고정 분할에서와 같이 많은 기억장치가 낭비되지 않으나 할당된 분할 교체 후에는 비어있는 분할에 배당할 수 없는 공간이 생길 수 있기 때문에 어느 정도의 기억장치 낭비는 발생할 수 있다.

[그림 4-16]은 5개의 작업들이 각각 60K, 100K, 30K, 70K, 50K를 필요로 할 때 기억공간을 차례로 할당하는 과정을 보여주고 있다.

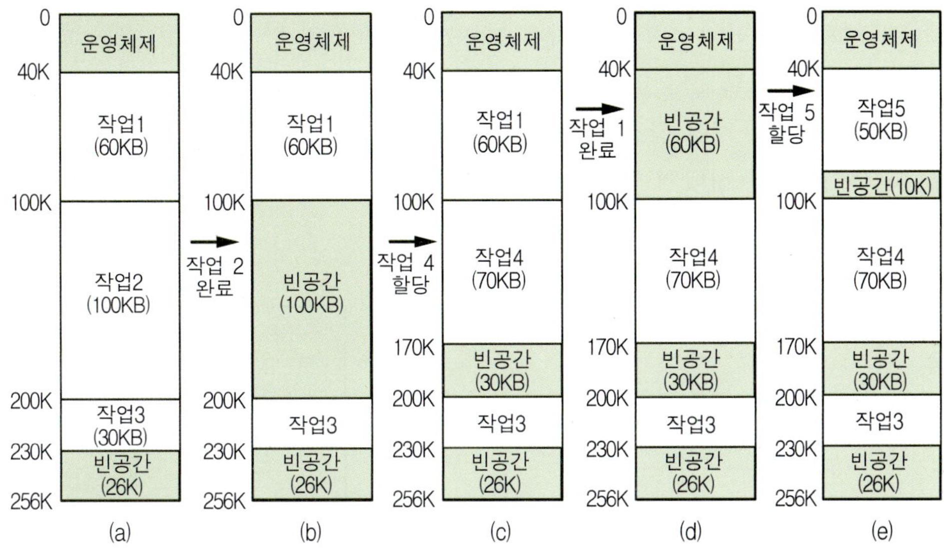

【그림 4-16】 동적 분할 할당에서 단편화 현상

1) 기억 장소 통합

동적 분할에서 기억 장소를 할당하는 방법 중에서 문제점은 여러 개의 작은 단편화 공간을 사용하지 못하는 것이다. 이러한 기억 장소의 가용 공간을 모아 하나의 큰 가용 공간을 만들어 주는 것을 쓰레기 수집(garbage collection)이라 하며, 인접한 가용 공간을 하나의 큰 연속적인 공백으로 만드는 것을 기억 장소 통합(memory coalescing)이라 한다.

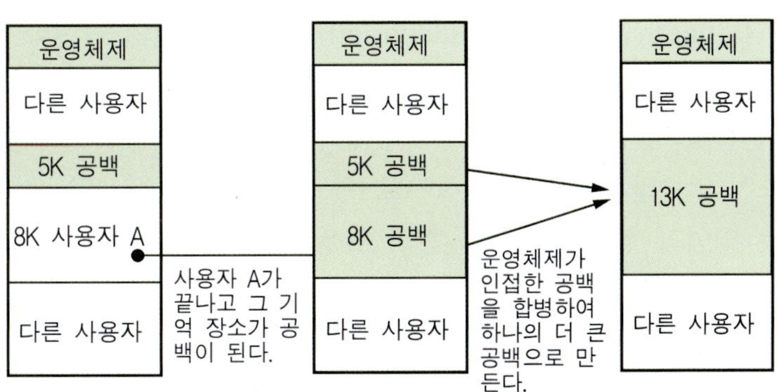

【그림 4-17】 기억 장소 공백 통합 과정

2) 기억 장소 압축

기억 장소 공백들이 통합되었다고 하더라도 주기억장치 전체에 분산되어 있는 너무 작은 공백이 다수 발생하여, 비어있는 분할에 들어갈 수 없는 공백이 많이 생기게 되면 기억장소의 낭비를 초래하게 된다. 이러한 문제를 해결하기 위해 현재 사용되고 있는 모든 기억 공간을 주기억장치의 한쪽 끝으로 이동시켜, 여러 개의 작은 기억 공간들을 하나의 큰 기억 공간으로 만드는 것을 기억 장소 집약(압축)(memory compaction)이라고 한다. 이와 같은 과정을 수행하고 나면 하나의 커다란 공백이 생기게 되므로 큰 프로그램도 적재하여 실행할 수 있어 단편화를 해결할 수 있다.

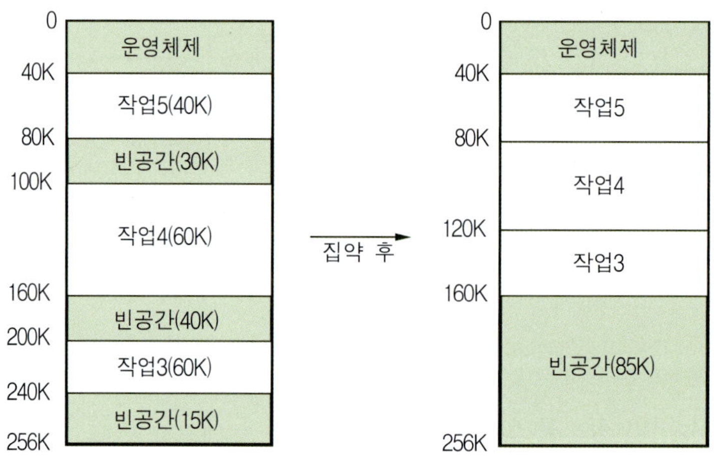

【그림 4-18】 기억 장소 압축 과정

13.5 동적 분할 할당 관리

동적 분할 할당(dynamic partition allocation)은 고정 분할의 단편화 현상을 줄이기 위하여 가장 합리적인 분할의 크기를 결정하여 각 작업에게 주기억장치를 할당하는 기법이다. 따라서 고정된 분할의 경계를 없애고 각 작업에 필요한 만큼의 기억장치를 할당시킨다. 각 프로그램은 반드시 연속된 공간을 요구하므로 요구에 맞는 만큼의 빈공간이 있어야 기억장소가 할당되므로 영역과 영역 사이의 단편화 발생은 어느 정도 생길 수가 있다.

(1) 기억 공간 배치 전략

새로 적재되어야 할 프로그램과 데이터를 주기억장치 영역 중 어느 곳에 배치할지를 결정하는 전략(또는 알고리즘)으로 최초 적합, 후속 적합, 최적 적합, 최악 적합 등이 있다.

1) 최초 적합 전략

최초 적합 전략(first fit strategy)은 주기억 장치의 사용 가능한 공간을 검색하여 프로그램이 적재될 수 있는 가용 공간 중에서 첫 번째 공백에 할당시키는 방식이다.

[그림 4-19]에서의 최초 적합은 빈 기억 장소 리스트에서 시작주소 a주소부터 탐색하여 요구하는 15KB보다 큰 공간인 20KB 분할에 할당되게 된다.

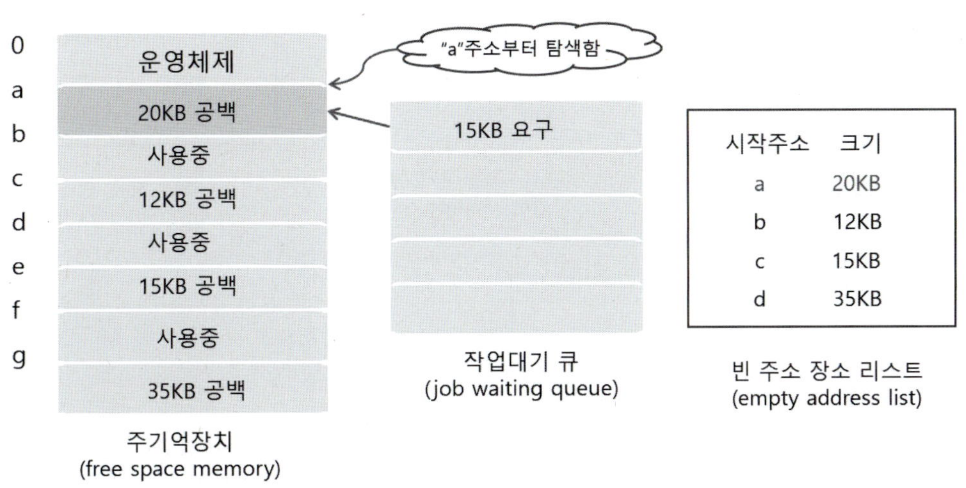

【그림 4-19】 최초 적합 전략

【표 4-7】 최초 적합 전략 특징

장점	단점
· 빈 공간을 탐색하기 위해 기억장치 전체를 조사하지 않아도 된다. · 수행이 끝난 후 다시 빈공간의 영역이 되는 경우 인접한 다른 빈공간이 있는가의 검토가 편리하다.	· 사용되지 않은 작은 크기의 비어 있는 공간이 누적되는 경우 할당 결정이 늦을 수 있다. · 사용 후 단편화 발생하여 기억 공간의 적은 것이 많아져서 할당하는 과정을 수행하는 문제가 발생한다.

2) 후속 적합 전략

후속 적합 전략(next fit strategy)은 지난 번 검색이 끝난 곳에서 시작하여 요구하는 크기에 맞는 공백을 찾면 검색을 끝내고 그곳에 할당시키는 방식이다.

[그림 4-20]에서의 후속 적합은 12KB의 공간을 요구하게 되면, 시작주소 a 분할(20KB)에는 이미 이전의 15KB의 작업이 할당되어 있으므로, 주기억장치의 처음부터(a번지) 탐색

하는 것이 아니라 직전 탐색 후의 주소인 b번지부터 탐색하여 적합한 분할 공간인 c번지에 12KB가 할당되게 된다.

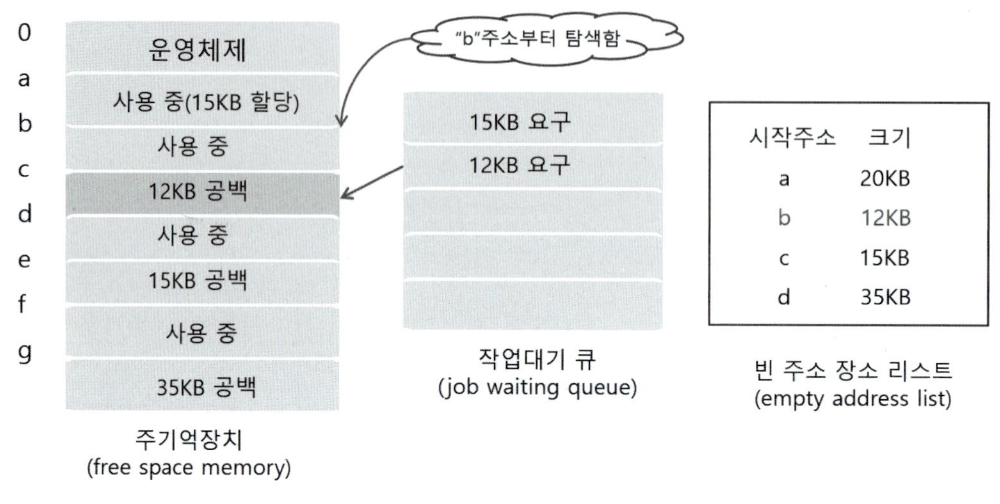

【그림 4-20】 후속 적합 전략

【표 4-8】 후속 적합 전략 특징

장점	단점
· 이미 검색된 분할 다음부터 탐색하여 할당하므로 할당 시간이 단축된다. · 구현이 간편하다.	· 직전에 할당된 분할의 위치를 항상 기억하고 있어야 함으로 복잡하다. · 마지막으로 갈수록 적당한 크기의 분할이 없을 수도 있다.

2) 최적 적합 전략

최적 적합 전략(best fit strategy)은 가용 공간 중에서 가장 작은 것을 선택하는 방식으로 가용 공간들에 대한 목록이 크기 순서대로 정렬되어 있지 않다면 최적인 곳을 찾기 위해 전체를 검색해야 한다. 따라서 가장 효율적인 방식이지만 최적의 공간을 찾는데 오랜 시간이 필요하며, 크기순으로 정렬하여야 하므로 복잡하다.

[그림 4-21]에서의 최적 적합은 시작주소 a주소부터 마지막 주소인 g주소까지의 전체 기억장치 공간을 탐색한 후 요구하는 14KB에 가장 적합한 가용 공간 즉, 15KB 분할에 할당하게 된다. 이때 빈 주소 장소 리스트는 크기순으로 정렬(sorting)되어 있어야 한다.

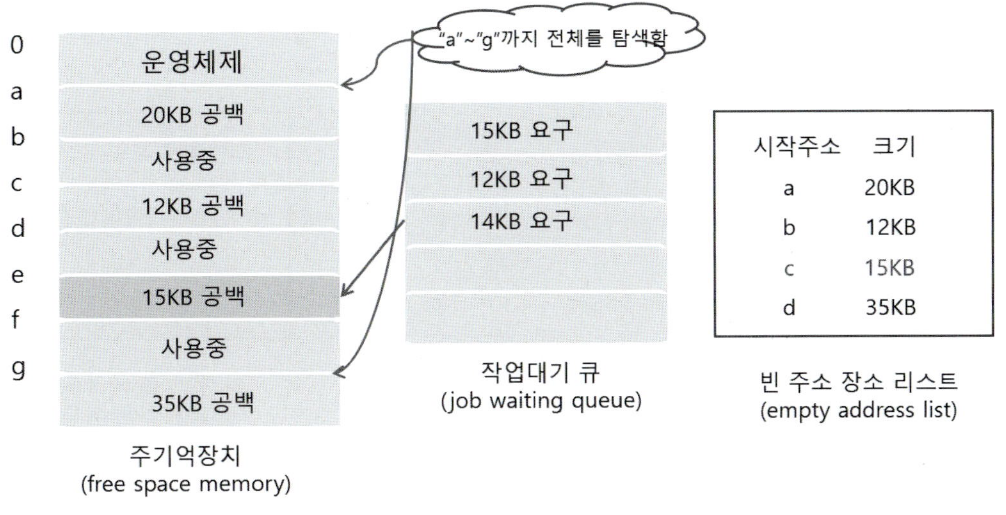

【그림 4-21】 최적 적합 전략

【표 4-9】 최적 적합 전략 특징

장점	단점
· 가용 공간을 반만 탐색해도 필요한 공간을 찾을 수도 있다. · 효율적인 기억장치 배치 관리가 가능하다. · 사용하지 않은 공간들이 대부분 크기순으로 되어 있어 이를 찾는데 시간이 줄어든다.	· 가용 공간 리스트가 크기순으로 되어 있지 않으면 전 리스트를 검색해야 한다. · 사용하다가 남은 기억장소를 크기 순서로 배열해야 하므로 많은 시간이 요구된다. · 할당 후 작은 가용 공간을 또 만들어 낼 수 있다.

3) 최악 적합 전략

최악 적합 전략(worst fit strategy)은 사용 가능한 공간들 중에서 가장 큰 것을 선택하는 방식으로 할당해주고 남는 공간을 크게 하여 다른 프로세스들이 그 공간을 사용할 수 있도록 하는 전략이다. 이 방법 또한 최적 적합과 마찬가지로 가용 공간들에 대한 목록이 크기 순서대로 정렬되어 있지 않다면 최적인 곳을 찾기 위해 전체를 검색해야 한다.

[그림 4-22]에서의 최악 적합은 시작주소 a주소부터 마지막 주소인 g주소까지의 전체 기억장치 공간을 탐색한 후 가장 큰 공간인 35KB 분할에 15KB가 할당하게 된다. 이때 빈 주소 장소 리스트는 크기순으로 정렬(sorting)되어 있어야 한다.

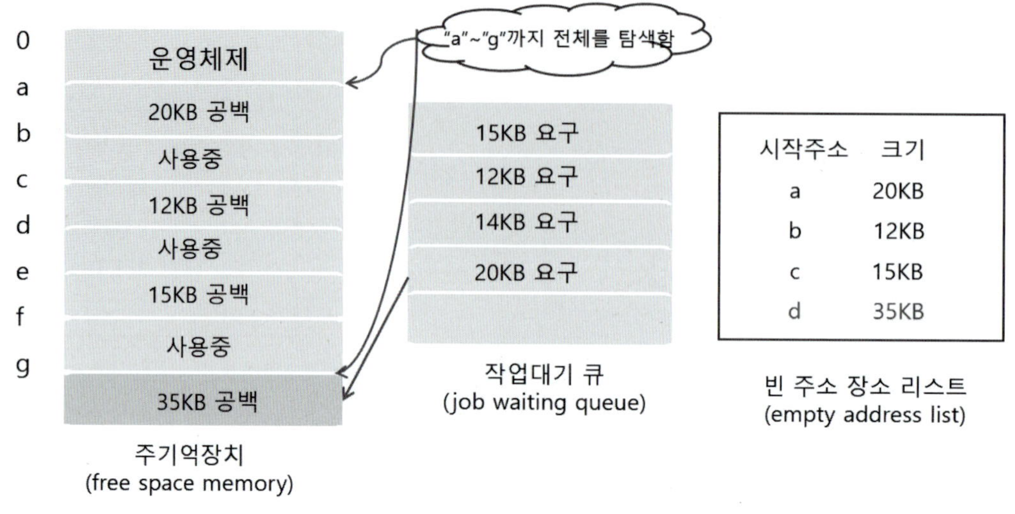

【그림 4-22】 최악 적합 전략

【표 4-10】 최악 적합 전략 특징

장점	단점
· 큰 가용 공간에 프로그램을 할당하기 때문에 남은 공간도 여전히 크므로, 또 다른 큰 프로그램이 할당이 가능하다.	· 가용 공간 리스트가 크기순으로 되어 있지 않으면 전 리스트를 검색하므로 큰 프로그램이 적재할 가용 공간이 없어진다.

Chapter 14 가상기억장치 관리 기법

14.1 가상기억장치(virtual memory) 정의

가상기억장치(virtual memory)는 한정된 기억 용량을 가지고 있는 컴퓨터의 기억장치를 보다 넓게 사용하기 위한 방법으로 프로세스의 전체가 완전히 기억장치 내에 존재하지 않아도 수행이 가능한 기법이다. 이 기법의 가장 큰 장점은 사용자 프로그램들이 주기억장치보다 클 수 있다는 것이다. 특히 가상기억장치는 사용자 논리 메모리를 실제 메모리와 분리시킴으로써 주기억장치를 매우 큰 저장 장치의 균일한 배열로 생각하여 사용할 수 있으므로 프로그래머가 주기억장치의 한계를 걱정할 필요가 없다. 가상기억장치는 중앙처리장치가 액세스하는 주소 자체가 실제 기억장치의 주소가 아니라 가상적인 주소로 취급된다.

가상기억장치의 크기는 가상기억장치에 사용되는 주소의 크기에 따라 결정된다. 즉 가상주소 V 내의 주소 수는 |V|로 표시하고, 실 수소 R 내의 주소 수는 |R|로 표시하며, 실제 시스템에서 구현되는 가상기억장치의 주소 크기는 일반적으로 |V|>|R|이 된다.

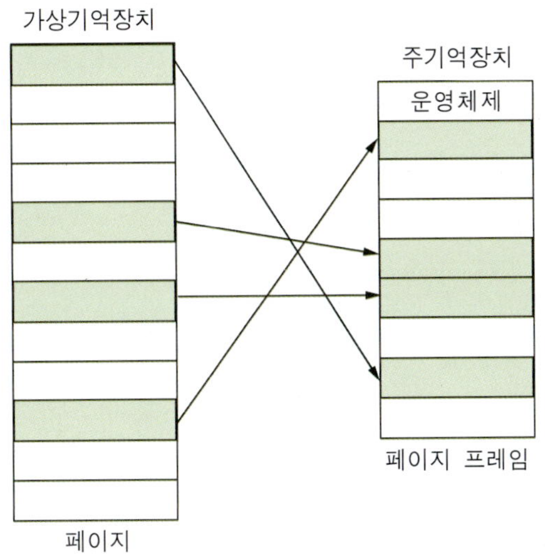

【그림 4-23】 가상 주소와 실 주소간의 주소 변환

가상 주소와 실제의 물리적 주소 사이의 관계를 만들어 주는 역할은 하드웨어와 운영체제에 의해 수행되며 이러한 작업을 기억 장치 사상(memory mapping) 또는 주소 변환(address translation)이라고 한다. 실제적으로 사용자는 가상 주소 상에서 프로그램을 작성하고 운영체제는 사용자가 사용한 가상 주소를 실제 주소인 물리적 주소로 인식할 수 있도록 사상을 시켜준다.

가상기억장치 구현은 방법에 따라 [그림 4-24]와 같이 구분할 수 있으며, 현재 수행중인 프로세스가 참조하는 가상 주소 공간은 주소 사상 함수에 의해 실 주소 공간으로 사상된다. 보통 가상기억장치 시스템에서는 기억장치를 페이지(page) 또는 세그먼트(segment)라는 단위로 나누고 가상기억장치 상의 페이지를 실제 기억장치의 페이지와 대응시키는 테이블을 이용하여 변환을 한다. 프로세스의 전체가 완전히 기억장치 내에 존재하지 않아도 수행이 가능한 기법이다.

이 기법의 큰 장점은 사용자 프로그램들이 주기억장치보다 클 수 있다는 것이다. 특히, 가상기억장치는 사용자의 논리적 메모리(logical memory)를 실제 메모리(real memory, physical memory)와 분리시킴으로써 주기억장치를 매우 큰 저장장치의 배열로 생각할 수 있다.

이와 같이 가상기억장치의 개념의 핵심은 실행 중인 프로세스에 의해 참조되는 주소를 주기억장치에서 사용할 수 있는 주소와 분리해야만 한다. 보통 실행 프로세스가 참조하는 자신의 프로그램 상의 주소를 가상 주소(virtual address)라고 한다.

Tip 가상기억장치 개발 이유

① 프로세스를 기억장소에 불연속적으로 배당시키기 위해

- 동적 주소변환(DAT : Dynamic Address Translation) : 동적 재배치 기술로써 여러 곳에 산재 배당

② 중첩(overlay) 문제를 자동 해결하기 위해서

- page/segment 단위로 동적 주소 변환 과정을 통해 주기억장소에 중첩되게 실행

③ 요구 페이징 기법에 의한 주기억장소 이용률을 높이기 위해

- 실행 중인 프로세스에 의하여 요구되는 페이지들만 주기억장소로 옮기는 요구 페이징(demand paging) 기법 이용, 기억장치의 활용률과 다중 프로그래밍 효율 향상

④ 기억장소의 단편화(fragmentation)를 제거하기 위해서

- 프로그램의 크기 = 물리적으로 고정된 페이지의 크기 : 기억장소의 내부 단편화(internal fragmentation) 현상 발생
- 세그멘트 기법 : 논리적인 크기가 가변 → 외부 단편화 발생
- 해결 방안 : 하나의 세그멘트를 여러 개의 페이지 단위로 다시 세분화시킴

14.2 가상기억장치 구현 방법

가상기억장치의 일반적인 구현 방법은 블록 종류에 따라 고정 블록의 페이징(paging) 기법과 가변 블록의 세그먼테이션(segmentation) 기법, 페이징/세그먼테이션 혼용 기법으로 나눌 수 있으며, 사상표(mapping table) 색인(index)을 찾는 방법에 따라 직접 사상 방법, 연관 사상 방법, 직접 연관 사상 혼용 방법 등으로 나눌 수 있다.

가상기억 장치 구현 방법	가상기억 장치의 구현방법에 따라	페이징(고정 블럭)
		세그먼테이션(가변 블럭)
		페이징/세그먼테이션 혼용
	사상표 색인을 찾는 방법에 따라	직접 사상 방법
		연관 사상 방법
		직접/연관 사상 혼용 방법

【그림 4-24】 가상기억장치 구현 방법

(1) 동적 주소 변환

가상기억장치를 구현하기 위해서는 실행 중인 프로세스가 참조하는 가상기억 장소의 위치가 어디에 위치하는지를 알 수 있는 동적 주소 변환(DAT, dynamic address translation) 과정이 필연적으로 요구된다. 동적 주소 변환은 프로세스가 수행될 때 논리적인 가상 주소를 실제 물리적 주소로 변환하는 기법을 말한다. 따라서 사용자는 프로그램과 데이터가 주기억장치의 어느 곳에 위치하는가를 걱정하지 않아도 되며, 사용자는 알고리즘의 효율과 프로그램 구조에 대한 세부 사항만을 생각하고 하드웨어 세부 사항에 대해서는 신경 쓰지 않고 편안하게 프로그램을 작성 가능하도록 해 준다.

이러한 동적 주소 변화 기법은 매우 고속으로 실행되어야 하며 주소 사상 속도가 늦을 경우 디스크에 있는 원하는 블록(페이지, 세그먼트)이 주기억장치로 그만큼 늦게 적재되거나 주기억장치 내의 특정 항목을 참조하는 시간이 늦어져 결국 시스템의 성능이 저하될 수 있다. [그림 4-25]는 가상기억장치와 주기억장치 간의 동적 주소 변환을 나타낸다. 여기서 모든 프로세스가 갖는 가상 주소 공간상의 연속된 주소들은 주기억 공간에서도 반드시 연속적일 필요가 없다.

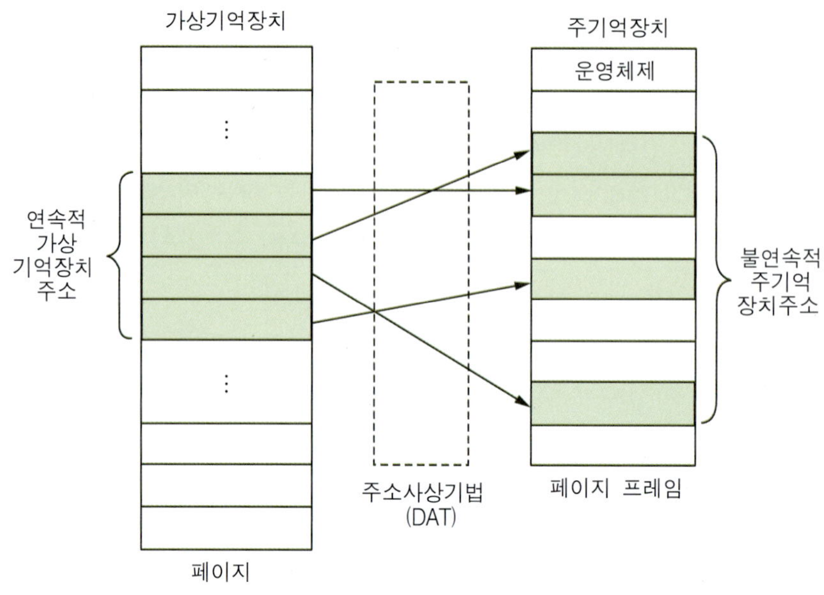

【그림 4-25】 가상기억장치와 주기억장치 간의 동적 주소 변환

(2) 블록 사상 방법

동적 주소 변환 기법은 가상기억장치의 어느 부분이 현재 주기억장치에 존재하는가와 어디에 위치하는가를 나타내는 블록 사상 테이블(block map table)을 주기억장치 내에 유지하여야 한다. 이를 위해 블록 사상(block mapping) 방법이 필요하게 된다. 만일 가상 주소 내의 각 항목이 바이트나 워드 단위로 이루어진다면 사상에 필요한 정보량이 너무 많아지므로 프로세스가 필요로 하는 양 이상의 주기억장치를 필요로 하게 된다. 따라서 가상기억장소를 효율적으로 구현하기 위해서는 이러한 양을 줄여야 할 필요성이 있다.

정보는 블록 단위로 묶어지며 시스템은 여러 가상기억장치의 각 블록이 주기억장치의 어디에 위치하는지를 관리한다. 블록을 크게 하면 사상 기법 자체가 필요로 하는 저장 장치의 양은 줄일 수 있으나 블록을 보조기억장치에서 주기억장치로 이동하는데 필요한 전송 시간이 많이 걸리므로 주기억장치가 많이 소모되는 단점이 있다.

블록이 적으면 블록 사상 테이블의 증가로 기억장치 낭비의 요인이 발생하고 주기억장치와 보조기억장치 사이의 전송 시간이 길어진다. 가상 주소는 2차원 배열 원소 형태로 V = (b, d)로 표시되며, 형식은 [그림 4-26 (a)]와 같다. 블록 사상 테이블 시작점 레지스터(block table origin register)인 a는 블록 사상 테이블의 시작 주소를 가진다. 블록사상을 통한 가상 주소 변화 과정은 [그림 4-26 (b)]와 같다.

블럭 번호 b	변위 d

가상 주소 : V = (b, d)

b : 블럭번호, d : 변위

(a) 가상 주소 형식

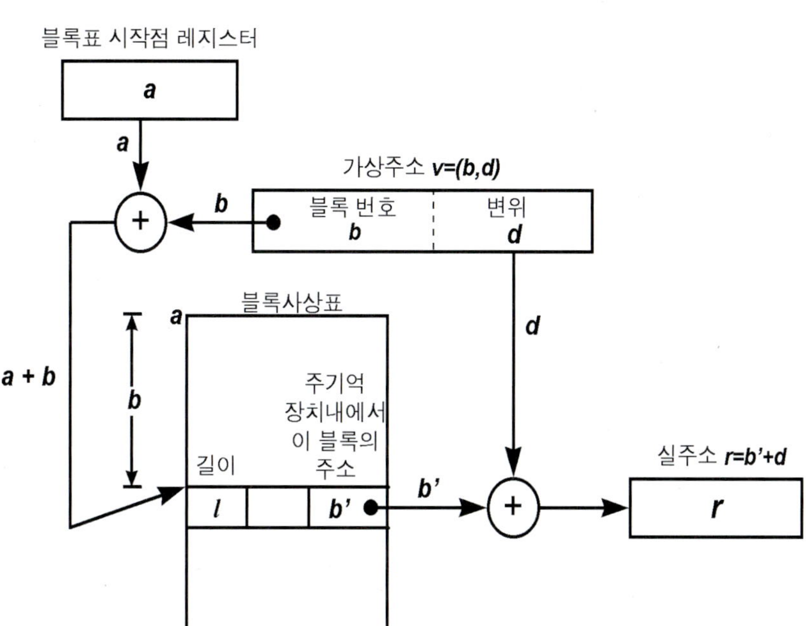

블록표 시작점 레지스터 a : 주기억 장치 내 블럭 사상표의 시작 주소

(b) 가상 주소 변환

【그림 4-26】 블록 사상을 통한 가상 주소 형식과 주소변환

블록 사상을 할 때 중요한 점은 프로세스가 실행되는 동안 동적으로 이루어지므로 주소 사상이 효율적으로 이루어져야 하는 것이다. 블록 사상 테이블은 주기억장치 내에 존재하므로 기억장치 참조가 추가로 필요하며 사상 항목을 빠르게 접근하기 위해서는 고속의 기억장치에 블록 사상 테이블을 유지해야 한다. 가상 주소에서 실주소로의 변환 과정은 다음과 같다.

① 블록 사상 테이블 시작점 레지스터에 블록 번호 b를 더해 블록 사상 테이블 내에서 블록 b를 나타내는 항목의 실 주소 b'를 구한다(a + b = b').

② 블록 b의 실 주소 b'에 변위 d를 더하여 실 주소 r을 얻는다(b' + d = r).

14.3 가상기억장치 구현 기법

(1) 페이징 기법(paging)

페이징(paging)은 가상기억장치 내의 프로그램과 데이터를 일정하게 분할한 용량을 주기억장치의 분산된 공간에 적재하여 수행시키는 기법을 말하며, 주기억장치 가용 공간의 위치에 관계없이 페이지 단위로 할당할 수 있도록 한다. 페이징에서 외부 단편화는 발생하지 않으나 고정 분할 할당에서처럼 내부 단편화 현상은 발생할 수 있다. 프로그램의 크기를 일정한 크기(고정 블록)로 나누어서 할당한다.

주기억장치를 페이지 프레임(page frame)이라 불리는 고정 크기의 블록으로 나누어서 보조기억장치에 기억되어 있는 데이터나 프로그램을 고정된 크기의 페이지 단위로 교환하면서 프로그램을 수행한다. 여기서 페이지는 일정한 크기의 프로그램과 데이터를 의미하며, 페이지 프레임은 주기억장치의 일정한 크기를 말한다.

주기억 장치

운영체제

0K ↕ 4K 페이지 프레임 0
4K ↕ 8K 페이지 프레임 1
8K ↕ 12K 페이지 프레임 2
12K ↕ 16K 페이지 프레임 3
16K ↕ 20K 페이지 프레임 4
20K ↕ 24K 페이지 프레임 5
24K ↕ 24K 페이지 프레임 6
28K ↕ 32K 페이지 프레임 7

페이지 번호	페이지 크기	실저장장치 주소의 범위
0	4k	0k → 4k
1	4k	4k → 8k
2	4k	8k → 12k
3	4k	12k → 16k
4	4k	16k → 20k
5	4k	20k → 24k
6	4k	24k → 28k
7	4k	28k → 32k
⋮	⋮	⋮

【그림 4-27】 페이지 프레임으로 분할된 주기억장치

페이징 기법에서 순수 페이징(pure paging) 방법은 페이지 단위로 나누어진 사용자 프로그램 전체를 미리 주기억장치에 적재시켜 놓고 실행시키는 것을 말한다. 요구 페이징

(demand paging) 방법은 프로그램의 실행 도중 필요할 때 요구되는 한 페이지씩을 주기억장치에 적재시켜 실행시키는 것을 말한다. 페이징 기법에서 가상 주소 V = (p, d)의 2차원으로 표현되며, p는 페이지 번호이고 d는 페이지 p내에서의 실제 항목이 위치하고 있는 곳까지의 거리인 변위(displacement)를 나타낸다.

동적 주소 변환을 위해서는 프로세스가 요구하는 페이지가 주기억장치의 어느 페이지 프레임에 존재하는가에 대한 정보와 주기억장치에 존재하지 않을 경우 디스크의 어느 위치에 존재하는가에 대한 정보를 담고 있는 페이지 맵 테이블(PMT)이라는 자료 구조가 필요하다.

- 동적 주소 변환 과정은 가상 주소가 V = (p, d)라고 할 때, 페이지 사상 테이블(PMT : page map table)에서 페이지 p를 탐색하여 페이지 p가 페이지 P'에 있음을 알아낸 후 p'와 d를 더하여 주기억장치상의 실제 주소 r = p' + d를 구한다.

프로세스가 실행할 실제 명령이나 자료를 찾기 위해서는 먼저 페이지 맵 테이블(PMT)을 탐색하여 페이지 프레임을 찾고, 해당 페이지 프레임 내에서 어느 부분이 실제 실행할 명령이나 자료인지를 판단한다. 한편 프로세스의 모든 페이지는 동시에 주기억장치에 존재하는 것이 아니기 때문에 페이지 맵 테이블은 참조된 페이지가 주기억장치에 존재하는지의 여부를 나타내야 하는 상태 비트 항목이 있어야 한다. 만약 주기억장치에 존재한다면 페이지 프레임 위치를 나타내야 하고 존재하지 않는다면 디스크 상의 어느 위치에 있는지를 나타내야 한다.

이와 같은 페이지 맵 테이블은 가상기억장치에서 만들어진 가상 주소를 주기억장치로 한 페이지씩 사상시키는데 필요한 테이블이며 페이지 맵 테이블의 구성은 3개의 영역으로 [그림 4-28]과 같다.

상태 비트	디스크 주소	페이지 프레임 번호

상태 1 : 참조된 페이지가 주기억장치 내에 있는 경우
상태 0 : 참조된 페이지가 주기억장치 내에 없는 경우

【그림 4-28】 페이지 맵 테이블(PMT) 구성

[그림 4-29]는 페이징 방법에서의 가상 주소와 실 주소의 관계를 나타내고 있으며, 수행되는 프로세스에 의해 참조되는 가상 페이지 주소는 주기억장치에 위치하는 페이지 프레임 p'에 대응된다. 변위 d는 페이지 프레임 p'내에서 프로세스가 실제로 참조하는 페이지 내 항목까지의 거리이다.

■ 가상 주소와 실제 주소

- 프로그래머에 의하여 쓰인 보조기억장치 번지를 가상 주소(virtual address)를 V라 한다.
- 주소 사상(address mapping): 동적 주소변환(DAT).
- CPU에 의해 참조되는 각 가상 번지를 주기억장소의 실제 번지로 전환하는 주소 사상이 요구된다.

■ 페이징 기법의 동적 주소 변환(DAT, dynamic address translation)

가상 주소 v = (p, d)　　(p : 페이지 번호,　p : 변위)

실제 주소 r = (p' + d)

- 가상 주소 v는 프로세스가 참조할 정보(명령이나 자료)가 속해 있는 페이지 번호 p와 그 페이지의 시작 위치부터 참조될 정보가 몇 번째에 위치하는지를 나타내는 변위인 d의 순서쌍 (p, d)으로 나타냄

■ 페이징 시스템에서의 절대주소 계산 방법

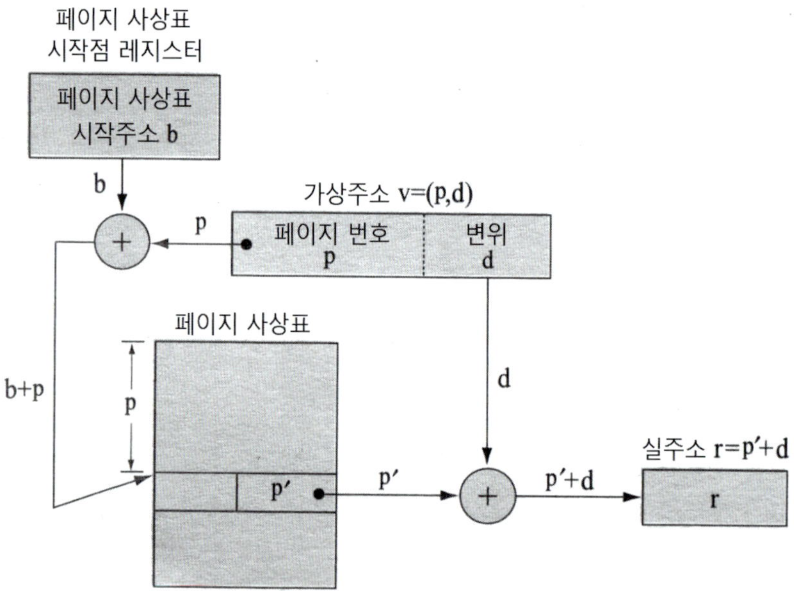

【그림 4-29】 페이징에서의 주소 변환 과정

- 주소를 페이지와 변위 부분으로 나누고, 페이지 번호를 사용하여 페이지 테이블 내에서 페이지의 진입점 주소를 찾는다.
- 진입점 주소에 변위를 더하면 된다.
- 운영체제는 주기억장치의 페이지 상태를 추적하기 위해 페이지 프레임 테이블(PFT, page frame table)을 유지한다.

【표 4-11】 페이징 시스템의 특징

장점	단점
· 다중 프로그래밍 정도를 증대시킨다. · 세그먼트 테이블과 달리 테이블에 블록의 크기를 나타낼 필요가 없다. · 외부 단편화 현상이 발생하지 않는다.	· 페이지는 프로그램에 상응하는 논리적 의미를 갖지 못한다. · 주소 변환 테이블을 기억하기 위한 기억 장소가 필요하다. · 내부 단편화 현상이 발생한다.

1) 직접 사상 방법

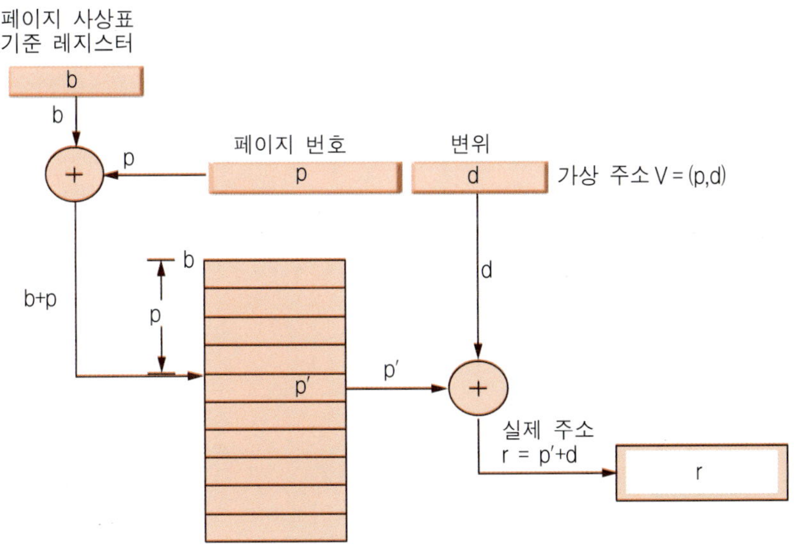

【그림 4-30】 직접 사상에 의한 주소 변환 과정

직접 사상(direct mapping)방법에 의한 페이지 주소 변환은 페이지 사상 테이블(PMT)의 시작점 레지스터에 페이지 번호를 더하여 주기억장치 상에서 그 페이지의 시작 주소를 구한 다음 변위를 더함으로써 실주소를 계산하게 된다. 직접 사상 방법에서 프로세스의 가상

기억장치를 구성하는 모든 페이지에 대한 항목은 페이지 테이블에 존재한다. 페이지 테이블은 보통 주기억장치에 존재하며 [그림 4-30]은 직접 사상에 의한 주소 변환 과정을 보이고 있다.

- 프로세스가 수행되기 전에 운영체제는 페이지 테이블의 주기억장치 주소를 페이지 맵 테이블의 시작점 레지스터에 적재한다. 그 후 PMT의 시작주소인 b는 페이지 사상 테이블 내의 페이지 p와 더해져서 페이지 p에 대한 PMT의 내용을 가리키는 주기억장소 주소인 b + p를 생성한다. 이는 페이지 프레임 p'가 디스크 상의 p와 대응함을 나타낸다.
- 즉 p' = b + p를 계산한다. 그리고 p'는 변위 d와 결합하여 실제 주소 r = p'+ d를 구한다.

현재 수행중인 프로세스가 페이지를 참조하여 그 페이지가 주기억장치에 있으면, 즉시 실제 주소로 변환하여 명령어를 수행하고, 페이지가 없으면 페이지 부재(page fault)현상이 발생하여 운영체제는 디스크로부터 해당되는 페이지를 적재하여 페이지 테이블을 갱신한 후, 실제 주소로 변환하게 된다. 그러나 직접 사상 기법은 주소 변환하는 과정에서 시간을 많이 소비하는 단점이 있다.

2) 연관 사상 방법

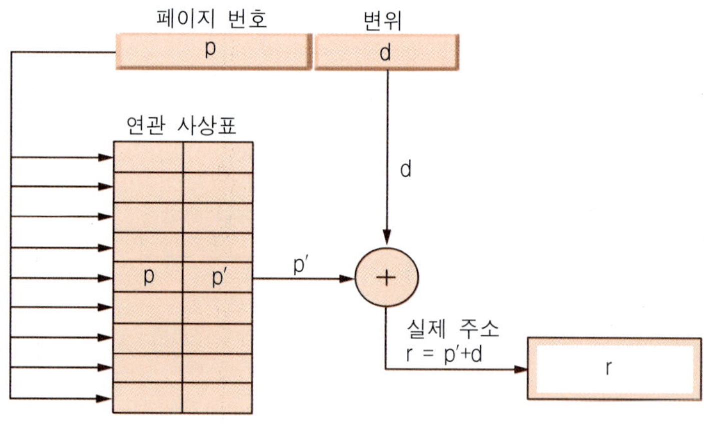

【그림 4-31】 연관 사상에 의한 주소 변환 과정

연관 사상(associative mapping) 방법은 고속 주소 변환을 수행하기 위하여 연관 기억장치(associative memory)에 페이지의 연관 사상 테이블을 유지하는 방법을 말한다. 이 방법은 주기억장치보다 훨씬 빠른 접근 시간을 가지고 있는 연관 기억장치에 페이지 사상 테이블 전체를 넣는 방법으로 가장 빠르고 융통성 있는 주소 변환 구조이다. 모든 연관 사상 테이블을 연관 기억장치에 넣기 때문에 구현하는데 비용이 많이 들고 직접 사상 방법보다 구현하기가 어렵다. 또한 캐시에 비해 매우 비싸므로 순수한 연관 사상은 잘 사용되지 않으며 캐시와 연관 기억장치의 장점을 혼합한 방법을 사용한다.

- 여기서는 직접 사상 방법에서 동적 주소 변환 과정과 동일하나 실행 프로세스가 가상 주소 v = (p, d)를 참조하여 실주소를 구할 때 해당 페이지 p를 찾기 위해 연관 기억장치로 구성된 연관 사상 테이블의 모든 내용을 동시에 탐색하게 된다. 즉 페이지 번호 p와 일치하는 것을 찾기 위하여 연관 기억장치의 모든 단위 항목이 동시에 조사된다는 것을 의미한다.

3) 연관/직접 사상 방법

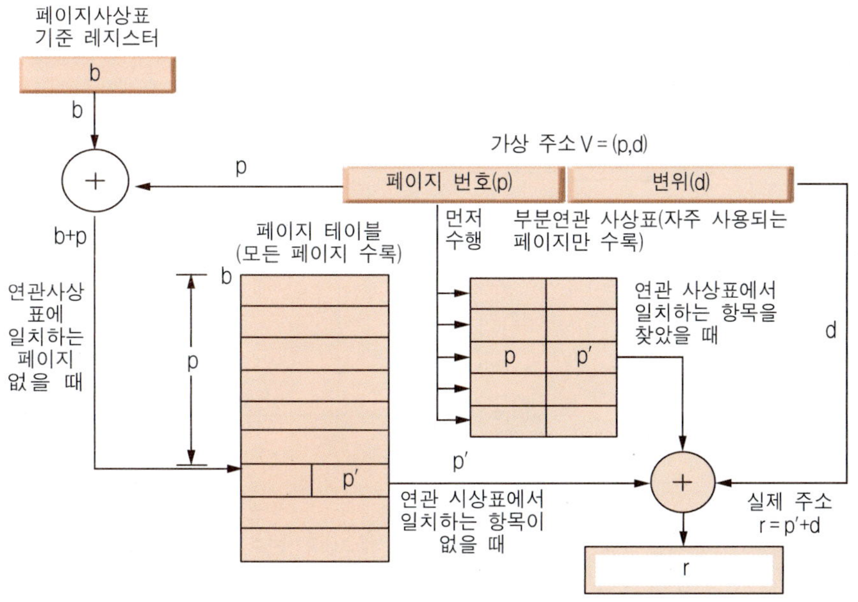

【그림 4-32】 연관/직접 사상의 주소 변환 과정

연관/직접 사상 방법에 의한 페이지 주소 변환 방법은 보다 저렴한 비용으로 캐시나 연관 기억장치 방법에 의한 장점을 살릴 수 있는 혼합 방법이다. 즉 가장 최근에 참조된 페이지는 조만간 다시 사용되기 쉽다는 사실을 근거로 지역성(locality) 원리를 이용하여 연관 기억장치에는 페이지 사상 테이블의 전체 항목 중 지역성이 있는 페이지만을 유지하고 연관 사상 테이블에 없을 때는 직접 사상 방법에 의해 사상을 구현하는 방법을 말한다. [그림 4-32]는 연관/직접 사상을 혼합한 주소 변환 과정을 보이고 있다.

- 동적 주소 변환 과정에서 프로세스는 가상 주소 V = (p, d)를 참조하여 연관 사상 테이블을 먼저 탐색한다. 페이지 p가 연관 사상 테이블에 있으면 즉시 p' + d를 계산하여 실 주소 r을 생성한다. 연관 사상 테이블에 p가 없으면 페이지 사상 테이블을 탐색하여 직접 사상 방법에 의해 실 주소 r을 생성한다. 이때 부분적인 연관 사상 테이블에 수정된 정보를 포함시키며, 하드웨어는 연관 사상 테이블 내에서 최근에 가장 적게 사용된 페이지 항목 대신에 최근 사용한 이 페이지 p 항목을 포함시킨다.

(2) 세그먼테이션 기법(segmentation)

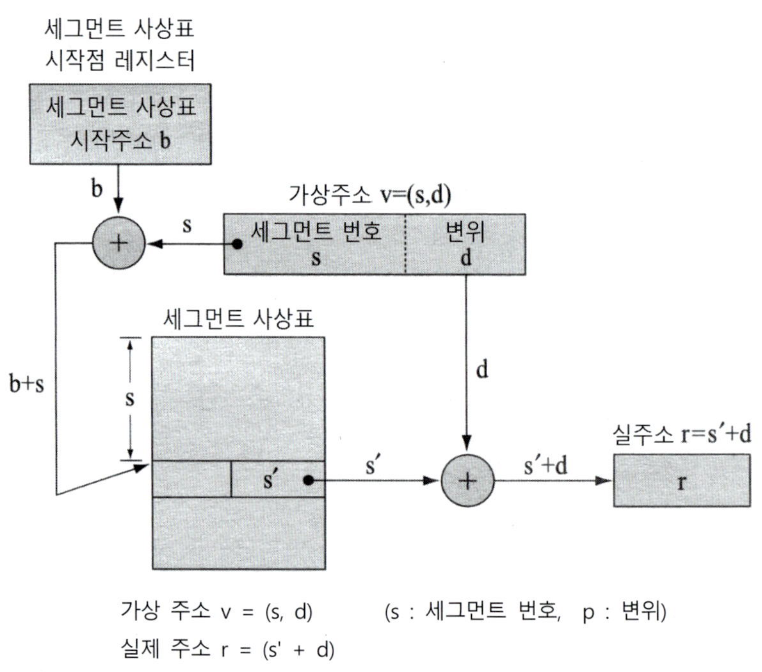

가상 주소 v = (s, d) (s : 세그먼트 번호, p : 변위)
실제 주소 r = (s' + d)

【그림 4-33】 세그먼테이션에서의 주소 변환 과정

세그먼테이션 방법은 하나의 작업을 논리적인 크기(단위)의 가변(variable) 길이로 나누어 적재시키는 기법을 말한다. 즉 세그먼트 기법은 가상 주소를 일정한 크기로 분할하는 것이 아니라 분할 형태가 배열이나 함수와 같은 논리적인 다양한 크기의 가변적인 단위로 관리하는 것으로 기억장치의 사용자 관점을 보존하는 기법이다.

세그먼테이션 방법은 페이징 방법과 마찬가지로 직접 사상 방법, 연관 사상 방법, 직접/연관 사상 방법으로 구현될 수 있다. 고정 분할 할당 방식에서처럼 세그먼트 방법에서도 기억장치 할당은 최초 적합, 최적 적합, 최악 적합 기법을 사용하여 해결하는 동적 분할 할당 방법을 사용하므로 외부 단편화가 발생한다.

세그먼테이션을 사용해서 절대주소를 계산하기 위해서는, 주소를 세그먼트와 변위부분으로 나누고, 하드웨어는 세그먼트 번호를 사용하여 세그먼트의 진입점 주소를 세그먼트 테이블에서 찾은 후에 그 진입점 주소에 변위를 더하여 절대주소를 얻는다. 운영체제는 비어있는 기억공간에 대한 테이블을 유지한다. 프로그램이 적재하기 전에 운영체제는 세그먼트 테이블을 탐색한다. 프로그램의 크기를 논리적인 크기(가변 블록)로 나누어서 할당한다. [그림 4-33]은 세그먼트 방법에서의 주소 변환 과정을 보이고 있다.

1) 세그먼테이션 주소 변환 과정

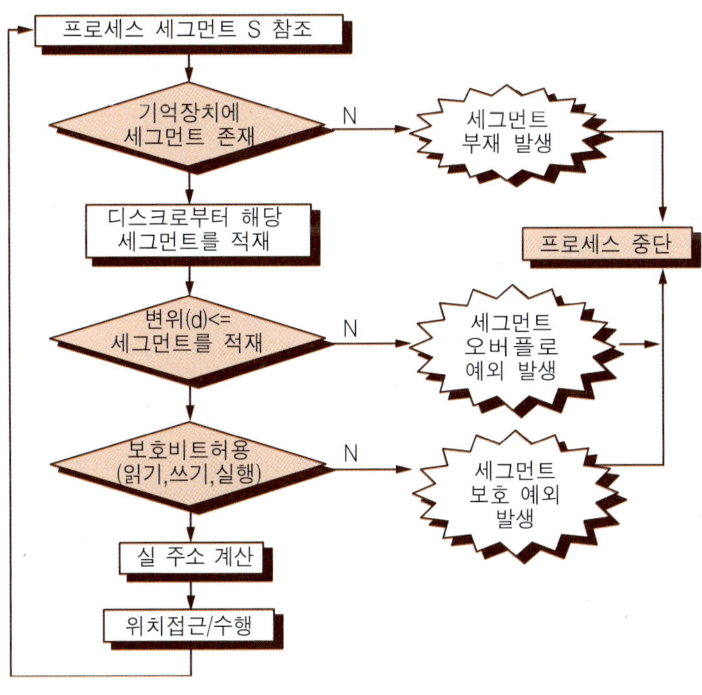

【그림 4-34】 세그먼테이션 방법의 주소 변환 흐름도

① 세그먼트 방법의 정상적인 주소 변환 과정은 프로세서의 가상 주소 V = (s, d)를 참조하여 세그먼트 s에 세그먼트 사상 테이블 시작점 레지스터 b와 더해져 주기억장치의 세그먼트가 시작되는 주소인 s'를 얻는다. 변위 d는 s'와 더해져 실 주소 r = s'+ d를 얻는다.

② 예외 발생에 의한 주소 변환 과정은 세그먼트가 주기억 장소에 있는지 검사하여 없으면(r=0), 세그먼트 부재(segment fault)를 발생하고, 운영체제는 제어권을 넘겨 보조기억장치 주소 a를 참조하여 세그먼트를 주기억장치로 적재한다. 만약 있으면(r = 1) 다음 단계인 세그먼트 길이와 비교한다.

③ 세그먼트가 주기억 장소로 이동하면 주소 변환은 변위 d가 세그먼트 길이 l보다 작거나 같은지를 점검한다. 만약 d가 l보다 크면 세그먼트 오버플로가 발생하고 운영체제로 제어가 넘어가서 프로세스의 실행이 종료된다.

④ 변위가 세그먼트의 범위 내에 있으면 보호 비트를 조사한 후 동작이 허락하면 s'와 변위 d가 더해져서 실 주소 r = s'+ d를 생성한다. 그러나 동작이 허락하지 않으면 세그먼트 보호 예외가 발생하고 운영체제로 제어가 넘어가서 프로세스의 실행이 종료된다.

세그먼트 존재비트	보조기억 장치주소	세그먼트 길이	보호 비트				세그먼트 시작주소
r	a	l	R	W	E	A	s'

r = 0 세그먼트가 주기억 장치 내에 없는 경우

r = 1 세그먼트가 주기억 장치 내에 있는 경우

R : read access W : write access E : execute access A : append access

【표 4-12】 세그먼테이션 시스템의 장점과 단점

장점	단점
· 페이징 방식에 비해 프로그램의 I/O 면에서 효율적임 · 가용 메모리 공간의 효율적 사용 · 주소 변환을 위한 테이블이 차지하는 공간이 작음 · 내부 단편화 현상을 해결	· 세그먼트의 길이가 달라 메모리 할당이 복잡해짐 · 하나의 세그먼트는 연속된 기억 공간을 가져야하므로 기억 공간의 효율적 관리가 어려움 · 외부 단편화 현상이 발생

각 필드 내용	값	의미	오류 발생 시기 및 종류와 행위
세그먼트 존재비트	r	0 : 주기억장치 내에 없을 때 1 : 주기억장치 내에 있을 때	r = 0일 때, 세그먼트 부재
보조 기억 장치주소	a	세그먼트가 주기억장치 내에 없을 때, 보조 기억장치로부터 검색되어야 할 주소이다.	r = 0이면 운영체제는 제어권을 받아서 주소 a 에서 참조된 세그먼트를 주기억장치로 옮긴다.
세그먼트 길이	l	세그먼트의 총 길이로 변위 (d)와 비교하여 세그먼트의 범위 내에 있는지 검사한다.	d가 l보다 클 때, 세그먼트 오버플로 예외 오류발생
보호	R	세그먼트의 읽기 기능	보호 비트를 조사하여 접근이 허락되지 않을 때, 세그먼트 보호 예외 오류발생
	W	세그먼트의 수정 기능	
	E	세그먼트의 실행 기능	
	A	세그먼트의 추가 기능	
세그먼트 시작주소	S'	세그먼트가 주기억장치 내에 있을 때, 세그먼트가 시작되는 주기억장치의 주소이다.	주기억장치에서 곧 바로 세그먼트의 위치를 찾을 수 있다.

【그림 4-35】 세그먼테이션 사상 테이블 형식

(3) 세그먼테이션/페이징 혼합시스템

페이징/세그먼테이션 혼합 방법은 세그먼트가 너무 가변적이고 지나치게 커서 주기억장치에 적재할 수 없는 문제점을 극복하기 위한 방안으로 하나의 세그먼트를 정수배의 부분 페이지로 다시 분할하는 방법이다. 즉 세그먼트를 페이지화 하는 것이며 가상 주소 형식은 3차원 요소 V = (s, p, d)로 구성된다(V: 가상 주소, s: 세그먼트 번호, p: 페이지 번호, d: 변위).

순수 세그먼테이션과의 차이는 세그먼트 사상 테이블의 항이 세그먼트의 기준 주소를 가지고 있지 않고, 페이지 사상 테이블의 기준 주소를 가지고 있다는 점이다.

■ 최종 실제 주소 r = (p′, d)

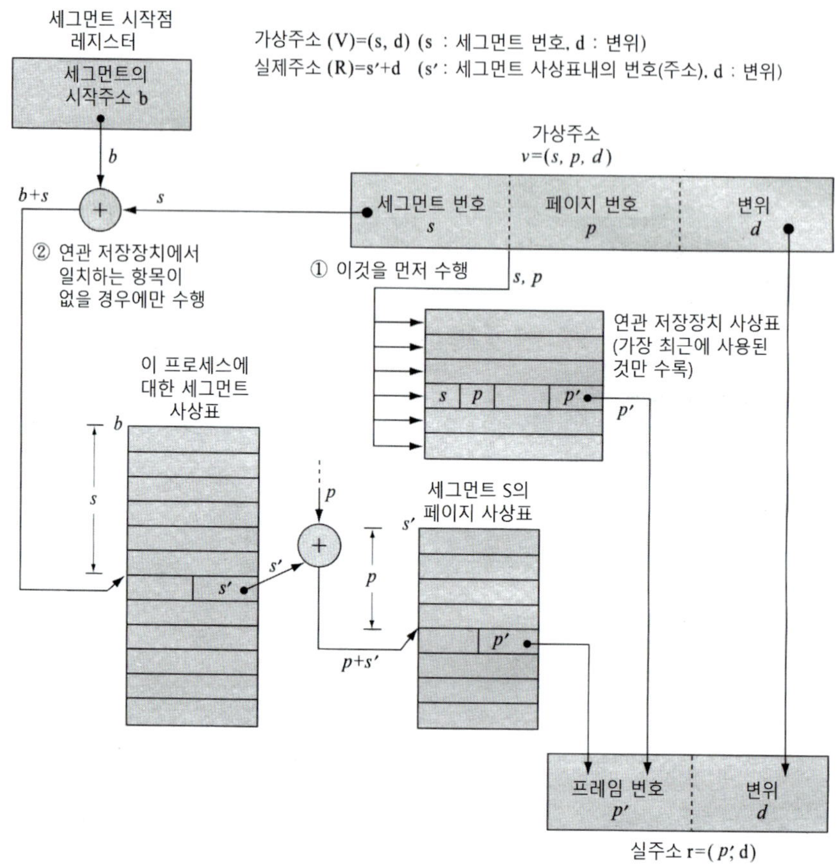

【그림 4-36】 세그먼테이션/페이징 혼합 시스템 주소변환 과정

1) 세그먼테이션/페이징 혼합 방법의 주소 변환 과정

① 페이징/세그먼테이션 방법에서 동적 주소 변환은 우선 연관 사상 테이블을 탐색하여 해당 항목이 들어 있으면 연관 사상에 의하여 세그먼트와 페이지 번호를 찾아 실주소로 변환한다.

- 가상 주소 v = (s, p, d)

② 연관 사상 테이블에 해당 항목이 없으면 직접 사상에 의하여 세그먼트 사상 테이블과 페이지 사상 테이블을 이용하여 세그먼트와 페이지를 찾아 실주소로 변환하게 된다.

③ 세그먼테이션과 페이징 주소들은 세그먼트 번호, 세그먼트 내의 페이지번호, 그리고 페이지 내에서의 변위로 분리한다.

- 실제 주소 r = (s' + d)

④ 프로그램의 세그먼트 테이블에서 세그먼트 번호와 세그먼트 페이지 테이블의 주소를 찾는다.

⑤ 그 후에 페이지 테이블에서 페이지의 기본주소를 찾아, 여기에 변위를 더함으로써 절대주소를 얻는다.

【표 4-13】 paging & segmentation 비교표

비교	페이징	세그먼테이션
기억장치 분할 단위	physical unit	logical unit
기억공간 할당	fixed size	arbitrary size(variable)
단편화 발생	internal	external
집약시 부하	no compaction	compaction overhead
분할 크기(user view)	invisible(H/W oriented)	visible to user(S/W oriented)

【표 4-14】 주기억장치 및 가상기억장치 관리 방법의 특징

위치	종류	문제 해결	필요한 하드웨어	필요한 소프트웨어
주기억장치	상주 모니터	일괄 처리에서 발생하는 유휴 시간을 감소	보호 하드웨어가 필요	상주 모니터(JCL)
	오버레이(중첩)	프로그램이 기억장치 보다 클 경우에도 수행	경계 레지스터가 필요	인터럽트 프로그램
	스와핑(교체)	주기억장치의 크기가 제한되어 있을 때 교대로 사용	디스크, 드럼과 같은 빠른 기억장치 필요	swap in, swap out 하기 위한 분배기가 필요
	고정 분할	다중 프로그래밍이 가능	작업 큐, 보호 하드웨어필요	슈퍼바이저 호출(SVC) 명령
	동적 분할	MFT에서 발생하는 내부단편화가 해결	기준 레지스터가 필요	배당 알고리즘 best fit, worst fit, first fit
가상기억장치	페이징	기억장치가 불연속일 수 있도록 허용(고정 블록)	DAT를 위한 빠른 기억장치, 캐시 메모리가 필요	작업 스케줄링이 필요
	세그먼테이션	기억장치의 사용자 관점을 지원하는 기법(가변 블록)	기준/한계 레지스터가 필요	길이가 가변적이며, 길이를 나타내는 bit가 필요
	페이징/세그먼트 혼합	세그먼트의 크기가 너무 클 경우 주기억장치에 적재할 수 없는 문제를 해결	연관 기억장치가 필요	3차원 사상 알고리즘 필요

Chapter 15 가상기억장치 관리 방법

15.1 가상기억장치 관리 방법

가상 기억장치 방법의 개발은 기존 연속 할당 방식에서의 사용자 프로그램 전체를 주기억 장소에 연속적으로 한꺼번에 배당해야 하는 제약 때문에 많은 문제점들이 발생하였다. 이러한 문제점은 동적 재배치 방법을 통해서 주소 변환을 수행하여 실행할 프로세스를 주기억 장소의 여러 곳에 분산 할당하여 실행시킬 수 있다. 가상기억장치는 주기억장치로부터 사용자 논리 기억장치를 분할한 것이며 주기억장치와 논리 기억장치를 분리함으로써 주기억장치를 적게 갖고 있어도 프로그래머에게 매우 큰 가상기억장치를 제공할 수 있다.

가상기억장치에 의해 오버레이(overlay) 문제는 자동적으로 해결되었다. 가상기억장치는 대개 요구 페이징(demand paging)에 의해서 주기억 공간의 이용률이 향상되었으며 세그먼테이션 시스템으로 구현할 수도 있다. 그러나 세그먼트 교체 알고리즘은 세그먼트가 가변이기 때문에 페이지 교체 알고리즘보다 복잡하다. 가상기억장치를 관리하는 방법으로는 반입 전략, 배치 전략, 교체 전략, 그리고 배당 전략으로 분류할 수 있다.

(1) 반입 전략

반입 전략(fetch strategy)은 페이지나 세그먼트가 보조기억장치에서 주기억장치로 적재될 때 어느 시기를 택할 것인가를 결정하는 전략으로 요구 반입과 예상 반입 전략으로 분류할 수 있다.

1) 요구 반입 전략

요구 반입 전략(demand fetch strategy)은 수행중인 프로세스에 의하여 호출된 페이지나 세그먼트를 주기억장치로 옮기는 전략으로 다음과 같은 특징이 있다.

- 요구 반입 기법에 의해 호출되는 페이지는 실제로 참조되는 페이지이다.

- 어느 페이지를 주기억장치로 옮길지를 결정하는데 있어서의 오버헤드는 적다.
- 페이지 부재율이 비교적 낮은 경우, 요구 페이징은 하나의 프로세스에 할당되는 프레임의 수를 감소시키기 위해 사용될 수 있다.
- 어느 순간에 더 많은 프로세스가 수행할 수 있어 다중 프로그래밍의 정도와 시스템의 CPU 이용도를 증가시킨다.
- 어떤 프로그램의 기억장치 요구량이 이용할 수 있는 실제 기억장치보다 더 클 때도 수행될 수 있게 한다.
- 페이지를 할당받기 위한 대기 시간(waiting time)이 길다.

2) 예상 반입 전략

예상 반입 전략(anticipatory fetch strategy)은 프로세스에 의해 요청될 페이지나 세그먼트를 미리 예측하여 프로세스가 이를 요구하기 전에 주기억장치로 적재시키는 전략으로 다음과 같은 특징이 있다.

- 예측 결정이 올바르면 프로세스의 실행 시간은 최대한 감소된다.
- 만약 정확한 결정이라면 다른 프로세스 실행에 영향을 주지 않는다.
- 하드웨어 가격 하락으로 옳지 못한 결정의 결과도 그리 심각하지 않다.
- 주기억장치 용량을 크게 함으로써 페이지의 초과량을 수용할 수 있다.
- 어떤 페이지를 주기억장치로 옮길지 결정하는 데 있어서 예측이 어렵다.

(2) 배치 전략

배치 전략(placement strategy)은 주기억장치에 적재되어야 할 페이지나 세그먼트를 주기억장치의 어느 곳에 적재할 것인가를 결정하는 정책이다. 페이징 시스템에서는 주기억장치에 적재될 페이지가 주기억장치의 가용 페이지 프레임 어디에 적재되어도 무관하므로 배치 기법들이 필요 없다.

그러나 세그먼테이션 시스템에서는 동적 분할 기법에서 살펴본 바와 같이 최초 적합, 최적 적합, 최악 적합과 같은 배치 기법들이 필요하다.

(3) 교체 전략

교체 전략(replacement strategy)은 기존의 주기억장치에 적재되어 있던 페이지를 제거하고 새로운 페이지로 대체시키는 정책이다. 만약 제거되는 페이지가 주기억장치에 있는 동안 변경되면 그 페이지는 디스크 복사를 통해 재기록 되며 페이지가 변경되지 않으면 재기록이 필요 없다. 운영체제의 기억장치 관리 시스템은 새로 주기억장치에 적재되어야 할 페이지를 위하여 기존의 어느 페이지를 주기억장치로부터 제거하여 교체할 것인지를 결정하여야 한다.

(4) 배당 전략

배당 전략(allocation strategy)은 각각의 실행 프로세스에게 얼마만큼의 주기억 장소를 배당할 것인가를 결정하는 정책으로 운영체제는 CPU의 이용률을 높이기 위해 많은 프로세스를 활성화해야 하는 데 각 프로세스에게 필요한 충분한 페이지 프레임을 항상 할당해 주지 못한다. 때문에 각 프로세스가 필요로 하는 페이지 프레임 수와 원하는 페이지를 배당해야 하는 배당전략은 교체전략과 더불어 매우 중요하다.

15.2 교체 전략 알고리즘의 종류

(1) 최적화 교체 알고리즘

최적화 교체(optimal replacement) 또는 Belady의 MIN 페이지 교체 기법은 Belady가 제안한 것으로 최적의 성과를 얻기 위해서 가장 오랫동안 사용되지 않은 페이지를 교체시키는 방법으로 다음과 같은 특징이 있다.

- 최소의 페이지 부재율을 갖는 알고리즘이다.
- 페이지 호출 순서의 상황을 사전에 파악해야 하므로 비현실적이다.

[그림 4-37]은 프로세스의 페이지 참조열이 7 0 1 2 0 3 0 4 2 3 0 3 2 1 0 1 7 0 1이라고 가정할 때 최적 교체 알고리즘을 사용하여 주기억장치에 있는 페이지를 선택하여 교체한 결과를 보이고 있다.

[그림 4-37]에서 F는 페이지 부재(page fault)를 나타내는데 페이지 부재란 현재 수행중인 프로세스의 페이지가 주기억장치 페이지 프레임 내에 없는 경우를 말한다. 이 경우 해당 페이지를 가상기억장치로부터 적재해야 한다.

참조열	7	0	1	2	0	3	0	4	2	3	0	3	2	1	2	0	1	7	0	1
페이지 프레임	7	7	7	2		2		2			2			2				7		
		0	0	0		0		4			0			0				0		
			1	1		3		3			3			1				1		
	F	F	F	F		F		F			F			F				F		

【그림 4-37】 최적화 원칙에 의한 페이지 교체 결과

(2) 무작위 페이지 교체 알고리즘

무작위 페이지 교체(random page replacement) 알고리즘은 특별한 사용자들에게 차이를 두지 않고 페이지가 교체되는 알고리즘으로 교체할 페이지는 무작위로 선택되어지며 다음과 같은 특징이 있다.

- 오버헤드가 적은 페이지 교체 기법이다.
- 최악의 경우에 바로 뒤에 호출될 페이지도 교체될 수 있다.

(3) FIFO 교체 알고리즘

선입 선출(FIFO, first in first out) 교체 알고리즘은 각 페이지가 주기억장치로 들어올 때마다 타임-스탬프(time-stamp)를 찍어 그 시간을 기억하고 있다가 페이지가 교체될 필요가 있을 때 가장 먼저 주기억장치에 들어와 있는 페이지를 교체시키는 알고리즘으로 다음과 같은 특징이 있다.

- 이해하기 쉽고 설계가 간단하다.
- 중요한 페이지가 오랫동안 페이지 프레임을 차지한 이유로 교체되는 불합리성을 가지고 있다.

참조열	7	0	1	2	0	3	0	4	2	3	0	3	2	1	2	0	1	7	0	1
페이지 프레임	7	7	7	2		2	2	4	4	4	0			0	0			7	7	7
		0	0	0		3	3	3	2	2	2			1	1			1	0	0
			1	1		1	0	0	0	3	3			3	2			2	2	1
	F	F	F	F		F	F	F	F	F	F			F	F			F	F	F

【그림 4-38】 FIFO 페이지 교체 결과

최적 교체 알고리즘에서와 동일한 페이지 참조열에 대하여 FIFO 교체 알고리즘을 사용한 결과는 [그림 4-38]과 같다.

■ FIFO 모순(anomaly)

어떤 프로세스에 할당된 페이지 프레임의 수가 증가하면 페이지 부재의 수가 감소하는 것이 일반적인데 페이지 프레임의 수가 증가할 때 현실적으로 페이지 부재가 더 증가하는 것을 FIFO 모순 또는 Belady의 이상 현상이라 한다.

[그림 4-38]에서 페이지 참조의 순서가 0 1 2 3 0 1 4 0 1 2 3 4라고 가정하면 [그림 4-39 (a)]는 3개의 페이지 프레임을 사용하였을 때 9번의 페이지 부재가 발생하고 [그림 4-39 (b)]는 4개의 페이지 프레임을 사용하여도 오히려 10번의 페이지 부재가 발생한다. 이와 같은 현상을 FIFO 모순이라 한다.

참조열	0	1	2	3	0	1	4	0	1	2	3	4
페이지 프레임	0	1	2	3	0	1	4	4	4	2	3	3
		0	1	2	3	0	1	1	1	4	2	2
			0	1	2	3	0	0	0	1	4	4
	F	F	F	F	F	F	F			F	F	

(a) 3개의 페이지 프레임을 사용한 페이지 교체 결과

참조열	0	1	2	3	0	1	4	0	1	2	3	4
페이지 프레임	0	1	2	3	0	1	4	0	1	2	3	4
		0	1	2	3	0	1	1	1	4	2	2
			0	1	2	3	2	3	4	0	1	2
				0	0		1	2	3	4	0	1
	F	F	F	F			F	F	F	F	F	F

(b) 4개의 페이지 프레임을 사용한 페이지 교체 결과

【그림 4-39】 FIFO 모순 결과

(4) LRU 교체 알고리즘

LRU(least recently used) 교체 알고리즘은 가장 널리 사용되는 방법으로 한 프로세스에서 사용되는 각 페이지마다 카운터를 두어 현 시점에서 가장 오랫동안 사용되지 않은 페

이지를 제거하는 기법으로 다음과 같은 특징이 있다.

- 최근의 상황이 가까운 미래에 대한 좋은 척도라는 경험적인 지역성에 의존한다.
- 불러왔던 시간을 기록해야 하므로 시간 오버헤드가 발생한다.
- 실제로는 구현하기 매우 복잡하다.

LRU 교체 알고리즘을 사용하여 주기억장치에 있는 페이지를 선택하여 교체한 결과는 [그림 4-40]과 같다.

참조열	7	0	1	2	0	3	0	4	2	3	0	3	2	1	2	0	1	7	0	1
페이지 프레임	7	7	7	2		2		4	4	4	0			1		1		1		
		0	0	0		0		0	0	3	3			3		0		0		
			1	1		3		3	2	2	2			2		2		7		
	F	F	F	F		F		F	F	F	F			F		F		F		

【그림 4-40】 LRU에 의한 페이지 교체 결과

(5) LFU 교체 알고리즘

LFU(least frequence used)교체 알고리즘은 사용빈도가 가장 적은 페이지, 즉 호출된 횟수가 가장 적은 페이지를 교체하는 방법으로 다음과 같은 단점이 있다.

- 지역성 문제가 발생한다.
- 바로 불러온 페이지가 교체될 수 있다.

프로세스의 임의의 페이지 참조열 1 2 3 6 2 1 3 4 5 2 1 3에 대하여 LFU 교체 알고리즘을 사용하여 주기억장치에 있는 페이지를 선택하여 교체한 결과는 [그림 4-41]과 같다.

참조열	1	2	3	6	2	1	3	4	5	2	1	3
페이지 프레임	1	1	1	1				1	1			
		2	2	2				2	2			
			3	3				3	3			
				6				4	5			
	F	F	F	F				F	F			

【그림 4-41】 LFU에 의한 페이지 교체 결과

(6) NUR 교체 알고리즘

NUR(not used recently)교체 알고리즘은 LRU 교체 알고리즘의 단점인 오버헤드를 적게 하는 기법이며 최근에 사용되지 않은 페이지를 교체하는 것으로 참조 비트와 변형 비트의 두 비트를 이용한다.

참조 비트 = 0 : 그 페이지가 참조되지 않았을 때
1 : 그 페이지가 참조된 적이 있을 때
변형 비트 = 0 : 그 페이지 내용이 변형되지 않았을 때
1 : 그 페이지 내용이 변형되었을 때

NUR 교체 알고리즘에서 페이지 선택 방법은 [표 4-15]와 같다.

【표 4-15】 NUR에 의한 페이지 선택 결과

페이지 교체 그룹	참조 비트	변경 비트	의미 설명
그룹1	0	0	참조되지 않고 변경되지도 않는 페이지
그룹2	0	1	최근에 참조되지 않았으나 내용이 변경된 페이지
그룹3	1	0	참조되었으나 내용이 변경되지 않는 페이지
그룹4	1	1	참조되었으며 내용이 변경된 페이지

하나의 페이지를 교체하고자 할 때는 참조 비트가 0인 페이지를 찾으며 만일 모든 페이지의 참조 비트가 1일 때는 다음 변형 비트가 0인 것을 찾는다. 이유는 변형 비트가 1일 경우 그 페이지를 보조기억장치에 저장을 시켜야 하는 부담이 있기 때문이다.

(7) SCR 교체 알고리즘

SCR(이차 기회 교체, second chance replacement) 교체 알고리즘은 처음에 페이지 테이블의 각 항목에 한 개의 참조 비트를 연관시킨 후 운영체제에 의하여 모든 참조 비트를 0으로 한다. 그 후 하나의 프로세스가 수행되는 동안 참조한 각 페이지와 관계된 참조 비트는 그 값이 1로 변한다. 따라서 이 참조 비트의 값을 조사함으로써 어떤 페이지가 사용되었고 사용되지 않았는지를 알 수 있다.

새로운 페이지가 주기억장치에 적재되어야 할 경우 참조 비트가 0이면 그 페이지를 교체

한다. 만일 참조 비트가 1이면 참조 비트를 0으로 바꾼 다음 큐로 피드백 시킴으로써 그 페이지에게 두 번째 기회를 주고 다음 페이지를 조사하여 FIFO 방식으로 진행한다. 참조 비트가 1이면 계속 주기억장치 내에 유지하게 된다.

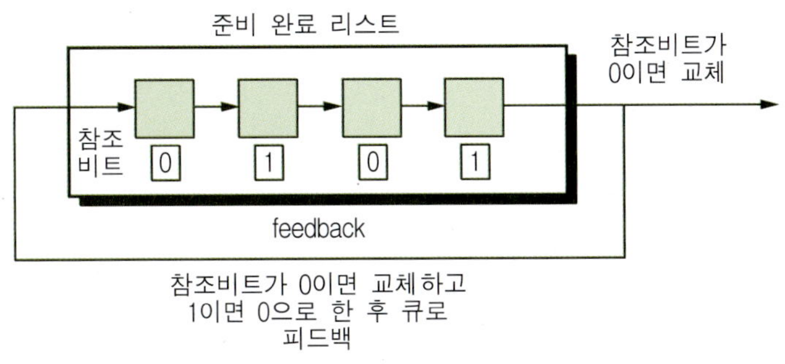

【그림 4-42】 SCR 알고리즘 방법

【표 4-16】 교체 전략 기법의 특징

종류	교체 방법	특징
최적화 교체	앞으로 가장 오랫동안 사용되지 않을 페이지를 교체시킨다.	FIFO 모순을 해결할 수 있다.
무작위 페이지 교체	특별한 사용자들에게 차이를 두지 않고 교체하는 기법으로 교체할 페이지를 무작위로 선택한다.	오버헤드가 적은 기법이다.
FIFO	주기억장치 안에 가장 오래된 페이지부터 제거한다.	FIFO 모순이 발생한다.
LRU	현 시점에서 가장 적게 사용한 페이지를 교체하는 알고리즘이다.	불러온 시간을 기록해야 하므로 오버헤드가 크다.
LFU	사용빈도가 가장 적은 페이지를 교체한다.	지역성 문제가 발생한다.
NUR	최근에 사용되지 않은 페이지를 교체한다. referenced bit와 modified bit를 사용한다.	LRU의 시간 오버헤드를 해결한 기법이다.
SCR	(second change replacement) circular queue를 사용한다.	FIFO의 단점인 오랫동안 페이지 프레임을 차지한 이유로 교체되는 문제를 해결한다.

15.3 스래싱 정의

(1) 스래싱 개념

스래싱(thrashing)이란 어떤 프로세스가 계속적으로 페이지 부재가 발생하여 프로세스의 실제 처리 시간보다 페이지 교체에 걸리는 시간이 더 많아지는 현상으로 시스템에 심각한 성능 저하를 초래한다. 이와 같은 현상 때문에 CPU 이용률이 떨어지는 줄 모르고 운영체제는 CPU 이용률을 높이기 위하여 더욱 다중 프로그래밍 정도를 증가시키게 된다. 이와 같은 현상으로 인하여 시스템에 다음과 같은 심각한 결과를 초래하게 된다.

- 페이지 부재가 계속 증가하여 기억장치 접근 시간이 계속 증가한다.
- 프로세스의 수행 시간보다 페이지를 교체하는 시간이 더 많아진다.
- 대부분 시간이 페이지 교체에 소비되며, 실행되는 것은 거의 없다.
- 시스템의 처리율이 현저히 감소하여 아무런 의미 있는 일을 하지 못한다.

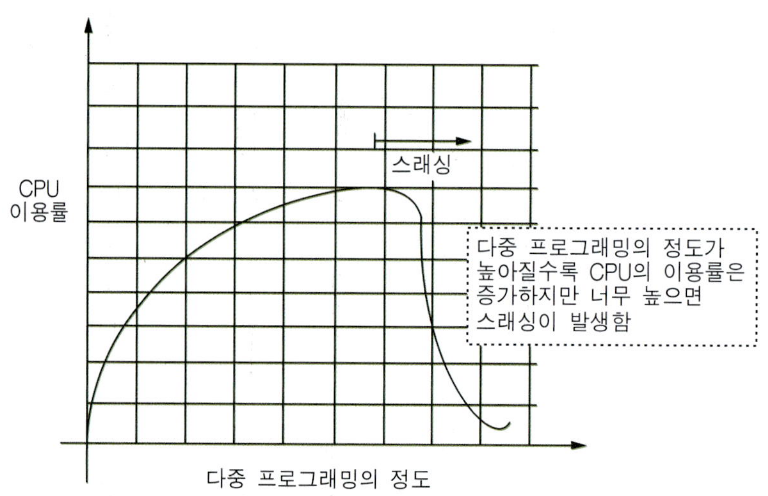

【그림 4-43】 다중 프로그래밍 정도와 스래싱의 관계

[그림 4-43]은 다중 프로그래밍 정도와 스래싱의 관계를 보이고 있다. 일반적으로 다중 프로그래밍의 정도가 높아짐에 따라 CPU의 이용률도 최댓값이 될 때까지는 높아지게 된다. 그러나 다중 프로그래밍의 정도가 점점 커지면서 어느 한계에 이르면 스래싱 현상이 발생하여 CPU의 이용률은 급격히 감소하게 된다. 이 경우 CPU의 이용률을 높이고 스래싱 현

상을 방지하기 위해서는 다중 프로그래밍의 정도를 낮추어야 한다.

스래싱 현상을 해결하는 방법으로는 각 프로세스들에게 충분한 페이지 프레임을 할당할 수 있도록 하는 방법과 주기억장치 내에서 프로그램의 지역성 특성을 이용한 워킹 세트를 유지하는 방법 등이 있다.

[그림 4-44]와 같이 다중 프로그래밍 정도와 CPU 활용률의 관계를 보면 메모리가 1M, 2M, 3M 바이트인 경우를 비교하게 되면, 초기(다중 프로그래밍 정도 1개인 경우)에는 CPU의 활용률이 현저하게 차이(20%, 50%, 82%)가 나지만 다중 프로그래밍의 정도(10개)가 높아지더라도 CPU의 활용률은 거의 차이가 나지 않는 것을 볼 수 있다. 1M 바이트 기억장치는 다중 프로그램의 정도가 높아짐에 따라 CPU 이용률(처리량)이 20%에서 87%까지 급속하게 증가시킬 수 있지만 3M 바이트 기억장치는 CPU 이용률이 82%에서 96%까지만 올라가게 된다. 즉, 컴퓨터 시스템 운영에 있어서 급속한 메모리의 증가는 CPU의 활용률을 많이 높이지 못한다는 연구 결과로써 다중 프로그래밍 정도와 CPU 활용률을 최적화할 수 있는 주기억장치 크기 관리가 필요하다.

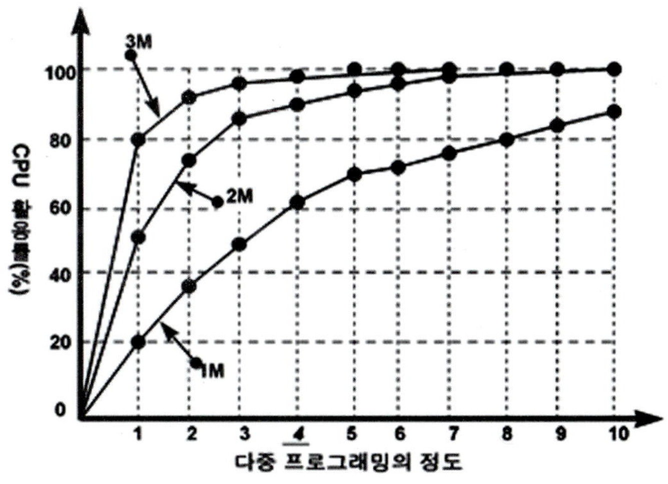

【그림 4-44】 다중 프로그래밍 정도와 CPU 활용률과의 관계

(2) 지역성(국부성) 이론

페이지 부재율을 감소시키고 스래싱을 방지하기 위해서는 각 프로세스가 계속적으로 주기억 공간의 페이지 프레임 내에 유지시켜야 할 페이지들의 집합을 알아내는 것이 중요하

다. 지역성(locality theory)의 개념은 이것을 알아내는 방법 중의 하나이며, 워킹 세트 이론의 근거가 되었다.

지역성(locality)은 어떤 프로세스의 계산 영역은 지역화 된다는 이론으로써 1968년 Denning 교수에 의해 증명되었다. 지역성 이론은 프로세스가 실행되는 동안 기억장치 내의 모든 정보를 균일하게 참조하는 것이 아니라 현재 실행되는 주소 부근에서 국부적인 부분만을 집중적으로 참조한다는 것을 의미한다. 지역성은 다음과 같이 시간적 지역성(temporal locality)과 공간적 지역성(spatial locality)으로 구분한다.

- 시간적 지역성: 어떤 프로세스가 최근에 참조된 기억 장소가 가까운 장래에도 계속 참조될 가능성이 높음을 의미한다. 예를 들어 반복(looping), 서브루틴(subroutine), 스택(stack), 누산(counting)과 집계(totaling)등을 들 수 있다.
- 공간적 지역성: 어떤 프로세스가 일단 하나의 기억 장소가 참조되면 그 근처의 기억 장소가 계속 참조되는 경향이 있음을 의미한다. 예를 들어 행렬(array) 조작, 순차적 실행(sequential execution), 프로그래머들이 서로 관련된 변수들을 근처에 선언된 경우 등을 들 수 있다.

(3) 워킹 세트 이론

워킹 세트 이론은 프로그램의 지역성을 이용하며, 각 프로세스가 많이 참조하는 페이지들의 집합을 주기억 공간에 계속 상주하게 하여 빈번한 페이지 교체 현상을 줄이고자 하는 개념이다. 즉 워킹 세트(working sets)는 실행 중인 프로세스가 일정 시간 동안에 자주 참조하는 페이지들의 집합을 의미한다. 따라서 한 프로그램이 효율적으로 수행되기 위해서는 그 프로그램의 워킹 세트가 주기억장치 내에 유지되어야만 한다. 만일 그렇지 않은 경우에는 그 프로그램이 보조기억장치로부터 계속 페이지를 요구하게 되므로 스래싱(thrashing)현상이 발생할 수 있다.

특정 프로세스의 워킹 세트를 구성하기 위해서는 워킹 세트의 크기를 알아야 한다. 워킹 세트의 크기는 워킹 세트의 창(Windows)을 이용하는데, 이 창의 크기가 워킹 세트의 크기를 결정하게 된다. 워킹 세트 창의 크기(ws)는 현재 시간(t)에서 최근의 일정 시간 단위(δ)를 정하여 결정한다. 워킹 세트 기법은 매번 기억장치를 참조하고 나서 페이지 집합을 고친다.

창의 크기를 δ = 10으로 가정했을 때 워킹 세트는 [그림 4-45]와 같으며 t1 시점에서는 {1, 2, 5, 6, 7}이 워킹 세트가 되어 실제 주기억 공간의 페이지 프레임에 계속 상주하게 되고, t2 시점에서는 {3, 4}가 워킹 세트가 되어 실제 주기억 공간 내의 페이지 프레임에 상주하게 된다.

페이지 참조열

… 2 6 1 5 7 7 7 7 5 1 6 2 3 4 1 2 3 4 4 4 3 4 3 4 4 4 1 3 2 3 4 4 4 4

δ = 10 t1 ws(t1) = {1, 2, 5, 6, 7}

δ = 10 t2 ws(t2) = {3, 4}

【그림 4-45】 창의 크기(δ = 10)인 워킹 세트

(4) 페이지 부재 빈도 방식

페이지 부재 빈도(PFF : page fault frequency) 방식은 스래싱이 발생하지 않도록 하기 위해서 페이지 부재율을 효율적으로 조절해 주는 직접적인 접근 기법으로 다음과 같은 특징이 있다.

- PFF 방식은 페이지 부재가 일어날 때에 만 페이지 집합을 수정한다.
- 프로세스가 변하는 행동에 따라 유동적으로 상주 페이지 집합을 바꿀 수 있다.
- 직접적으로 스래싱을 방지하면서, 페이지 부재율을 측정하고 조절할 수 있다.

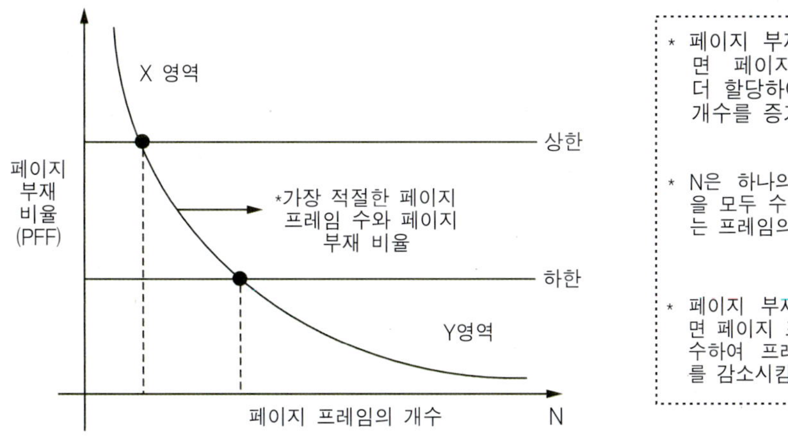

【그림 4-46】 페이지 부재 빈도(PFF)

[그림 4-46]에서 페이지 부재율이 높다는 것은 그래프 영역 X에 있을 때이며 이는 프로세스가 갖고 있는 페이지 프레임이 너무 적다는 것을 의미한다. 페이지 부재율이 너무 낮다는 것은 그래프 영역 Y에 있을 때이며 이는 프로세스가 너무 많은 페이지 프레임을 갖고

있다는 것을 의미한다. 따라서 PFF 방식은 스래싱을 조절하기 위해서 시스템이 원하는 페이지 부재율의 상한과 하한을 정해 놓는다. 이 후 상한 값을 초과할 때는 페이지 프레임을 더 할당해주고 하한 값보다 작을 때에는 그 프로세스가 갖고 있는 프레임을 하나씩 제거함으로써 페이지 부재율을 직접적으로 조절하여 스래싱을 방지한다.

15.4 요구 페이징 기법 정의

요구 페이징 기법은 페이지 교체 기법을 사용하는 페이징 시스템과 비슷하며 프로세스는 보조기억장치에 저장되어 있다가 실행되기를 요구하면 주기억장치에 적재된다. 즉 모든 프로세스를 주기억장치로 적재하기보다는 페이지 요구가 있을 때만 주기억장치에 적재하는 기법이다.

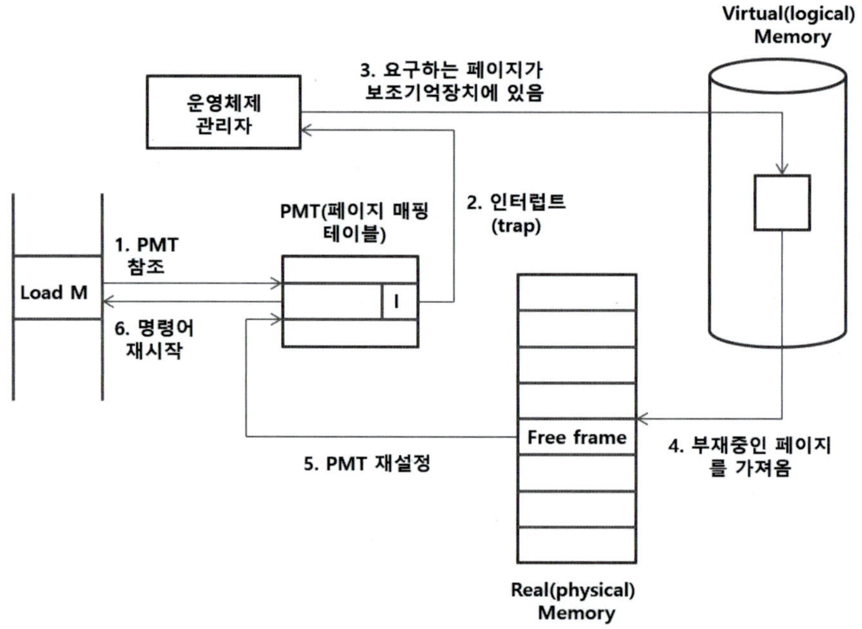

【그림 4-47】 페이지 부재 처리 과정

이 구조는 유효(valid) 또는 무효(invalid)를 나타내는 비트가 페이지 사상 테이블의 각 항목에 추가된다. 이 비트가 유효로 설정되면 관련 페이지가 기억장치에 있다는 것을 의미하며, 무효로 설정되어 있으면 페이지가 보조기억장치에 있다는 것을 의미한다.

만약 프로세스가 기억장치 내에 가져오지 않은 페이지를 사용하려고 하면 주기억장치 내에 페이지가 없으므로 페이지 부재가 발생할 것이다. 그 처리 과정은 [그림 4-47]과 같이 이루어진다.

■ 페이지 부재 처리 단계

① 프로세스 제어 블록(PCB) 테이블을 검사하여 프로세스 참조가 메모리 접근에 타당한지를 조사한다. 즉, 요구하는 페이지가 PMT(page mapping table) 내에는 있는가를 확인한다(페이지 부재 발생).

② 참조하는 프로세스가 무효화(없는 경우)가 된 경우에는 트랩(인터럽트)을 걸어 운영체제에게 보고한다. 즉, 페이지 부재 발생 사실을 운영체제 관리자에게 보고한다.

③ 운영체제 관리자는 요구하는 페이지가 보조기억장치에 있음을 발견하고 페이지를 선택한다.

④ 보조기억장치로부터 페이지 부재중인 프로세스를 물리적 메모리(주기억장치)로 가져 온다.

⑤ 이후 PMT 테이블을 수정한다. 즉, 페이지 부재된 참조 페이지를 PMT에 등록시킨다.

⑥ 트랩에 의해 인터럽트된 명령어를 다시 시작한다. 즉, 이제는 페이지 부재가 발생하지 않는다.

15.5 페이지 교체시 고려 사항

(1) 전역 교체와 지역 교체시 고려 사항

페이지 부재 발생 시 교체할 페이지 프레임을 선택하는데 있어 전역 교체와 지역 교체의 두 가지로 구분할 수 있다.

1) 전역 교체

전역 교체(global swapping)는 교체할 프레임이 다른 프로세스에게 할당되어 있어도 전체 프레임 중에서 하나를 선택해서 그 프레임을 사용할 수 있도록 해 준다. 전역 교체 알고리즘은 한 프로세스가 다른 프로세스에게 할당된 프레임 중에서도 선택할 수 있기 때문에 그 프로세스에 할당된 프레임의 수는 증가한다. 하지만 전역 교체는 그 자신의 페이지 부재율을 조정할 수 없으므로 페이지 부재 예측이 어려우며, 한 프로세스에 대한 기억장치 내의 페이지 집합은 그 프로세스뿐 만 아니라 다른 프로세스의 페이지 기법에 의한 동작에도 영향을 미치게 된다. 장점은 교체에 따르는 오버헤드가 없으며, 구현이 간단하다. 전역교체는 일반적으로 큰 시스템에서 수행하는 방식이다.

2) 지역 교체

지역 교체(local swapping)는 각 프로세스가 그 프로세스에 할당된 프레임 중에서 하나를 선택해서 그 프레임을 사용할 수 있도록 해준다. 지역 교체 알고리즘은 각 프로세스에 할당된 프레임들 중에서 선택하기 때문에 프로세스에 할당된 프레임의 수는 변하지 않는다. 하지만 지역 교체는 한 프로세스에 대한 기억장치 내의 페이지 집합은 단지 그 프로세스의 페이지 기법의 동작에만 영향을 받게 된다.

주기억장치	사용 시간	주기억장치	사용 시간	주기억장치
A0	7	A0	7	A0
A1	6	A1	6	A1
A2	5	A2	5	A2
A3	8	A3	8	A3
A4	4	A4	4	A4
A5	3	A5(A6)	3	A5
B0	9	B0	9	B0
B1	10	B1	10	B1
B2	11	B2	11	B2
B3	2	B3	2	B3(A6)
B4	15	B4	15	B4
B5	7	B5	7	B5
B6	4	B6	4	B6
C1	14	C1	14	C1
C2	12	C2	12	C2
C3	9	C3	9	C3
(a) 초기 상태		(b) 지역 교체		(c) 전역 교체

【그림 4-48】 전역 대 지역 페이지 교체 방법

[그림 4-48]은 전역 및 지역 교체를 수행하는 방법을 보여주고 있는데 세 개의 프로세스 그룹으로 A, B, C가 존재하고, LRU 페이지 교체 알고리즘을 사용한다고 가정한다. 각 페이지의 사용 시간은 값이 적을수록 가장 오래 동안 사용되지 않은 페이지로 간주한다. 새로운 프로세스 A6가 페이지 교체를 요청하고, 페이지 부재가 발생할 때 지역 교체의 경우에는 A 그룹의 페이지 중에서 현 시점에서 가장 적게 사용한 페이지인 A5가 선택되지만 전역 교체에서는 B3가 교체되게 된다.

(2) 페이지 크기 고려 사항

페이지 크기는 페이지 부재율에 영향을 줄 수 있으며 최적의 페이지 크기는 없으나 여러 가지 페이지 크기를 지원하는 요소들이 있다. 페이지의 크기는 항상 2의 누승 값이고, 시스템에 따라 크기가 다르지만 일반적으로 4, 8, 16 및 32KB 범위의 크기를 갖는다. 다음 [그림 4-49]는 주기억장치가 일정할 경우 페이지 크기에 따라 페이지 부재율이 어떻게 변하는가의 형태를 보이고 있다.

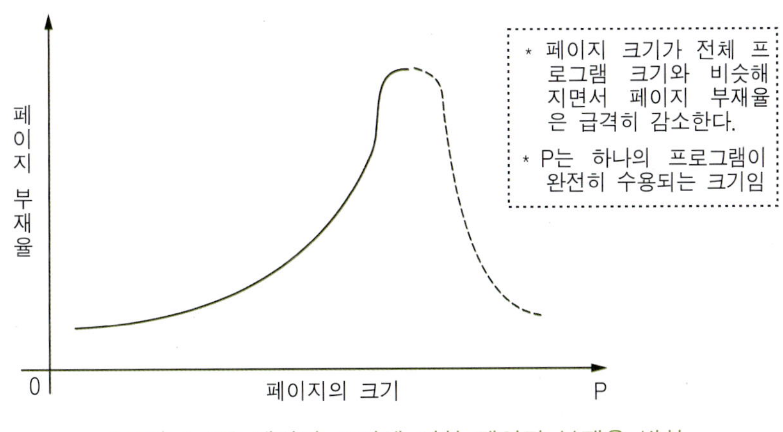

【그림 4-49】 페이지 크기에 의한 페이지 부재율 변화

■ 페이지 크기와 내부 단편화의 관계

▶ 페이지 크기를 작을수록 내부 단편화를 줄일 수 있다. 페이징 기법에서의 내부 단편화는 프로세스에게 할당된 마지막 페이지에 남은 영역에서 발생하게 된다.

▶ 예를 들어, 페이지 크기가 2 ^ 10 = 1024byte이고, 프로세스가 10500byte 일 때, 페이지 11개를 할당(11264byte)하고, 마지막 페이지에 남은 764byte가 내부 단편화 영역이 된다.

- ▶ 이 경우에서 페이지 크기가 2 ^ 9 = 512byte였으면, 페이지는 21개가 할당(10752 byte)되어 내부 단편화는 252byte가 된다. 즉, 페이지 크기가 작을수록 내부 단편화 영역은 줄어들게 된다.
- ▶ 페이지 크기가 작아진다는 말은 페이지 수가 늘어난다는 의미이고, 페이지 사상 테이블의 크기가 늘어나서 유지비용이 많이 들며, 주기억장치의 공간을 많이 차지한다는 단점도 있다.

1) 페이지 크기가 작을 경우

- 페이지 크기가 작을수록 더 많은 페이지와 페이지 프레임이 존재하여 페이지 사상 테이블의 크기가 증가하여 기억공간이 낭비된다.
- 페이지 크기가 작을수록 프로세스가 효과적인 워킹 세트를 확보할 수 있다.
- 페이지 단편화를 감소시키고, 지역성이 향상되기 때문에 기억장치 효율은 좋을 수 있다.

2) 페이지 크기가 클 경우

- 페이지 단편화 현상은 초래하지만, 페이지 사상 테이블의 크기는 줄어든다.
- 디스크로부터 입출력 전송은 페이지 크기가 클수록 효과적이다.
- 페이지 부재의 수를 최소화하기 위해서는 페이지 크기를 크게 하는 것이 필요하다.

Chapter 16 보조기억장치 개요 및 디스크 스케줄링 방법

16.1 보조기억장치 개요 및 접근 방법

(1) 보조기억장치 개요 및 특징

프로그램들은 실행을 위해서 이들이 접근하는 데이터와 함께 주기억장치 내에 존재해야 하나 주기억장치에 모든 프로그램을 저장하기에는 용량이 부족하다. 또한 주기억장치는 휘발성이므로 전원이 중단되면 기억된 모든 정보가 소멸되므로 영구히 기억하여 보존할 수 있도록 하기 위해 보조기억장치를 사용한다. 보조기억장치는 주기억장치의 단점을 보완하기 위한 기억장치이다.

보조기억장치는 주기억장치에 비해 속도는 느리지만 전원이 차단되어도 내용이 그대로 유지되고 저장용량이 크다는 장점이 있으며, 중앙처리장치와 직접 자료 교환이 불가능하며, 접근시간이 오래 걸린다는 단점도 있다.

(2) 보조기억장치 접근 방법

운영체제는 자기 테이프나 디스크와 같은 기억 용량이 큰 기억장치를 유지 관리함으로써 파일을 추상적으로 구현한다. 보조기억장치의 데이터를 접근하는 방법으로는 순차 접근 방법인 순차 접근 기억장치(SASD, sequential access storage device)와 직접 접근 방법인 직접 접근 기억장치(DASD, direct access storage device)로 분류한다. 순차 접근 방법은 자기 테이프 장치에서 적절한 레코드가 찾아질 때까지 순서적으로 검색하는 방법이며 직접 접근 방법은 자기 디스크 장치에서 주소를 통해 직접 적절한 레코드를 찾아가는 방법이다.

(3) 보조기억장치 평가 기준

① 저장 장치 용량: 고용량 저장 장치는 복잡한 프로그램과 하드웨어적인 기술이 필요 하므로 용량이 커지면 가격도 높아진다. 일반적으로 하드디스크는 디스켓보다 많은 양의 정보를 저장할 수 있으며 광학디스크는 하드디스크보다 많은

양의 정보를 저장할 수 있다.

② 접근 속도: 컴퓨터에서 메모리나 자기디스크 등의 기억장치에 대해 데이터의 쓰기나 읽기를 하는데 걸리는 평균시간을 의미하며 접근 속도는 ms(1초의 천 분의 일)로 측정된다.

③ 전송률: 데이터가 보조 저장장치에서 메인 메모리(주기억장치)로 전송되는 데 걸리는 시간으로 초당 메가바이트 수로 측정된다.

④ 크기(휴대 가능성) 및 분리 가능성(고정/착탈)

저장 장치를 선택할 때는 비트 당 소요 가격, 데이터 저장 용량, 신뢰도(reliability) 등을 고려하여 선택한다. 저장 장치의 평가 요소는 디스크의 접근 시간(random access time), 즉 탐색 시간(seek time) + 회전 지연 시간(rotational latency)을 평가하며 데이터를 read/write하여 주기억장치로 전송하는 시간인 데이터 전송률(data transfer rate)을 평가한다.

16.2 보조기억장치의 종류

현재 주로 사용되고 있는 대표적인 보조기억장치는 자기 테이프, 자기 디스크, 플로피 디스크, 광디스크 등이 주로 사용되고 있다. 자기 테이프 장치는 기록용 순차 접근 기억 매체로 기억 용량이 매우 크지만 속도가 느리기 때문에 정보의 기억된 위치에 따라 읽어내는 시간이 다르며 주소의 개념이 없다. 따라서 자주 사용하지 않는 정보의 보관이나 자기 디스크에 보관중인 정보의 복사 등에 주로 이용된다.

(1) 자기 디스크 장치

1) 자기 디스크 구조

자기 디스크란 DASD인 기억 매체로 데이터 레코드는 주소에 의해 식별되는 기억 장소에 기록된다. 이때 디스크 주소는 원하는 데이터 레코드가 사용되어 지거나 사용할 특정한 실린더(cylinderr)를 나타내는 숫자이다. [그림 4-50]은 일반적인 디스크 구조를 보이고 있다.

블록은 디스크 저장과 입출력의 기본 단위로 사용된다. 읽기/쓰기 헤드는 고정된 디스크 암(disk arm)을 좌우로 이동하게 되며, 디스크가 회전하여 디스크의 표면에 헤드가 위치하여 정보를 읽어낸다. 이러한 동작은 디스크 제어기라 불리는 칩이 커널 내에 위치한 특수한 소프트웨어인 디스크 장치 구동기로부터의 입출력 명령으로 수행된다.

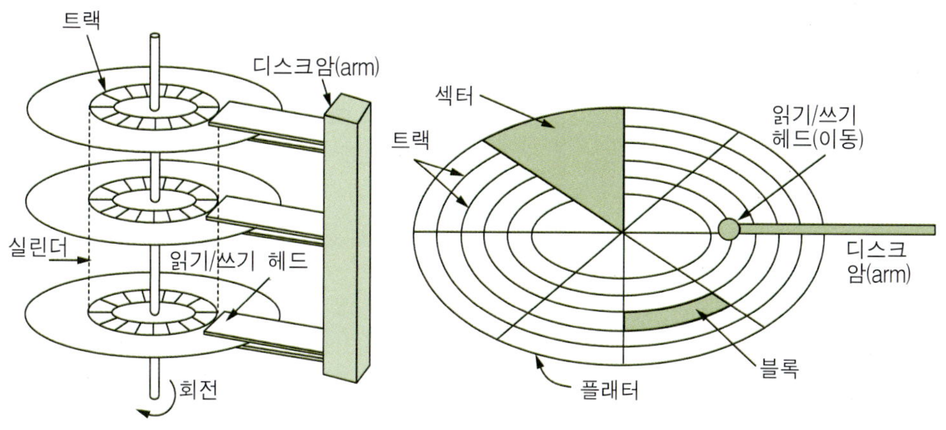

【그림 4-50】 자기 디스크 구조

2) 디스크 접근 시간 및 형식

자기 디스크의 접근 시간은 탐색 시간(seek time)인 헤드를 움직여서 적절한 실린더 위에 갖다 놓는데 걸리는 시간을 말한다. 헤드 활성화 시간(head activation time)은 트랙을 찾는데 걸리는 시간을 말하며 회전 지연 시간(latency time 또는 rotational delay time)은 헤드를 움직여 적절한 섹터 위에 이동시키는데 걸리는 시간이다. 전송 시간(transmission time)은 디스크와 주기억장치 간의 실제 데이터를 주고받는데 걸리는 시간이다.

3) 디스크 장치 형태

자기 디스크는 이동 헤드 디스크와 고정 헤드 디스크로 구분한다. 이동 헤드 디스크는 헤드가 원하는 트랙에 위치하도록 액세스 암(access arm)을 이동시키는 디스크 장치를 말한다. 고정 헤드 디스크는 각 레코드 면의 트랙마다 헤드를 가지고 있어서 이동하는 시간을 줄이는 방법이다. 액세스 암의 이동은 기계적이기 때문에 가장 시간이 많이 소요된다. 데이터 전송률은 탐색 시간(seek time) + 헤드 활성 시간(head activation time) + 회전 지연 시간(rotational latency time) + 전송 시간(transfer time)이다.

4) 디스크 인터리빙

디스크의 바깥쪽 트랙에 있는 블록은 안쪽 트랙의 블록보다 면적이 크다. 디스크가 항상 동일한 속도로 회전할 경우 바깥쪽 트랙의 기억공간은 많이 낭비되고 있는 셈이다. 이를 해결하기 위해서는 [그림 4-51]과 같이 바깥 트랙의 블록의 수를 면적에 비례해 늘려주어 디스크 전체에 걸쳐 동일한 데이터 기록밀도를 유지하도록 한다. 이때 읽기/쓰기 헤드가 디스크의 바깥쪽 트랙으로 움직이면 디스크 회전속도를 줄이거나 데이터의 전송 속도를 증가시킨다.

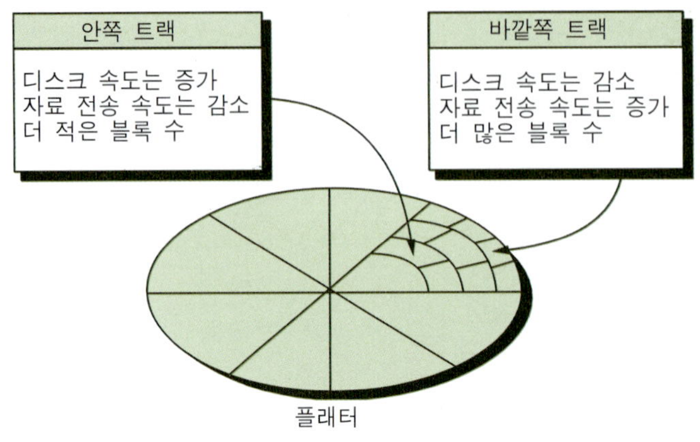

【그림 4-51】 디스크 인터리빙

디스크 인터리빙(disk interleaving)은 디스크의 입출력 성능에 중요한 역할을 하며 디스크 제어기에게 기억장치로 데이터를 전송하기 위한 시간을 주기 위해 블록을 건너뛰도록 하는 기법을 말한다. 즉 연속적으로 번호가 붙여진 디스크 블록을 순서적으로 읽을 때 전송 부하 때문에 각 블록 사이에 지연 시간이 존재하게 되는데 지연 시간이 경과된 후에 헤드가 정확한 블록에 위치하도록 논리적으로 연속된 블록들을 디스크 표면상에서 일정한 간격으로 건너뛰게 한다.

이와 같이 지연 시간 때문에 인접한 디스크 블록 사이에 두는 일정한 간격을 인터리빙 계수(interleave factor)라고 부른다.

5) 디스크 공간 할당

[그림 4-52]와 같이 블록의 크기가 4K, 크기가 11K인 파일을 저장하기 위해서는 3개의 블록이 필요하며 마지막 3K를 할당하고 남은 1K를 기억 공간에 단편화라 부른다. 디스크에서 파일의 블록은 분산 할당 방법을 사용하기 때문에 전체 디스크 상에 분산 적재되어 있다. 따라서 시간이 지날수록 파일의 삭제와 삽입이 반복되면서 단편화된 조각들이 늘어나게 되므로 디스크 공간의 효율성이 떨어지므로 주기적으로 디스크 공간을 압축하는 과정이 필요하다.

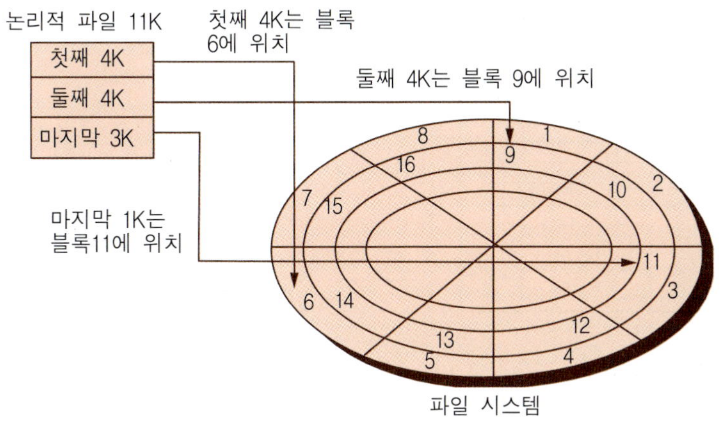

【그림 4-52】 디스크 공간의 단편화

(2) 플로피 디스크

플로피 디스크는 1979년 IBM사에서 디스켓(diskette)이라는 이름으로 발표되었고 일반적인 사양은 다음과 같다.

- 플로피 디스크의 회전수 : 360RPM
- 평균 접근 시간 : 270ms
- 데이터 전송 속도 : 4μs
- 평균대기 시간 : 80ms

8인치와 5.25인치의 구조는 염화 비닐 외피에 플로피 디스크가 들어 있는 형태이며 3.5인치는 단단한 플라스틱 케이스에 들어 있는데 자기 헤드가 접근하는 헤드 액세스 구멍은 금속의 셔터(shutter)가 붙어 데이터 면을 보호하고 있다.

플로피 디스크에 기록하는 방법에서 중요한 것은 단밀도인가 배밀도인가를 알아야 하며 기억 용량은 배밀도가 단밀도의 2배가된다. 이러한 기록 방법들에 대해서는 공통의 명칭이 명명되는데 8인치의 경우 2D(2 surface double density)이며, 처음 2는 양면을 의미하고 다음 D는 배밀도를 뜻한다. 5.25인치와 3.5인치는 같은 기록 형태를 취하므로 명칭이 동일하면 양면 40트랙을 2D, 80트랙을 2DD(2 surface double density double track), 그리고 양면 80트랙을 2HD(2surface high density)라 한다.

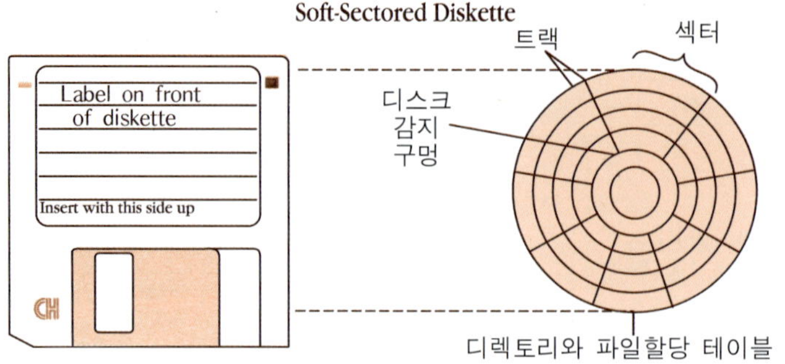

【그림 4-53】 플로피 디스크의 구조

(3) 하드 디스크

하드디스크의 데이터 전송 방식은 CPU 발전 추세에 따라 발전해 왔으며, PC AT급에서의 데이터 전송 방식은 16비트로 구성된 ISA(industrial standard association)방식을 주로 사용하였으며 ISA 방식을 개량한 32비트로 구성된 EISA(extended industrial standard association)방식이 PC 386급 이상에서 사용되었으나 주로 컨트롤러의 개발이 뒷받침되지 못하여 많은 호응을 얻지는 못하였다. 486급 이상에서는 VESA(video electronic standard association)방식과 펜티엄 급에서 사용을 위한 PCI(peripheral component interconnect) 방식이 개발되어 고급 기종에 사용되고 있으며 과거 대형 기종에서만 사용되던 SCSI(small computer system Interface)방식의 하드 디스크와 컨트롤러도 주변기기의 가격 하락에 힘입어 빠른 전송 속도와 확장성 때문에 많이 사용되고 있다.

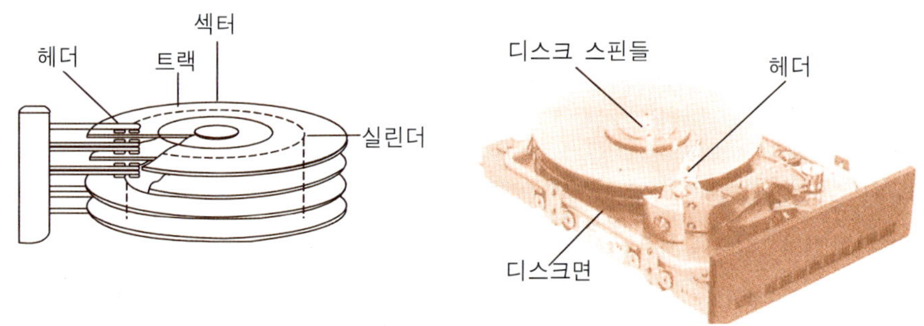

【그림 4-54】 하드 디스크의 구조

(4) 광디스크

컴퓨터 사용이 증가함에 따라 점차 저장시켜야 할 자료들이 다양해지고 많아지게 되었으며 그림이나 음악 등의 멀티미디어 데이터를 저장하게 되면서 파일의 크기는 매우 커지게 되었다. 따라서 광디스크는 기존의 디스크 용량에 비해 수천 배이면서 밀도 당 가격 면에서 플로피 디스크와 거의 비슷한 가격으로 기억 매체의 획기적인 성능 향상을 보이고 있다.

기억 방식은 기존의 자기 디스크와 근본 개념이 유사하며 초기 데이터 접근 속도는 느리나 정보 기억 밀도가 자기 디스크와는 비교가 되지 않을 정도로 높다. 또한 빛을 이용한 비접촉 기록, 재생 특성, 저렴한 정보 기억 단가, 원하는 정보를 쉽게 검색할 수 있는 랜덤 액세스 특성, 보관, 취급, 부착의 편리성, 기록 정보의 장기 보존성 등 여러 가지 장점이 있어 기존의 자기 기억 방식 응용 분야의 대체는 물론 방대한 양의 정보를 처리해야 하는 각종 분야의 혁신을 가능하게 하고 있다.

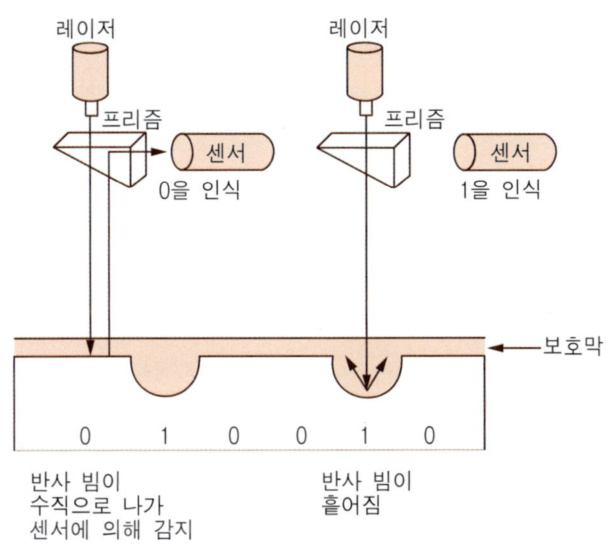

【그림 4-55】 CD-ROM 동작 원리

광디스크의 동작 원리는 하드 디스크와는 달리 레이저 빔을 이용하여 디스크의 정보를 읽어 들인다. [그림 4-55]는 CD-ROM의 동작 원리를 나타내고 있으며, 광디스크에 저장된 정보는 0또는 1에 따라 홈이 파여져 있고 그 위에 보호막이 코팅되어 있다. 헤더에서 레이저 빔을 발사하여 반사되는 빛을 센서가 감지하여 0또는 1인지를 판별하게 된다.

광디스크를 기능별로 분류해 보면, 사용자에 의한 정보 기록이 불가능하고 단지 이미 수록되어 있는 정보를 읽기만 할 수 있는 재생 전용형(CD-ROM, compact disk read only memory), 사용자가 정보를 일단 한번 기록할 수는 있으나 지울 수 없는 추가 기록형(WORM, write once read many) 그리고 반복하여 정보를 기록, 삭제, 재 기록할 수 있는 삭제 가능형(EOD, erasable optical disk)으로 분류된다.

16.3 디스크 스케줄링 방법

디스크 스케줄링은 찾고자 하는 데이터가 여러 곳에 분산되어 있을 때 디스크 헤드를 어떻게 움직일 것인가를 결정하는 것이다.

이러한 스케줄링은 탐색 시간 최적화 알고리즘(seek time optimization algorithm)과 회전 시간 최적화 알고리즘(rotation time optimization algorithm)으로 구분할 수 있으며 회전 지연 시간은 크지 않기 때문에 디스크 성능에 큰 영향을 미치지 않는다. 탐색 시간은 기계적인 헤드의 움직임이기 때문에 회전 지연 시간보다 10배 이상의 많은 시간이 소요되어 디스크 성능을 좌우하고 있다. 따라서 일반적으로 디스크 스케줄링은 탐색 시간을 최적화 하는데 목적을 두고 있다. 디스크 구동기를 포함한 모든 입출력 장치는 일련의 요청을 위한 I/O 장치 큐 또는 요청 큐를 가지고 있다. 어떤 프로세스가 디스크에 대한 입출력을 필요로 할 때마다 운영체제에게 시스템 호출을 보낸다.

【표 4-17】 디스크 스케줄링 알고리즘의 분류

<table>
<tr><td rowspan="6">탐색 시간 최적화</td><td>동적 스케줄링</td><td>FCFS 스케줄링</td></tr>
<tr><td rowspan="5">정적 스케줄링</td><td>SSTF 스케줄링</td></tr>
<tr><td>SCAN 스케줄링</td></tr>
<tr><td>C-SCAN 스케줄링</td></tr>
<tr><td>N-Step SCAN 스케줄링</td></tr>
<tr><td></td></tr>
<tr><td colspan="2" rowspan="2">회전 지연 시간 최적화</td><td>에센바흐(eschenbach) 기법</td></tr>
<tr><td>SLTF 스케줄링(섹터 큐잉)</td></tr>
</table>

디스크 스케줄링 알고리즘의 종류는 [표 4-17]과 같이 크게 탐색 시간 최적화 방법과 회전 지연 시간 최적화 방법으로 분류할 수 있다. 탐색 시간 최적화 방법은 다시 동적(dynamic) 스케줄링과 정적(static) 스케줄링으로 구분되는데, 동적 스케줄링은 찾아야 할 실린더 번호가 큐에 저장되지 않으며, 정적 스케줄링은 탐색할 실린더 번호가 큐에 저장되는 것을 말한다.

(1) 디스크 접근 시간

이동 헤드 디스크에서 데이터를 읽거나 쓸 때 소요되는 시간은 [그림 4-56]과 같이 크게 탐색시간(seek time), 회전지연시간(rotational latency), 전송시간(transmission time)으로 나누어질 수 있다. 디스크상의 원하는 블록에 접근하기 위하여 시스템은 먼저 특정 트랙 또는 실린더에 헤드를 위치시키게 되는데 이러한 동작에 걸리는 시간을 탐색 시간이라 한다. 일단 헤드가 지정된 트랙 상에 위치하면 원하는 블록이 입출력 헤드 아래를 회전할 때까지 기다려야만 한다. 이때 기다리는 시간이 회전 지연 시간이다. 그리고 디스크와 주기억장치 사이에 정보의 실제적인 이동을 위하여 소요되는 시간을 전송 시간이라 한다. 한 번의 디스크 요청을 처리하는 데 걸리는 총 접근 시간(δrq)은, 탐색시간(δseek), 회전 지연 시간(δrot), 전송 시간(δtrans)의 합으로 다음 식과 같이 표현될 수 있다. 여기서 디스크 스케줄링은 탐색 시간을 최적화 하는데 목적을 두고 암 이동, 평균 응답 시간 및 응답 시간의 편차를 최소화하는데 목표를 갖는다.

$$\delta rq = \delta seek + \delta rot + \delta trans$$

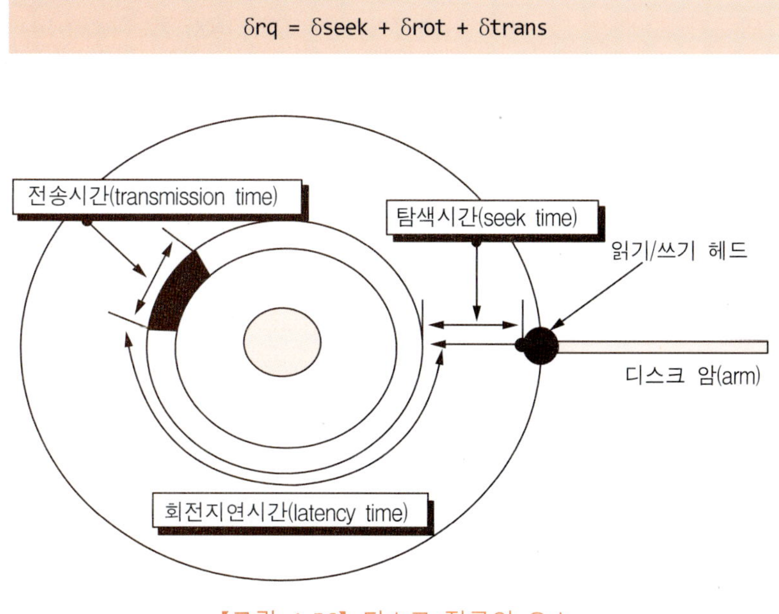

【그림 4-56】 디스크 접근의 요소

16.4 디스크 스케줄링 알고리즘

(1) FCFS 스케줄링

FCFS(first come first served) 스케줄링은 먼저 도착한 디스크 트랙에 대한 요청을 우선적으로 서비스하는 가장 단순한 기법으로서 대기 큐를 재배열하지 않으며, 다음과 같은 특징이 있다.

- 대기 큐에 먼저 들어온 요청이 먼저 서비스를 받는다.
- 모든 작업에 대한 공평성이 유지되고, 알고리즘이 단순하다.
- 더 높은 우선순위를 가진 요청이 도착해도 요청의 순서가 변하지 않는다.
- 탐색 패턴을 최적화 하려는 시도가 없는 스케줄링 기법이다.
- 디스크 오버헤드가 적게 걸리는 경우는 이 방법이 효율적이다.
- 사용 중에 오버헤드가 커지면 요청이 많아져 응답 시간이 길어지게 된다.
- 일단 요청이 도착하면 실행 예정 순서가 도착순으로 고정되어 공평하다.

■ FCFS 스케줄링 예제

현재 헤드 위치가 53에 있고, 디스크 대기 큐에는 98, 183, 37, 122, 14, 124, 65, 67번과 같은 순서로 접근할 트랙의 디스크 요청이 큐에 들어 있다면, FCFS 스케줄링 알고리즘에 의한 헤드의 이동과 요청을 서비스하는 과정은 [그림 4-57]과 같다. 여기서 FCFS 스케줄링은 입출력 헤드의 움직임이 너무 많아져 탐색 시간이 길어지게 된다. 이와 같은 원인은 입출력 헤드가 현재 머물고 있는 부근의 트랙 요청이 있음에도 불구하고 트랙을 요구한 순서대로 처리하기 때문에 발생하는 것이다. 디스크의 전체 탐색 길이와 평균 탐색 길이의 결과는 다음 [그림 4-58]과 같다.

디스크 대기 큐	98, 183, 37, 122, 14, 124, 65, 67

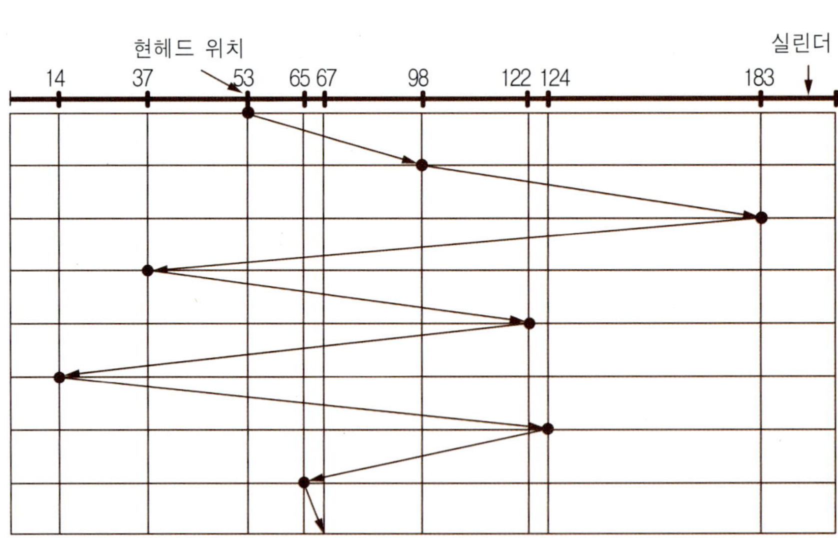

【그림 4-57】 FCFS 스케줄링

트랙 접근 순서	98	183	37	122	14	124	65	67
헤드 이동 거리	45	85	146	85	108	110	59	2

현재 헤드 위치 : 53 전체 탐색 길이 : 640 평균 탐색 길이 : 80.0

【그림 4-58】 FCFS 스케줄링의 탐색 길이

2) SSTF 스케줄링

SSTF(shortest seek time first) 스케줄링은 탐색 거리가 가장 짧은 요청이 먼저 서비스를 받는 기법으로 다음과 같은 특징이 있다.

- 요청의 대기 큐가 제일 앞에 없어도 탐색 거리가 짧으면 먼저 서비스를 받을 수 있는 반면 기아 현상이 발생할 수도 있다.
- 특정 요청을 우선적으로 하므로 안쪽이나 바깥쪽의 트랙이 가운데 있는 트랙보다 훨씬 서비스를 덜 받는 경향이 있어 응답 시간 편차가 크게 생길 수 있다.
- FCFS보다 처리량이 많고 평균 응답 시간이 짧다.
- 처리량이 큰 일괄 처리 시스템에 유용하나, 응답 시간의 편차가 크기 때문에 대화형 시스템에 부적합하다.

■ SSTF 스케줄링 예제

현재 헤드 위치가 53에 있고, 요청 큐에 98, 183, 37, 122, 14, 124, 65, 67번과 같은 순서로 접근할 트랙의 디스크 요청이 들어 있다면 SSTF 스케줄링 알고리즘에 의한 헤드의 이동과 요청을 서비스하는 과정은 [그림 4-59]와 같다.

SSTF 스케줄링은 FCFS 스케줄링에 비하여 훨씬 짧은 탐색 길이를 갖지만 최선의 방법은 아니라고 할 수 있다. SSTF 스케줄링에서 전체 탐색 길이와 평균 탐색 길이는 다음 [그림 4-60]과 같다.

디스크 대기 큐	98, 183, 37, 122, 14, 124, 65, 67

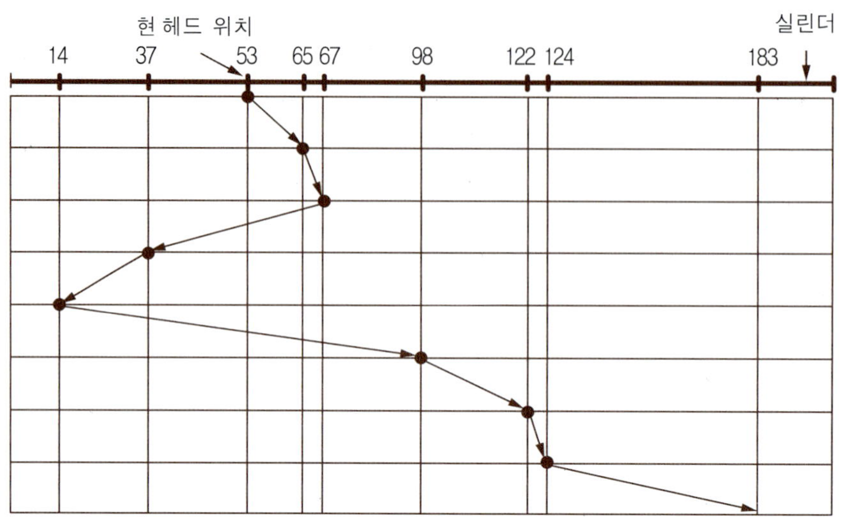

【그림 4-59】 SSTF 스케줄링

트랙 접근 순서	65	67	37	14	98	122	124	183
헤드 이동 거리	12	2	30	23	84	24	2	59

현재 헤드 위치 : 53 전체 탐색 길이 : 236 평균 탐색 길이 : 29.5

【그림 4-60】 SSTF 스케줄링의 탐색 길이

(3) SCAN 스케줄링

SCAN 스케줄링은 SSTF가 갖는 응답 시간의 편차에 있어서의 차별대우와 큰 편차를 극복하기 위해 개발한 것으로 엘리베이터 알고리즘이라고도 한다.

이 기법은 SSTF와 같이 동작을 하지만 헤드 진행 방향상의 가장 짧은 거리에 있는 요청을 먼저 서비스하는 기법으로 다음과 같은 특징이 있다.

- 처리량과 평균 응답 시간을 개선한 점에서는 SSTF와 같지만, SSTF에서 발생하는 차별대우를 많이 없애고 낮은 응답시간 편차를 갖는다.
- 헤드 진행 도중 새로 도착한 요청도 함께 서비스를 받게 되므로 밖에 위치하는 트랙은 가운데 트랙보다 더 적은 서비스를 받는 문제점도 있다.

■ SCAN 스케줄링 예제

현재 헤드 위치가 53에 있고, 요청 큐에는 98, 183, 37, 122, 14, 124, 65, 67번과 같은 순서로 접근할 트랙의 디스크 요청이 들어 있다고 가정할 때 SCAN 스케줄링 알고리즘에 의한 헤드의 이동과 요청을 서비스하는 과정은 [그림 4-61]과 같다. SCAN 스케줄링에서 전체 탐색 길이와 평균 탐색 길이의 결과는 [그림 4-62]와 같다.

디스크 대기 큐	98, 183, 37, 122, 14, 124, 65, 67

현재 이동 방향 : 0번 트랙

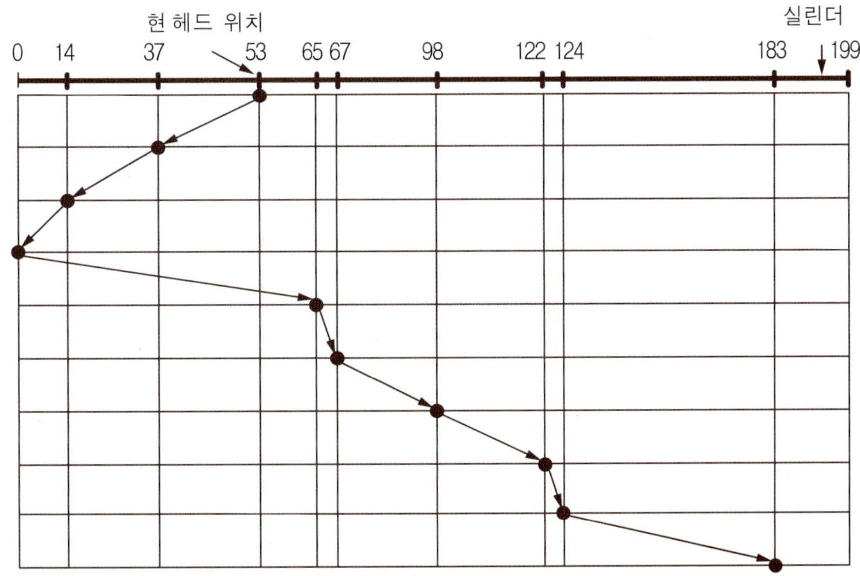

【그림 4-61】 SCAN 스케줄링

트랙 접근 순서	37	14	0	65	67	98	122	124	183
헤드 이동 거리	16	23	14	65	2	31	24	2	59

현재 헤드 위치 : 53　　전체 탐색 길이 : 236　　평균 탐색 길이 : 26.2

【그림 4-62】 SCAN 스케줄링의 탐색 길이

(4) C-SCAN 스케줄링

C-SCAN(circular-scan) 스케줄링은 SCAN 알고리즘에서 발생하는 불공정한 대기 시간을 좀 더 균등하게 하려고 변형을 가한 것이며 헤드는 항상 한쪽 방향으로만 이동하면서 요청을 서비스하는 기법으로 다음과 같은 특징이 있다.

- 대기 시간을 균등화함으로써 SCAN 알고리즘 방식을 개선한 방법이다.
- 처음 트랙과 마지막 트랙을 원형으로 연결한 것과 같은 환형 처리와 유사하다.
- 진행 도중 도착한 요청은 다음 헤드가 진행할 때 서비스를 받는다.
- 가장 안쪽과 바깥쪽 간 실린더의 차별 대우를 완전히 제거하고, 응답 시간의 편차가 아주 작다.
- 회전수 최적화를 갖춘 이 방법은 오버헤드가 많이 걸리는 경우에 효과적이다.

■ C-SCAN 스케줄링 예제

현재 헤드 위치가 53에 있고, 요청 큐에는 98, 183, 37, 122, 14, 124, 65, 67번과 같은 순서로 접근할 트랙의 디스크 요청이 들어 있다고 가정할 때 C-SCAN 스케줄링 알고리즘에 의한 헤드의 이동과 요청을 서비스하는 과정은 [그림 4-63]과 같다. C-SCAN 스케줄링에서 전체 탐색 길이와 평균 탐색 길이의 결과는 다음 [그림 4-64]와 같다.

디스크 대기 큐	98, 183, 37, 122, 14, 124, 65, 67

현재 이동 방향 : 199번 트랙

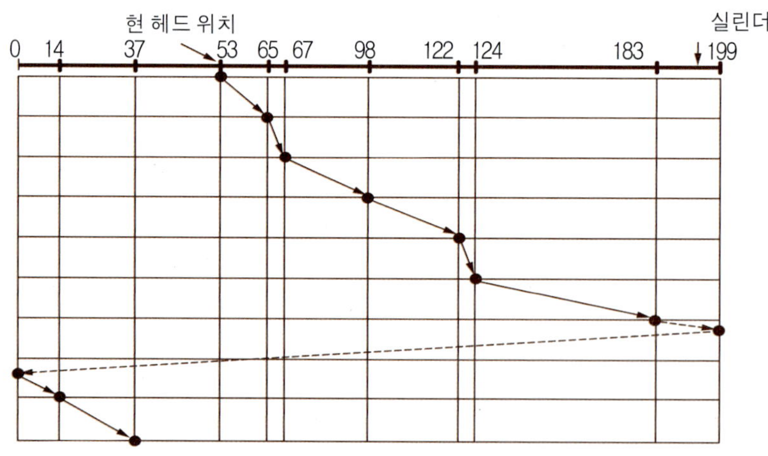

【그림 4-63】 C-SCAN 스케줄링

트랙 접근 순서	65	67	98	122	124	183	199	0	14	37
헤드 이동 거리	12	2	31	24	2	59	16	0	14	23

현재 헤드 위치 : 53　　전체 탐색 길이 : 183　　평균 탐색 길이 : 20.3

【그림 4-64】 C-SCAN 스케줄링의 탐색 길이

(5) N-step SCAN 스케줄링

N-step SCAN 스케줄링은 헤드가 한쪽 방향으로 이동을 시작하기 전에 들어온 요청만 서비스하고 이동 중에 들어온 요청은 다시 반대쪽으로 오면서 서비스하는 기법으로 다음과 같은 특징이 있다.

- SCAN 스케줄링과의 차이점은 현재 큐에 대기 중인 요청만 처리된다.
- SSTF 스케줄링과 SCAN 스케줄링 방법보다 응답 시간의 편차가 작다.
- 반대 방향으로 진행할 때 서비스를 받기 위해 요청들을 대기 행렬에 저장시킨다.

■ N-step SCAN 스케줄링 예제

[그림 4-63]에서 현재 헤드 위치가 53에 있고, 요청 큐에는 98, 183, 37, 122, 14, 124, 65, 67번과 같은 순서로 접근할 트랙의 디스크 요청이 들어 있으며, 나중에 들어온 요청은 37, 36번 트랙이라고 가정하자. 이때 N-step 스케줄링 알고리즘에 의해 헤드의 이동과 요청을 서비스하는 과정 및 전체 탐색 길이와 평균 탐색 길이의 결과는 [그림 4-65]와 같다.

디스크 대기 큐	98, 183, 37, 36, 122, 14, 124, 65, 67

현재 이동 방향 : 0번 트랙

트랙 접근 순서	14	65	67	98	122	124	183	37	36
헤드 이동 거리	39	51	2	31	24	2	59	146	1

현재 헤드 위치 : 53　　전체 탐색 길이 : 355　　평균 탐색 길이 : 39.4

【그림 4-65】 N-step SCAN 스케줄링의 탐색 길이

(6) 에셴바흐 기법

에셴바흐 기법(eschenbach scheme)은 헤드는 C-SCAN 알고리즘처럼 움직이는데 예외로 모든 실린더는 그 실린더에 요청이 있든지 없든지 전체 트랙이 한 바퀴 회전할 동안에 서비스를 받는 기법으로 다음과 같은 특징이 있다.

- 한 실린더 내에서 회전 위치를 이용할 수 있도록 요청 측을 재배열한다.
- 2개의 요청이 실린더에서 같은 섹터의 위치에 있으면 한 방향으로 진행할 때 1개의 요청만을 서비스한다.
- 탐색 시간 및 회전 지연 시간을 최적화하려고 했던 최초의 기법이다.
- 부하가 대단히 큰 항공 예약 시스템을 위해 개발되었다.

(7) SLTF 스케줄링

SLTF(shortest latency time first) 스케줄링은 회전 시간의 최적화를 위해 구현된 기법으로 섹터 큐잉(sector queuing)이라고 부른다. [그림 4-66]과 같이 일단 디스크 헤드가 특정 실린더에 도착하면 그 실린더 내의 여러 트랙에 대한 많은 요청들이 있을 수 있다. 이와 같은 모든 요청은 디스크 주위의 섹터 위치에 따라 대기 행렬에 정렬되고 가장 가까운 섹터가 우선적으로 서비스 받는 기법으로 다음과 같은 특징이 있다.

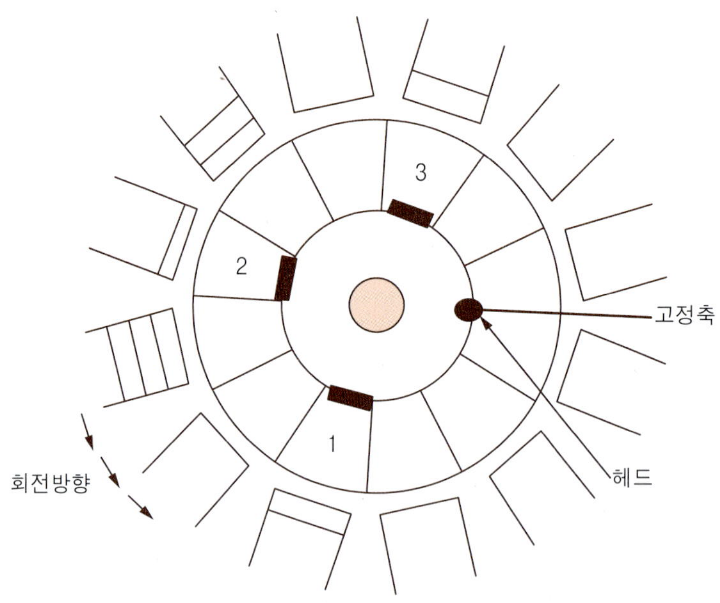

【그림 4-66】 SLTF 스케줄링(섹터 큐잉)

- 구현이 비교적 용이하며, 이론적인 최적 값과 거의 일치한다.
- 섹터 큐잉은 고정 헤드 장치인 드럼과 같은 장치를 스케줄링 할 때 사용한다. 즉 헤드의 이동이 거의 없는 경우에 사용한다.
- 섹터 큐잉은 트랙을 일정한 수의 블록으로 나눈 섹터를 기초해 섹터 위치에 따라 대기 행렬에 정렬되고 가장 가까운 섹터가 우선적으로 서비스된다.
- 각각의 요청에 있어서 디스크의 주소는 트랙과 섹터로 나타낸다. 고정 헤드는 탐색시간이 없으므로 회전 시간만 지연 요소가 된다.
- 헤드가 특정 실린더에 위치하면 헤드를 더 이상 움직이지 않고 이 실린더에 대한 모든 요청을 서비스할 수 있다. 즉 섹터 큐잉은 같은 실린더 내에서 다중 요청의 정렬에 사용될 수 있다.

【표 4-18】 디스크 스케줄링 알고리즘의 특징

종류	방법	특징
FCFS 스케줄링	대기 큐를 재배열하지 않고 들어온 순서대로 처리한다.	· 오버헤드가 크다. · 응답시간이 길다.
SSTF 스케줄링	현재 헤드의 위치에서 가장 가까운 요청을 서비스한다. (탐색시간 최적화 기법)	· 가장 바깥쪽과 중간 실린더의 차별대우가 있다. · 응답 시간의 편차가 크므로 대화형 시스템에 부적합하다.
SCAN 스케줄링	헤드가 디스크 표면을 양방향으로 요청을 서비스한다. 헤드는 진행 방향에 더 이상 요구가 없을 때 방향을 바꾼다(부하가 적을 때 가장 좋은 방법).	· SSTF가 갖는 응답시간에 있어서의 차별 대우와 큰 편차를 해결한다. · 요구가 가운데로 계속 도착 시 바깥쪽 차별대우 가능성 있다.
C-SCAN 스케줄링	헤드는 트랙의 안쪽으로, 한 방향으로 움직이며 처리하다가 안쪽에 더 이상 요청이 없으면 다시 바깥에서 안쪽으로 진행된다(부하가 중간에서 많은 경우 가장 좋은 방법).	· SCAN의 가장 안쪽과 바깥쪽의 실린더에서 차별 대우를 해결한다. (SCAN의 대기시간의 균등화)
N-step SCAN 스케줄링	헤드는 scan에서와 같이 양방향으로 움직이나, 진행 중 요구들을 한데 모아 다음 헤드 진행시 처리한다.	· SCAN의 지연과 무한 연기를 해결할 수 있다. · 응답 시간 편차가 적다.
에센바흐 기법	헤드는 c-scan처럼 한 방향으로 움직이나 모든 실린더에 요청이 있든지 없든지, 전체 트랙이 한 바퀴 회전할 동안에 서비스를 받는다.	· 회전시간 최적화를 처음으로 시도한 것이다.
SLTF 스케줄링 (섹터큐잉)	일단 디스크 헤드가 특정 실린더에 도착하면 도착한 순서에 관계없이 대기 큐에 지정된 순서로 서비스 받는다(고정 헤드 장치를 스케줄링할 때 사용하는 것으로써 탐색시간이 없고 회전 지연시간만 존재).	· 회전시간 최적화 기법 · 고정 헤드 장치 알고리즘

단원 연습문제

1. 주기억장치 개요 및 특징에 대하여 설명하시오.

2. 기억장치의 계층 구조를 그려보고, 각 계층의 특징에 대하여 설명하시오.

3. 주기억장치 관리 기법에서 연속 적재 방법과 불연속 적재 방법을 설명하시오.

4. 주기억장치 관리 정책(전략)을 자세히 설명해 하시오.

   1) 반입전략

   2) 배치/할당 전략

   3) 교체/재배치 전략

   4) 할당 전략

5. 단일 사용자 기억장치 할당 관리의 장단점에 대해서 설명하시오.

6. 상주 모니터/오버레이(중첩)/교체 기법의 장단점에 대해서 설명하시오.

7. 다중 사용자 기억장치 할당방법 중 고정분할과 가변분할의 장단점을 비교하여 설명해 보시오.

8. 가변(동적)분할 할당의 내부/외부 단편화를 설명하고, 단편화 문제를 해결하는 방법에 대하여 설명하시오.

9. 가변(동적) 분할 할당 관리에서 배치 전략에 대하여 그림을 그려서 설명하고, 각 방식의 장단점에 대하여 설명하시오.

10. 가상기억장치의 정의 및 개발 필요성에 대하여 설명하시오.

11. 가상기억장치의 동적 주소 변환 방법에 대하여 설명하시오.

12. 페이징 기법을 설명하고, 페이징에서의 주소변환 과정을 자세히 설명하시오.

13. 페이징 시스템의 특징에 대하여 설명하시오.

14. 페이징 시스템에서의 직접사상/연관사상/연관&직접사상 방법에 대하여 그림을 그리고 설명해 보시오.

15. 세그먼테이션 기법을 설명하고, 세그먼테이션에서의 주소변환 과정을 자세히 설명하시오.

16. 세그먼테이션/페이징 혼합 방법을 그림을 그리고, 자세히 설명해 보시오.

17. 페이징/세그먼테이션 기법의 차이점을 비교하여 설명해 보시오.

18. 가상기억장치 관리 방법 중 반입전략에 대하여 설명하시오.

19. 교체 전략 알고리즘에 대하여 각 방법별로 자세히 설명하고, 알고리즘별로 페이지 교체시 페이지 프레임 처리 결과에 대하여 적절한 참조열를 제시하고 그 결과를 제시해 보시오.

20. 스래싱의 개념을 설명하고, 다중 프로그래밍 정도와 스래싱과의 관계를 설명해 보시오.

21. 다중 프로그래밍의 정도와 CPU 활용률과의 관계를 그래프를 그려서 자세히 설명해 보시오.

22. 스래싱 방지를 위한 시간적/공간적 국부성(지역성)에 대하여 설명하시오.

23. 워킹 세트 이론을 설명하고, 워킹 세트를 유지하는 방법에 대하여 설명해 보시오.

24. 페이지 부재 빈도가 시스템에 미치는 영향에 대하여 설명하시오(그림).

25. 페이지 교체시 고려사항으로 전역교체와 지역교체를 설명하고, 각 방법의 장단점을 설명해 보시오.

26. 페이지의 크기가 시스템에 미치는 영향에 대하여 설명하시오.

27. 보조기억장치의 개요 및 특징에 대하여 설명하시오.

28. 보조기억장치 접근 방법 중 순차 접근 방식과 직접 접근 방식을 설명하시오.

29. 보조기억장치의 평가 기준에 대하여 설명하시오.

30. 보조기억장치의 종류와 특징을 간략히 설명하시오.

31. 디스크 접근 시간을 설명하시오.

32. 디스크 스케줄링 알고리즘의 종류를 설명하고, 각 방법의 장단점을 설명해 보시오.

Operating System

Part 05

CPU 스케줄링

Chapter 17 CPU 스케줄링의 정의 및 목적

프로세스들이 작업을 수행하기 위해서는 CPU 스케줄러에 의해 CPU를 할당받아야 한다. 이러한 할당 작업은 운영체제에 의해 수행되며 CPU들이 언제, 어느 프로세스에게 배당되는지를 결정하는 작업을 프로세스 스케줄링 또는 CPU 스케줄링이라고 한다. 이와 같은 CPU 스케줄링의 유형은 [그림 5-1]과 같이 분류할 수 있다. CPU 스케줄링의 성공은 프로세스들의 특성에 따라 좌우되며 프로세스 실행은 CPU실행과 입출력 대기의 순환으로 구성되어 이들 두 상태 사이에서 교대로 진행된다.

【표 5-1】 CPU 스케줄링의 분류

CPU 스케줄링	기능별 분류	작업 스케줄링(job scheduling)
		프로세스 스케줄링(process scheduling)
	방법별 분류	선점 스케줄링(preemptive scheduling)
		비선점 스케줄링(non-preemptive)
	알고리즘별 분류	우선순위 스케줄링(priority)
		기한부 스케줄링(deadline)
		FIFO 스케줄링(first in first out)
		RR(round robin) 스케줄링
		SJF(shortest job first) 스케줄링
		SRT(shortest remaining time) 스케줄링
		HRN(highest response ratio next) 스케줄링
		MLQ(multi level queue) 스케줄링
		MFQ(multilevel feedback queue) 스케줄링

17.1 CPU 스케줄링의 목적

다중 프로그래밍 환경 하에서는 다수의 프로세스들이 주기억장치 내에 적재되어 서로 CPU를 사용하기 위하여 경쟁하기도 한다. 그러나 CPU는 어떤 한 시점에서 어느 하나의 프로세스만 실행시킬 수 있기 때문에 다른 프로세스들은 모두 CPU의 할당을 기다리게 된다. 특히 CPU 스케줄링 정책을 정할 때는 시스템과 사용자의 두 가지 측면에서 목적을 고려하여 스케줄링 한다.

【표 5-2】 CPU 스케줄링의 목적

시스템 측면	사용자 측면
· 공정한 스케줄링(스케줄링 시 모든 프로세스의 공정한 취급) · 처리량의 극대화(프로세스들의 단위 시간당 처리량을 최대화) · 우선순위제 실시(우선순위가 높은 프로세스를 먼저 실행)	· 응답 시간의 최소화 · 반환 시간의 최소화 · 균형 있는 자원 사용(유휴 상태가 발생하지 않도록 자원을 사용) · 무한 연기 배제(노화 기법(aging)을 사용하여 실행이 가능)

(1) CPU 스케줄링의 목적

- 공정한 스케줄링: 무한정으로 스케줄링이 지연되면 안 된다.
- 처리량(처리율)의 극대화: 프로세스들은 가능한 한 단위 시간당 처리량(throughput)을 최대화하여야 한다.
- 응답시간 최소화: 가능한 한 최대한 응답시간(response time)을 빠르게 한다. 응답 시간과 자원 이용간의 조화로운 운영.
- 반환시간 예측 가능: 처리시간을 예측할 수 있어야 한다.
- 균형 있는 자원의 사용: 유휴상태(idle time)의 자원에게 더 나은 서비스 제공한다.
- 실행의 무한연기 배제 및 우선 순위제 실시.

(2) CPU 스케줄링 결정의 4가지 조건

- 프로세스가 실행 상태에서 대기 상태로 전환될 때(예를 들어, 입출력 요청이나 자식 프로세스 중의 하나가 종료되기를 기다리는 호출시).
- 프로세스가 실행 상태에서 준비 상태로 전환될 때(예를 들어, 타이머 인터럽트가 발생할 때).
- 프로세스가 대기 상태에서 준비 상태로 전환될 때(예를 들어, 입출력의 종료시).
- 프로세스가 수행을 마치고 종료될 때.

(3) CPU 스케줄링의 결정 기준(고려사항)

CPU scheduling 결정시 고려사항은 입출력 위주(I/O bound)와 처리 위주(CPU bound) 프로세스의 적절한 혼용과 프로세스의 작업형태, 우선순위, 명령 수행 시간(burst time), 잔여 실행시간을 복합적으로 고려하여 결정하여야 한다. CPU 스케줄링의 정책 결정 및 스케줄링 알고리즘을 구현하고자 할 때 다음과 같은 사항을 기준으로 고려해야 한다.

【표 5-3】 스케줄링 결정시 고려사항

기준	의미
프로세스의 I/O 사용 및 CPU 사용 비율의 적절한 혼합	연산 위주의 프로세스인가? 또는 I/O 위주의 프로세스인가?
프로세스의 작업 형태 고려	일괄 처리형 사용자들은 응답 시간이 좀 길어도 되지만, 대화형 사용자나 실시간 사용자들은 신속한 응답 시간이 보장되도록 스케줄링 한다.
프로세스의 우선순위 고려	우선순위가 높은 프로세스들은 우선순위가 낮은 프로세스들보다 더 빨리 스케줄링 되도록 한다.
프로세스의 버스트 시간 고려	프로세스 작업의 형태와 버스트 시간에 따라 우선순위를 조정하도록 스케줄링 한다.
프로세스의 잔여 실행 시간 고려	가장 적은 실행 시간을 남긴 프로세스를 먼저 실행시켜, 모든 프로세스의 평균대기 시간을 최소화하도록 스케줄링 한다.

Tip CPU burst 시간과 I/O burst 시간의 차이점

- CPU burst 시간 : CPU 명령을 실행하는데 필요한 시간(계산 위주 프로세스)
- I/O burst 시간 : I/O를 요청한 다음 기다리는 시간(I/O 위주 프로세스)

17.2 CPU 성능기준

특정 상황에 맞는 스케줄링 알고리즘을 선택하려면 다양한 알고리즘의 특성을 고려해 가장 적은 실행 시간을 남긴 프로세스를 먼저 실행시켜 모든 프로세스의 평균대기 시간을 최소화하도록 스케줄링 해야 한다. 일반적으로 CPU 스케줄링 알고리즘을 비교하는 성능 기준은 다음과 같다.

【표 5-4】 CPU 스케줄링의 성능 기준

기준	의미
CPU 이용률(utilization)	가능한 CPU를 최대한 이용할 수 있어야 한다. 즉 단위 시간당 CPU가 활동하는 시간의 양을 말한다(40~90%).
처리율(throughput)	단위 시간당 완료된 프로세스들의 개수를 말한다.
반환/수행 시간(turn around time)	작업 제출 시간으로부터 완료 시간까지 걸리는 시간
대기 시간(waiting time)	프로세스가 준비 큐에서 대기하는데 소비하는 시간
응답 시간(response time)	대화식 시스템에서는 터미널을 통해 입력시키고, 그 반응이 나올 때까지의 시간을 말한다. 요청을 제출하고부터 응답이 나올 때까지의 시간

17.3 CPU 스케줄링 단계별 분류

프로세스들은 실행되는 동안에 여러 스케줄링 큐들 사이를 계속하여 이동하게 된다. 운영체제는 어떠한 방식이든 이들 큐에서 하나의 프로세스를 선택해야 한다.

선택된 프로세스들은 적절한 스케줄러인 작업 스케줄러, CPU 스케줄러 그리고 중기 스케줄러에 의하여 수행된다. 일반적으로 스케줄링의 기능적 분류는 그 수행 빈도에 따라 장기, 중기, 단기 스케줄링으로 구분하여 단계별 스케줄링이라고도 한다.

(1) 상위수준 스케줄링(high level, long term(장기)), 작업 스케줄링

작업 스케줄링(job scheduling)은 디스크 공간에 제출된 프로세스들을 선택하여 주기억장치로 적재하며 실행 빈도수가 적어 장기 스케줄링(long term scheduling)이라고 한다. 작업 스케줄러는 프로세스가 종료되어 시스템을 떠날 때만 새로운 프로세스를 생성하기 위해 호출되므로 실행 간격이 비교적 크다.

- 어떤 작업이 시스템의 자원들을 차지할 수 있도록 할 것인가를 결정함(승인 스케줄링).
- 일단 승인이 되면 작업들은 프로세스들 또는 프로세스의 그룹들을 형성함.

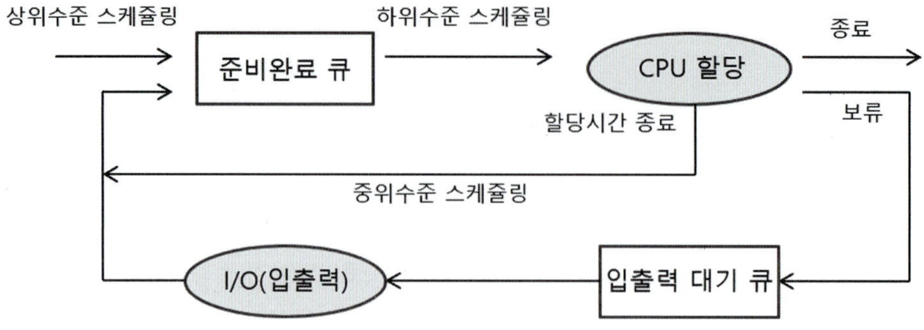

【그림 5-1】 스케줄링의 단계별 분류

(2) 중위수준 스케줄링(intermediate level, mid term)

중기 스케줄링은 시스템에 따라 기능이 전혀 없는 경우와 기능이 있어도 아주 작게 되어 있다. 중기 스케줄러를 도입하여 사용하는 이유는 CPU를 경쟁하는 프로세스들의 수를 줄여 다중 프로그래밍의 정도를 완화시킴으로써 전반적인 시스템의 효율을 높여주거나 특정 프로세스에 대한 처리를 원활하게 해 줄 수 있는 효과를 얻을 수 있는데 있다. 중기 스케줄러를 추가한 큐잉 도표 구조는 [그림 5-2]와 같으며 새로운 프로세스를 계속해서 준비 큐에 넣는 것보다는 시스템의 프로세스 수에 따라 디스크부터 교체하여 조절한다.

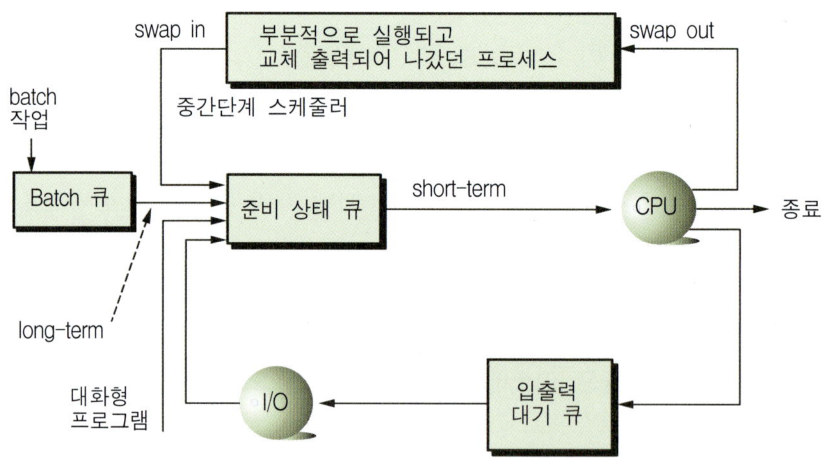

【그림 5-2】 스케줄러의 큐잉도표

- 어떤 프로세스들이 중앙 처리 장치를 차지할 것인가를 결정함.
- 프로세스들을 일시 보류시키고 또 다시 활성화시키는 기법을 사용하여 시스템에 대한 단기적인 부하를 조절하는 버퍼 역할을 함.

(3) 하위수준 스케줄링(low level, short term), 프로세서 스케줄링(CPU 스케줄링)

CPU 스케줄링은 실행 준비가 되어 있는 프로세스들 중에서 한 프로세스를 선택하여 CPU를 할당하므로 디스패처(dispatcher)라고 한다. 또한 수행 빈도수가 많아 단기 스케줄링(short term scheduling)이라고도 한다. 단기 스케줄러는 프로세스들 간에 CPU를 자주 선택하기 때문에 수행 빈도수가 많아지고 각 프로세스의 CPU 할당 시간을 더 적게 하면 더 자주 수행된다. 프로세스가 입출력 요청을 대기하기 전에 CPU에 의해 겨우 수십 밀리초 동안 실행되기 때문에 이때마다 최소한 한 번씩은 수행된다.

- 중앙 처리 장치가 다음 프로세스를 받아들일 수 있을 때 어떤 준비 프로세스에게 중앙 처리 장치를 할당할 것인가를 결정함.
- 디스패쳐(dispatcher)에 의해서 매초 여러 번 작동하게 됨.

【표 5-5】 CPU 스케줄링의 기능(단계)별 분류 및 특징

작업 스케줄링	· 상위 수준(high level, long term) 스케줄링, 장기 스케줄러에 의해 수행된다. · 어떤 작업이 시스템의 자원들을 차지할 수 있도록 할 것인가를 결정한다. · 일단 승인이 되면 작업들은 프로세스의 그룹들을 형성한다. · 프로세스가 시스템을 떠나는 경우에 가끔씩 실행되며, 호출 빈도수가 적다.
CPU 스케줄링	· 하위 수준(low level, short term) 스케줄링, 단기 스케줄러에 의해 수행된다. · CPU가 다음 프로세스를 받을 때 준비 완료 프로세스에게 할당한다. · 디스패처(dispatcher)에 의해서 매초 여러 번 수행된다. · 다중 프로그래밍과 시분할 작업 등을 위해 자주 수행, 수행 속도가 빠르다.
중기 스케줄링	· 중위 수준(medium level, medium term) 스케줄링, 중기 스케줄러에 의해 수행되며, 어떤 프로세스들이 CPU를 차지할 것인가를 결정한다. · 프로세스들을 일시 보류시키고, 다시 활성화시키는 기법을 사용하여, 시스템의 단기적인 부하를 조절하는 버퍼 역할을 한다. · 일시 보류된 프로세스는 교체 공간인 디스크에 저장되며, 후에 주기억장치로 적재된다.

17.4 CPU 스케줄링 방법별 분류

(1) 선점/비선점 스케줄링(preemptive/non preemptive)

1) 선점 스케줄링

- 선점(preemptive): 한 프로세스가 CPU를 차지하고 있을 때 다른 프로세스가 현재 프로세스를 중지시키고 자신이 CPU를 차지할 수 있는 경우.
- 높은 우선순위를 가진 프로세스들이 빠른 처리를 요구하는 시스템에서 유용.
- 특징
  - ▸ 우선순위가 높은 프로세스가 먼저 수행할 때 유리함.
  - ▸ 빠른 응답시간을 요구하는 시분할 시스템에 유용함.
  - ▸ 선점으로 인한 많은 오버헤드를 초래한다.

2) 비선점 스케줄링

- 비선점(non-preemptive): 한 프로세스가 CPU를 할당 받으면 CPU 할당량(time quantum)을 그 프로세스로부터 강제로 빼서 오지 못하는 방법임.
- 모든 프로세스들에 대한 대우는 짧은 작업이던 긴 작업이던 간에 공정함.
- 응답시간을 쉽게 예측할 수 있음.
- 특징
  - ▸ 모든 프로세스에 대한 요구를 공정히 처리 가능함.
  - ▸ 응답시간의 예측이 가능함.
  - ▸ 짧은 작업이 긴 작업을 기다리는 경우가 종종 발생함(비효율적임).

Chapter 18 CPU 스케줄링 알고리즘

18.1 CPU 스케줄링 알고리즘 단계별 분류

다중 프로그래밍 환경에서 여러 개의 프로세스가 있을 때, 어떤 프로세스에게 자원을 언제 할당할지 정하는 알고리즘을 스케줄링 알고리즘이라고 합니다. CPU의 응답시간, 처리량, 효율성 등을 증대시키기 위해서 자원을 효율적으로 할당해야 합니다. CPU 스케줄링 알고리즘은 프로세스가 CPU를 점유하고 있을 때, 다른 프로세스가 CPU를 강탈할 수 있는지 여부에 따라서 비선점, 선점 알고리즘으로 나누어진다. [그림 5-3]은 CPU 스케줄링 알고리즘 중 선점형 스케줄링 알고리즘과 비선점 스케줄링 알고리즘 종류를 분류한 것이다.

선점 스케줄링	Round Robin 스케줄링
	SRT(shortest remaining time 스케줄링
	MLQ(multi level queue 스케줄링
	MFQ(multi level feedback queue 스케줄링
비선점 스케줄링	우선순위 스케줄링
	기한부 스케줄링
	FIFO 스케줄링
	SJF(shortest job first) 스케줄링
	HRN(highest response ratio next 스케줄링

【그림 5-3】 CPU 스케줄링의 단계별 분류

18.2 CPU 스케줄링 알고리즘 종류

(1) 우선순위 스케줄링(priority scheduling): 비선점

우선 순위 스케줄링(priority scheduling)은 각 프로세스에게 우선순위를 부여하여 순위가 높은 순서대로 처리하는 방식을 말하며 일반적으로 FIFO 원리를 따르고 기본적으로 비선점 알고리즘으로 수행된다. 우선순위 방법의 종류는 아래와 같이 두 가지로 구분한다.

- 정적(static) 우선순위 방법: 실행이 쉽고 상대적으로 오버헤드는 적으나, 반면 주위 여건의 변화에 적응하지 못하고 우선순위를 바꾸지 않음.
- 동적(dynamic) 우선순위 방법 : 상황 변화에 잘 적응. 구현하기가 복잡하고 오버헤드가 많으나, 시스템의 응답도를 증가시켜 주므로 효율성이 좋음.

[그림 5-4]는 네 개의 우선순위를 갖는 시스템 예를 보이고 있다. 만약 우선순위가 시간의 변화에 따라 변하지 않으면 가장 낮은 우선순위는 기아 상태에 빠질 가능성이 있다.

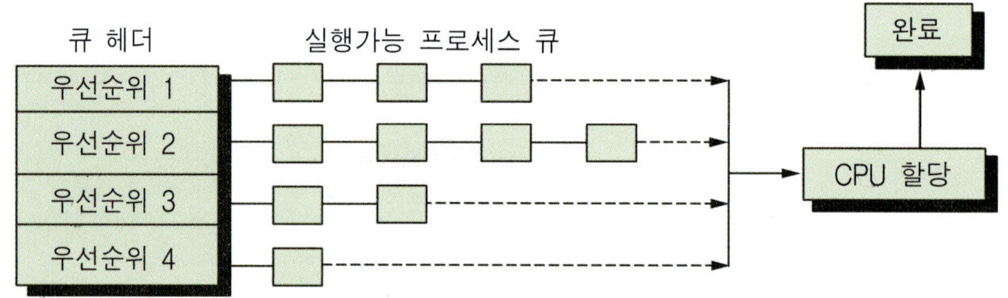

상위 수준의 우선순위 큐에 있는 프로세스들이 RR 방식으로 CPU를 할당받으며, 상위 수준의 큐가 비어 있을 때에만 하위 수준의 큐에 있는 프로세스가 CPU를 할당받음

【그림 5-4】 우선순위 스케줄링

■ 우선순위 스케줄링에 대한 Gantt 차트

프로세스	우선순위	버스트시간	대기시간	반환시간
P1	3	10	6	16
P2	1	1	0	1
P3	3	3	16	19
P4	4	1	19	20
P5	2	5	1	6

P2	P5	P1	P3	P4
0 — 1	1 — 6	6 — 16	16 — 19	19 — 20

【그림 5-5】 우선순위 스케줄링에 대한 Gantt 차트

- ▶ 각 프로세스의 대기시간: P1은 6ms, P2는 0ms, P3은 16ms, P4는 19ms, P5는 1ms
- ▶ 각 프로세스의 반환시간 = 버스트 시간 + 대기 시간
- ▶ 평균 대기 시간 = (6 + 0 + 16 + 19 + 1)/5 = 8.4 * 10ms.
- ▶ 평균 반환시간 = (16 + 1 + 19 + 20 + 6)/5 = 12.4 * 10ms.

(2) 기한부 스케줄링(deadline scheduling): 비선점

기한부 스케줄링(deadline scheduling)은 작업들이 명시된 시간이나 기한 내에 완료되도록 계획되며, 이들 작업들의 결과가 시간 내에 구해지면 유용하고 마감 시간이 지난 후에 결과가 구해지면 쓸모가 없게 됨.

- 사용자는 사전에 작업이 요구하는 정확한 자원을 제시해야 함. 문제를 미리 예측하기가 어려움.
- 만약, 기한 시간 내에 일을 끝내지 못하면 막대한 손해를 초래.
- 시스템은 기한까지 일을 끝내기 위하여 자신의 자원 안배를 주의 깊게 계획해야 함.
- 만약, 많은 기한부 작업들이 동시에 실행된다면 스케줄링이 너무 복잡함.
- 기한부 스케줄링에 의해서 요구되는 집중적인 자원 운영은 많은 오버헤드 발생함.

(3) FCFS 스케줄링(first In first out scheduling): 비 선점

FCFS 스케줄링(first come first service scheduling)은 가장 간단한 비선점 스케줄링 알고리즘 방법으로써 FIFO(first in first out) 스케줄링 알고리즘이라고도 한다.

이 방법은 프로세스가 준비 큐(대기 큐)에 도착한 순서에 따라 CPU를 할당하는 방식이다.

- 일단 프로세스가 CPU를 차지하면 완료될 때까지 수행.
- 다른 방식에 비하여 작업 완료 시간을 예측하기가 용이.
- 긴 작업이 짧은 작업을 오래 동안 기다리게 할 수 있으며, 중요하지 않은 작업이 중요한 작업을 기다리게 하므로 어느 정도 불합리함.
- 대화식 사용자들에게는 부적합.

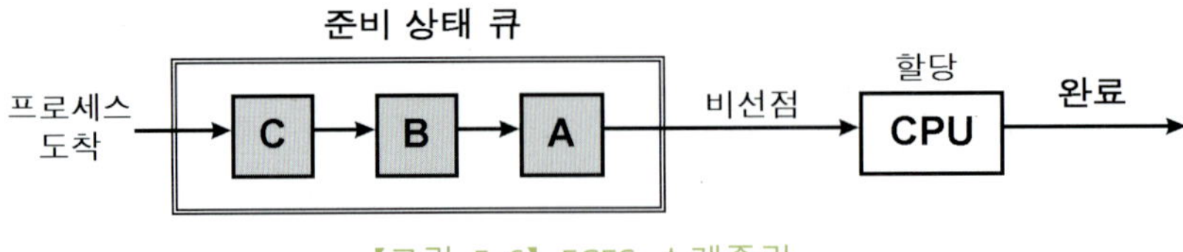

【그림 5-6】 FCFS 스케줄링

- 예를 들어, 시간 0에 도착한 다음의 프로세스들의 P1, P2, P3 집합을 고려
- FCFS 스케줄링에 대한 Gantt 차트

프로세스	버스트시간	대기 시간	반환 시간
P1	24	0	24
P2	3	24	27
P3	3	27	30
P4	10	30	40

P1	P2	P3	P4

0 24 27 30 40

【그림 5-7】 FCFS 스케줄링에 대한 Gantt 차트

▶ 각 프로세스의 대기시간: P1은 0ms, P2는 24ms P3은 27ms, P4는 30ms.
▶ 평균 대기 시간 = (0 + 24 + 27 + 30)/4 = 20.25 * 10ms.
▶ 평균 반환시간 = (24 + 27 + 30 + 40)/4 = 30.25 * 10ms.

(4) 라운드 로빈 스케줄링(RR, round robin scheduling): 선점

라운드 로빈 스케줄링(RR, round robin scheduling)은 대화식 사용자를 위한 시분할 시스템을 위하여 개발되었으며 선점 방식 기법을 사용한다. 이 방법은 [그림 5-8]과 같이 준비 큐에서 각 프로세스가 같은 크기의 CPU 시간을 할당받아 운영된다.

만약 프로세스가 CPU 시간이 만료될 때까지 처리를 완료하지 못하면 그 CPU는 대기 중인 다음 프로세스로 넘어가며, 실행 중이던 프로세스는 준비 완료 리스트의 가장 뒤로 보내어 기다리게 한다.

- 시분할 시스템에서 효과적임.
- 할당 시간의 크기는 시스템의 동작에 절대적인 영향(보통 크기는 10~100ms).
- 할당 시간이 크면 FCFS 방식과 동일함.
- 할당 시간이 작으면, 자주 문맥 교환이 발생하므로 문맥 교환을 위한 오버헤드가 많음.

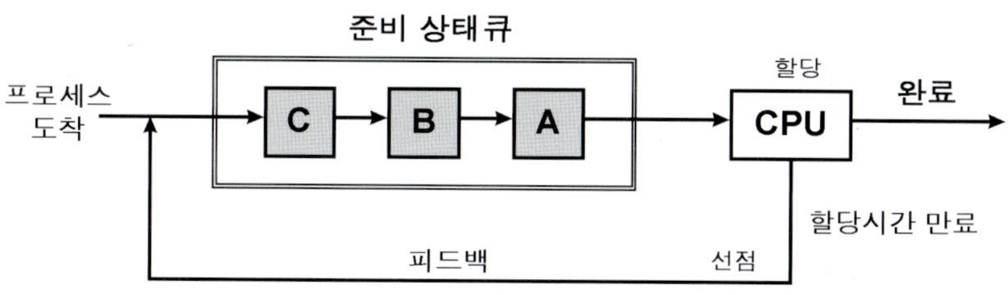

【그림 5-8】 RR 스케줄링

■ 예를 들어, 시간 0에 도착한 다음의 프로세스들의 P1, P2, P3 집합을 고려

■ RR 스케줄링에 대한 Gantt 차트

프로세스	버스트시간	대기 시간	반환시간
P1	24	6	30
P2	3	10	13
P3	3	13	16

P1	P2	P3	P1
0	10	13	16 — 30

【그림 5-9】 RR 스케줄링에 대한 Gantt 차트

▶ 할당 시간(time quantum) = 10ms

▶ 각 프로세스의 대기시간: P1은 6(16-6)ms, P2는 10ms, P3은 13ms.

▶ 평균 대기 시간 = (6 + 10 + 13)/3 = 9.67 * 10ms.

▶ 평균 반환시간 = (30 + 13 + 16)/3 = 19.67 * 10ms.

(5) SJF 스케줄링(shortest job first scheduling): 비선점

SJF 스케줄링(shortest job first scheduling)은 [그림 5-10]과 같이 준비 큐에서 대기하고 있는 프로세스 중에서 수행 시간이 가장 짧다고 판단되는 프로세스를 먼저 수행하는 비선점 스케줄링이다. 이 방법은 대기하고 있는 프로세스의 수를 줄여 주기 위하여 CPU 사용을 짧게 하는 프로세스에게 우선권을 주는 알고리즘이다.

- FCFS보다 평균 대기 시간을 감소시키는 반면, 큰 작업에 대해서는 FCFS에 비하여 예측하기 어려움.
- 규칙적으로 동일한 작업을 수행하는 환경에서 적당한 예측이 가능하다.
- 빠른 응답 시간을 제공하는 대화식 시분할 시스템에서는 부적합하다.
- 긴 작업보다 짧은 작업에게 오버헤드 면에서 볼 때 더 유리함.
- 문제점: 수행할 작업이나 프로세스가 얼마나 긴 것인가를 정확히 알아야 하는데, 이 정보를 얻기가 어렵다는 점. 최선의 방법은 수행 예측을 사용자에 의존함.

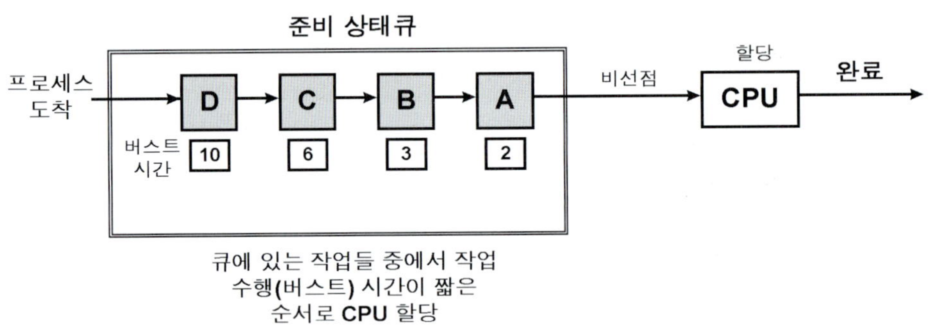

【그림 5-10】 SJF 스케줄링

- 예를 들어, 시간 0에 도착한 다음의 프로세스들의 P1, P2, P3, P4 집합을 고려. CPU 버스트 시간의 길이는 10ms.
- SJF 스케줄링에 대한 Gantt 차트.

프로세스	버스트시간	대기 시간	반환 시간
P1	6	3	9
P2	8	16	24
P3	7	9	16
P4	3	0	3

P4	P1	P3	P2
0 – 3	3 – 9	9 – 16	16 – 24

【그림 5-11】 SJF 스케줄링에 대한 Gantt 차트

▶ 각 프로세스의 대기시간: P1은 3ms, P2는 16ms P3은 9ms, P4는 0ms.

▶ 평균 대기 시간 = (3 + 9 + 16 + 0)/4 = 7 * 10ms.

▶ 평균 반환시간은 (9 + 24 + 16 + 3)/4 = 13 * 10ms.

(6) SRT 스케줄링(short remaining time scheduling): 선점

SRT 스케줄링(short remaining time scheduling)은 SJF 알고리즘을 선점 형태로 수정한 기법으로 현재 CPU를 차지하여 실행 중인 프로세스가 있다 하더라도 수행 중인 프로세스의 잔류 시간과 준비 큐에 있는 프로세스의 CPU 요구 시간을 비교한 후 그 시간이 더 작은 프로세스에게 CPU를 우선적으로 할당해 주는 알고리즘이다.

[그림 5-12]와 같이 현재 수행 중인 프로세스를 중단시키고 새로 준비 큐에 들어온 프로세스들 중에서 가장 짧은 시간이 소요되는 프로세스를 먼저 수행시키는 방식이다.

- 실행 중인 프로세스라도 남은 처리 시간이 더 짧다고 판단되는 프로세스가 생기면 언제라도 실행 중인 프로세스가 선점되게 됨.
- SJF 기법에 선점 방식을 도입한 변형된 방법으로서 시분할 시스템에서 유용함.
- 수행중인 각각의 작업들에 대한 실행시간을 추적 보유가 필요함(선점으로 인한 오버헤드 발생).
- 긴 작업은 SJF보다 대기 시간이 길어짐.

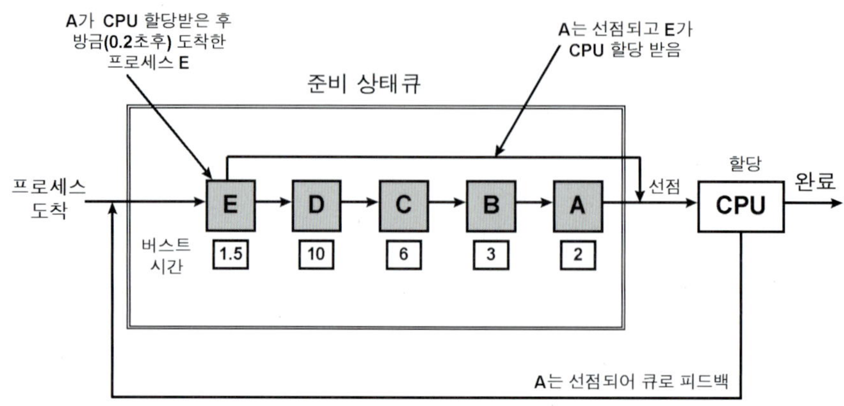

【그림 5-12】 SRT 스케줄링

- 예를 들어, 시간 0, 1, 2, 3ms에 차례로 도착한 다음의 프로세스들의 P1, P2, P3, P4 집합을 고려.
- SRT 스케줄링에 대한 Gantt 차트.

프로세스	도착시간	버스트시간	대기 시간	반환 시간
P1	0	6	0	6
P2	1	8	15	23
P3	2	7	7	14
P4	3	3	3	6

P1	P4	P3	P2

0 6 9 16 24

【그림 5-13】 SRT 스케줄링에 대한 Gantt 차트

- 프로세스 P1이 도착하여 CPU를 할당받아 수행하는 도중에 1ms후에 버스트 시간이 8ms인 P2가 도착.
  - ▶ P1의 5ms 남은 버스트 시간이 P2의 버스트 시간보다 크므로 P1이 계속 수행.

- ▶ 2ms 후에 버스트 시간이 7ms인 P3이 도착하지만, P1의 4ms 남은 버스트 시간이 P3의 버스트 시간보다 크므로 역시 P1이 계속 수행.
- ▶ 3ms 후에 버스트 시간이 3ms인 P4이 도착하지만, P1의 3ms 남은 버스트 시간과 P4의 버스트 시간과 같으므로 P1이 마지막 3ms까지 수행이 완료된 후 시스템을 떠남.
- ▶ 큐에는 P1을 제외한 3개의 작업이 남아 있고 그중에서 가장 작은 P4가 수행되고, 그 다음에는 P3, P2의 순서로 수행.

■ SRT에서의 각 프로세스의 대기 시간 = 도착시간 - CPU 할당받은 시간.

- ▶ 각 프로세스의 대기시간: P1은 (0-0) = 0ms, P2는 (16-1) = 15ms, P3은 (9-2) = 7ms, P4는 (6-3) = 3ms.
- ▶ 평균 대기 시간 = (0 + 15 + 7 + 3)/4 = 6.25 * 10ms.
- ▶ 평균 반환시간 = (6 + 23 + 14 + 6)/4 = 12.25 * 10ms.

(7) HRN 스케줄링(highest response ratio next scheduling): 선점

HRN 스케줄링(highest response ratio next scheduling) 기법은 SJF의 단점을 보완하여 개발된 비선점 방식의 기법이다. 이 알고리즘은 CPU 버스트가 짧은 작업에게 우선권을 주기 때문에 대기 시간이 긴 작업과 짧은 작업간의 지나친 불평등을 초래하는 문제점을 어느 정도 보완한 기법이다.

- HRN(highest response ratio next) 스케줄링은 SJF의 약점을 보완한 방법임, 특히 긴 작업과 짧은 작업간의 지나친 불평등 들을 어느 정도 보완한 기법임.
- 우선순위 = (대기시간 + 서비스를 받을 시간)/(서비스를 받을 시간) = 시스템 응답시간.
- 일단 한 작업이 CPU를 차지하면 그 작업은 완성될 때까지 실행.
- 긴 작업과 짧은 작업간의 편향성을 어느 정도 완화한 방법임.
- 시스템 응답(반환)시간 = 대기 시간 + 서비스 시간(버스트 시간).
- 짧은 작업이나 대기 시간이 큰 작업은 우선순위가 높아짐.

■ 예를 들어, 다음과 같은 대기 시간과 버스트 시간을 가진 프로세스들이 준비 큐에 들어 있다고 가정할 경우, 우선순위에 따라 P1, P4, P2, P3의 순서로 서비스함.

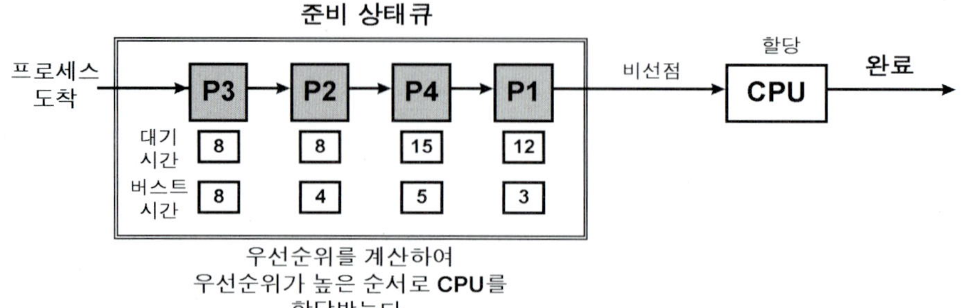

프로세스	대기 시간	버스트 시간
P1	12	3
P2	8	4
P3	8	8
P4	15	5

【그림 5-14】 HRN을 위한 프로세스

▶ 각 프로세스의 우선순위:

- P1의 우선순위 = (12 + 3)/3 = 5 - P2의 우선순위 = (8 + 4)/4 = 3
- P3의 우선순위 = (8 + 8)/8 = 2 - P4의 우선순위 = (15 + 5)/5 = 4

▶ 우선순위는 P1이 가장 높으며, P4, P2, P3의 우선순위에 따라 CPU를 할당됨.

(8) 다단계 큐 스케줄링(MLQ, multi level queue scheduling): 선점

다단계 큐 스케줄링(MLQ, multi level queue scheduling)은 작업들의 성격에 따라 준비 큐를 여러 개로 나누어 이용하는 기법으로, 그룹화 된 작업들은 각각의 준비 큐에 넣어 두고 각 큐의 독자적인 스케줄링 알고리즘에 따라 CPU를 할당받는 방법이다. 일괄 처리 작업이 실행 중일지라도 상위 단계 큐에 작업이 들어오면 CPU를 선점 당해야 한다.

예를 들어 대화형 작업과 일괄 처리 작업은 각각의 반응 시간이 다르기 때문에 서로 다른 스케줄링 기법을 사용하는 것이 효율적이다. 보통 다단계 큐 알고리즘에서는 [그림 5-15]와 같이 상위 단계에서 하위 단계까지 5개의 큐로 분할하여 운영된다.

■ 상위단계에서 하위 단계까지 5개의 큐로 분할

- 다단계 큐 알고리즘은 준비 상태 큐를 여러 종류로 분할.
- 각 큐는 자신만의 독자적인 스케줄링을 가짐.
- 각각의 작업들이 다른 묶음으로 분류될 수 있을 때 사용되는 알고리즘.
- 일괄 처리 작업이 실행중일 지라도 상위 단계 큐에 작업이 들어오면 일괄 처리 작업은 CPU를 내주어야 되므로 "선점" 당함.
- 한 큐에서 다른 큐로의 작업 이동불가 즉, 각 큐들 간에 작업 이동이 불가능.

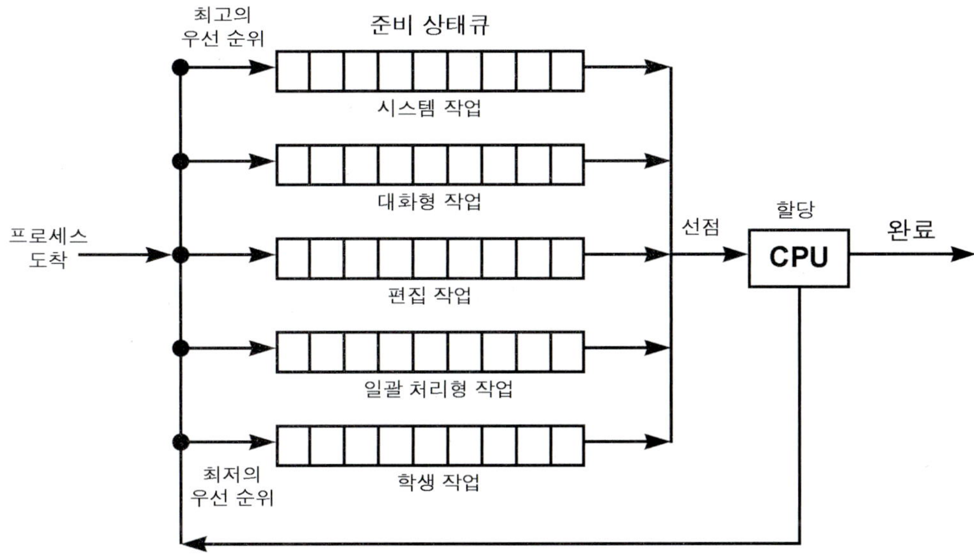

【그림 5-15】 다단계 큐

(9) 다단계 피드백 큐 스케줄링(MFQ, multi level feedback queue scheduling): 선점

MLQ 알고리즘은 상위의 준비 큐가 완전히 비어야 하위의 준비 큐에 있는 작업이 시행될 수 있기 때문에 하위 큐에 입력된 작업이 무한정 기다리는 문제점을 갖고 있다. 그러나 다단계 피드백 큐 스케줄링(MFQ, multi level feedback queue scheduling)에서는 준비 큐 사이의 프로세스 이동이 가능하도록 설계하여 입출력 위주와 CPU 위주의 프로세스 특성에 따라 서로 다른 우선순위를 부여하여 처리하는 방식이다.

이 기법은 새로운 프로세스가 들어오면 높은 우선순위를 할당해 주어 단계 1에서 즉시 수행하고 점차 낮은 우선순위를 부여하며 단계 n에서는 그 작업이 완료될 때가지 라운드 로빈(RR, round robin)방식으로 순환된다.

- 입출력 위주와 CPU 위주인 프로세스의 특성에 따라 서로 다른 CPU의 타임 슬라이스를 부여하는 방식임.
- 새로운 프로세스가 들어오면 높은 우선순위 할당해 주어 단계 1에서 즉시 수행해 주고, 점차 낮은 우선순위 부여하며 단계 n까지 그 작업이 완료될 때까지 라운드 로빈으로 순환된다.
- 프로세스가 보다 하위 단계의 큐로 옮겨갈수록 주어진 할당 시간은 점차 크게 설정된다. 그 이유는 보다 높은 단계에 있는 큐의 프로세스가 더 높은 우선순위 갖기 때문이다.
- 한 큐에서 다른 큐로의 작업 이동이 불가능

■ MFQ의 기준

- 짧은 작업에 유리.
- 입출력 장치를 효과적으로 이용하기 위해서 입출력 위주의 작업들에 우선권을 줌.
- 가능한 한 빨리 작업의 특성을 알고 그것에 맞게 그 작업을 스케줄링하여야 함.

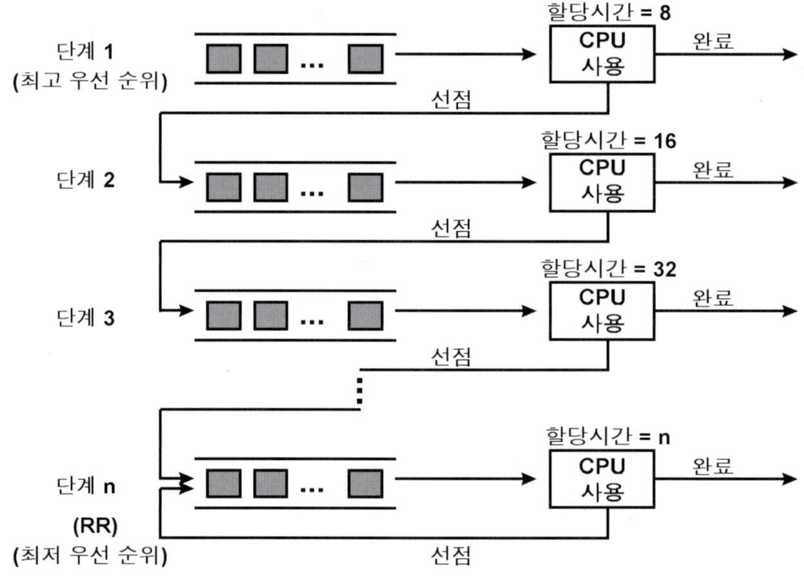

【그림 5-16】 다단계 피드백 큐

■ 다단계 피드백 큐 스케줄링은 아래와 같은 기준으로 정의할 수 있다.

- 큐의 수.
- 각 큐에 대한 스케줄링 알고리즘.

- 작업을 보다 높은 우선순위의 큐로 격상시키는 시기를 결정하는 방법.
- 작업을 보다 낮은 우선순위의 큐로 격하시키는 시기를 결정하는 방법.
- 프로세스들이 어느 큐에 들어갈 것인가를 결정하는 방법.

【표 5-6】 알고리즘별 CPU 스케줄링의 특징

종류	방법	특징	비고
우선순위 스케줄링	우선순위를 할당해 우선순위가 높은 순서대로 처리하는 방법이다.	· 정적 우선순위 · 동적 우선순위	비선점
기한부 스케줄링	프로세스가 주어진 시간 내에 작업이 끝나도록 계획한다.	· 마감시간을 계산해야하기 때문에 막대한 오버헤드와 복잡성이 발생한다.	비선점
FIFO 스케줄링	작업이 시스템에 들어온 순서대로 수행하는 방법이다.	· 대화형에 부적합하다. · 간단하고 공평하다. · 반응 속도를 예측할 수 있다.	비선점
RR 스케줄링	FIFO 방식의 변형으로서 일정한 할당시간을 부여하는 방법이다.	· 시분할 방식에 효과적이다. · 할당시간이 크면 FIFO와 같다. · 할당시간이 작으면 문맥 교환이 자주 발생한다.	선점
SJF 스케줄링	수행 시간이 적은 작업을 우선적으로 처리하는 방법이다.	· 작은 작업에 유리하고 큰 작업은 상당히 시간이 많이 걸린다.	비선점
SRT 스케줄링	수행도중 나머지 수행시간이 적은 작업을 우선적으로 처리한다.	· 작업 처리는 SJF와 같으나 이론적으로 가장 작은 대기시간이 걸린다.	선점
HRN 스케줄링	SRT의 큰 작업이 시간이 많이 걸리는 점을 보안한 방법이다.	· 우선순위 = $\frac{(\text{대기시간}+\text{서비스 받을 시간})}{\text{서비스 받을 시간}}$	비선점
MLQ 스케줄링	서로 다른 작업을 각각의 큐에서 time-slice에 의해 처리한다.	· 각의 큐는 독자적인 스케줄링 알고리즘을 사용한다.	선점
MFQ 스케줄링	하나의 준비 상태 큐를 통해서 여러 개의 피드백 큐를 걸쳐 일을 처리한다.	· cpu와 I/O 장치의 효율을 높일 수 있다.	선점

단원 연습문제

1. CPU 스케줄링의 정의 및 목적에 대하여 설명하시오.

2. CPU 스케줄링의 기능별 분류에서 작업 스케줄링과 프로세서 스케줄링의 특징에 대하여 설명하시오.

3. CPU 스케줄링의 결정의 4가지 조건과 결정 기준에 대하여 설명하시오.

4. CPU 스케줄링의 성능 기준 요소에 대하여 설명하시오.

5. 상위/하위/중위 수준 스케줄링의 특징에 대하여 설명하시오.

6. 선점/비선점 스케줄링 방법의 장단점에 대하여 설명하시오.

7. CPU 스케줄링 각 알고리즘 종류에 대하여 자세히 논하시오(그림, Gantt 차트, 평균 대기시간, 평균 반환시간 포함).

   1) 우선순위 스케줄링

   2) FIFO 스케줄링

   3) RR(round robin) 스케줄링

   4) SJF(shortest job first) 스케줄링

   5) SRT(shortest remaining time) 스케줄링

6) HRN(highest response ratio next) 스케줄링

7) MLQ(multi level queue) 스케줄링

8) MFQ(multi level feedback queue) 스케줄링

Operating System

Part 06

시스템 성능 평가

Chapter 19 | 시스템 성능 평가 개요 및 필요성

Chapter 19 시스템 성능 평가 개요 및 필요성

19.1 시스템 성능 평가 구분

시스템 성능 평가는 운영체제가 컴퓨터 자원들을 얼마나 효과적으로 운영하고 관리하는 가를 평가하는 것으로 하드웨어 성능(hardware performance)과 소프트웨어 성능(software performance)으로 구분된다. 운영체제는 하드웨어적인 자원과 소프트웨어적인 자원을 효율적으로 사용자 측면에서는 편리성을 제공하고 시스템 측면에서는 컴퓨터를 효율적으로 관리하고 통제하는 것이 주목적이다.

(1) 시스템 성능 평가 측면

① 기능적 측면: 시스템이 가지고 있는 기능들을 충분하게 제공하고 있는지, 그리고 그 기능들이 올바로 수행될 수 있는지 등의 측면에서 시스템의 성능을 평가.

② 신뢰도 측면: 시스템에 내재한 에러의 발생 빈도수나 에러 발생 시 에러 복구 능력 등의 측면에서 시스템의 성능을 평가.

③ 성능적인 측면: 운영체제가 얼마나 자원을 효과적으로 관리하고 운영하여 최적의 시스템의 성능 효율을 내는가의 측면에서 시스템의 성능을 평가.

④ 가격 측면: 시스템 구성시 저렴한 가격으로 구성하여 좋은 성능을 발휘하는지, 가격대비 성능의 면에서 시스템의 성능을 평가.

(2) 성능 평가의 목적

새로운 시스템을 선택하고자 할 때, 시스템 운영 중에 좀 더 성능을 향상시키고자 할 때에는 시스템의 성능을 평가하여야 한다. 또한 시스템을 초기에 설계할 때에도 성능 평가를 계속 실시함으로서 여러 가지 선택 가능한 구조들을 비교, 분석하여 최적의 요소를 찾을 수 있다.

Tip 시스템 튜닝과 시스템 업그레이드 차이

- 시스템 튜닝 : 새로운 시스템 환경에 맞도록 여러 가지 성능에 관계되는 매개 변수들(터미널의 수, 디스크 용량, 메모리 용량 등)을 조정하는 것.
- 시스템 업그레이드 : 더 나은 성능을 가지는 시스템을 만들기 위해 기존의 시스템에 새로운 하드웨어를 교체하거나 추가하는 것.

19.2 시스템 성능 감시와 성능 평가의 필요성

시스템 성능 관리는 통합된 시스템의 모든 구성요소(서버, 네트워크, DBMS, 응용 소프트웨어)의 효율적인 활동능력을 부여하고, 성능에 관계된 모든 상태를 감시하여 최적의 서비스 품질과 시스템 자원의 효율성을 유지 및 제고시키는 제반 활동을 말한다. 이와 같은 성능 감시와 평가는 시스템의 성능 감시와 평가 문제를 사전에 적극적으로 예방(pro-active)함으로써, 사용자의 시스템 활용도 및 만족도를 향상시킬 수 있다.

(1) 시스템 성능 평가 세 가지 목적

① 선정 평가(selection evaluation): 성능 평가자는 특정 판매업체로부터 어떤 컴퓨터 시스템을 구입하는 것이 적절한가를 결정하는 일.

② 성능 예측(performance projection): 성능 예측은 시스템을 도입하기 전에 현존하지 않는 시스템의 성능을 사전에 예측하는 것. 성능 예측에 의해 완전히 새로운 컴퓨터 시스템 또는 새로운 하드웨어나 소프트웨어가 도입.

③ 성능 감시(performance monitoring): 현존 시스템이나 시스템 구성요소로 성능 데이터를 누적하여 시스템이 성능 목표를 만족시키는지 확인하는 것. 이를 통해, 시스템의 변경 사항에 대한 영향을 예상함으로서, 현재의 시스템의 변경 여부와 같은 전략적 결정을 내리는데 필요한 데이터를 얻어냄.

(2) 성능 평가 기본 요소

시스템 성능 평가 기준과 기본 요소에 대하여 알아보면 대체로 다음과 같은 특성을 생각해 볼 수 있다.

① 용량(capacity): 수용할 수 있는 작업의 수. 동시 작업자 수나 처리 가능한 접속의 수, 동시에 실행할 수 있는 프로세스의 수 등을 말한다.

② 성능(performance): 작업 처리 시간. 단일 작업 혹은 여러 개의 작업을 수행하는데

걸리는 시간.

③ 다기능성(functionality): 운영체제가 갖는 여러 기능이나 구성 요소를 얼마나 완전히 갖추고 있는가.

④ 신뢰성(안정성, reliability): 이론적으로 운영체제는 사용자 입력과 처리를 무한 반복하는 소프트웨어여야 하는데, 이 반복이 깨어지지 않아야 한다. 이 특성이 안정성이다.

⑤ 호환성(compatibility): 산업 표준 혹은 기존 운영체제와 얼마만큼 혼용할 수 있는가.

⑥ 사용자 편의성(user friendly): 사용자가 사용하기 편리한가.

⑦ 보안성(security): 허가되지 않은 접근이나 작업을 차단, 봉쇄하는 특성이다.

⑧ 확장성(expandability): 운영체제는 자신이 관리하는 장치의 용량 증설이나 새로운 장치 추가가 가능한가 여부로 특성을 판단할 수도 있다.

⑨ 경제성(economicity): 운영체제는 자원(메모리, 디스크, CPU 등)의 할당과 회수를 책임지는 관리자다. 운영체제는 그 자신을 포함해서 얼마나 자원을 효율적으로 점유, 분배하느냐를 고려해야 한다.

1) 서비스 질에 따른 성능 평가의 기본요소

① 사용자 측면에서 보는 기준: 사용자 편의성(편리성), 다기능성, 신뢰성, 호환성, 경제성.

② 시스템 측면에서 보는 기준: 용량, 성능, 보안성, 확장성.

【표 6-1】 성능 평가의 기본 요소

종류	성능 평가 방법 예	정의
생산성 (productivity)	· 처리량(throughput) · 생산율(production rate) · 작업 용량(job capacity) · 명령어 실행율(instruction execution rate) · 자료 처리율(data processing rate)	단위시간당 처리한 데이타량
반응성 (responsiveness)	· 응답시간(response time) · 수행시간(turnaround time) · 시스템반응시간(system reaction time)	입력으로부터 출력이 나오는 시간
활용성 (utilization)	· 하드웨어 활용성(CPU, 기억장치, 채널, 주변장치) · 운영체제의 활용성 · 공용 소프트웨어의 활용성 · 데이터베이스의 활용성	장치들이 실제로 작동된 시간 비율

2) 시간적인 요소를 포함한 평가 기준

생산성(productivity), 반응성(responsiveness), 활용성(utilization)으로 구분할 수 있으며, 확률적인 양이나 명령어 처리 속도에 대한 가중평균 등을 이용하여 정량화 한 것이다.

① 수행 시간(반환시간, turn around time)

- 특히 일괄 처리 시스템에서 이용하는 것으로 어떤 한 프로그램이 입력되어 수행 후 출력될 때까지의 총 시간.
- 작업을 실행하는데 시간이 얼마나 걸리는가, 제출 시간으로부터 완료 시간까지를 수행시간.
- 수행 시간은 기억장치로 들어가기 위해 기다리는 시간, 작업대기 큐에서 기다리는 시간, CPU에서 실행되는 시간, 입출력하는데 걸리는 시간 등의 합.

② 응답 시간(response time)

- 특히 대화형 시스템(interactive system)에서 터미널을 통해 작업을 입력시키고 그 반응이 나올 때까지의 시간.
- 보통 터미널에서 리턴 키를 누르고 회신이 터미널 화면상에 나타날 때까지의 시간.

③ 시스템 반응 시간(system reaction time)

- 특히 다중프로그래밍 시스템에서 한 개의 명령이 주어질 때, 그 명령이 실제로 CPU 시간 할당량을 할당받을 때까지의 시간.
- 운영체제의 프로세서 스케쥴러(processor scheduler)의 성능을 나타내는데 가장 큰 요소.

④ 처리율(throughput)

- 단위 시간당 완료된 작업들의 수.
- 긴 작업들의 처리율은 시간당 한 개의 작업일 수도 있으며, 짧은 작업에 있어서는 여러 개의 작업들을 처리할 수 있음.

⑤ 활용율(utilization)

- CPU는 값이 비싸므로 CPU를 가능한 한 쉬는 시간 없이 바쁘게 이용하는 것이 바람직함.
- 활용율은 어떤 장치가 사용되는 시간의 퍼센트를 의미함.
- I/O 채널을 사용함으로써 CPU는 I/O동안에 쉬지 않으므로 CPU 활용율이 높아짐.

⑥ 명령어 처리율(instruction rate)

- 명령어 처리율은 단위 시간당 처리되는 명령어의 수.

- 단위: MIPS(million instruction per second)
  BIPS(billions of instructions per second)
  TIPS(trillions of instructions per second)
- CPU의 속도를 나타내는 중요한 척도로 사용.

⑦ 페이지 부재율

- 페이지 사상표에는 각 페이지마다 부재 비트(page fault bit)라 불리는 1 비트의 제어 비트를 두고 있으며, 이 비트가 1이면 그 페이지가 주기억장치에 없는 것을 나타내며, 0 이면 주기억장치에 있는 것임.
- 페이지 부재율(page fault rate)이 클 때에는 스래싱(thrashing)이 일어나고 운영체제의 트랩 명령에 의해 페이지 부재처리를 통해 디스크 입출력이 발생하게 되어 성능이 저하됨.

(3) 컴퓨터별 시스템 성능 평가의 목적

1) 개인용 컴퓨터

- 기본적인 멀티미디어 기능 제공 여부.
- 사용자에게 편리한 GUI(graphic user interface) 환경 제공.
- 가격대비 성능 면에서 옵션들이 제대로 제공되고 있는지.

2) 중·대형 컴퓨터

- 강력한 운영체제 기능.
- 병렬 처리 기능.
- 프로세스 능력.
- 분산 처리 기능.
- 데이터베이스 관리시스템 지원.
- 그래픽 지향 GUI 설계.
- 다양한 응용 시스템 지원.

단원 연습문제

1. 시스템 성능 평가의 개요에 대하여 설명하시오.

2. 시스템 성능 평가의 여러 가지 측면을 설명하시오.

3. 시스템 성능 평가의 필요성과 목적을 설명하시오.

4. 성능 평가 기본요소에 대해서 설명하시오.

5. 서비스 질에 따른 성능 평가의 기본요소에 대해서 설명하시오.

6. 개인용 및 중/대형 컴퓨터의 성능 평가의 목적을 간략히 설명하시오.

Operating System

Part 07

분산 처리 시스템

Chapter 20 분산 처리 시스템 개요 및 형태

20.1 분산 처리 시스템의 정의

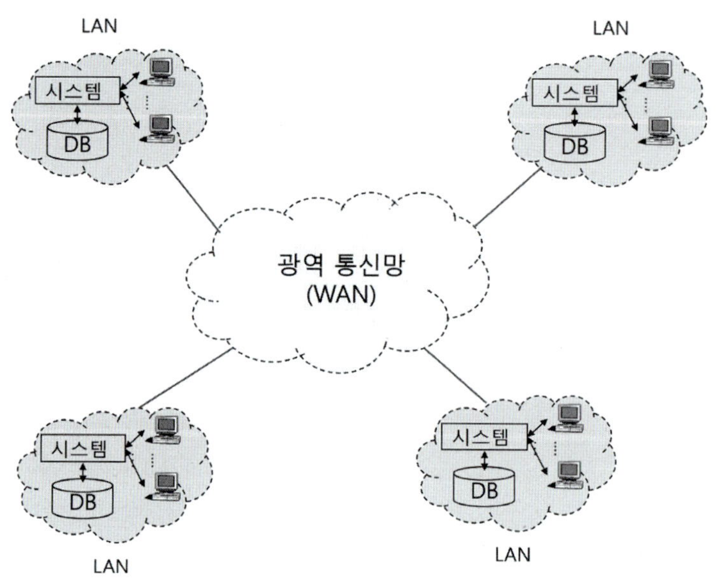

【그림 7-1】 분산 처리 시스템 개요

분산 처리 시스템(distributed processing system)은 프로세서, 기억장치, 입출력장치 등의 기본적인 처리능력을 가진 독립적인 장치들을 통신망으로 연결하여 구성한 종합적인 컴퓨터 시스템을 말하며 지리적으로 서로 다른 장소에 위치한 다수의 컴퓨터들에게 자원과 기능을 분산시켜 상호 협동적인 방식으로 일을 처리해 나가는 컴퓨터들의 집합체이다.

최근 분산 처리 시스템을 구축할 때 장애요인이었던 네트워크의 전송 속도 문제, 고가의 컴퓨터 자원에 의한 비용 증가 문제 그리고 소프트웨어의 부족 문제 등이 각 부문별 기술 발전으로 인하여 문제들이 해결되었다. 따라서 하나의 대형 컴퓨터에서 수행되던 기능을 지역적으로 분산된 여러 개의 컴퓨터에 분담시킴으로써 시스템의 효율을 높이는 분산 처리 시스템 개발에 많은 관심이 집중되고 있다. 분산 처리 시스템은 기존의 중앙 집중식 처리 시스템(centralized processing system)과는 달리 모든 작업이 중앙 컴퓨터에 집중되어 처리되는 것이 아니라 분산되어 있는 컴퓨터들에 의해 작업들을 처리하여 그 내용이나 결과를 상호 교환하도록 연결되어 있는 시스템이다.

(1) 분산 처리 시스템의 설계 이유

최근 분산 처리 시스템이 정보 처리에 있어서 중요한 분야로 등장하게 되었다. 분산 처리 시스템은 사이트 간에 기능적 분산 및 상호 협동 처리를 위하여 프로세서의 크기와 기능들이 서로 다른 다수의 프로세서들을 통신 네트워크를 통해서 연산 속도와 신뢰성을 향상시키고 컴퓨터의 자원을 보다 효율적으로 이용할 수 있는 시스템이다. 컴퓨터 시스템이 중앙 집중 형태에서 분산 처리 시스템의 형태로 발전하게 된 근본적인 설계 이유는 다음의 네 가지 이유 때문이다.

1) 자원 공유(resource sharing)

서로 다른 용량을 가진 많은 사이트들이 서로 연결되어 있으면, 한 사이트의 사용자는 다른 사이트들의 유용한 자원들을 공유하여 사용할 수 있다.

2) 연산 속도 향상(computation speed-up)

특정 연산이 동시에 병행 수행 가능한 부 연산 단위로 분할할 수 있으면 이를 여러 사이트들에 분산시켜 연산 속도를 높일 수 있다. 또한 특정 사이트가 많은 작업으로 인하여 과부하 상태라면 이들 중의 일부 작업을 부하가 적은 사이트로 이동시켜 작업의 부하를 균등화 시킨다. 이러한 작업의 이동을 부하 균등화(load balancing)라 한다.

3) 신뢰성(reliability) 향상

일반적으로 한 시스템 내에 같은 종류의 하드웨어와 자료를 여러 개 중복시킨다면 사이트 중 일부가 고장 나더라도 고장 난 사이트의 기능을 다른 사이트에서 대신 수행함으로써 시스템은 계속 동작할 수 있다.

4) 통신(communication) 기능

다수의 사이트들이 통신 네트워크를 통해 연결되어 있을 때, 다른 사이트에 있는 사용자들은 서로 정보를 교환할 수 있다.

분산 처리 시스템의 장점으로는 여러 사용자들 간의 네트워크를 통해 통신이 용이하며, 여러 지역의 사용자가 H/W & S/W 자원들을 공유할 수 있다. 또한 중앙컴퓨터의 과부하를 줄일 수 있고, 연산 속도, 신뢰도, 사용 가능도가 향상되고, 결함 허용도 가능하다. 분산 처리 시스템의 단점으로는 중앙 집중형 시스템에 비해 소프트웨어 개발이 어렵고, 보안상의 문제가 발생할 수 있으며, 시스템 설계가 복잡하고, 데이터 처리 서비스의 질이 떨어지는 경우가 발생할 수 있다.

(2) 분산 처리 시스템의 허용 범위

분산 처리 시스템의 범위는 컴퓨터 시스템의 구성 요소 중 하드웨어, 데이터, 제어가 분산되어 있는 시스템이다. 분산 처리 시스템의 범위를 명확하게 하기 위하여 중앙 집중식 시스템에서 분산 처리 시스템에 이르기까지 분산 정도의 형태는 [그림 7-2]와 같다. 여기서 3차원 도형의 각 축은 하드웨어, 제어, 데이터의 분산화 정도를 나타내고 있으며 각 축의 특정 지점부터 분산 처리 시스템의 허용 범위에 속한다고 볼 수 있다.

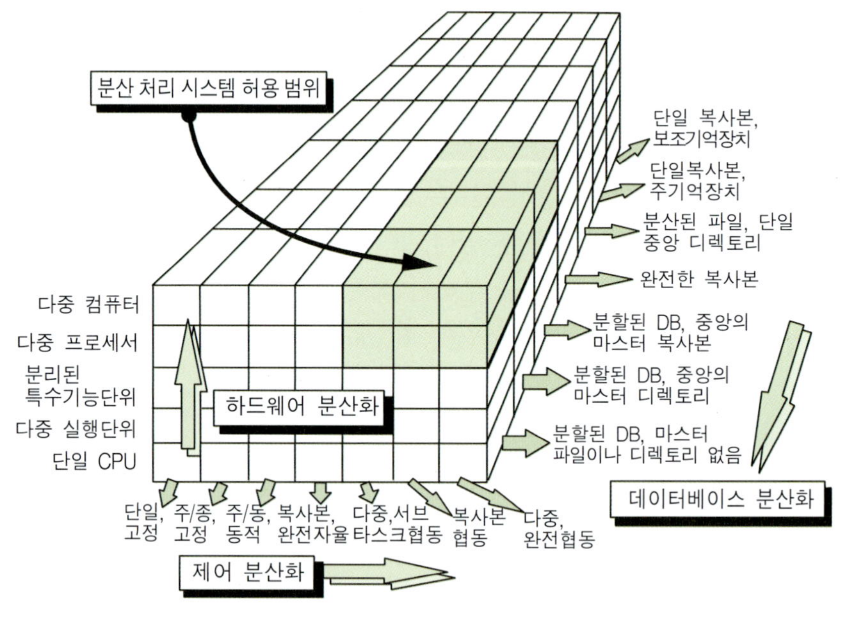

【그림 7-2】 분산 처리 시스템의 허용 범위

(3) 분산 처리 시스템의 특성

ISO의 개방형 분산 처리 시스템 참조 모델에 따르면 분산 처리 시스템은 분리(separation)와 투명성(transparency)의 관점으로 특성화하고 있다. 분리는 시스템의 구성 요소들이 지리적으로 분산되어 있는 것으로 프로그램을 병렬 수행하도록 허용하는 분산 처리 시스템의 상속 속성을 말하며, 투명성은 분산 처리 운영체제에 구체적인 시스템 환경을 사용자나 응용 프로그래머에게 알 수 없도록 하며, 사용자들도 이에 대한 정보가 없어도 원하는 작업을 수행하도록 지원하는 목적을 가지고 있다.

분산 처리 시스템은 시스템 전체를 관장하는 하나의 운영체제만이 존재하여, 사용자는 마치 하나의 컴퓨터를 사용하는 것과 같은 느낌을 받는다. 분산 처리 시스템의 투명성은 다음과 같은 8가지 형태의 투명성을 정의하고 있다.

【표 7-1】 8가지 형태의 투명성

투명성	의미
접근(access) 투명성	각각의 동작을 사용하여 지역 또는 원격 정보 객체를 접근할 수 있도록 하는 것을 말한다.
병행(concurrency) 투명성	객체의 위치를 모르더라도 정보 객체를 병행하여 수행할 수 있도록 하는 것을 말한다.
중첩(replication) 투명성	여러 개의 정보 객체의 인스턴스가 사용자나 응용 프로그램에 의해 중첩된 사실을 모르더라도 신뢰성과 성능을 향상시키기 위하여 사용될 수 있도록 한다.
고장(failure) 투명성	사용자나 응용 프로그램이 하드웨어나 소프트웨어 구성요소의 고장에도 불구하고 그들의 태스크를 완료할 수 있도록 한다.
이주(migration) 투명성	사용자나 응용 프로그램의 동작에 영향을 받지 않고, 시스템 내에 있는 정보 객체를 이동할 수 있도록 한다.
성능(performance) 투명성	여러 부하에 대해 성능을 증가시키기 위하여 시스템을 재구성할 수 있도록 한다.
규모(scaling) 투명성	시스템이나 응용들이 시스템 구조나 응용 알고리즘에 대한 변경 없이 규모에 맞추어 확장할 수 있도록 한다.
위치(location) 투명성	객체의 위치를 모르더라도 정보 객체를 접근할 수 있도록 하는 것을 말한다.

Tip 객체(object), 클래스(class), 인스턴스(instance)의 차이점

- 객체(object) : 소프트웨어 세계에 구현할 대상
- 클래스(Class) : 객체를 만들어 내기 위한 설계도 혹은 틀
- 인스턴스(Instance) : 설계도를 바탕으로 소프트웨어 세계에 구현된 구체적인 실체, 즉 객체를 소프트웨어에 실체화하면 그것을 '인스턴스'라고 부른다.

20.2 분산 처리 시스템의 형태

분산 처리 시스템의 형태 분류는 다음 [그림 7-3]과 같이 프로세스 모델, 네트워크 위상, 분산 범위, 운영체제 형태 및 시스템 설계 등으로 나누어 볼 수 있다.

분산 처리 시스템 형태	프로세스 모델	클라이언트-서버 모델
		프로세서 풀 모델(process pool model)
		혼합모델(hybrid model)
	네트워크 위상	완전 연결 구조(fully connected)
		부분 연결 구조(partially connected)
		계층(tree) 구조
		성형(star) 구조
		환형(ring) 구조
		다중 접근 버스(multi-access bus) 구조
	분산 범위	광역통신망(WAN)
		근거리통신망(LAN)
	운영체제 형태	네트워크 운영체제(NOS)
		분산 운영체제(DOS)
	시스템 설계	프로세스 지향 모델
		객체 지향 모델

【그림 7-3】 분산 처리 시스템의 형태 분류

(1) 프로세서 모델에 의한 분류

1) 클라이언트/서버 모델

클라이언트/서버 모델(client/serve model)은 대부분 LAN을 기본으로 한 전형적인 분산 처리 시스템으로 서비스 제공자(service provider)과 서비스 요청자(service client)로 구분되는 네트워크 모델이다. 서버(봉사자)는 클라이언트(고객)의 요청을 처리하고 자원을 공유하고 관리해야 하기 때문에 고성능의 컴퓨터를 사용한다. [그림 7-4]와 같이 구성되며 응용 프로그램은 사용자의 워크스테이션이나 PC환경에서 수행되고 다음과 같은 특징이 있다.

- 다중 사용자 시스템은 사용자들 간에 CPU를 공유하기 위해 시분할 단일 컴퓨터로 구

성하고, CPU나 기억장치 같은 하드웨어 자원을 할당하고 관리하는 운영체제이다.

- 공유된 중앙 컴퓨터가 없으며, 각 사용자는 프로그램을 수행시키기 위해 성능이 우수한 컴퓨터를 갖는다.
- 서버는 공유된 다양한 시스템 기능과 자원의 접근을 제공하며, 클라이언트(고객)의 자원에 대한 접근이 쉽도록 권한을 제어할 수 있다.
- 프로그램 모듈성과 융통성을 향상시킬 수 있다.
- 데이터가 서버에 집중되므로 보안을 유지하기가 수월하다.
- 서버에 네트워크 트래픽과 데이터가 집중된다.
- 클라이언트의 접속이 어느 정도 수준을 넘어서게 되면 처리 비용이 급격히 증가하는 문제가 있다.

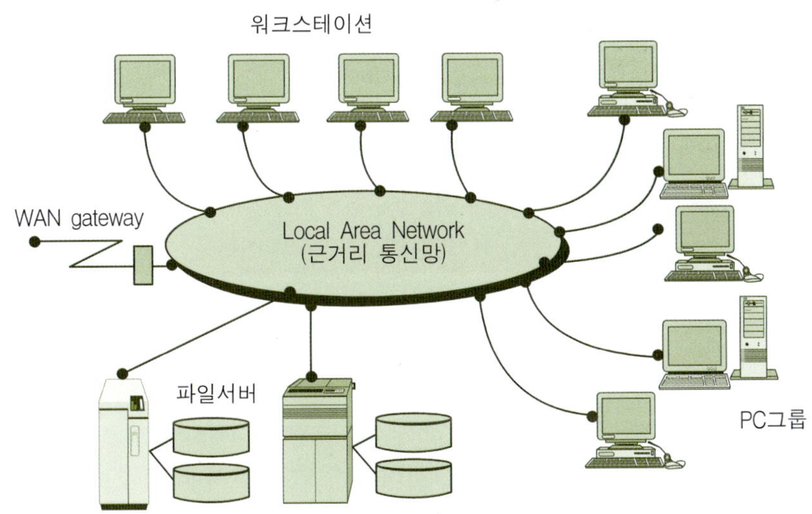

【그림 7-4】 클라이언트/서버 모델

2) 프로세서 풀 모델

프로세서 풀 모델(processor pool model)에서는 응용 프로그램들이 프로세서 서비스로서 관리되는 컴퓨터에서 수행되며, 하나 이상의 프로세서 풀과 여러 워크스테이션, 서버 등이 연결된 형태로, 각 작업이 프로세서 풀 시스템을 통해 수행되는 방식이다. 프로세서 풀 모델은 다음과 같은 특징을 갖는다.

- 하나 이상의 프로세서 풀이 통합된 워크스테이션/서버 모델로 구성된다.
- 프로세서 풀은 낮은 비용의 컴퓨터로 구성되고, 각 풀 프로세서는 워크스테이션과 서

버가 연결되듯이 독립적으로 네트워크와 연결된다.

- 사용자 워크스테이션이나 터미널은 단순히 시스템의 자원을 접근하는 수단을 제공한다.
- 사용자의 계산 작업은 부분 혹은 전체적으로 풀 프로세서 상에서 수행된다. 사용자가 하나 이상의 태스크나 서브 태스크를 갖는 주 태스크를 초기화하면 풀 프로세서가 각 태스크에 할당되고 병렬로 수행된다.

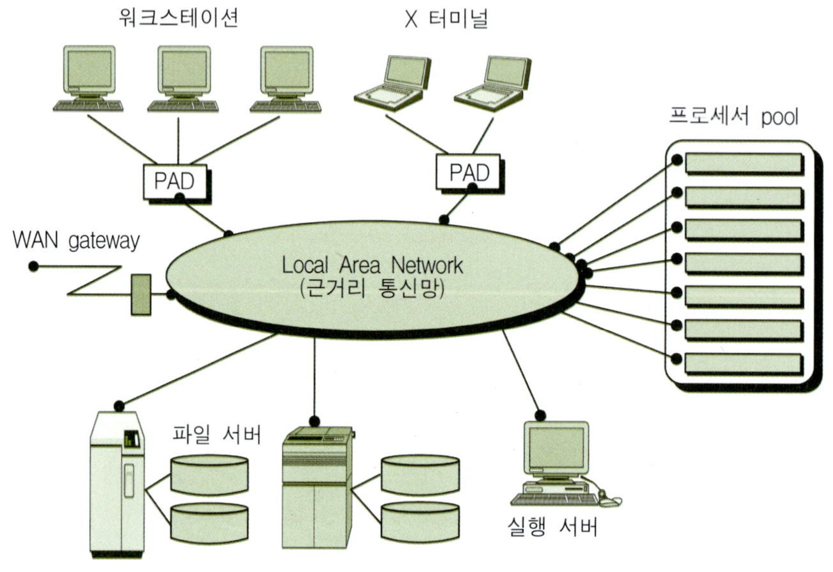

【그림 7-5】 프로세서 풀 모델

3) 혼합 모델

혼합 모델(hybrid model)은 클라이언트/서버 모델과 프로세서 풀 모델 두 가지의 특징을 혼합한 모델로서 [그림 7-6]과 같다. 이 모델을 혼합한 시스템은 1986년 Free University에서 개발한 Amoeba 시스템이 있다. 혼합 모델은 다음과 같은 특징이 있다.

- 사용자의 요구와 자원 처리가 클라이언트/서버 모델과 프로세서 풀 모델에서 각각 매칭(matching)되어 처리할 수 있다.
- 여러 개의 풀 프로세서가 과부하가 걸린 처리를 실행하기 위해 병렬 수행될 수 있다.
- 사용자는 워크스테이션이나 터미널을 통하여 시스템에 접근할 수 있다.

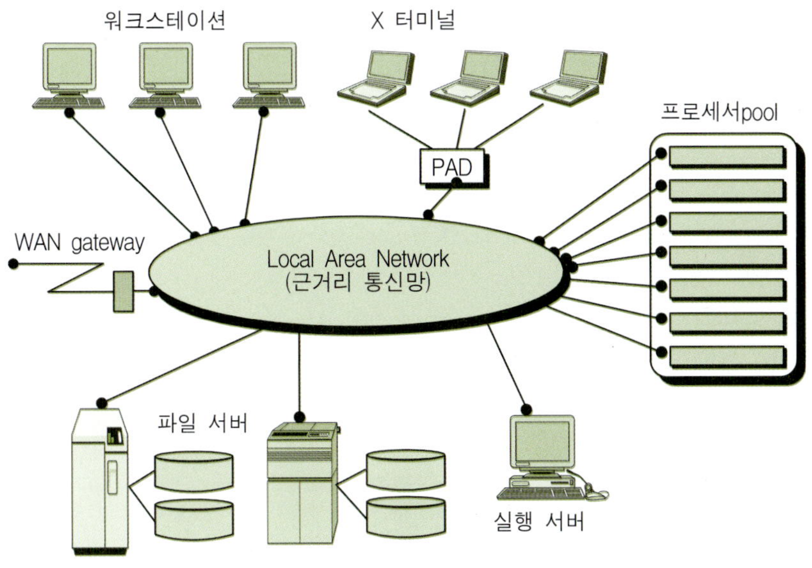

【그림 7-6】 혼합 모델

(2) 네트워크 위상에 의한 분류

분산 처리 시스템 내의 노드들은 여러 가지 물리적인 방법으로 연결할 수 있으며 이러한 물리적인 연결 형태를 네트워크 위상/구조(network topology/structure)이라고 한다. 분산 처리 시스템은 네트워크 관점에서 그 연결 상태에 따라 여러 가지 형태의 그래프로 나타낼 수 있다.

1) 완전 연결 구조

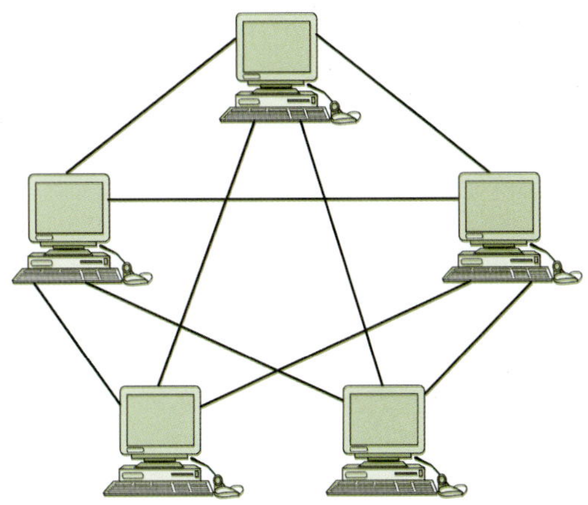

【그림 7-7】 완전 연결 구조

완전 연결(fully connected) 구조는 각 노드가 시스템 내의 모든 다른 노드와 직접 연결된 상태이며 직접 통신을 한다. 기본적인 비용은 사이트 수의 제곱에 비례하여 커지는 반면 사이트 간에 메시지들은 매우 빠르게 전달 될 수 있다. [그림 7-7]은 완전 연결 구조를 보여주고 있다.

2) 부분 연결 구조

부분 연결(partially connected) 구조는 부분적으로 각 노드끼리 직접 연결된 것도 있고 아닌 것도 있는 형태로서 기본비용은 완전 연결 네트워크보다 저렴하지만 신뢰성은 떨어진다. [그림 7-8]은 이러한 부분 연결 구조를 보여주고 있다.

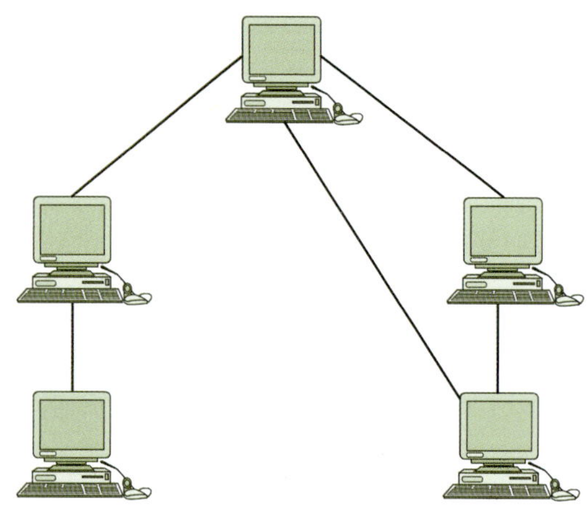

【그림 7-8】 부분 연결 구조

3) 계층(트리) 구조

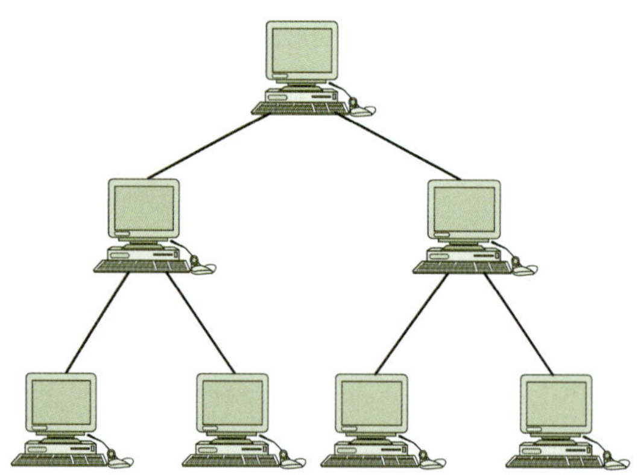

【그림 7-9】 계층(트리) 구조

계층(hierarchy) 구조는 각 사이트들은 트리(tree) 형태로 구성되며, 이러한 형태를 front(부모)-end(자식) 방식이라고 한다. 각 계층에서의 자식 노드는 자신의 부모 노드하고만 정보를 교환할 수 있으며, 다른 계층의 노드와는 독립적으로 수행된다. 따라서 만일 한 부모 노드(parent-node)가 고장 나면 그 자식 노드(child node)들은 다른 노드들과 더 이상 통신을 할 수 없게 된다.

- 시스템을 기능별로 간단하게 재구성하여 설계하고 구현하기 쉽게 만든다.
- 계층간의 인터페이스가 존재해서 독립적으로 작동하지만 상호 유기적인 관계를 가진다.
- 오류를 발생한 경우 해당 계층의 모듈만 수정하면 된다.

4) 성형 구조

성형(star) 구조는 임의의 중심 노드가 다른 노드와 완전 연결되어 있으며 이 중심 노드를 제외한 모든 노드들은 서로 연결되지 않는다. 각 노드들이 점대점(1대일, point-to-point) 형태로 중앙 컴퓨터에 연결되고 중앙 컴퓨터를 경유하여 통신이 가능하며 이때 중앙 사이트는 메시지 교환 작업만을 전담한다. 따라서 병목 현상이 발생할 수 있으므로 전송 속도가 저하되며 중심 노드가 고장 나면 통신이 불가능한 문제점이 있다.

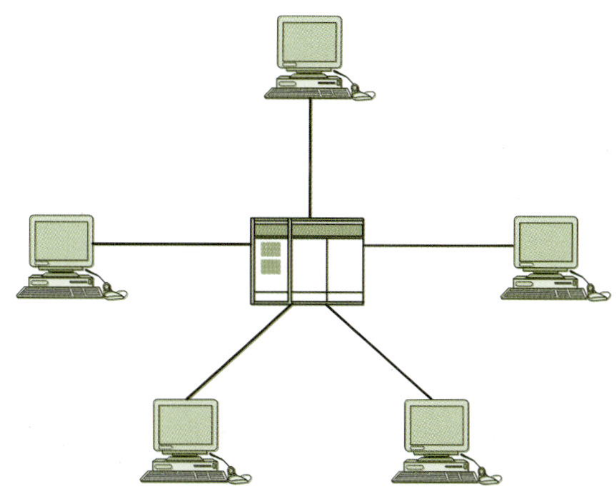

【그림 7-10】 성형 구조

5) 환형(링형) 구조

링형(ring) 구조는 각 노드가 두 개의 다른 노드와 물리적으로 연결되어 있어 단 방향이나 양방향으로 통신하는 형태를 이룬다. 단 방향 구조에서 한 사이트는 단지 한쪽 방향의 이웃에게만 정보를 전달하며 반면에 양방향 구조에서는 자신의 양쪽 이웃 모두에게 정보를 전달할 수 있다. 링에서의 기본비용은 사이트들의 수에 비례한다. 그러나 통신비용은 매우 높아질 수 있는데 이유는 한 사이트에서 다른 사이트로 전송되는 메시지는 목적지에 도착될 때까지 링을 돌아야 하기 때문이다.

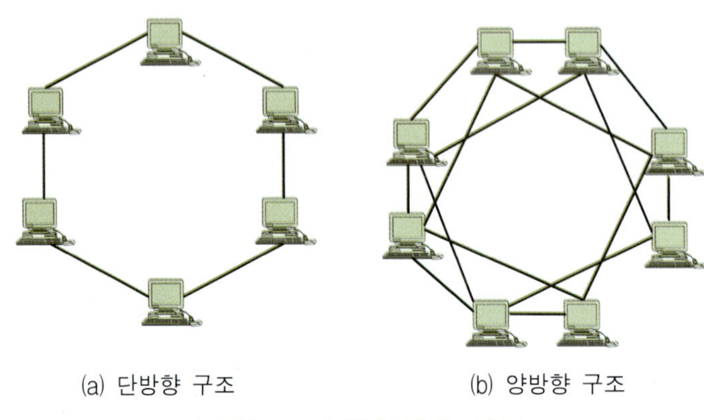

(a) 단방향 구조　　(b) 양방향 구조

【그림 7-11】 환형(링형) 구조

6) 다중 접근 버스 구조

다중 접근 버스(multi-access bus) 구조는 공유되는 하나의 버스가 시스템 내의 모든 노드와 직접 연결되어 환형 구조와 같은 구조를 가진다. 이 구조는 한 노드의 고장이 나머지 노드간의 통신에 영향을 주지 않으나 버스 회선이 고장 나면 네트워크는 완전히 분할된다.

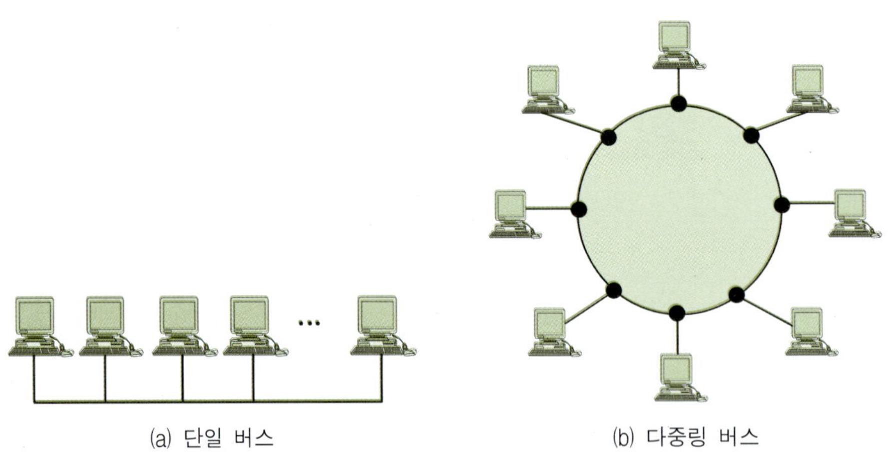

(a) 단일 버스　　(b) 다중링 버스

【그림 7-12】 다중 접근 버스 구조

(3) 분산 범위에 의한 분류

1) 광역 통신망(WAN, wide area network)

광역 통신망은 지역적으로 넓게 각 사이트들이 분산되어 있기 때문에 통신 링크들은 비교적 느리고 신뢰성이 낮다. 전형적인 링크로는 전화선, 마이크로웨이브 링크 및 통신 위성 채널 등이 있다.

[그림 7-13]과 같이 인터넷 광역 통신망에서 시스템은 호스트(host)라고 불리는 지역적으로 분리된 사이트들 간에 서로 통신할 수 있는 기능을 제공해 준다. 일반적으로 호스트 컴퓨터들은 그 형태, 속도, 워드 길이, 운영체제 등이 서로 다르다. 광역 통신망은 일반적으로 근거리 통신망보다 그 속도가 느리며 전송 속도는 초당 약 1~2MB(mega byte) 정도이다.

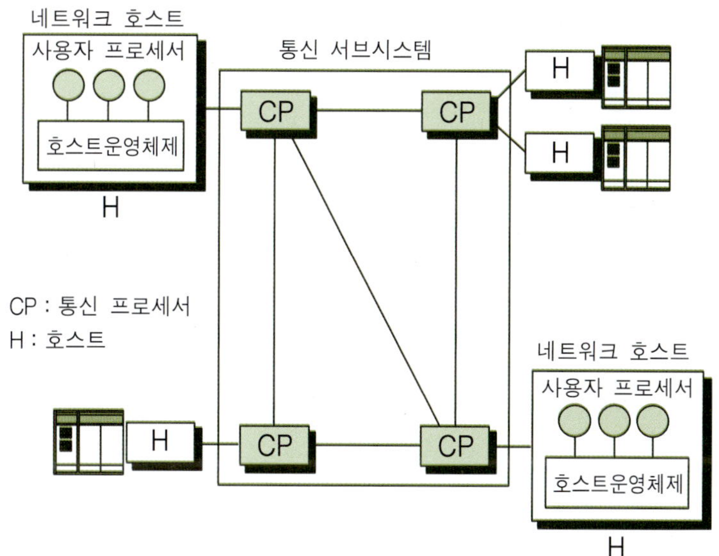

【그림 7-13】 원거리 통신망의 통신용 프로세서

2) 근거리 통신망(LAN, local area network)

근거리 통신망은 [그림 7-14]와 같이 비교적 좁은 지역, 즉 10km 이내의 한 빌딩이나 몇 개의 인접 빌딩에 위치한 연구 기관, 단체 등과 같은 지역에 분산된 프로세서들로 이루어지며 주로 사무실 형태의 환경에서 이용된다. 이러한 시스템 내의 모든 사이트는 서로 근접해 있기 때문에 통신 링크는 일반적인 컴퓨터 네트워크보다 속도가 빠르고 오류 발생률이 낮다. 전형적인 근거리 통신망은 많은 수의 이 기종 소형 컴퓨터, 레이저 프린터나 자기 테이프 장치와 같은 여러 종류의 주변 장치, 워크스테이션 그리고 다른 네트워크에 접근할 수 있게 해 주는 특정 프로세서인 게이트웨이(gateway) 등으로 구성된다.

가장 일반적인 통신 링크로는 트위스트 페어(twisted pair), 기저 대역 동축케이블(base-band coaxial cable), 광 대역 동축케이블(broadband coaxial cable) 및 광섬유(fiber optics) 등이 있으며 일반적인 네트워크 구성 형태로는 다중 접근 버스 방식이 가장 많이 사용되고, 경우에 따라 링 및 성형 네트워크 등으로도 구성된다. 통신 속도 범위는 초당 100MB ~ 10GB 정도이며, 일반적으로 초당 10~100MB 정도이다. 근거리 통신망 구성은 이더넷(ethernet)이 일반적으로 이용된다.

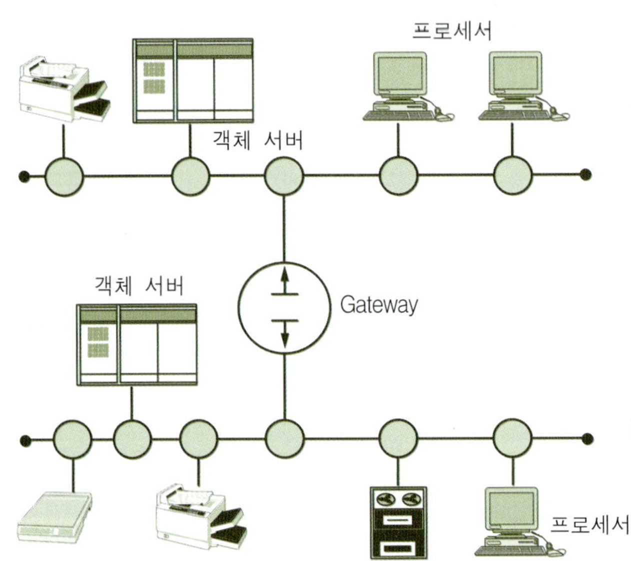

【그림 7-14】 근거리 통신망

(4) 운영체제 형태에 의한 분류

분산 운영체제는 각 호스트에 고유한 운영체제가 있는 것이 아니라 전체 네트워크에 공통적으로 단일 운영체제가 실행되는 시스템으로 원격에 있는 자원을 마치 지역 자원인 것처럼 쉽게 접근해 사용할 수 있는 방식으로 사용자들에게 시스템이 제공해 주는 여러 가지의 자원들을 접근할 수 있게 해준다. 이러한 자원들은 운영체제에 의해 접근되며 이러한 서비스를 제공해 주기 위한 기본적인 두 가지 형태는 다음과 같다.

- 네트워크 운영체제: 사용자가 컴퓨터들의 종류를 알고 있어야 하며, 이러한 자원들에게 접근하기 위해서는 원격지 컴퓨터에 로그인해야 한다.
- 분산 운영체제: 사용자가 컴퓨터들의 종류를 알 필요가 없으며, 원격지 자원을 지역 자

원에 접근하는 방식과 동일한 방식으로 접근한다.

1) 네트워크 운영체제

네트워크 운영체제(NOS, network operation system)는 각 노드가 다른 노드와는 무관한 독자적인 운영체제를 가지며 기종의 차이가 심하고 지역적으로 널리 분산되어 있는 대규모 네트워크 시스템에서 주로 사용된다. 사용자가 원격 시스템으로 로그인하거나 원격 시스템으로부터 필요한 자원을 전달받아야 하는 방식이다. 각 호스트의 운영체제는 네트워크와 관계없으며 네트워크 사용은 각 호스트에서 실행되고 있는 사용자 프로그램에 의해 제어된다.

네트워크 운영체제 방식의 장점은 실행이 간단하고 이미 존재하는 소프트웨어를 사용할 수 있는 것이다. 그러나 네트워크를 사용하는 사용자마다 사용 방식이 다르므로 동질성이 부족한 단점이 있다.

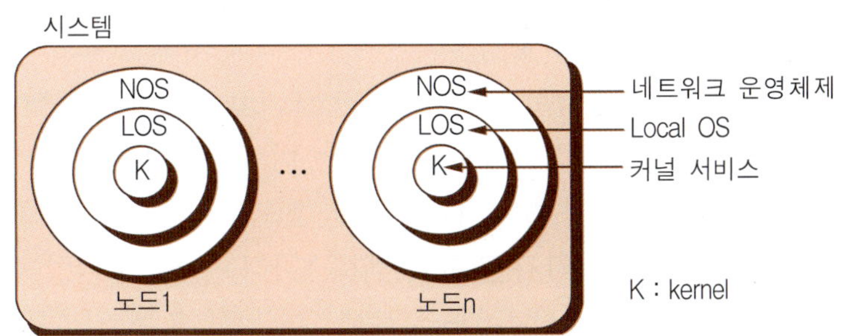

【그림 7-15】 네트워크 운영체제

2) 분산 운영체제

분산 운영체제(DOS, distributed operating system)는 사용자가 원격 자원들의 접근을 자신의 지역 자원들에 접근할 때와 같은 방법으로 접근한다. 분산 운영체제는 각 호스트에서 공유된 운영체제가 있는 것이 아니라 전체 네트워크를 통틀어서 단일 운영체제가 실행된다. 따라서 네트워크로 연결된 각 노드들의 독자적인 운영체제는 배제되고 시스템 내에 하나의 운영체제가 존재하는 것을 말하며 미니 혹은 마이크로컴퓨터들이 근거리 통신망으로 연결되는데 많이 사용되고 있다.

2-1) 분산 운영체제의 목적

① 자원 공유의 증대성: 각 시스템이 통신망을 통해 연결되어 있으므로 유용한 자원을 공유해 사용할 수 있다.

② 계산 (연산) 속도의 향상: 하나의 일을 여러 시스템에 분산해 처리하기 때문에 연산 속도가 향상된다.

③ 신뢰성 향상: 하나의 시스템에 오류가 발생하더라도, 다른 시스템은 계속 작업을 수행할 수 있기 때문에 신뢰도가 향상된다.

④ 네트워크 통신 기능 제공: 지리적으로 떨어진 시스템에 통신망을 두어 정보를 교환할 수 있다.

2-2) 분산 운영체제의 이주(migration)의 종류

한 사이트에서 다른 사이트로의 자료와 연산, 프로세스 이주(migration)는 분산 운영체제의 통제 하에 이루어진다.

① 데이터 이주(data migration) - 데이터를 요청한 사용자의 컴퓨터로 해당 데이터의 복사본을 전송시키는 방식으로 사용자가 더 이상 파일이 필요하지 않을 경우 데이터의 복사본을 원래의 컴퓨터로 보냄.

② 연산 이주(computation migration) - 요청한 데이터가 있는 컴퓨터에서 데이터를 처리하여 해당 결과를 요청한 컴퓨터에게 보내는 방식으로 전송할 요청 데이터가 많을 경우 데이터를 전송시키는 것이 아니라 결과를 전송시키는 것으로, 서로 다른 컴퓨터 간에 많은 양의 파일을 처리하기 위하여 액세스하려고 할 때 가장 적절한 방법임.

③ 프로세스 이주(process migration) - 프로세스의 전체 또는 일부를 다른 컴퓨터에서 실행되도록 하는 방식.

분산 운영체제 방식의 특징은 원격지에 있는 자원을 마치 지역 자원인 것과 같이 쉽게 접근하여 사용할 수 있으며, 사용이 편리하고, 시스템 간 자원 공유가 용이하지만 하나의 운영체제가 시스템 전체를 관리해야 하므로 설계와 구현이 어렵다는 단점이 있다. [그림 7-16]은 분산 운영체제를 보여주고 있다.

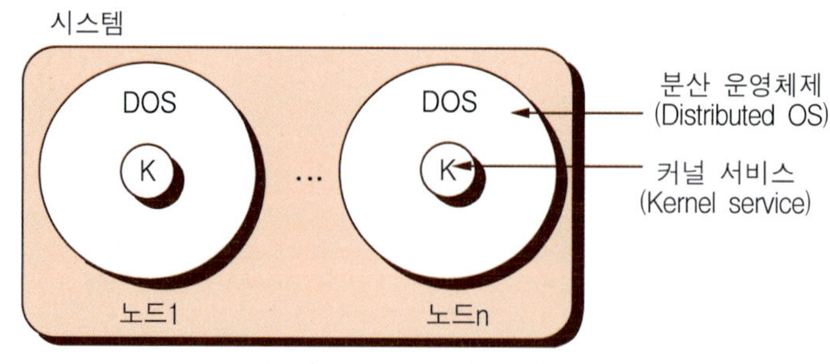

【그림 7-16】 분산 운영체제

(5) 시스템 설계에 의한 분류

분산 처리 시스템을 위한 분산 운영체제를 구현하는 방법에는 관리 기능을 수행하는 기능 단위와 동기화 문제를 구현하는 기법에 따라 프로세스 지향 모델과 객체 지향 모델로 분류할 수 있다. 즉 프로세스 지향 모델에서는 프로세스와 메시지라는 개념을 이용하며, 객체 지향 모델에서는 객체와 권한이라는 개념을 이용한다. 두 모델은 시스템의 상태를 제어하고 자원을 관리하는데 있어서는 동일하며 차이가 있다면 기능을 수행하는 메커니즘에 있다.

1) 프로세스 지향 모델

프로세스 지향 모델(process oriented model)은 분산 운영체제를 시스템에 대한 서비스를 제공하는 프로세스의 집합으로 구성하는 방법이다. 이러한 프로세스의 집합들은 모든 분산 운영체제의 기능을 수행하는데 프로세스 간의 동기화 및 시스템 상태와 사용자 프로세스의 제어는 프로세스간의 메시지 교환을 통하여 수행된다. 이러한 모델에서의 프로세스들은 메시지 전송, 메시지 대기, 그리고 특정 메시지나 메시지의 집단이 도착될 때까지 대기하는 등의 프리미티브(기본 요소)를 가진다.

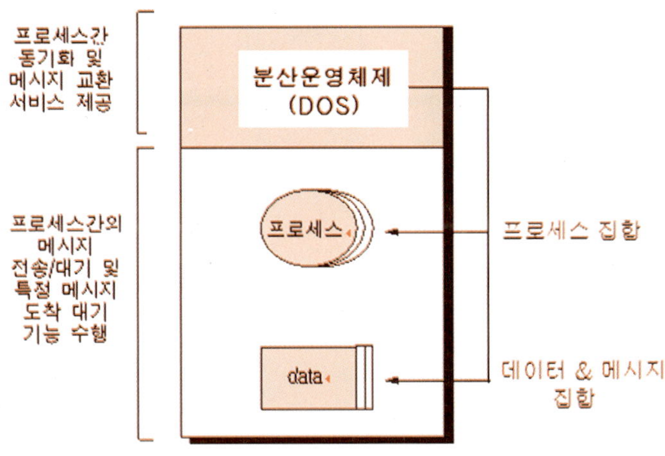

【그림 7-17】 프로세서 지향 모델

2) 객체 지향 모델

객체 지향 모델(object oriented model)은 시스템을 여러 개의 객체로 구성되어 있다고 보고, 객체에 대한 권한을 할당하는 과정을 통해 제어 및 동기화 문제를 해결하는 방식이다. 여기에서 객체란 그 자신의 지역적인 환경에서 소수의 동작을 수행하는 처리 단위라 할 수 있다.

객체는 공통적인 부분(common part)과 지역적인 부분(local part)으로 [그림 7-18]과 같이 구성된다. 객체는 제한된 범위의 일을 하면서 특정한 인터페이스를 가지는 하나의 처리 주체로 볼 수 있고, 사용자에게 그 객체가 수행할 수 있거나 또는 그 객체에 대해 가할 수 있는 동작을 제공한다. 객체에 대한 접근은 해당 객체에 대한 권한을 얻음으로써 가능하므로 이를 얻는 과정에서 동기화 문제는 해결된다.

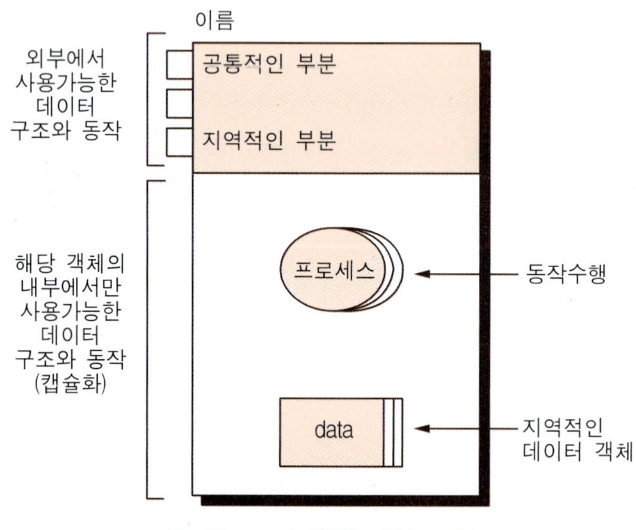

【그림 7-18】 객체 지향 모델

Chapter 21 분산 처리 시스템 계층 구조

21.1 분산 처리 시스템 계층 구조

컴퓨터 시스템의 운영체제는 일반적으로 계층 구조를 가지도록 설계되며 이러한 컴퓨터들이 통신 네트워크로 연결되어 상호 협력하면서 수행되는 시스템을 분산 처리 시스템이라 한다.

이러한 분산 처리 시스템에서 통신 기능이 어느 계층에 존재하는가는 매우 중요한 의미를 가지며 원칙적으로는 통신 기능은 어느 계층이라도 존재할 수 있으나 대부분의 경우 시스템 설계시의 요구 조건 또는 제약 조건들에 의하여 적절한 위치가 결정된다. 일반적으로 분산 처리 시스템의 계층 구조는 [그림 7-19]와 같다.

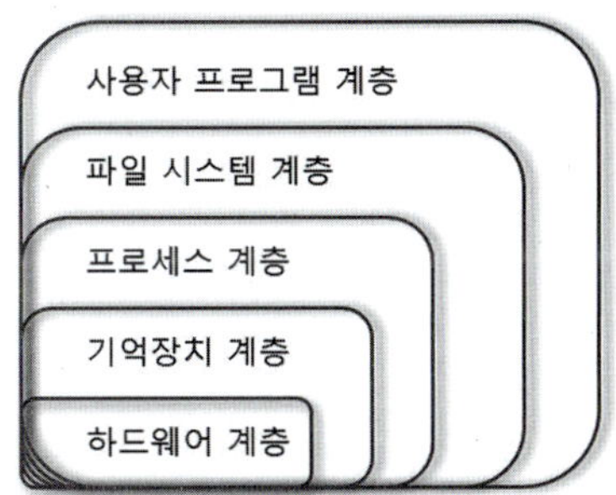

【그림 7-19】 분산 처리 시스템의 계층 구성 계층

(1) 하드웨어 계층

하드웨어 계층은 컴퓨터 시스템에 기본적인 처리 능력 및 저장 능력을 제공해 주는 계층으로서 만약 통신 기능이 이 계층에만 존재한다면 이는 분산 처리 시스템이라고 할 수 없다. 즉 이러한 시스템은 일종의 다중 처리 시스템으로, 각 노드 간에 통신 네트워크를 통한 메시지 전달(message passing) 방식의 통신을 하는 것이 아니기 때문에 사실상 이러한 시스템은 단일 시스템으로 간주될 수 있다.

(2) 기억장치 계층

기억장치 계층은 기억장치 관리자가 시스템의 기억장치를 관리하고 필요에 따라서는 프로세스들에게 할당해 주는 역할도 한다. 이러한 기억장치 관리자들 간에 통신 기능이 가능하다는 것은 전체 시스템의 기억장치가 전역적이며 한 노드의 프로세스가 다른 노드의 기억장치 공간을 할당받을 수도 있음을 뜻한다. 그러나 한 프로세스가 여러 노드의 기억장치 공간을 이용한다는 것은 특별한 하드웨어 메커니즘을 필요로 한다는 것이며 신뢰도 문제와 통신 네트워크의 성질을 고려해 볼 때 비실용적이다.

(3) 프로세스 계층

프로세스 계층은 프로세스의 생성, 종료 및 프로세스간의 문맥 교환뿐만 아니라 프로세스 간의 동기화를 위한 기본적인 기능을 제공한다. 이러한 점을 고려해 볼 때 프로세스 관리자들 간의 통신 기능은 분산 처리나 노드간의 부하 균등화 및 다른 노드에 존재하는 프로세스와의 동기화 문제 등을 쉽게 해결할 수 있다. 따라서 분산 처리 운영체제는 이 계층에서 통신 기능을 가지고 있어야 한다. 그러나 실제로 분산 처리 운영체제를 구성하는 데에는 각 노드의 하드웨어 및 소프트웨어 환경의 이질성이 여러 가지 문제점을 일으킨다. 보통 이 계층에서 통신 기능을 가지게 하려면 각 노드들의 동일한 환경의 컴퓨터를 가지도록 해야 한다.

(4) 파일 시스템 계층

파일 시스템 계층은 파일 데이터를 영구히 저장해 둘 수 있는 기억 공간을 의미하며 사용자 측에서 컴퓨터 시스템을 볼 때 사용자가 일차적으로 접하게 되는 시스템 대상으로서 분산의 대상이 되는 가장 중요한 요소이기도 하다. 이 계층에서 관리자들 간의 통신 기능은 시스템 전체에 대한 디렉터리 계층을 가지게 함으로써 사용자는 어떤 파일이 존재하는 실제 위치를 모르더라도 해당 파일을 이용할 수 있도록 해 주고 파일의 중복 및 분산을 투명하게 해 줄 수 있다. 따라서 분산 처리 시스템의 가장 큰 장점이라고 할 수 있는 자원의 공유 및 신뢰도의 향상, 파일의 분산 및 중복을 통해서 얻을 수 있으므로 이 계층에서의 통신 기능은 분산 처리 시스템에서 반드시 필요하다.

(5) 사용자 프로그램 계층

사용자 프로그램 계층은 이 계층에서만 존재하는 통신 기능이 사용자로 하여금 다른 노드에 대한 접근을 가능하게 할 수는 있지만 분산 처리 시스템의 장점을 충분히 발휘할 수는 없다. 시스템 내에는 전역적인 자원이 없으므로 사용자는 원하는 위치를 정확히 알아야만 해당 자원을 이용할 수 있으나 이러한 경우 각 노드의 자율성은 최대로 보장된다.

21.2 통신망 설계시 고려사항

(1) 라우팅(경로 설정, routing) 전략

라우팅 전략은 네트워크를 통하여 어떻게 메시지를 보낼 것인가 하는 문제이다. 즉 A 사이트의 프로세스가 B 사이트의 프로세스와 통신을 하고자 할 때 만약 물리적 경로들이 여러 개 존재한다면 그에 따른 여러 가지 라우팅 방법들이 있을 것이다. 일반적으로 주로 많이 사용되는 라우팅 전략으로는 고정 라우팅(fixed routing), 가상 회선(virtual circuit), 동적 라우팅(dynamic routing) 등이 있다.

1) 정적 라우팅(고정 라우팅)

A 사이트에서 B 사이트로의 경로가 미리 정해져 있으며 하드웨어 고장이 발생하여 그 경로를 사용하지 못하게 되지 않는 한 경로를 바꾸지 않는다. 보통은 통신비용을 최소화하기 위해서 최단 거리 경로가 지정된다. 정적/고정 라우팅(static/fixed routing)은 보낸 메시지 순서와 받는 메시지 순서가 동일한 장점이 있으나 부하 균등을 전혀 할 수 없는 단점이 있다.

고정 라우팅 방식은 A 네트워크에서 B 네트워크로 가는 경로가 오직 하나뿐인 스텁 네트워크(stub network)에서 주로 사용하는 방식이다.

【그림 7-20】 정적(고정) 라우팅

2) 가상 회선(virtual circuit)

A 사이트에서 B 사이트로의 경로가 한 세션(session)동안 고정되지만 일정 기간이 지나면 다른 세션의 A 사이트에서 B 사이트로의 경로는 달라질 수 있다. 가상 회선은 보낸 메시지의 순서와 받는 메시지 순서가 동일하다는 장점이 있으나 계속 이미 정해진 경로로만 전송하게 되므로 트래픽이 급속하게 많아질 경우에는 부하 균등의 문제가 발생할 수 있다. 즉, 가상 회선 경로에 과부하가 발생하여 네트워크 병목(bottle neck) 현상이 나타날 수 있다.

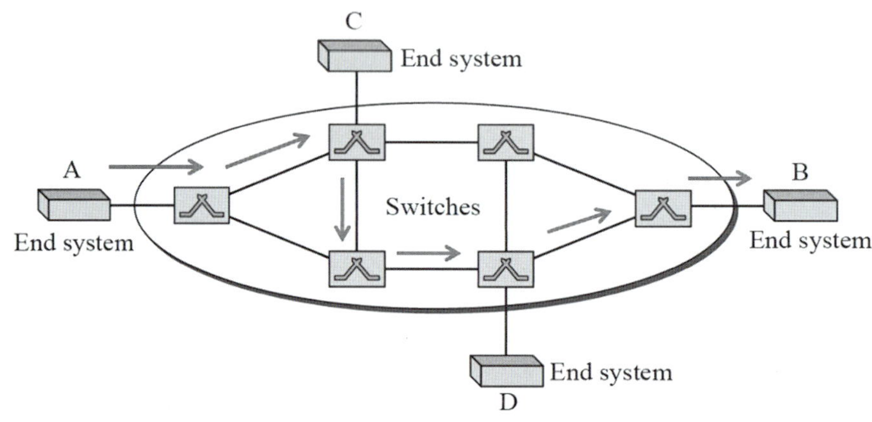

【그림 7-21】 가상 회선 방식

3) 동적 라우팅(가변 라우팅)

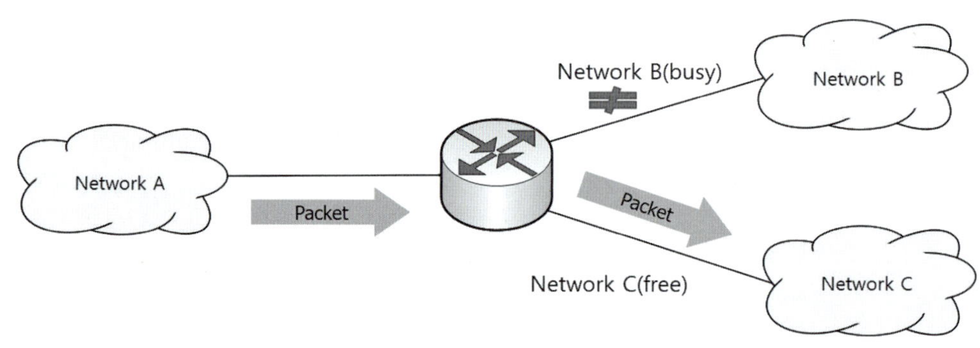

【그림 7-22】 동적(가변) 라우팅

A 사이트에서 B 사이트로 메시지가 보내질 때, 경로 선택이 동적(dynamic)으로 결정되기 때문에, 다른 메시지들은 서로 다른 경로들을 배정 받을 수 있다. 일반적으로 한 사이트는 특정 순간에 가장 부하가 적은 링크를 통하여 메시지를 다른 사이트로 보낸다. 동적/가

변 라우팅(dynamic/variable routing)은 부하 균등이 이루어지는 장점이 있으나 보낸 메시지와 받는 메시지의 순서가 틀리게 도착되는 단점이 있다.

【표 7-2】 라우팅 전략 특징 비교

구분	장점	단점	해결방법
고정 라우팅	· 통신비용 최소화를 위해 최단 거리 경로 지정 · 메시지가 보내진 순서대로 배달	· 이미 설정된 과부하 경로를 통해서 전달 · 부하의 변화에 잘 적응할 수 없다.	· 가상 회선을 이용해 부분적 해결 · 동적 라우팅을 통해 완전 해결
가상 회선	· 송수신 메시지 순서가 동일하다. · 메시지가 보내진 순서대로 전달	· 부분적인 부하 균등이 이루어지지 않음	· 동적 라우팅을 통해 해결
동적 라우팅	· 경로 선택 시 가장 부하가 적은 경로 선택	· 송수신 메시지 순서가 다르게 도착	· 각 메시지에 순서 번호를 붙여 해결

(2) 연결 전략

연결 전략은 두 프로세스 간에 일련의 메시지들을 어떻게 보낼 것인가 하는 문제로 일단 메시지들이 도착지에 도착될 수 있다면 프로세스들은 정보 교환을 위해 세션 간의 통신을 준비한다. 네트워크를 통하여 통신을 수행하고자 하는 프로세스들의 쌍들을 연결하는 가장 이상적인 세 가지 방법은 회선 교환(circuit switching), 메시지 교환(message switching), 패킷 교환(packet switching) 방식이다.

1) 회선 교환

회선 교환은 두 프로세스가 통신할 때 변하지 않는 물리적인 링크가 설정되며 이 링크는 통신 기간 동안 할당된다. 두 프로세스가 실제로 통신을 안 해도 한 번 설정된 통신기간 동안은 다른 어떤 프로세스들도 할당된 링크를 사용할 수 없다. 이 방법은 전화 통신망 네트워크에서 가장 일반적으로 사용되고 있으며, 전화(음성), 센서, 원격측정 등과 같은 비교적 연속적인 데이터 흐름을 갖는 경우에 널리 사용되는 연결 방식이다.

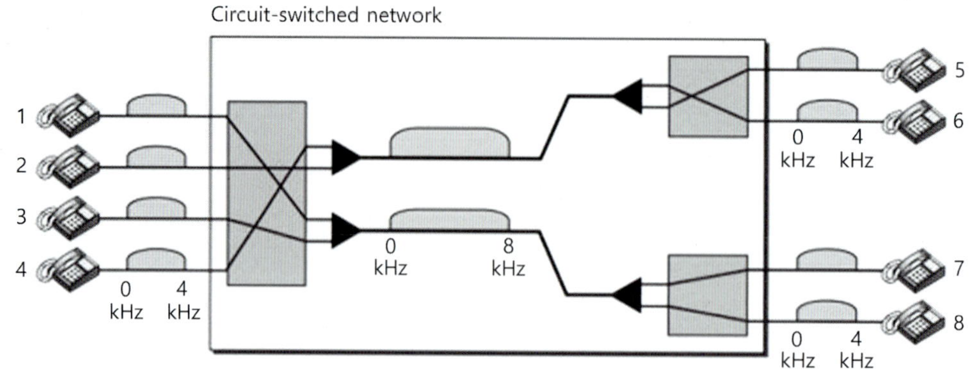

【그림 7-23】 회선 교환 방식

2) 메시지 교환

메시지 교환은 두 프로세스가 통신할 때 일시적인 링크가 하나의 메시지 전송 기간 동안 설정된다. 물리적인 링크들은 필요할 때마다 동적 할당(dynamic allocation)된다. 이 방법은 우편 시스템에서 일반적으로 사용된다. 즉 각 메시지에 해당되는 편지들은 도착 주소와 출발 주소를 가지고 있으며 서로 다른 사용자로부터의 여러 메시지들이 같은 링크를 통해 전송될 수 있다.

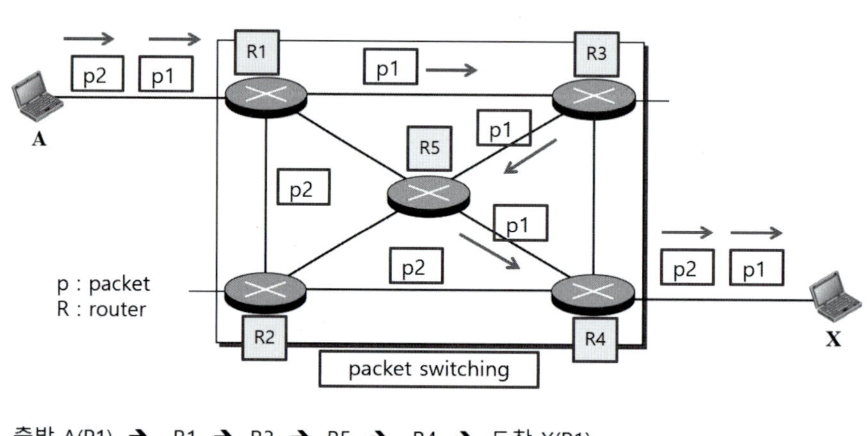

출발 A(P1) ➔ R1 ➔ R3 ➔ R5 ➔ R4 ➔ 도착 X(P1)
출발 A(P2) ➔ R1 ➔ R2 ➔ R4 ➔ 도착 X(P2)

【그림 7-24】 메시지 교환 방식

3) 패킷 교환

패킷 교환은 일반적으로 길이가 정해져 있지 않는 메시지를 여러 개의 패킷으로 나누어 전달하는 것으로서 보통은 패킷(packet)이라고 불리는 고정 길이 메시지들로 통신을 수행한다. 하나의 논리적인 메시지는 여러 개의 패킷으로 나누어지며 각 패킷들은 서로 흩어져서 도착지로 보내진다. 이들 각 패킷들은 네트워크상의 서로 다른 경로를 가질 수 있고 패킷들이 도착되면 이들은 다시 메시지로 재결합되어야 한다. 일반적인 데이터통신 시스템에서 주로 사용되는 방식이다.

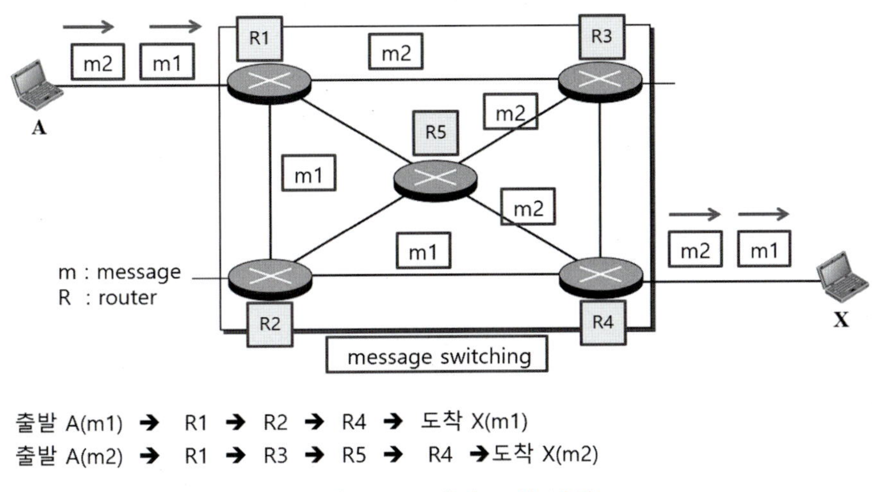

출발 A(m1) ➔ R1 ➔ R2 ➔ R4 ➔ 도착 X(m1)
출발 A(m2) ➔ R1 ➔ R3 ➔ R5 ➔ R4 ➔도착 X(m2)

【그림 7-25】 패킷 교환 방식

【표 7-3】 연결 전략 특징 비교

구분	장점	단점	사용 예
회선 교환	· 두 프로세스 간 연결 성립 시 메시지 전송의 오버헤드가 매우 적다.	· 초기 연결 시간이 필요 · 네트워크 대역폭 낭비	· 전화 시스템
메시지 교환	· 초기 연결 시간은 짧다.	· 두 프로세스간의 메시지 전송 시 오버헤드가 크다.	· 우편 시스템
패킷 교환	· 초기 연결 시간은 짧다.	· 메시지를 패킷으로 분할할 때 오버헤드가 존재한다. · 목적지에 도착한 패킷들을 재조립해야 한다.	· 데이터 통신 시스템

단원 연습문제

1. 분산 처리 시스템의 정의와 특징을 설명하시오.

2. 분산 처리 시스템의 설계 이유와 시스템의 허용범위에 대해서 설명하시오.

3. 분산 처리 시스템의 8가지 형태의 투명성에 대해서 설명하시오.

4. 위상 모델에 따른 분산 처리 시스템을 분류하고, 특징을 설명하시오.

5. 네트워크 운영체제와 분산 운영체제를 비교 설명하시오.

6. 클라이언트/서버 모델과 프로세스 모델을 비교 설명하시오.

7. 분산 처리 시스템의 계층 구조에 대해서 설명하시오.

8. 라우팅 전략과 연결 전략의 특징을 구분하여 설명하시오.

빅 데이터(big data) 쉽게 이해하기

빅 데이터(big data)라는 개념이 나온 것은 불과 10년 전이며, 2012년 다보스포럼(세계경제포럼, World Economic Forum)에서 2012년 떠오르는 10대 기술 중 그 첫 번째를 빅 데이터 기술로 선정되면서 미래 새로운 가능성을 여는 가장 중요한 기술로 지목되게 되었다. 이처럼 빅 데이터가 갑작스럽게 주목을 받게 된 이유로는 데이터양이 급격하게 증가하였고, 데이터 처리기술이 비약적으로 발전하였으며, 이를 통해 미래 경쟁력의 가치를 창출하는 원천이기 때문이다.

빅 데이터란 기존의 대용량(수십 테라바이트)의 정형된 데이터 또는 데이터베이스 형태가 아닌 비정형된 일상의 정보들까지 포함하는 거대한 데이터의 집합을 의미한다. 빅 데이터의 특징은 3V로 요약하는 것이 일반적이다. 데이터의 양(크기)(Volume), 데이터 생성 속도(Velocity), 형태의 다양성(Variety)을 의미하며, 최근에는 가치(Value)나 정확성(Veracity)까지를 포함하여 5V라고도 한다. 첫 번째 특징은 대용량의 데이터(크기)(Volume)로써 데이터의 크기와 기록의 양 등이 현저하게 증가함을 의미한다. 두 번째 특징은 속도(Velocity)로써 데이터들이 거의 실시간에 가깝게 생산 된다는 것을 의미하며, 처리 능력과 속도도 빨라지게 되었다. 세 번째 특징은 다양성(Variety)이다. 과거에는 정형화된 데이터가 중심이 되어 각 정보들이 물건, 사건, 인물에 대한 정보 위주로 가공되었으나, 빅 데이터 시대에서는 비정형화된 데이터가 중심이 되어 오락, 일상생활 등 우리가 생활하는 거의 모든 분야에 관한 데이터를 이용하고 있다.

이처럼 빅 데이터의 활용은 4차 산업혁명 시대에서의 경쟁력 있는 미래 가치를 창출할 수 있으며, 정보화 혁명의 기술적인 패러다임에 대한 근본적으로 변화에 대처하고, 아울러 빅 데이터를 가공하고 분석하는 기술로 새로운 가치를 창출하게 되었다. 이처럼 '정보의 바다'에서 '데이터의 홍수' 시대로 변화하는 시대의 흐름에 대한 빅 데이터 기술의 이해가 무엇보다 필요하다.

빅 데이터 기술이 선도하는 미래사회 속에서 모든 데이터를 상세하게 모니터링하여 개인의 가치와 사회의 가치를 최적으로 조화시키면, 미래에는 각자의 주어진 상황에 가장 적합하게 최적화된 개인화 서비스를 제공하는 사회가 될 수 있으며, 미래를 예측하는데 활용되는 혁명적인 결과물을 가져올 것이라고 전망하고 있다. 빅 데이터 기술이 보편화되는 앞으로 5년 이내 미래 시대는 빅 데이터를 통해 시장을 분석하고 시장을 선점하는 초고도 정보화 시대가 될 것이라고 강조하고 있다.

하지만 인터넷 시대에서도 경험했듯이 신기술로 인한 급격한 변화가 진행되는 사회에서는 사회 각 분야, 개인이나 기업, 국가가 발전할 수 있는 기회가 창출됨과 동시에 인터넷 중독이나 사생활 침해와 같은 사회적 역기능이 발생할 수 있다. 따라서 앞으로 우리는 빅 데이터 기술의 역기능을 현명하게 해결하면서 동시에 방대한 양의 빅 데이터에 기반하여 사회의 모든 분야가 최적화되어 운영되는 미래 사회로의 중요한 변혁을 개척하는 역할을 수행해야 한다.

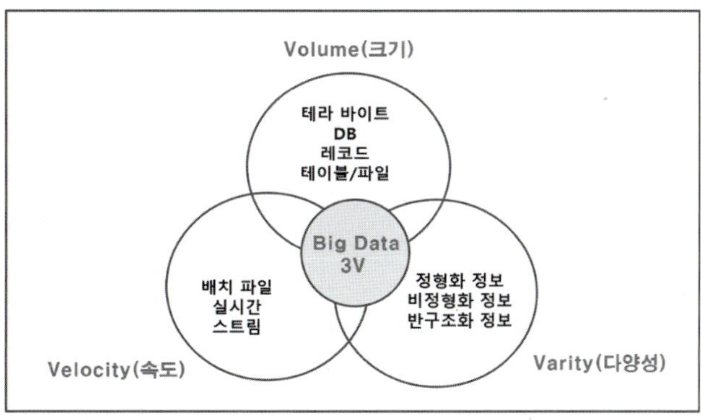

빅 데이터 3가지(3V) 특징

Operating System

Part 08

정보 보호 및 보안

Chapter 22 정보 보호 및 보안

컴퓨터 시스템에 저장된 다양한 정보들은 유무선 네트워크를 통하여 많은 사람에게 서비스되고 있는 실정이다. 그러나 이러한 정보는 이용에 따른 개인 정보 누설, 정보 시스템의 비 인가된 사용, 전산망의 해킹, 중요 데이터 파괴와 같은 역기능이 증대되어 사회적으로 심각한 문제가 되고 있다.

정보 보호(정보 보안)는 정보에 대한 승인받지 않는 접근이나 이용, 노출, 변조 등으로부터 정보를 보호하는 기술을 의미하며, 본질적으로 데이터와 시스템을 내/외부의 공격자로부터 보호하는 것을 말한다.

사용자 측면에서의 정보 보안의 정의는 개인의 정보 유출/남용 방지 및 개인의 프라이버시 보호 등의 일련의 행위를 말하며, 공급자(기업) 측면에서는 기업 내·외부의 위협 요인들로부터 네트워크, 시스템 등의 하드웨어, 데이터베이스, 통신 등의 시스템 자원들을 안전하게 보호·운영하기 위한 일련의 행위를 말한다.

22.1 정보 보호 개요 및 필요성

컴퓨터 시스템에서 여러 프로세스들은 각각의 활동으로부터 보호되어야 하며 이를 실현하기 위한 방법들로서 파일, 기억장치, CPU 등 이 외의 자원들이 운영체제로부터 적절한 권한을 부여받은 프로세스에 의해 동작되도록 보장되어야 한다. 특히 파일 시스템 내의 접근 제어 기능은 파일이 누구에 의해 언제, 어떻게 접근되도록 하는가를 사용자가 지정하도록 한다.

일반적으로 정보 보호는 컴퓨터 시스템에 의하여 정의된 자원에 대하여 물리적인 접근을 통제하는 방법으로 프로그램, 프로세스, 파일 사용자의 접근을 제어하는 기법을 말한다. 따라서 이러한 제어 기법에 의하여 부과될 제어 지정 방법과 시행 방법 등이 운영체제에 의해서 제공되어야 한다.

특히 온라인 전산망의 정보에 대한 직접적인 보호가 가장 중요한 문제이므로 이러한 직접적인 보호 방법은 평이한 정보를 암호화해서 정보로 만드는 암호학의 연구 기법이다.

22.2 정보 보안 개요 및 필요성

정보 보안은 컴퓨터 시스템 내에 저장된 프로그램과 데이터에 대하여 통제된 접근 방식을 어떻게 제공할 것인가를 다루는 문제이다. 운영체제에서의 보안 문제는 대부분이 시스템에 들어오도록 할 것인지 못 들어오도록 할 것인지 하는 인증(authentication)과 관련된 문제이다.

정보 보안 시스템은 실행 중인 프로그램과 프로세스를 적절히 식별할 수 있는 능력에 의존한다. 궁극적으로 보안의 능력은 시스템의 각 이용자를 얼마나 정확하게 식별하는가에 달려 있으며, 보안은 컴퓨터 시스템과 그 시스템 내의 자료가 결함이 없도록 보존되도록 신뢰성을 유지하는 기법으로 정보 보호보다 훨씬 그 범위가 광범위하다.

보안 위협은 악의적이건 그렇지 아니든 실행되는 응용 프로그램에 바람직하지 않은 영향을 줄 수 있는 모든 사건을 일컫는 말로써 응용 프로그램 또는 운영체제의 보안 취약성으로 인해 이러한 위협이 가능하게 된다. 또한 응용 프로그램에 대한 공격은 불법적 또는 악의가 있는 침입자가 보안상의 특정 취약점을 이용하여 위협을 가하는 행위이며, 이러한 공격으로 인하여 시스템 및 응용 프로그램뿐만 아니라 개인 및 기업에게 큰 손상을 끼치게 된다. 이러한 보안 위협으로부터 벗어나기 위해서는 적절한 보안 대책 수립 및 보안 위협 해결 방안을 마련하여야 한다.

【그림 8-1】 정보 보호(보안)의 필요성

(1) 정보 보안 유지 기법

보안에는 외부 보안(external security), 사용자 인터페이스 보안(user interface security), 내부 보안(internal security)의 3가지로 구분할 수 있다.

외부 보안에는 시설 보안과 운용 보안이 있다. 시설 보안은 천재지변이나 외부 침입자로부터의 보안을 의미하며, 운용 보안은 전산소 관리자 및 컴퓨터 설비 관리자들의 여러 정책과 통제 절차를 통하여 이루어지는 보안을 말한다. 사용자 인터페이스 보안은 사용자들이 시스템에 로그인하고자 할 때 운영체제의 확인을 받은 인증된 사용자만 시스템에 들어올 수 있게 한다. 내부 보안은 불법 침입자가 시스템에 들어왔을 때 컴퓨터 하드웨어나 운영체제가 불법 침입자로부터 프로그램이나 자료 및 데이터를 보호하기 위한 접근 제어 코드를 내장하고 있도록 하는 기능이다.

1) 외부 보안(external security)

- 외부 보안에는 컴퓨터 시스템의 물리적 보안을 위한 시설 보안과 운용자의 정책을 통한 운용 보안 등이 있다.
- 시설 보안은 천재지변이나 외부 침입자로부터의 보안을 의미하는 것으로 연기나 열을 감지하고 사람의 음성, 지문 등을 확인할 수 있는 방법을 사용한다.
- 운용보안은 전산소 관리 및 경영자들의 정책과 통제에 의해 이루어지는 보안으로, 사용자마다 인가된 등급, 즉 접근(access) 권리를 부여하여 프로그램과 데이터에 접근할 수 있도록 한다.

2) 사용자 인터페이스 보안(user interface security)

- 운영체제가 사용자의 신원을 확인한 후 권한이 있는 사용자에게만 시스템의 프로그램과 데이터를 사용할 수 있게 하는 보안 방법이다.

3) 내부 보안(internal security)

- 하드웨어나 운영체제에 내장된 보안 기능을 이용하여 시스템의 신뢰성을 유지하고, 보안 문제를 해결하는 기법으로 외부의 불법 침입자가 프로그램 및 데이터에 접근하는 것을 방지하기 위해 하드웨어나 운영체제에 접근 제어 코드 등을 내장하고 있도록 하는 방법이다.

22.3 정보 보호(정보 보안) 연구 분야

정보 보호(information protection)란 정보를 제공하는 공급자 측면과 사용자 측면에서 논리적이고 물리적인 방법(장치)을 통해 미연에 정보 노출을 방지를 하는 것에 목적을 두고 있다. 정보보호 기술, 암호화 기술, 해킹과 정보보호, 컴퓨터 바이러스, 시스템 보안, 네트워크 보안, 전자상거래 보안, 웹과 전자우편 보안 등 컴퓨터 보안 전반에 걸쳐 학습하는 분야이다.

구체적으로는 정보보호 개요, 정보보호 기술, 정보보호 대책과 평가, 암호화(encryption) 기술, 키 분배(key distribution)와 해시함수(hash function), 해킹과 정보보호, 해킹 공격과 대응책, 시스템 보안, 침입 탐지 시스템, 컴퓨터 바이러스, 통신과 네트워크 보안, 유·무선 인터넷 보안, 네트워크 보안 시스템, 전자상거래 보안, 웹과 전자 우편 보안에 대해 연구 및 학습을 통해 정보에 대한 위협으로부터 사전에 허락되지 않은 접근, 수정, 노출, 훼손, 파괴 등에 대처하고, 나날이 늘어가고 있는 정보에 대한 위협에 대처하기 위한 아주 중요한 과목 중에 하나이다.

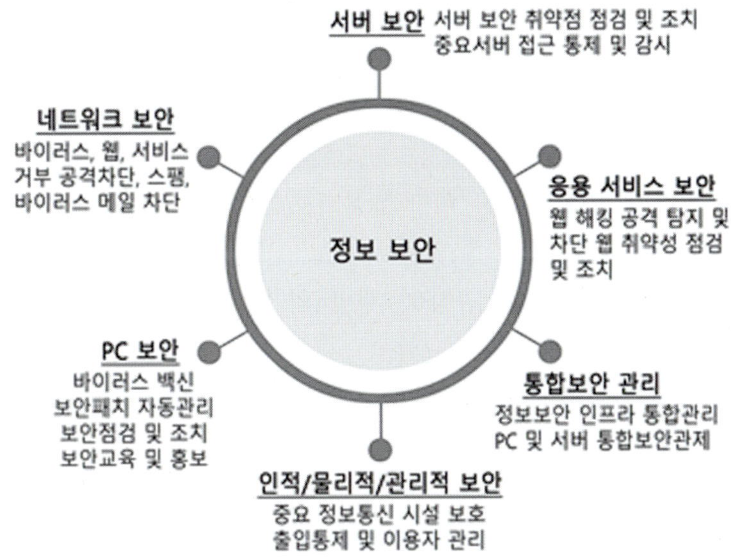

【그림 8-2】 정보 보안의 종류 및 내용

(1) 정보 보안의 3대 원칙

1) 기밀성(confidentiality) ≠ 노출

- 보호 대상이 되는 시스템의 자원들이 승인된 주체(사용자, 프로세스, 시스템)들에

게만 접근이 허용되는 것.

- 오직 인가된 사람/프로세스/시스템만이 필요성에 따라 보호된 시스템에 접근해야 함.
- 정보의 노출 없이 전달되어야 하며, 암호화하여 외부 공격으로부터 보호되어야 함.
- 비밀성 보장 → 공개 키, 비밀키, 암호화 시스템과 접근 통제 메커니즘 사용.
- 접근 통제 → 물리적 수준, 운영체제 수준, 네트워크 수준에서의 접근 통제 필요.

2) 무결성(integrity) ≠ 변조, 위조

- 정보는 고의적인, 비인가된, 우연한 변경으로부터 보호되어야 함.
- 비인가된 자에 의한 정보의 변경/삭제 등으로부터 보호하여 정보의 정확성, 완전성이 보장되어야 함.
- 무결성이 훼손되는 경우: 사고에 의한 또는 의도적인 변경 및 삭제, 보관 중인 정보의 일부가 변경 및 삭제, 컴퓨터 바이러스에 의한 손상 등.

3) 가용성(availability) ≠ 부인

- 보안의 대상이 되는 시스템의 자원들이 승인된 사용자들에 의해서 적시에 사용이 가능하도록 하는 것임.
- 정식 허가된 사용자에게 적절한 방법으로 정보 서비스 요구 시 언제든지 요청 서비스를 제공하여야 함.
- 정보 시스템의 H/W와 S/W는 항상 효율적으로 작동해야 하며, 재난 발생 시 신속하게 복구 가능해야 함.
- 가용성을 유지하기 위해서는 규칙적 데이터의 백업, 중복성 유지, 물리적 위협요소로부터 보호 기술의 적용이 필요함.

Chapter 23 정보 보안 위험 감소 방법 및 정보 보안 기법

23.1 정보 보안 위험 감소 방법

정보 보안 위험에서 벗어나기 위해서는 컴퓨터 시스템 내에 있는 프로그램과 데이터에 대하여 통제된 접근 방식을 어떻게 제공할 것인가를 고려하여야 하며, 물리적/환경적 취약점을 이용한 침입, 방해, 절도 등의 행위로부터 컴퓨터 시스템내의 자원을 보호하고 대응하기 위한 사용자의 허용된 권한 외에는 접근을 제한하여 자원의 손상 및 유출 등을 방지하여야 한다.

정보 보안에서의 위험을 감소시키는 위해서는 불법 사용자 감시, 사전 위험 탐지, 더 많은 접근 제한을 위한 확충, 확고한 패스워드 관리 등이 필요하다.

(1) 사용자 감시

사용자 감시(user surveillance)는 비인가(불법)된 사용자의 침입을 방어하기 위하여 정상적인 사용자의 신체적인 특성을 시스템으로 하여금 인가된 사용자만 인식할 수 있도록 하는 방법으로 인가된 사용자의 얼굴, 지문, 목소리(음성), 눈의 형태(홍채), 서명 등의 신체적 특징이나 배지(badge), 확인카드, 신분증, 키 등의 개인 소유물을 이용한 정교한 사용자 인증 시스템을 말한다.

(2) 위험 탐지

위험 탐지(threat monitoring)는 컴퓨터 시스템의 자원 사용에 대한 제어권을 사용자가 직접 갖지 못하게 하고, 운영체제의 감시 프로그램이 갖도록 하는 기법으로 사용자들이 시스템의 자원을 직접 접근하지 못하고 운영체제에게 요구하여 내부 감시 프로그램에 의해 자원을 접근하도록 하는 방법이다. 내부 감시 프로그램의 역할은 사용자가 요구한 자원을 접근하고 그 접근 결과를 알려준다. 즉, 작업에 대한 제어권을 사용자가 직접 갖지 못하게 하고, 운영체제가 갖게 하는 방법으로 자원을 접근하려는 사용자는 운영체제에게 그러한 자원 사용에 대한 요구를 하고 운영체제는 그 요구된 사원에 대한 접근을 허락하거나 또는 금지하게 된다. 즉, 사용자가 자원에 대해 접근을 요구하면 운영체제의 감시 프로그램이 접근 여부를 결정한다.

(3) 확충

확충(amplification)은 사용자보다 더 많은 접근 권한을 감시 프로그램에게 더 많은 권한을 부여하여 데이터의 불법 사용을 방지하고 제어할 수 있으며, 이를 통해 사용자의 요구를 효율적으로 처리해 주는 기법이다. 이 방법은 시스템 내의 모든 정보들에 대해 불법 사용자의 편법을 막을 수 있게 하는데 목적이 있으며 일반 사용자가 시스템 내의 어떤 정보를 접근하려고 할 경우 감시 프로그램에 의해 적절한 조치를 받도록 하는 것이다. 만약 불법 사용자가 여러 관련 정보를 조합하여 특정 개인에 대한 자료를 알아내려고 시도할 경우 감시 프로그램이 이를 포착해서 관리자에게 자동 보고되도록 한다. 권한이 부여된 감시 프로그램은 불법 사용에 대한 정보를 확인하여 시스템 관리자에게 자동으로 보고하게 된다.

(4) 패스워드 보호

패스워드 보호(password protection)는 일반적으로 컴퓨터 시스템에서 가장 많이 사용하는 사용자 인증 기법이다. 각 사용자별로 로그인 이름과 패스워드를 만든 다음 입력하여 운영체제로부터 인증 받은 후 시스템을 사용하는 기법으로 시스템 관리자를 통해 계정을 할당받고 컴퓨터를 이용할 때마다 자신만의 로그인 ID와 패스워드를 입력하여 운영체제의 확인 절차를 통해 컴퓨터 시스템에 들어올 수 있게 된다.

컴퓨터를 이용하려는 사람들에 대해 운영체제는 어떤 식으로든 정상 사용자와 불법 사용자를 확인하여 보안이 침해당하는 것을 방지하여야 한다. 그러나 현재는 패스워드 보호 기법에 많은 약점이 있다. 다른 사람이 자신에 대해 잘 알고 있을 때는 보안이 침해 될 수 있는 문제점이 있다.

23.2 정보 침입 보안 위협

최근 들어 해커(hacker)들에 의해 컴퓨터 시스템에 침투하여 자료를 빼내거나 중요한 데이터를 파괴시키는 사례들이 많이 발생하고 있다. 이들은 고도의 침투 기법을 사용하여 침투 흔적을 남기지 않고 자유자재로 시스템들을 드나들며 운영체제가 보호하는 각종 데이터를 빼내거나 훼손하고 있다.

(1) 보안 요구 조건

국제 표준화 규격 협회인 ISO(국제표준기구, international standard for organization)는 시스템 상호 연결시의 보안성을 강조하고 있다. 보안성 유지는 귀중한 자산이나 자원들이 외부 공격에 사용될 수 있는 약점을 최대한 줄이는 것을 나타내며, 약점이란 시스템이나 시스템에 포함되어 있는 정보를 파괴할 때 사용될 수 있는 취약성을 의미한다. 보안 위협을 이해하기 위해서는 보안 요구 조건을 고려해야 한다. 컴퓨터와 네트워크 보안에는 다음과 같은 세 가지 보안 요구 조건이 있다.

【표 8-1】 보안 요구 조건

조건	의미
비밀성(secrecy)	컴퓨터 시스템 정보는 오직 인가 받은 사용자만이 접근할 수 있도록 보장되어야 한다. 접근에는 읽기, 쓰기, 인쇄하기 등이 있으며, 어떤 정보의 존재 사실 자체도 노출되어서는 안 된다.
무결성(integrity)	컴퓨터 시스템 정보는 오직 인가 받은 사용자만이 수정할 수 있도록 보장되어야 한다. 수정에는 써넣기, 내용 변경하기, 지우기, 새로 만들어 넣기 등이 포함된다.
가용성(availability)	컴퓨터 시스템 정보는 오직 인가 받은 사용자만이 사용할 수 있고, 언제나 사용 가능하도록 보장되어야 한다.

(2) 보안 위협의 형태

정상적인 정보의 흐름을 방해하는 몇 가지 형태의 위협 요소들이 있으며, 정상적인 정보의 흐름이란 정보가 정당한 송신자로부터 정당한 수신자까지 도청이나 변조 등 어떠한 방해도 받지 않고 정확하게 전송되는 경우를 의미한다. 위협의 형태는 [표 8-2]와 같이 네 가지 종류가 있다.

【표 8-2】 보안 위협 형태의 종류

종류	의미	사용 예
흐름차단 (interruption)	시스템의 일부가 파괴되거나 사용할 수 없게 된 상태이다. 이는 보안 요구 조건 중 가용성에 대한 위협이다.	하드디스크의 파괴, 통신 회선의 절단, 파일관리 시스템의 무력화 등이 있다.

가로채기 (interception)	인가 받지 않은 제3자가 컴퓨터 자원을 접근하는 경우이며, 이는 보안 요구 조건 중 비밀성에 관한 위협이다.	인가 받지 않은 제3자, 사람 외에도 프로그램, 다른 컴퓨터일 수도 있다.
변조 (modification)	변조는 인가 받지 않는 제3자가 자원에 접근할 뿐만 아니라 내용을 고치는 경우를 의미하며, 이는 보안 요구 조건 중 무결성에 대한 위협이다.	파일의 값 변경, 프로그램이 다르게 동작하도록 수정, 네트워크에 전송 중인 메시지를 변조하는 경우이다.
위조 (fabrication)	위조는 인가 받지 않은 제3자가 시스템 위조물(counterfeit object)을 삽입하는 경우를 의미하며, 이는 보안 위협 요소 중 무결성에 대한 위협이다.	네트워크에서 가짜 파일에 가짜 레코드를 추가하는 경우이다.

(3) 정보 보안 위협 유형(STRIDE)

【표 8-3】 보안 위협(STRIDE)의 종류와 특징

보안 위협 종류	정의 및 특징
신분 위장(ID 스푸핑) (**S**pooping identity)	· 인증 방법이 손상되었을 때 발생함 · 거짓된 자격 증명(Identity)을 이용하여 블법적 시스템 접근 권한 획득(위장)
데이터 훼손 (**T**ampering with data)	· 고의적인 데이터 파괴 및 조작 · 불법적인 데이터 가로채기 및 수정
거부 (**R**epudiability)	· 어떤 동작이 발생했음을 인정하지 않는 것 · 사실/진실을 부인함
정보 유출(노출) (**I**nformation disclosure)	· 유출되지 않아야 하는 개인 정보 유출 · 노출된 정보의 민감도에 따라 정보 노출의 심각성이 달라짐
서비스 거부 (**D**os, denial of service)	· 합법적인 서비스 요청을 처리할 수 없을 정도로 외부로부터 트래픽이 쇄도할 때 발생함(좀비 PC 공격, 시스템(서버) 다운) · 시스템 또는 애플리케이션이 정상적으로 수행되지 않도록 함
권한 상승(높이기) (**E**levation of privilege)	· 제한된 권한을 가진 사용자가 다른 사용자의 권한을 습득하여 원하는 기능을 수행함 · 불법적으로 데이터 영역에 대한 접근 권한을 얻을 때 발생함

일반적인 정보보안의 위협 형태로는 내부자에 의한 중요 기밀 정보 유출 위협, TCP/IP (transmission control protocol & internet protocol) 프로토콜의 취약점을 이용한 위협, 서비스거부 공격(DDoS, distributed denial of service), 정보 도청 위협, 접근 통제 위협, 정보 보호 정책 수립 및 이행 등의 관리적 위협 등이 있다.

이러한 정보 보안 위협에 대처하기 위해서는 정보 자산을 보호하기 위한 관리적, 물리적, 기술적 대책을 수립하여야 하며, 방화벽 구축, 침입탐지 시스템 마련 등의 정보 보호 시스템 구축뿐만 아니라 보안 정책 수립, 보안 지침 매뉴얼 구비, 보안 절차 등의 모든 통제사항이 포함된 총체적인 보안 시스템 구축 및 보안 정책 수립이 필요하다.

23.3 정보 보안 기법

(1) 암호화 시스템

암호 시스템은 암호 방법과 암호의 형태에 따라 [그림 8-3]과 같이 분류할 수 있다. 암호 방법에 따라 코드 시스템과 암호 시스템으로 구분되며 코드 시스템은 코드 북과 같은 코드표에 의해 암호화되는 시스템이다. 암호 시스템은 사용자에 의하여 선택되는 비교적 짧고 알려지지 않은 숫자 혹은 문자열들의 순서로서 이루어진 암호키(cryptographic key)와 일정한 법칙 및 단계로 이루어진 암호 알고리즘(cryptographic algorithm)으로 구성된다.

분류	방법별 분류		
암호화 방법	코드 시스템		
	암호 시스템	암호키	비밀키
			공개키
		암호 알고리즘	관용키 암호화 방식
			공개키 암호화 방식
암호 형태	스트림 암호	Synchronous	
		Self-synchronous	
	블록 암호		

【그림 8-3】 암호화 시스템의 분류

암호 알고리즘은 다시 관용 암호화(conventional encryption) 방식과 공개키 암호화(public key encryption) 방식으로 분류된다. 관용 암호화 방식은 암호화키와 복호화키가 동일한 암호 방식으로서 대표적인 알고리즘은 DES(data encryption system) 암호화 알고리즘이 있다. 공개키 암호화 방식은 관용 암호화 방식에서 문제가 되고 있는 키 전송이 필요 없을 뿐만 아니라 디지털 서명이 가능한 암호 방식으로서 대표적인 알고리즘은 RSA(rivest-shamir-adleman) 암호화 알고리즘, Knapsack 암호화 알고리즘이 있다.

또한 데이터를 암호화시키는 암호 형태에 따라 크게 스트림 암호와 블록 암호 방식으로 구분된다. 스트림 암호는 문자 단위 혹은 비트 단위로 암호화하는 방식이며, 블록 암호는 평문을 일정 길이의 블록으로 잘라서 이를 암호 알고리즘에 따라 암호화하는 방식이다.

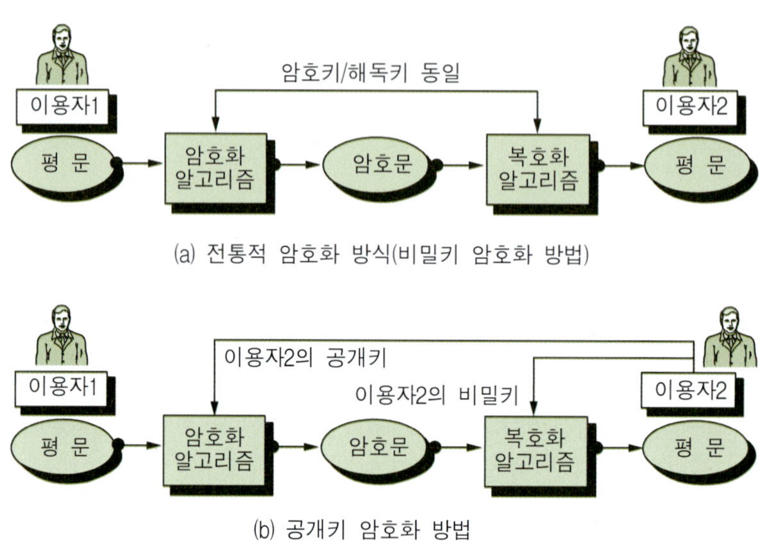

【그림 8-4】 전통적 암호화 및 공개키 암호화 방법

1) 비밀키 암호화 방법(security encryption, 관용 암호화)

비밀키 암호 시스템에서는 암호화키와 복호화키가 동일하여 키를 반드시 비밀로 유지하여야 암호 시스템이 안정된다. 따라서 송수신이 이루어지기 전에 송수신자 간에 비밀키를 공유할 수 있도록 키 분배 방법을 약속하여 이루어진다.

2) 공개키 암호화 방법(public key encryption)

컴퓨터 보안에서는 암호화가 가장 큰 기능을 수행하며 이 암호화에는 전통적인 암호화 방법과 공개키 암호화 방법의 두 가지가 있다. 전통적인 암호화 방법은 암호화와 복호화에 동일한 키를 사용하는 방법이고, 공개키 암호화 방법은 암호화와 복호화에 서로 다른 키를 사용하는 방법이다.

(2) 여분 정보 삽입 기법

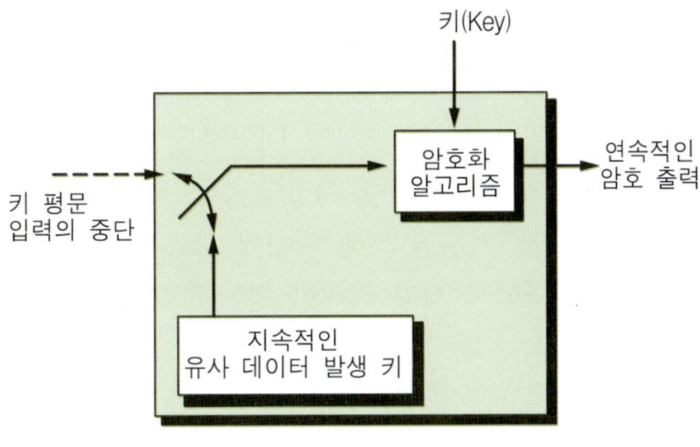

【그림 8-5】 여분 정보 삽입 기법

여분 정보 삽입 기법(traffic padding mechanisms)은 [그림 8-5]와 같이 정상적인 메시지 흐름이 멈추었을 때 가짜 암호 메시지를 계속 내보냄으로써 트래픽의 양을 분석하는 공격으로부터 방어하고자 하는 수단으로 정상적인 데이터에 여분의 거짓 데이터를 삽입하여 불법적으로 데이터를 분석하는 공격을 방어할 수 있는 기법이다. 이 방법은 여분의 데이터를 삽입하여 데이터를 일정한 길이로 하는 패딩(padding) 기법을 사용하면 통화량 분석(traffic analysis)의 위협을 어느 정도 탐지할 수 있다. 이 방법이 성공하려면 여분의 데이터를 삽입한 후의 데이터 길이가 실제 트래픽에서 발생하는 데이터의 최장 길이보다 길어야 한다.

(3) 디지털 서명 기법

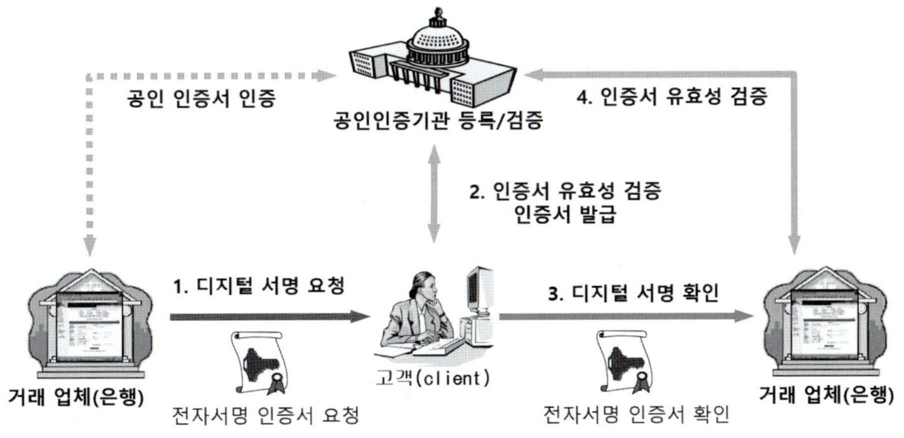

【그림 8-6】 디지털 서명 예

디지털 서명(digital signature mechanism) 기법은 네트워크에서 송신지의 신원을 증명하는 방법으로, 송신자가 자신의 비밀키로 암호화한 메시지를 수신자가 송신자의 공용 키로 해독하는 과정이다. 디지털 서명은 비대칭형 암호 알고리즘의 사용을 전제로 하는데 근본적으로 비밀키를 가진 자만이 데이터에 상응되는 서명을 생성한다.

비밀키를 갖고 있지 않는 자는 서명을 포함한 데이터를 생성하지 못하지만 공개키를 이용하여 데이터 서명자 즉 비밀키의 소유자를 확인할 수는 있다. 인증 절차 종료 후 통신 관계자 사이에 분쟁이 발생하면 제3기관을 통해 데이터 서명자를 확인할 수 있다. 제3기관은 서명된 데이터의 확실성을 증명하게 되며 이러한 형태의 디지털 서명을 직접 서명 방식이라 한다.

송신자가 자신이 발행한 서명 데이터를 거절하지 못하도록 하기 위해 제3기관은 수신자에게 데이터의 송신자와 서명의 무결성을 증명하는데 이를 중재된 디지털 서명이라 한다. 송신자는 서명 된 효과를 갖는 메시지를 생성하기 위해 개인키를 사용하고 수신자는 그 송신자의 공용키로서 그 메시지를 해독한다.

Tip 비대칭형 암호 알고리즘

공개키(public key) 알고리즘 방식이라고도 하며, A는 공개키(public key)와 개인키(private key)를 생성한다. A의 공개키를 이용하여 암호화된 데이터는 A의 개인키로만 복호화가 가능하며, A의 개인키를 이용하여 암호화된 데이터는 A의 공개키로만 복호화가 가능하다(그림 8-4 (b) 참조).

만약 외부 공격자 A가 거래업체(bank)에 접속해서 마치 자신이 C인 것처럼 가장하고 자신의 공개키로 전송하면 어떻게 될까요? 만약 거래업체(bank)가 속는다면 거래업체(bank)는 A의 공개키를 이용하여 비밀키를 암호화한 후에 전송할 것이고, A는 자신의 개인키로 이를 해독한 후 비밀키를 획득할 수 있게 될 것이다.

이러한 공격을 막기 위해서는 거래업체(bank)가 C의 공개키를 인증할 수 있는 방법이 필요하다. 그게 바로 공인인증서이다.

23.4 바이러스와 벌레(컴퓨터 웜) 프로그램

(1) 악성코드(malware, 악성 소프트웨어) 종류

악성코드는 악의적인 목적을 가지고 제작되어 컴퓨터에 악영향을 끼치는 모든 소프트웨어를 칭하며, 사용자의 명령이나 승인 없이 설치되거나 실행되며, 시스템의 성능 저하 또는 개인 정보 유출 등의 악의적인 행위를 수행하게 된다.

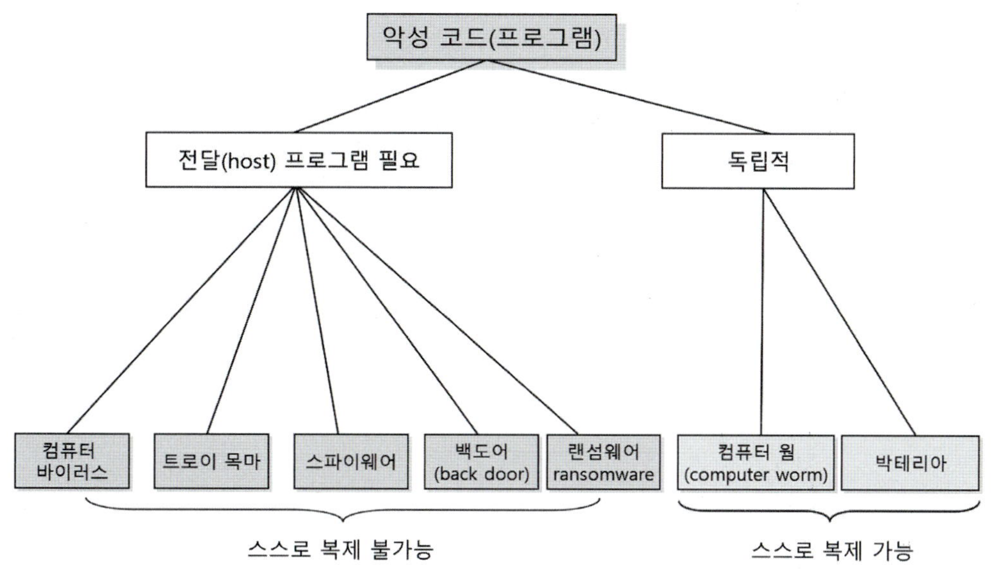

【그림 8-7】 악성코드의 종류

컴퓨터 시스템의 성능을 저하시키거나 자원을 파괴하는 경우로 바이러스(virus)와 컴퓨터 웜(벌레) 프로그램(worm program)이 있다. 바이러스는 파일을 파괴하거나 시스템 자원을 독점하는 등 시스템에 치명적인 손상을 미친다.

1) 바이러스(virus)

바이러스는 스스로를 복제하여 컴퓨터를 감염시키는 컴퓨터 프로그램이다. 복제 기능이 없는 다른 종류의 악성 코드, 애드웨어(adware, advertising-supported software), 스파이웨어(spyware)와 혼동하여 잘못 쓰이는 경우도 있다. 또한 바이러스는 컴퓨터 시스템의 프로그램과 데이터 및 네트워크상의 다른 시스템 등에 자신의 복사본을 전파시킨다. 스스로를 복제하려면 바이러스는 코드 실행과 메모리로의 기록을 허가받아야 한다.

이러한 까닭에 수많은 바이러스들은 그들 스스로를 정상적인 프로그램들의 일부일 수 있는 실행 파일에 첨부해 들어간다. 사용자가 감염된 프로그램을 실행하려고 하면 바이러스 코드가 동시에 실행될 수 있다. 바이러스는 백그라운드(background) 환경에서 동작하며 이 파일들이 다른 프로그램이나 운영체제 자체에서 접근하면 새로운 호스트들을 감염시켜 버린다.

바이러스는 다른 대상(정상파일)을 감염시키는 형태로 실행되며, 감염시킬 대상이 존재하지 않을 때에는 실행되지 않으며 다른 정상파일로의 자기 복제 기능이 있다. 또한 네트워크를 통해 전파되지 않으며 방식 및 위치에 따라 여러 형태로 나뉜다.

Tip

랜섬웨어(ransomware)

몸값(ransom)과 소프트웨어(software)의 합성어로 시스템을 잠그거나 데이터를 암호화해 사용할 수 없도록 하고, 이를 인질로 금전을 요구하는 최악의 악성 프로그램을 말하며, 신뢰할 수 없는 사이트, 스팸메일, 파일공유 사이트, 네트워크망을 통해 유포된다. 음란물, 무료 게임 사이트 등 보안 관리가 미흡한 사이트를 통해 감염된다. 랜섬웨어는 drive by download(인터넷 연결만으로도 악성코드에 감염되는 공격 형태임) 방식으로 보안이 취약한 웹사이트에 방문하였을 뿐인데 사용자 모르게 악성 스크립트가 동작하여 취약점을 유발시키는 코드를 실행하여 악성코드를 다운로드하고 실행하여 사용자의 PC를 감염시키는 기법이다.

트로이목마(trojan horse)

트로이 목마는 정상 프로그램으로 가장하지만 악성 지침에 포함되어 있는 악성 프로그램으로 어떤 유형의 악성코드보다도 컴퓨터를 더욱 자주 감염시키고 있다. 트로이 목마가 작동하려면 반드시 피해자가 실행시켜야 한다. 트로이 목마는 일반적으로 이메일을 통해 도착하거나 사용자가 감염된 웹사이트를 방문할 때 제공된다. 대표적인 트로이 목마 유형은 가짜 백신 프로그램으로써 팝업을 통해 감염되었으니 프로그램을 실행하여 PC를 청소하라고 지시한다. 사용자가 그 프로그램을 실행하면 트로이 목마가 감염되게 된다.
트로이 목마를 방어하기 어려운 이유는 최종 사용자를 속여서 감염되므로 확산시키기가 쉬우며, 패치, 방화벽 등의 전통적인 방어책으로는 방어가 불가능하다는 점이다.

2) 컴퓨터 웜(computer worm, 벌레 프로그램)

컴퓨터 웜(computer worm)은 독립적으로 실행되는 악의적인 소프트웨어로 스스로를 복제하는 컴퓨터 프로그램으로 스스로를 복제하고 다른 컴퓨터로 자신의 복사본을 확산한다. 웜은 파일을 파괴하거나 다른 심각한 피해를 주지 않는 점에서는 어느 정도 무해하다고 볼 수 있으나 네트워크를 통해 스스로 전파되고, 많은 컴퓨터에 침입하여 불법으로 컴퓨터 자원을 차지함으로써 네트워크 성능을 저하시킨다는 단점이 있다.

바이러스가 다른 실행 프로그램에 기생하여 실행되는 데 반해 웜은 어떠한 중재 작업 없이 독자적으로 실행되며 다른 실행 프로그램이 필요하지 않다. 컴퓨터 바이러스와 웜의 중요한 차이점은 바이러스는 스스로 전달할 수 없지만 웜은 가능하다는 점이다. 또한 웜은 네트워크를 손상시키고 대역폭을 잠식시키지만 바이러스는 컴퓨터의 파일을 감염시키거나 손상시킨다.

【표 8-4】 바이러스와 컴퓨터 웜 차이점

바이러스	컴퓨터 웜
· 다른 프로그램에 기생하며, 다양한 감염경로(디스켓, 다운로드, 네트워크의 공유홀더, 이메일)로 컴퓨터에 침입하여 실행 가능한 파일이나 문서 파일 내에 복제되어 기생함 · 다른 네트워크의 컴퓨터로 스스로 전파되지 않음(전염되지 않음) · 시스템 자체에 손상을 주고 네트워크 대역폭에는 영향을 주지 않음 · 복제와 감염 대상이 있음 · 치료(해결)방법은 파일을 치료 한 후 복구함	· 웜 자신을 복제하여 배포하고 자기 자신을 스스로 실행함 · 네트워크를 통해 컴퓨터에서 컴퓨터로 전파(전염)되는 악성 프로그램 · 손상된 시스템의 데이터나 OS를 파괴하거나 자신을 무제한으로 복제하고 이를 네트워크에 배포함으로써 시스템과 네트워크를 마비시킴 · 감염대상이 없음 · 치료방법은 웜 파일 자체를 삭제하여야 함

(2) 악성코드 피해 예방법 및 대처방안

컴퓨터 시스템을 외부로부터의 공격에 대처하기 위해서는 악성코드 피해를 최소화할 수 있는 예방법과 악성코드 감염 시 대응방법에 대해서 잘 알고 있어야 한다.

이처럼 악성코드의 공격으로부터 컴퓨터를 보호할 수 있는 가장 최선의 방법은 제시된 악성코드의 감염경로를 인지해 이를 피할 수 있는 예방법에 주의를 기울어야 하며, 악성코드를 퇴치할 수 있는 백신 프로그램을 꾸준히 사용하고, 스스로 예방하는 자세가 중요하다고 강조한다. 만약 악성코드에 감염됐다면 당황하지 말고, 정확한 감염 증상을 체크해 원인을 명확히 파악하는 것이 중요하다. 따라서 사용자는 다음과 같이 악성코드 감염 대응방법을 숙지하면 바람직하다.

1) 악성코드 예방법

① 정품 소프트웨어 사용을 생활화한다.
② 보낸 사람이 불분명한 이메일은 열어보지 않는다.
③ 백신 프로그램을 설치하고, 자동검색 및 자동 업데이트 기능을 설정한다.
④ 중요한 데이터는 백업해 두는 것을 생활화한다.
⑤ 비밀번호는 특수문자, 영문과 숫자를 혼합하여 만들고, 주기적으로 변경한다.
⑥ 컴퓨터를 켜거나 윈도우에 로그인시 비밀번호를 사용한다.
⑦ 문서 공유는 최소한으로 한다.

2) 악성코드 감염 대응방법

① 악성코드 감염 증상을 정확하게 파악하고, 백신 프로그램을 주기적으로 실행한다.

② 악성코드를 정확하게 알아야 하며, 백신업체나 관련 기관인 인터넷 침해사고 대응센터를 통해 대응방법을 숙지하여야 한다.

③ 악성코드 관련 최신 정보를 가능한 많이 수집하여 활용한다.

④ 두 개 이상의 백신 프로그램을 이용하여, 실행 후 악성코드가 완전히 삭제됐는지 여부를 확인한다.

단원 연습문제

1. 정보 보안의 개념을 정의하고, 3가지 보안 종류에 대해서 설명하시오.

2. 보안의 요구 조건과 위협의 형태에 대해서 설명하시오.

3. 보안 위협(STRIDE)의 종류와 특징에 대해서 설명하시오.

4. 보안 기법의 일반적인 기능은 무엇이며, 비밀키 암호화 방법과 공개 키 암호화 방법에 대해서 설명하시오.

5. 여분 정보 삽입 기법과 인증 교환 기법을 비교 설명하시오.

6. 디지털 서명 기법과 접근 제어 기법을 비교 설명하시오.

7. 바이러스와 컴퓨터 웜(벌레) 프로그램의 차이점을 설명하시오.

8. 악성코드 예방법에 대하여 설명해 보시오.

9. 악성코드 감염 대응방안에 대하여 설명해 보시오.

Operating System

Part 09

유비쿼터스 컴퓨팅 &
클라우드 컴퓨팅

Chapter 24 유비쿼터스 컴퓨팅 (ubiquitous computing)

24.1 유비쿼터스 컴퓨팅이란

유비쿼터스 컴퓨팅(ubiquitous computing)이란 기본적으로 언제(any time, 시간에 관계 없이), 어디서나(any where, 장소에 구애받지 않고), 어떠한 기기와도(any device, 접속기기), 어느 네트워크에서든(any network), 어떠한 서비스와도(any service, 다양한 서비스), 상호접속이 가능한 컴퓨팅 환경을 말하며, 유비쿼터스 컴퓨팅은 사물 인터넷(IoT, internet of things)과도 직결되는 개념이다.

유비쿼터스의 사전적인 의미로는 라틴어 어원으로 "어디에서나 존재하는", "편재하는" 등의 뜻으로, 1988년 미국 제록스(Xerox) 팔로알토 연구소 연구원인 마크 와이저(Mark Weiser)가 처음으로 제시하였다. 마크 와이저의 '유비쿼터스 컴퓨팅 프로젝트'는 컴퓨터와 네트워크, 인간이 조화되는 문화 창출을 목표로 하였다. 그는"왜 컴퓨터는 이렇게 사용하기 어려운 물건인가?"라는 의문을 가졌으며, 수많은 컴퓨터가 결코 사용자를 귀찮게 하거나 불편하지 않게 조용히 자신을 이용해 주기를 기다리는 아주 이상적인 컴퓨팅 환경이 만들어질 수 있다고 보았다.

(1) 유비쿼터스 컴퓨팅 5C

① Computing(컴퓨팅): 언제 어디서나 서비스가 가능해야 한다.

② Communication(통신): 사람과 사람뿐만 아니라 사람과 사물, 사물과 사물간의 통신도 가능해야 한다.

③ Connectivity(연결성): 이들은 유기적으로 연결되어 있어야 한다.

④ Contents(콘텐츠): 사람들에게 필요한 정보나 서비스를 개인화되도록 제공해야 한다.

⑤ Calm(조용함): 이러한 내용들을 사람들이 인지하지 못하게 보이지도 않게 제공해야 한다.

(2) 유비쿼터스 컴퓨팅 5A

① Any time(언제): 시간에 구애받지 않고 언제든지 필요한 서비스가 가능해야 한다.

② Any where(어디든지): 어떠한 장소 & 환경에서도 서로 연결되어 정보/서비스를 주고받을 수 있어야 한다.

③ Any network(어느 네트워크에서든): 서로 다른 네트워크 환경에서도 연결 & 접속이 가능해야 한다.

④ Any device(어느 장치든): 서로 다른 사물(장치)간에도 서로 연결되고 필요한 정보를 주고받을 수 있어야 한다.

⑤ Any service(어떤 서비스든): 어떠한 서비스도 모두 제공되어야 한다.

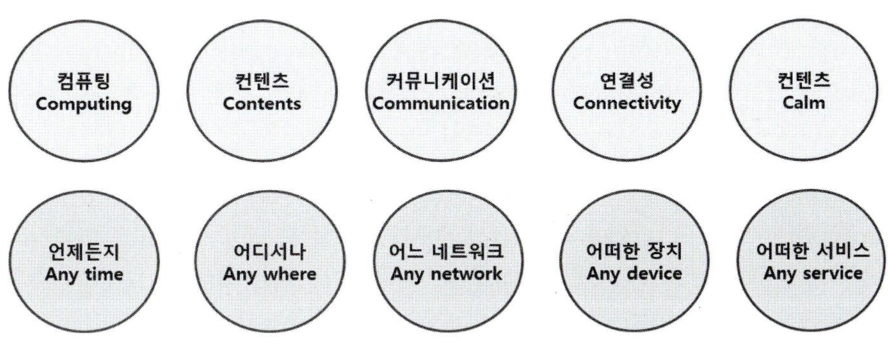

【그림 9-1】 유비쿼터스 컴퓨팅 5C & 5A

유비쿼터스 컴퓨팅이란 보이지 않는 컴퓨터들이 인간이 존재하는 어느 곳에든 숨어 존재하고, 하나의 네트워크로 상호 연결되어서 인간이 의식하지 않아도 상황에 따라 인간이 필요로 하는 서비스를 제공하는 것이다.

유비쿼터스 패러다임은 모든 사물에 컴퓨터와 네트워킹 기술이 적용되어 여러 곳에 존재하는 컴퓨팅 기반을 통해 사람과 컴퓨터 기기 및 환경이 서로 상호 작용하여, 컴퓨터가 사람의 필요 사항을 알아서 처리하는 인간 중심의 컴퓨팅 환경을 지향한다.

유비쿼터스 컴퓨팅에서는 사람과 사람 또는 사람과 기기 간의 디지털 정보 교환 외에도 기기와 기기(M2M, machine to machine) 간의 디지털 정보 교환으로 개념을 확대한 것이다.

유비쿼터스 컴퓨팅 기술은 초소형 컴퓨터 기술, 저 전력 기술, 유무선 네트워크 기술, 무선접속 기술, 인터페이스(interface) 기술 등의 다양한 구성요소로 이루어지게 된다.

- 유비쿼터스 컴퓨팅(ubiquitous computing): 언제, 어디서나, 누구와도 컴퓨팅이

가능한 환경.

- 모바일 컴퓨팅(mobile computing): 사용자가 이동 중에도 자유롭게 이용할 수 있는 컴퓨팅 환경.

24.2 유비쿼터스 컴퓨팅의 역사

1974년 미국 MIT대 교수인 니콜라스 네그로폰테(Nicholas Negroponte)는 컴퓨터의 미래에 대해 연설하면서 장차 유비쿼터스 컴퓨팅과 같은 시대의 도래를 처음 예견하였다. 일본에서도 1984년 도쿄대학 사카무라 켄 교수가 TRON(The Real time Operating system Nucleus) 프로젝트를 수행하면서 유비쿼터스 개념과 유사한 연구가 시작되었다. 유비쿼터스라는 단어는 미국 제록스사의 팔로알토 연구 센터(PARC, palo alto research center)의 수석연구원인 "마크 와이저(Mark Weiser)"가 "유비쿼터스 컴퓨팅" 개념을 처음으로 제시하였다.

마크 와이저의 약력을 보면, 1952년 7월 시카고에서 출생하였으며, 미시간 대학 Computer and Communication Sciences 분야에서 석사와 박사 학위를 받았고, 36세가 되던 1987년에 제록스사 수석연구원으로 참여하였으며, 1988년에 유비쿼터스 개념을 제안하고 이후 여러 논문을 통하여 유비쿼터스 개념을 처음으로 정립하였다.

마크 와이저는 오랜 시간동안 다가올 미래의 전자 문명의 화두가 무엇일까에 대해 고민했다. '분명 지난 30여 년 동안 설계되고 문명을 지배해 온 컴퓨터 시스템과는 근본적으로 다르지 않겠는가?' 하는 의구심을 가지고, 인간과 컴퓨터, 그리고 네트워크가 서로 조화되어 나타날 지극히 인간화된 기술(calm technology)이어야 하지 않을까?' 등 수많은 추론과 질문을 던져보았다. 1988년에 비로소 유비쿼터스가 본격적인 연구과제로 추진되었으며, 1991년, 마크 와이저는 미국의 대표적 과학 저널 중의 하나인 'Scientific American' 1991년 9월 호에 "21세기를 위한 컴퓨터(The computer for the 21st Century)"라는 논문을 발표하면서 유비쿼터스 컴퓨팅 개념을 대외적으로 제안하였다.

이후 1996년에는 그의 논문 'The Coming Age of Calm Technology'에서 많은 사람이 한 대의 대형 컴퓨터를 공유하던 메인프레임 시대에서 PC 중심, 분산 컴퓨팅, 인터넷 시대를 거쳐 개개인이 환경 속에 편재되어 있는 여러 컴퓨터를 사용하는 유비쿼터스 컴퓨팅 시대가 도래 할 것이라고 주장을 하였다.

유비쿼터스 컴퓨팅의 발전은 때맞춰 발전된 마이크로프로세서(microprocessor) 및 센서의 초소형화, 임베디드 시스템(embedded system) 기술의 발전, 하드웨어의 저 전력 설계 기술의 발전, 고밀도 배터리의 개발, 초소형 컴퓨터에 적합한 운영체제의 개발, 유무선 네트워크 기술의 발전 등에 힘입어 구현이 현실화 되었다. 이미 세계 곳곳에서 유비쿼터스 컴퓨팅 활용 서비스가 많은 산업 분야에 실현되고 있으며, 유비쿼터스 컴퓨팅 시대가 그리 멀지는 않았다는 점과 유비쿼터스 컴퓨팅으로 우리의 일상생활이 더욱 풍요로워질 것이라는 점은 분명하다고 할 수 있다.

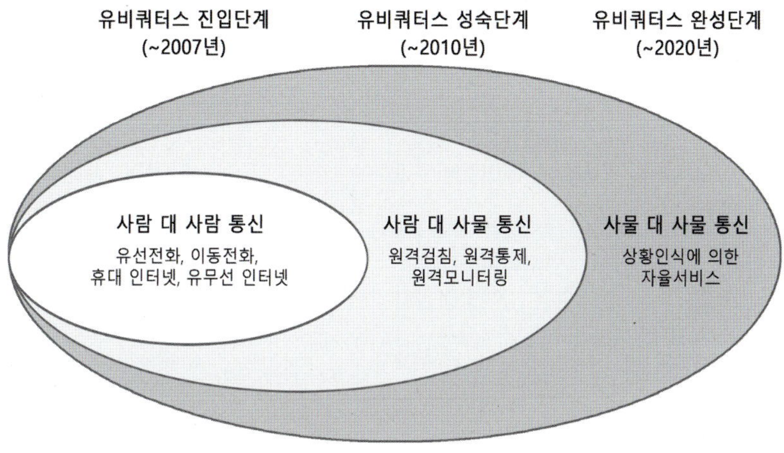

【그림 9-2】 유비쿼터스 컴퓨팅 발전 단계

앞으로의 변화되는 컴퓨팅 시대는 과거의 "One computer for many people" 시대에서 현재의 'One computer for everyone' 시대를 지나 'Many computers for everyone' 시대가 될 것으로 전망한다. 많은 사람들이 하나의 대형 컴퓨터에 연결하여 서버스를 제공받던 시대는 벌써 오래 전의 일이고, 개인용 컴퓨터의 발전과 획기적인 확산으로 인하여 누구나가 컴퓨터를 유용하게 활용하게 되었으며, ubiquitous computing & IoT/IoE 시대에서는 하나의 컴퓨터 환경에서 많은 컴퓨팅 기능을 제공받는 시대로 변해가고 있다.

오늘날의 인터넷이 모든 컴퓨터들을 연결하는 것이었다면 앞으로의 인터넷은 일상생활에서의 모든 환경과 사물들에게 컴퓨터를 집어넣어 지능화시키고 이들을 서로 대화할 수 있도록 연결시킬 것이다. 우리가 활용하는 아주 작은 컴퓨터(micro sensor)들은 우리가 의식할 수 없을 정도로 사물에 내재되어(embedded), 보이지 않게(invisible) 되며, 아주 조용(calm, silent)할 뿐만 아니라, 복잡한 조작을 하지 않아도 스스로 주어진 일을 처리하는 컴퓨팅 시대가 될 것이다.

Tip IoE(만물인터넷, internet of everything)

사물인터넷(IoT)은 인간이 직접 개입하지 않아도 사물들끼리 서로 정보를 공유해서 인간에게 혜택을 주는 기술이지만 만물인터넷은 사람과 프로세스, 데이터, 사물의 지능적 연결로 사물 인터넷이 진화된 형태이다. 사람-프로세스-데이터-사물들이 관련 있고 가치 있는 방식으로 서로 연결되어, 필요한 지식을 지능형으로 변환하여 더 나은 의사 결정을 내리게 될 것이다.

【표 9-1】 과거 컴퓨팅 환경과 유비쿼터스 컴퓨팅 환경의 특징 비교

구분	과거의 일반적 컴퓨팅	유비쿼터스 컴퓨팅
중심 주체	기계	사람
컴퓨팅 기기의 역할	제한적인 역할 (계산, 제어, 통신 등)	자기 환경형 (센싱, 제어, 통신, 판단, 인터페이스)
인간의 역할	컴퓨팅 지시자 인터페이스 제공 모든 의사결정권자	최종 의사결정권자
주요 목적	고속성/대용량성/효율성	효율성 + 심층성 + 쾌적성

출처 : 유비쿼터스 컴퓨팅 환경에서 교육의 미래 모습, KERIS

유비쿼터스 컴퓨팅의 특징을 간략하게 요약하면 다음과 같다.

① 유비쿼터스 네트워크: 어디서나 사용이 가능하고 필요한 모든 사물은 항상 네트워크에 연결되어 있어야 한다.

② 유비쿼터스 단말기: 어떤 단말기를 사용해도 필요한 서비스 받을 수 있어야 한다. 유비쿼터스 장치(ubiquitous device)에는 휴대폰, PDA, 홈 네트워크, RFID 리더기, 텔레매틱스 장치 등이 있다.

③ 편리한 인터페이스: 사용자가 컴퓨터, 센서 및 네트워크의 존재를 의식할 수 없어야 한다. 또한, 사용자 인터페이스가 지능적이어서 사용자의 상황(장소, ID, 장치, 시간, 온도, 날씨 등)에 따라 서비스가 동적(dynamic)으로 변해야 한다.

④ 콘텐츠: 자유자재로 모든 콘텐츠의 접근(access)이 가능해야 한다.

⑤ 안전한 보안: 장소와 시간에 관계없이 사용자의 보안이 보장되어야 한다.

24.3 유비쿼터스 컴퓨팅 기술

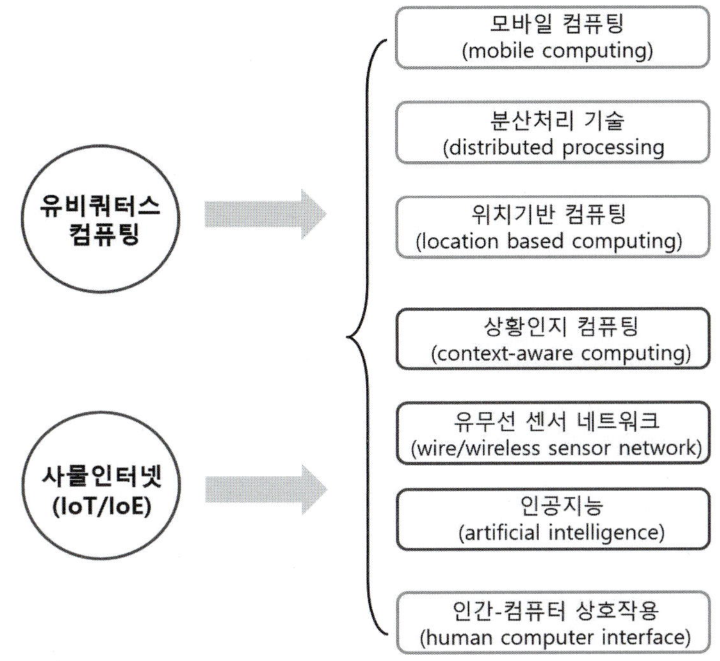

【그림 9-3】 유비쿼터스 컴퓨팅 & 사물인터넷 기술

(1) 인간-컴퓨터 상호작용(HCI, human computer interface)

사용자 인터페이스(UI, user interface)란 사람(사용자)과 컴퓨터 시스템(하드웨어+소프트웨어)과의 관계에서 자신이 원하는 정보를 획득하고 처리하는 과정에서 시스템을 사용하는 사용자의 편의성을 도모하는 연구 영역을 말한다.

휴먼 컴퓨터 인터페이스는 사람들이 컴퓨터와 상호 작용하는 시스템으로 물리적인 하드웨어와 논리적인 소프트웨어 요소를 포함하며, 사람과 상호작용이 가능한 시스템이 잘 어울려서 주어진 목표를 달성할 수 있도록 이 둘 사이의 상호작용 방법과 절차를 설계하고 평가하며, 구현하는 분야를 말한다.

최종 목표는 해당 시스템을 이용하는 사람들에게 최적의 경험(optimal experience)을 제공하는 것이며, 최적의 사용자 경험(UX, user experience)을 창출해 나가는 것이다. 사용자에게 최적의 경험을 제공하기 위한 만족요소로 유용성(usefulness), 사용성(usability), 감성(affect)이 충족되어야 한다.

예 스마트폰의 UX 인터페이스, 음성 합성(voice synthesis), 감성 사용자 경험 서비스

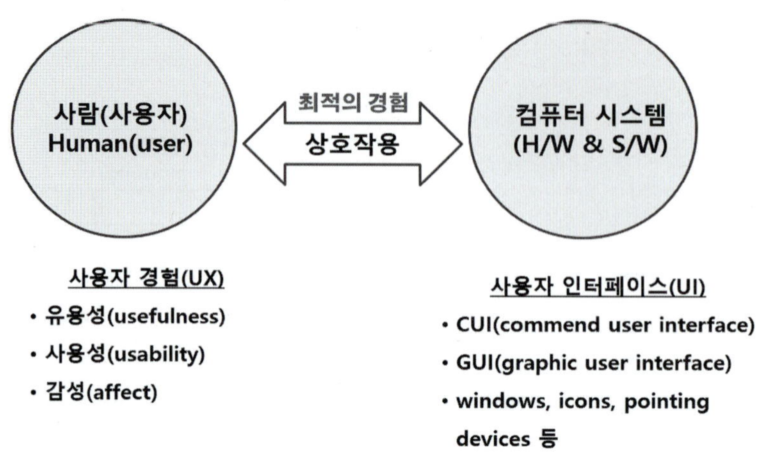

【그림 9-4】 인간-컴퓨터 상호작용(HCI)의 특징

(2) 유무선 센싱 기술

유비쿼터스 컴퓨팅에서는 기본적으로 사물들이 실시간 보내오는 다양한 정보를 수집하는 작업이 필요하다. 이러한 정보 수집을 담당하는 핵심 부품이 센서이다. 센서 종류로는 온도 센서, 빛 센서, 열 센서, 습도 센서, 냄새 센서 등이 있으며, 이러한 센서들이 주변의 물리적인, 화학적인 양을 전기신호로 변환해서 전송해 준다. 센서는 되도록 크기와 동작에 필요한 전력소모가 작아야 하고 값이 싸야 한다.

RFID(무선주파수 식별자, radio-frequency identification)는 무선주파수를 활용하여 멀리 떨어져 있는 개체(entity)를 식별하는 기술로 태그(tag), 리더(reader) 그리고 서버(server)로 구성되어 있다. RFID 기술은 현재 많은 산업 분야에 활용되고 있으며, RFID 기술의 성공 여부는 저렴한 가격과 초소형 전력 소모 기술에 달려 있다고 해도 과언이 아니다.

주요 RFID 기술 응용 분야는 재고 및 물류 관리, 폐기물 관리, 우편물 분류, 동물 관리, 항공 화물 관리, 대중 교통카드 및 신용카드, 도서 관리, 농작물 유통 관리 등 산업 전 분야에서 활용되고 있다.

(3) 무선 센서 네트워크 기술(WSN, wireless sensor network)

무선 센서 네트워크(WSN)는 온도, 기압 등과 같은 물리, 환경 조건을 측정하기 위하여 분산 배포된 센서 노드들과 무선을 통해 센서 노드로부터 정보를 수집하여 이를 중앙 서버로 전달하는 게이트웨이(또는 싱크노드)와 수집된 정보를 저장, 관리, 분석, 활용하기 위한 사용자 인터페이스인 소프트웨어로 이루어진다. 특히 RFID 리더나 센서 등은 비교적 넓은 영역에 퍼져서 위치하고 있기 때문에 리더나 센서에서 수집한 정보를 서버에 효율적으로 전달하는 것이 매우 중요하다.

센서 노드들은 자신이 수집한 정보와 다른 센서 노드로부터 전송받은 정보를 싱크 노드에 자신보다 더 가까운 위치에 있는 센서 노드에게 전달한다. 싱크 노드는 수신된 정보를 USN(ubiquitous sensor network) 게이트웨이(gateway)로 전송한다. 게이트웨이는 기존의 기간 네트워크를 통해 서버에게 정보를 전달하게 된다.

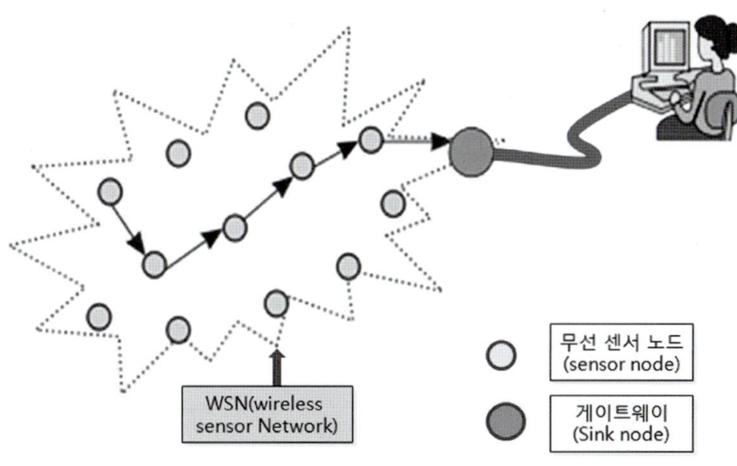

【그림 9-5】 무선센서 네트워크(WSN)

(4) 초소형 반도체 칩 기술

유비쿼터스 컴퓨팅을 가능하게 하는 하드웨어 기술로서 시스템을 하나의 반도체 칩으로 구현하는 SoC(단일 칩 시스템, system on chip) 기술을 꼽을 수 있다. 여러 기능을 가진 기기들로 구성된 시스템을 하나의 칩으로 만드는 기술이다. 연산 소자(CPU), 메모리 소자(D램, 플래시 등), 디지털 신호처리 장치(DSP, digital signal processor) 등 주요 반도체 소자를 하나의 칩에 구현해 칩 자체가 하나의 시스템이 되도록 하는 것이다. 또한 단일 칩 시스템을 구현하기 위해 중요한 하드웨어 기술은 바로 배터리이다. 모바일 단말이나 센서 노드와 같은 장치들이 동작하기 위해서는 전원이 필수적인데 중요한 것은 소형화와 초전력 지속시간이다. 현재 에너지 밀도가 매우 높은 차세대 배터리를 개발하기 위해 지속적인 연구를 진행하고 있다.

유비쿼터스 컴퓨팅의 기본 개념인 조용한 컴퓨팅(calm/silent computing), 사라지는 컴퓨팅(disappear computing), 스며드는 컴퓨팅(pervasive computing)을 구현하려면 센서 노드 등의 극소형화가 이루어져야 하며, 스마트 센서처럼 매우 작은 센서 노드의 개발이 요구하다. 이를 실현하는 기술이 미세 전자 기계 시스템(MEMS, micro electro mechanical systems)이다. MEMS는 반도체 미세 제조 기술로 마이크로미터(100만분의 1m) 크기의 초미세 기계 부품과 초고밀도 집적회로를 동시에 집적한 것으로 머리카락 절반 두께의 초소형 기어, 손톱 크기의 초미세 기계 구조물, 극소형의 기계장치 및 전자-기계 부품들을 만들어내는 기술이다.

(5) 유비쿼터스 센서 네트워크 기술(USN, ubiquitous sensor network)

유비쿼터스 센서 네트워크는 필요한 모든 사물에 전자 태그를 부착해 사물과 환경을 인식하고 네트워크를 통해 실시간 정보를 구축하고 활용하도록 하는 통신망 기술로 필요로 하는 모든 곳에 수많은 센서 노드들을 부착해 빛, 소리, 온도, 움직임 같은 데이터를 센서 노드에서 감지하고 측정한다. 이를 통해 자율적으로 사물의 정보와 온도, 습도 등 주변의 환경 정보를 수집, 관리 및 제어하는 시스템이다. 언제, 어디서나, 어떤 것과도 통신이 가능한 환경을 만들기 위한 것이다.

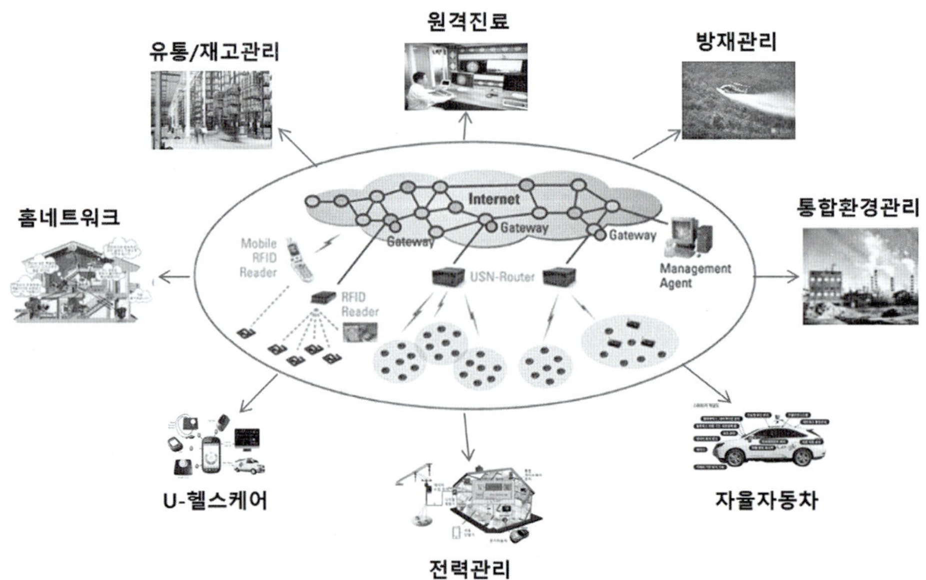

【그림 9-6】 유비쿼터스 센서 네트워크(USN)

여러 개의 센서 네트워크 필드가 게이트웨이(gateway)를 통해 외부 네트워크에 연결되는 구조를 갖는다. 센서 노드들은 가까운 싱크(sink) 노드로 데이터를 전송하고 각각의 싱크 노드로 집적된 데이터는 USN gateway로 전송된다. 또한 USN gateway에 전달된 데이터는 USN 통합서버를 통해 광대역통합망(BcN, broadband convergence network(백본 네트워크))로 전달되게 된다.

유비쿼터스 컴퓨팅시대에서는 수많은 센서로 부터 전송되는 엄청난 분량의 데이터가 네트워크를 통해 실시간으로 전송될 수 있어야 하며, 이를 위해서는 백본망(backbone network)으로 광대역 초고속망이 제공되어야 한다. 또한 유무선 광대역 서비스가 제공되어야 하며, 유선망 뿐 아니라 이동통신망에서도 광대역 서비스가 제공되어야 한다.

Tip BcN(광대역통합망) 백본 네트워크

통신, 방송, 인터넷이 융합된 품질 보장형 광대역 멀티미디어 서비스를 언제 어디서나 끊김 없이 안전하게 광대역으로 이용할 수 있는 차세대 통합 네트워크이다.

(6) 근거리 무선통신 기술(무선 개인 통신망, WPAN)

유비쿼터스 센서 네트워크를 구성하는 경우 수많은 센서 노드들을 서로 연결하는 네트워크는 무선 기술만이 현실적인 방안이 될 수 있다. WPAN(wireless personal area network)은 다양한 요구 조건의 근거리 개인 무선통신을 위해 제공되는 기술로써 저속과 고속 WPAN으로 구분된다. 저속 WPAN은 무선 센서 네트워크에 주로 활용되며, 소형, 저 전력, 저가격으로 각종 센서 장치 및 가전제품의 제어 및 음성 정보 등을 전송한다. 고속 WPAN 기술은 각종 전자제품에 장착 가능하도록 소형, 저 전력, 저가격이 요구될 뿐만 아니라 고화질의 영상 정보를 주고받는 데 적합하도록 구현된다.

WPAN 기술은 유비쿼터스 컴퓨팅 환경을 구현하는데 매우 필수적이며, 근거리 무선통신 기술의 종류로는 무선 LAN(wireless LAN), 블루투스(Bluetooth), 그리고 지그비(ZigBee), 근접거리 무선통신(NFC, near field communication), 적외선(IrDA, infrared data association) 방식, HomeRF(홈 무선 주파수, home radio frequency) 등이 있다.

① 무선 LAN 기술(WiFi, wireless fidelity)

- 다수의 컴퓨터들이 유선 TCP/IP 네트워크에 연결된 접속장치(AP: access point)에 무선으로 접속하여 네트워크에 연결할 수 있도록 하는 규격임.
- 무선 LAN의 전송거리: 실내에서는 20 ~ 40m, 실외에서는 100 ~ 150m 정도임.
- 근거리 무선전송 기술 중에서는 도달거리가 매우 긴 만큼 전력소모도 심해 초소형 기기에는 사용하기는 힘들다.

② 블루투스(Bluetooth)

- 소니 에릭슨, IBM, 노키아, 도시바 등의 회사들이 참여한 블루투스 기술은 SIG 4 라는 기관에서 다양한 기기들 간에 저렴한 비용의 무선연결을 제공하기 위해 만든 산업표준임.
- 블루투스는 2.45GHz 대역의 주파수를 사용하여 현재 최고 24 ~ 50Mbps의 전송 속도를 제공하고 있으며, 10 ~ 100m 이내의 가까운 거리에서만 통신이 가능함.
- 최근 블루투스5는 저 전력 동작 기술이 도입하여 기존 블루투스 4.2보다 데이터 전송 범위가 4배 넓어져, 약 365m까지 데이터를 전송할 수 있다.
- 응용분야로는 블루투스 스피커/이어폰/마우스/pmp/핸드폰/프린터 등에 많이 활용되고 있다.

③ 지그비(ZigBee)

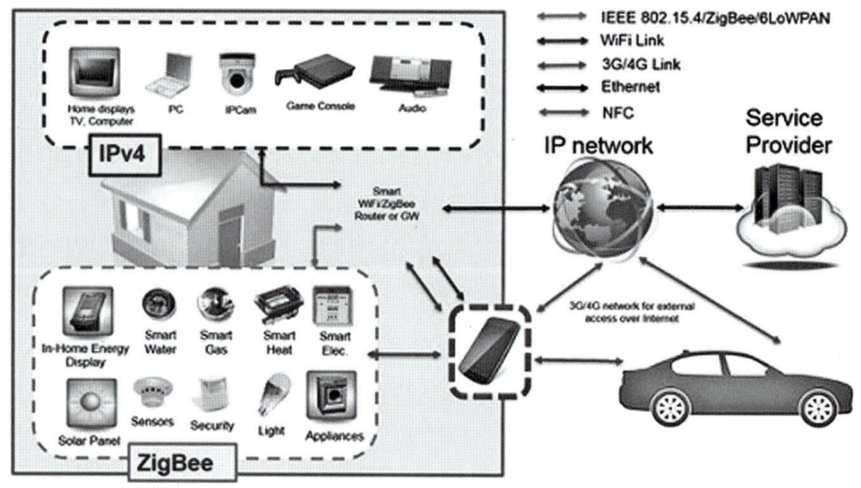

【그림 9-7】 Zigbee 네트워크 활용 예

출처 : 지그비 스마트 홈 / wiznetmuseum.com

- 2004년 지그비 얼라이언스(Zigbee Alliance)에 의해서 개발된 무선전송 표준기술로써 IEEE 802.15.4 표준을 기반으로 전자 계량기, 소비자용 전자제품과 같은 근거리 개인 무선통신망의 기준으로 소량의 데이터 전송을 목적으로 저가, 저 전력, 보안성을 갖춘 기술임.
- 블루투스보다 가격이 저렴하고, 낮은 데이터 에러율, 적은 배터리 소모, 네트워크의 안전성을 요구하는 RF 어플리케이션에 주로 사용된다.

- 그물망(mash network) 네트워크 구성으로 유비쿼터스 센서 네트워크에서 센서들의 통신에 사용되기에 적절하다. 지그비의 통신거리는 보통 10m ~ 최대 100m 정도까지도 가능하다.
- 주요 응용분야로는 산업용 제어, 임베디드 센서, 의학자료 수집, 화재 및 도난, 빌딩 자동화, 홈오토메이션 등의 분야에 응용되고 있다.

④ NFC(near field communication)

- 근거리 무선 통신 기술로, 두 대 이상의 단말기를 10cm 이내로 접근시켜 양방향 데이터를 송수신하는 기술로 NFC는 13.56MHz의 주파수 대역을 사용하며, 단말기 간의 빠른 양방향 통신이 가능한 전자태그(RFID) 기술의 일종임.
- NFC는 비접촉 근거리 무선 통신 기술로써 암호화 기술이 적용되어 무선 통신 중에도 정보가 외부로 유출되지 않지 않음.
- 응용분야로는 도서관 출입증, 스마트폰 결제 서비스, 역/공항 티켓 확인, 극장/경기장 입장권 확인 등 다양한 부문에서 활용되고 있음.

⑤ 적외선(IrDA, infrared data association)

- IrDA는 데스크톱, Notebook PC, 개인 휴대 정보 단말기(PDA 등), 휴대폰 간에 적외선을 이용하여 데이터를 전송하는 기술로 데스크톱 컴퓨터, 노트북 컴퓨터, PDA, 디지털 카메라, 휴대폰, 무선호출기, 프린터 등의 무선데이터 통신 분야에서 중요한 역할을 수행하고 있음.
- 적외선을 이용하기 때문에 전파를 이용한 통신 방식처럼 상호 간섭하거나 다른 기기를 오 동작시키는 등 예기치 않는 현상이 거의 발생하지 않기 때문에 안정성이 매우 높은 기술로 평가를 받고 있음.
- 휴대폰 전자 지갑, 공장 창고관리 시스템 적용, 고속도로 톨게이트 무인화 시스템, 적외선 명함 교환기 등 활용범위를 점점 넓혀가고 있다.

⑥ HomeRF(home radio frequency)

- 2004년 HomeRF(가정용 무선 주파수)는 홈네트워킹 표준으로, 주파수 도약 대역 확산 스펙트럼(FHSS, frequency-hopping spread spectrum) 기술을 사용하여, 5GHz 대역에서 최대 45 ~ 150m의 거리에서 전송이 가능하며, 최대 1.6Mbps의 속도를 제공한다. 주로 가정용 전자제품간의 네트워킹에 주로 활용되고 있다.

- 가정 내의 모든 기기, 즉 컴퓨터 관련 기기, A/V 기기, 홈오토메이션을 위한 제어나 보안기기, 게임기와 같은 오락기기 등을 가정 내의 통신망으로 묶어서 정보를 공유하고 제어할 수 있다.

24.4 유비쿼터스 컴퓨팅 응용 기술

(1) 웨어러블 컴퓨팅(착용 컴퓨팅, wearable computing)

wearable(입을 수 있는) + computing, 즉, 입을 수 있는 것들에게 컴퓨팅 기능을 적용시킨 기술로써 옷이나 시계, 안경처럼 자유롭게 몸에 착용하고 다닐 수 있는 컴퓨터 기술이다. 유비쿼터스 컴퓨팅 기술의 출발점으로서 컴퓨터를 옷이나 안경처럼 착용할 수 있게 해줌으로써 컴퓨터를 인간의 몸의 일부로 여길 수 있도록 기여하는 기술로 소형화 · 경량화를 비롯해 음성 · 동작 인식 등 다양한 기술이 적용되며, NANO 기술, 바이오테크놀로지 기술로 체내 이식 형으로 점차 발전해 가고 있다.

사물과 사물에서 사람과 사물, 그리고 공간을 넘어 가상세계와 융합된 지능화된 만물 인터넷의 세상(Intelligent IoE(internet of everything))'으로 진화할 것이기 때문에 사용자와 항상 연결된 웨어러블 디바이스의 중요성이 재차 강조되고 있다.

(2) 임베디드 컴퓨팅(내장형 컴퓨팅, embedded computing)

임베디드 컴퓨팅은 컴퓨터나 기타 제어가 필요한 시스템에 수행 기능을 미리 프로그래밍하여 기기에 심어 지능화시키는 특정 기술로써 사물에다 마이크로 칩(micro chip) 등을 심어 사물을 지능화시킨 컴퓨팅을 말하며, 위험한 물건이나 건축물 등에 마이크로 칩을 장착하여 안전성 진단이나 사고 예방을 사전에 감지할 수 있다.

(3) 퍼베이시브 컴퓨팅(pervasive computing)

"퍼지는, 보급되는, 스며드는", 널리 퍼지고 스며드는 컴퓨팅 정도로 해석이 가능하며, "어디에나 있는"이라는 뜻을 가진 유비쿼터스와도 사전적 의미가 비슷하다고 할 수 있다. 1998년 이후 IBM 사업의 전략적인 브랜드 개념으로써 "퍼베이시브"라는 단어가 사용되어 왔으며, 어디든지 어떤 사물이든지 도처에 컴퓨터가 편재되어 있다는 전기나 전자기기처럼 일상화 된다는 뜻을 담고 있다.

무선 인터넷과 다양한 기기들을 연결해 한 곳에서 제어할 수 있도록 하는 네트워킹 기술이 확산되면서 PC에서만 할 수 있던 업무를 다양한 소형기기를 통해 언제 어디서나 처리할 수 있게 되었다.

(4) 감지 컴퓨팅(sentient computing)

전자기기에 인간의 감각기관처럼 외부환경을 느끼도록 다양한 센서를 부착하여 각종 사용자의 상황 정보를 인식하여 사용자에게 최적의 서비스를 제공하는 기술이며, 주로 온도·습도·소리·빛·진동·냄새·압력 등의 주변 상황을 감지하여, 사용자의 행위 변화를 측정하며, 이를 통해 수집된 정보의 정확성을 확보하여 보다 지능화된 서비스를 구현할 수 있다.

시각/청각 미디어 기술을 활용하여 물체의 움직임을 이용해서 디지털 음악/음조를 재현하는 새로운 감성 미디어 서비스를 제공할 수 있으며, 청각/후각 미디어 활용 기법으로 아티스트의 음악성과 곡의 느낌에 맞는 향기를 제공하는 향기 나는 라디오 기술 등의 활용기술이 있다.

(5) 노매딕 컴퓨팅(유목 컴퓨팅, nomadic computing)

선과 연결의 제약을 없애고, 장소에 국한되지 않으며, 네트워크의 이동성을 극대화해 사용자가 원하는 곳이면 어디든 이동하면서 컴퓨터를 사용할 수 있게 하는 기술을 의미한다. 유목(nomadic) 환경에서 장소에 국한되지 않고 이동 중에도 일상생활을 영위할 수 있도록 내재된 스마트 디바이스와 무선인터넷(GPS, 텔레매틱스 등) 등의 기술을 통해 사용자가 일관된 서비스를 받는 것을 의미한다.

또한 노매딕 컴퓨팅 환경은 어떠한 장소에서건 이미 다양한 정보기기가 편재되어 있어 사용자가 정보기기를 굳이 휴대할 필요가 없는 환경(always connected: 어디서든 연결된 환경)을 만드는 것이 목표이다.

- 내재된 스마트 디바이스 기술 + 무선인터넷 기술(GPS, 텔레매틱스 등)

(6) silent 컴퓨팅(조용한 컴퓨팅)

사물에 심어진 컴퓨터들이 사용자가 의식하지 않아도 마치 하인처럼 정해진 일을 묵묵히 수행하는 것을 실현하는 컴퓨팅 기술로 컴퓨팅 기술 자체의 중요성 보다는 기술과 인간과의 관계에 더욱 초점을 맞춘 개념이다. 단순히 조용한 컴퓨팅 개념이 아니라 유비쿼터스 컴퓨팅의 핵심 기술 중에 하나인 seamless(끊김이 없는, 부드러운 상호연결성)한 기술을 적용하여 사람들이 존재를 느끼지 못하도록 하는 컴퓨팅 개념이다.

(7) 1회용 컴퓨팅(disposable computing)

모든 사물에 컴퓨터를 심을 수 있도록 컴퓨터를 1회용 종이만큼이나 저렴하게 만드는 기술을 의미하며, 종이처럼 한번 쓰고 버린다는 개념이 아니라, 그만큼 사소한 작은 사물에까지 컴퓨팅이 편재된다는 의미이다. 1회용 컴퓨팅을 실현되기 위해서는 각 사물에 부착되는 RFID 태그의 가격이 바코드만큼 저렴하게 되어야만 사물마다 하나씩 부착하여 정보수집이 가능해진다.

(8) 엑조틱 컴퓨팅(exotic computing)

컴퓨터 스스로가 서로 다른 물리공간과 전자공간을 연결해주는 컴퓨팅을 실현하는 기술이다. 현실세계와 가상세계인 전자공간과 물리공간을 연계하여 스스로 생각해 수행하는 지능형 컴퓨팅 기술로써 주로 인간성 및 감성을 연구하는 분야에서 많이 활용하고 있다. 아울러 이 기술은 가상과 현실을 이어주어 마치 영화 매트릭스와 같은 세계를 구현할 수가 있다고 한다.

24.5 유비쿼터스 컴퓨팅 활용 분야

■ 산업 분야

- 전력/수도 → 자동 검침 및 고장 감지.
- 스마트 타이어 → 공기압 점검 및 이상 징후시 알람 경고 메시지 전송.
- 스마트 디스플레이 & 스마트 거울 → 일정 스케줄 관리 및 뉴스 정보 제공.
- 지형지물관리 → 건물, 문화재, 도로, 교량 하천 등 자연 지형물에 RFID를 부착해 통합 관리가 가능함.

■ 교통 분야

- GPS(global positioning system, 범지구위치결정시스템) 활용 → 교통상황, 최적경로, 차량위치 추적, 엔진상태 점검 등.
- LBS(location based system) → GPS, 카 내비게이션.
- 버스 정류장 관리 → 도착예정 버스 알림, 노선정보 및 소요시간 예측.
- 서울시 심야버스 노선 최적화 → 빅 데이터 기술을 활용한 심야버스 노선의 최적화.

■ 교육 환경

- 스마트 폰, GPS, 이어폰, 마이크 등 내장 재킷 착용 → 캠퍼스 곳곳의 정보 입수.
- 스마트 유치원 → 센서, 칩 내장 장난감.
- 효과적인 학습도구 → 전자 종이를 이용한 멀티미디어 텍스트.

■ 유통 물류

- 대형 할인마트 → 실시간 고객 정보 및 매출 파악.
- 택배 → 발신지에서 도착지까지 운송 추적 및 무사고 안전 배달.
- 물류 → 창고관리, 운송관리, 차량관리.

■ 공공 행정

- 스마트 시티 구현 및 스마트 행정 시스템 구축 → 쾌적한 미래도시 구축 및 고객 중심의 맞춤형 서비스 24시간 제공.
- 광대역통합망(BcN) 기반 → 민·관의 정보 및 지식 공유 → 정부의 생산성 향상.

■ 보건 복지

- 마이크로 칩 내장 → 식, 의약품의 품질 보존 & 농축산 식품의 종합적인 이력관리.
- u-헬스케어 → 어린이나 노인들에 대한 지속적인 건강관리.
- 홈 네트워크 → 홈오토메이션을 통한 편리한 디지털 라이프(digital life) 완성.

Tip

스마트 그리드(smart grid)

전기 및 정보통신 기술을 활용하여 전력망을 지능화·고도화함으로써 고품질의 전력서비스를 제공하고 에너지 이용효율을 극대화하는 전력망 기술로 에너지 효율 향상에 의해 에너지 낭비를 절감하고, 신·재생에너지에 바탕을 둔 분산전원의 활성화를 통해 에너지 해외 의존도 감소 및 기존의 발전설비에 들어가는 화석연료 사용 절감을 통한 온실가스 감소효과로 지구 온난화도 막을 수 있다.

U-헬스케어(ubiquitous healthcare)

생명공학기술(BT, bio technology)과 정보기술(IT, information technology)을 기반으로 유·무선 통신 네크워크 장비와 생체신호 측정 장치를 통해 환자의 건강정보를 수집·관리함으로써 병원을 방문하지 않더라도 언제 어디서나 질병의 예방과 진단·치료를 받을 수 있는 건강관리 및 질병 치료를 위한 서비스이다.

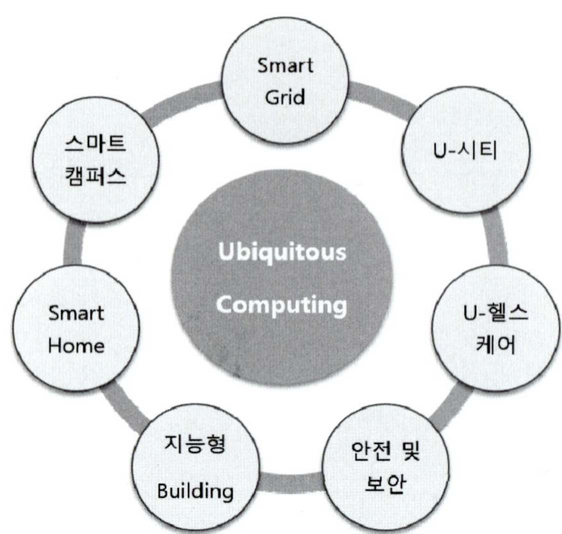

【그림 9-8】 유비쿼터스 컴퓨팅 활용 분야

Chapter 25 클라우드 컴퓨팅 (cloud computing)

25.1 클라우드 컴퓨팅의 개념

클라우드 컴퓨팅(cloud computing)은 표준화된 인터넷("클라우드") 기술을 활용하여 서버, 저장소, 데이터베이스, 네트워킹, 소프트웨어 등의 컴퓨팅 서비스를 제공하고 이에 따르는 사용량이나 광고에 기반을 두어 과금하는 컴퓨팅 사업의 한 형태로써 인터넷(네트워크) 기반의 컴퓨팅 기술로 IT 자원(H/W & S/W)을 사용하고 비용을 지불한다는 것으로 요약할 수 있다.

가상화 기술 및 자동화 기술을 통합해 제공하는 기술로써 인터넷 상의 클라우딩 환경(clouding environment)에 응용 데이터 서버에 프로그램을 두고, 필요할 때마다 사용하는 웹에 기반을 둔 소프트웨어 서비스이다. 구름(cloud)과 같이 무형의 형태로 존재하는 하드웨어 · 소프트웨어 등의 컴퓨팅 자원을 자신이 필요한 만큼 빌려 쓰고 이에 대한 사용요금을 지급하는 방식의 컴퓨팅 서비스이다.

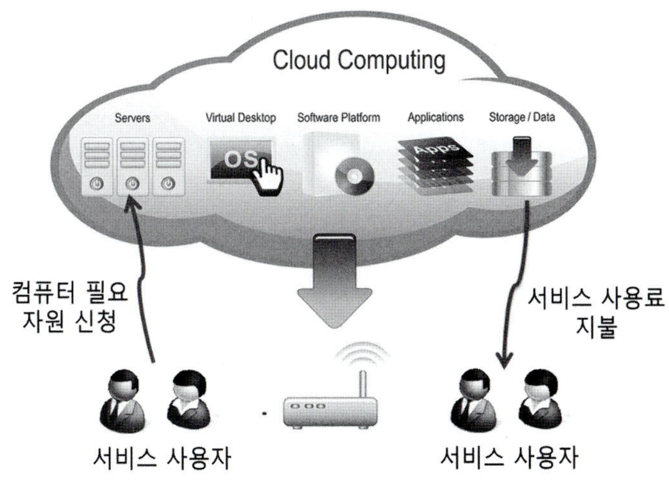

【그림 9-9】 클라우드 컴퓨팅 개요

- H/W, S/W뿐만 아니라 모든 IT 자원을 네트워크를 통해 표준화된 서비스 형태로 제공하는 비즈니스 모델의 일종임.
- 사용자는 언제, 어디서나, IT 자원을 서비스 형태로 제공받으며, 원하는 만큼의 IT 서비스를 이용하고 사용량에 따라 비용을 지불하는 IT 사용 방식.
- 클라우드 컴퓨팅 = IT 자원의 가상화 기술 + 자동화 기술 + 표준화 기술.

【표 9-2】 컴퓨팅 기술 서비스의 발전 방향

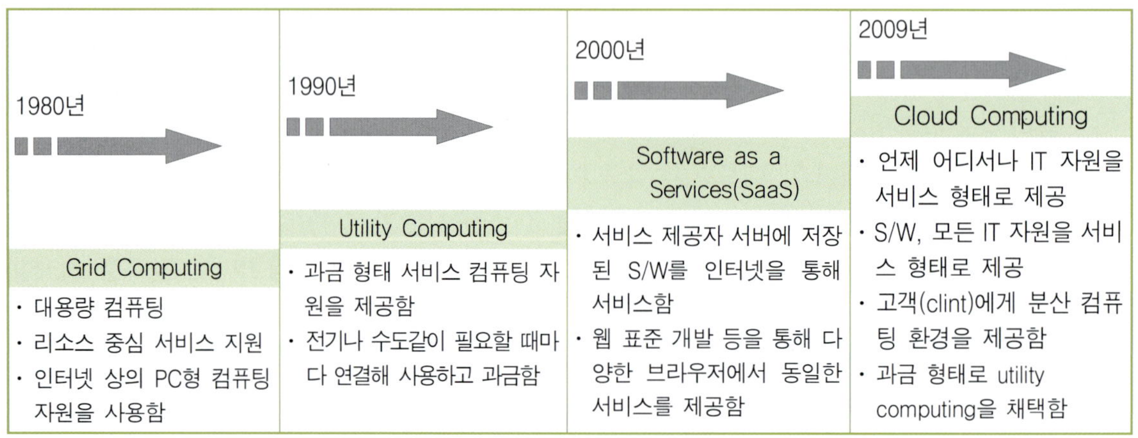

1980년	1990년	2000년	2009년
Grid Computing	Utility Computing	Software as a Services(SaaS)	Cloud Computing
· 대용량 컴퓨팅 · 리소스 중심 서비스 지원 · 인터넷 상의 PC형 컴퓨팅 자원을 사용함	· 과금 형태 서비스 컴퓨팅 자원을 제공함 · 전기나 수도같이 필요할 때마다 연결해 사용하고 과금함	· 서비스 제공자 서버에 저장된 S/W를 인터넷을 통해 서비스함 · 웹 표준 개발 등을 통해 다양한 브라우저에서 동일한 서비스를 제공함	· 언제 어디서나 IT 자원을 서비스 형태로 제공 · S/W, 모든 IT 자원을 서비스 형태로 제공 · 고객(clint)에게 분산 컴퓨팅 환경을 제공함 · 과금 형태로 utility computing을 채택함

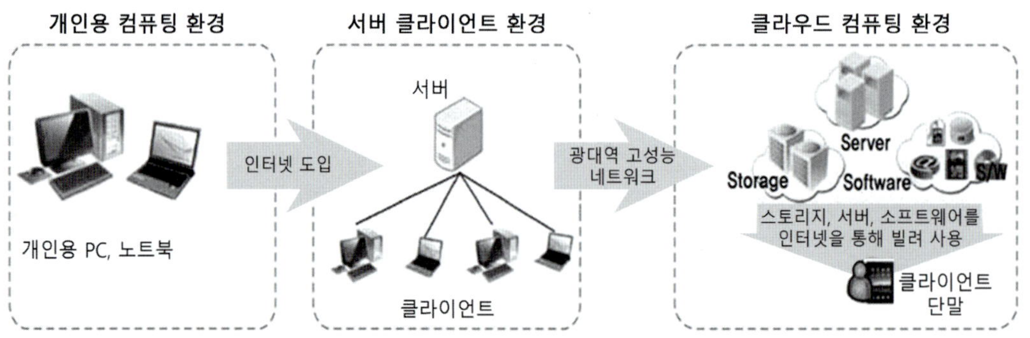

【그림 9-10】 컴퓨팅 환경의 변화 단계

25.2 클라우드 컴퓨팅의 특징

기존의 컴퓨팅 서비스는 1980년대 client-server 시대를 거쳐 1990년대 인터넷/웹 서비스의 활성화와 더불어 급속하게 발전되었으며, 2000년도부터는 공급자 중심 방식에서 탈피하여 사용자 중심의 서비스 제공 방식인 클라우드 컴퓨팅(cloud computing)으로 급격히 진화하게 되었다.

클라우드 컴퓨팅은 4차 산업혁명 시대의 기반 인프라로써 빅 데이터의 수집, 저장, 분석을 통한 방대한 컴퓨팅 자원과 인공지능 개발을 위한 슈퍼컴퓨터를 개별 기업이 자체적으로 구비하는 것은 현실적이지 않다. 특히 자본력이 부족한 중소기업이나 스타트업 기업은 클라우드 서비스를 통해 대규모 컴퓨팅 자원을 저렴하게 활용할 수 있다.

【표 9-3】 클라우드 서비스의 주요 특징

주요 특징	세부 내용
표준화된 IT 기반	· 컴퓨팅, 저장장치, 네트워크 S/W 등을 포함하는 전반적인 IT 자원을 제공함 · 제공되는 서비스 이외에 별도의 맞춤제작(customization)은 없으며 서비스 제공자에 의해 제공되는 표준임
IP 망을 통한 접근	· IP 망과 웹기반 컴퓨팅 프로토콜을 활용할 수 있음
always on과 수요에 따른 확장성 지원	· 서비스 제공자는 24시간 접근성과 고객수요의 변화에 따라 이에 대응하는 컴퓨팅 자원을 가변성 있게 지원함
사용량 기반 과금	· 무료, 혹은 사용기반 과금으로 장기계약이나 초기 셋업비용이 필요 없음
사용자 셀프서비스	· 서비스 제공자의 간섭 없이 고객 스스로 필요한 서비스를 설치하고 관리할 수 있음

Tip always on 서비스

IP 기반의 서버-클라이언트 환경에서 인터넷에 상시 접속된 자신의 IP 상태를 지속적으로 연결 상태로 유지하는 서비스로 "무중단 운영"이란 뜻이며, 항상 중단 없이 비즈니스 서비스가 제공되고, 설령 다운타임이 발생하더라도 일반 사용자에게 지장을 주지 않는 것을 보장해 주는 서비스이다.

25.3 클라우드 컴퓨팅 주요 기술

(1) 클라우드 컴퓨팅 발전 동향

클라우드(cloud)라는 용어는 2006년 크리스토프 비스글리아(Christophe Bisciglia)라는 구글 직원이 CEO인 에릭 슈미츠가 참석한 회의에서 '클라우드'라는 개념을 처음 제안하였으며, 클라우드 컴퓨팅의 개념은 1965년 미국의 컴퓨터 학자인 존 매카시가 "컴퓨팅 환경은 공공시설을 쓰는 것과도 같을 것"이라는 개념을 제시한데에서 유래하였다.

General Magic라는 회사는 1995년 3월부터 AT&T와 다른 여러 통신사들과 제휴를 맺고 클라우드 컴퓨팅 서비스를 최초로 시작했다. 하지만 이 시기는 소비자 중심의 웹 기반이 형성되기 전의 일이었기 때문에 클라우드 컴퓨팅 사업은 당연히 실패했다. 그러나 10년이 지난 2005년에서야 클라우드 컴퓨팅이라는 단어가 널리 퍼지기 시작했다.

2011년 6월 애플의 스티브잡스는 세계 개발자 회의에서 아이클라우드(iCloud)를 발표하였고, 2011년6월 28일에 마이크로소프트사도 자신의 주력 사업 분야에 해당하는 업무용 프로그램과 이메일, 일정관리 기능 등을 클라우드 서비스 형태로 발전시킨 오피스365 서비스를 출시하게 되었다.

미국을 비롯한 해외 선진 국가들은 정부 차원에서 클라우드 컴퓨팅 서비스 산업 촉진을 지원하고 있으며, 아마존, 구글, IBM 등 세계적인 유수 IT기업들은 클라우드를 활용한 다양한 기술과 서비스 모델을 속속 발표하고 있다. 우리나라도 다른 나라에 비해 시작은 늦은 편이지만 2009년 12월에 범정부 차원의 '클라우드 컴퓨팅 활성화 종합계획'을 마련하여 추진 중에 있으며, 통신사와 대형 IT업체를 중심으로 2010년부터 서비스를 제공하고 있다. 특히 아마존이나 마이크로소프트 등 퍼블릭 클라우드 내에 플랫폼 서비스 형태로 프라이빗 블록체인(개인참여형 폐쇄 블록체인, private block chain)을 운영할 수 있는 환경이 갖춰지면서, 시스템 개발과 운영 등 대부분의 과정이 클라우드 기반으로 바꾸어지고 있는 경향이다.

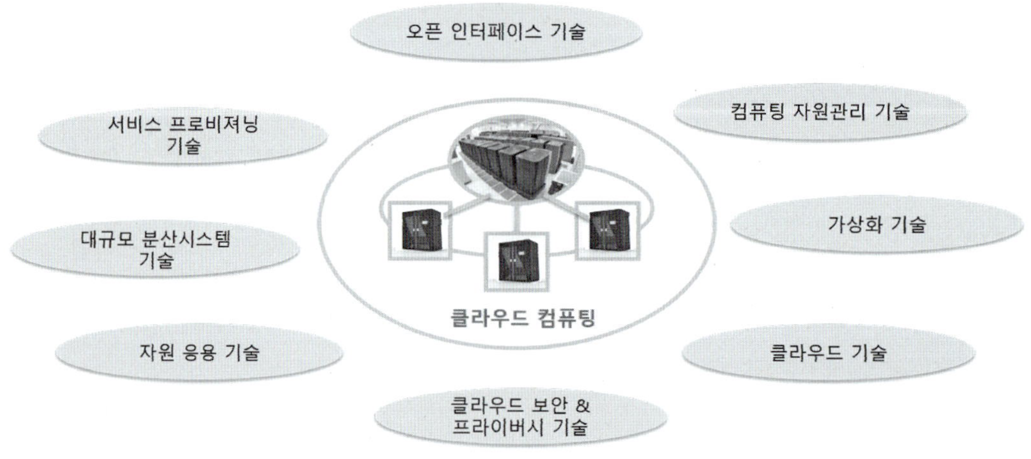

【그림 9-11】 클라우드 컴퓨팅 주요 기술 종류

(2) 클라우드 컴퓨팅 제공 서비스 종류

클라우드 컴퓨팅은 클라우드 컴퓨팅은 사용자들의 컴퓨팅 서비스 제공 범위에 따라 다음과 같은 서비스를 제공한다. IaaS(infrastructure as a service)는 CPU, 메모리 등의 H/W 자원을 제공하는 클라우드 서비스이며, PaaS(platform as a service)는 운영체제와 S/W 개발이나 데이터 분석을 위한 도구들까지 제공하는 서비스이고, SaaS(software as a service)는 H/W와 OS뿐만 아니라 응용 S/W까지 제공하는 서비스이다.

① IaaS(infrastructure as a service): 하드웨어 인프라 제공 서비스

- 단순히 서버 등의 자원을 제공해 주면서 사용자가 디바이스(서버, 스토리지, 데이터베이스 등)에 제약 없이 데이터에 접근할 수 있도록 해줌.
- 서버, 스토리지, 데이터베이스 등과 같은 시스템이나 서비스를 구축하는데 필요한 IT H/W 자원을 서비스 형태로 제공(public cloud service).
- 하드웨어 인프라 제공 서비스(IaaS)라는 틀 안에서 이용자가 원하는 운영체제와 응용프로그램을 설치하여 활용할 수 있음.
- 대표적인 예: 구글의 GCP(Google cloud platform).

② PaaS(platform as a service): 플랫폼 제공 서비스

- 사용자가 애플리케이션이나 서비스가 실행되는 "환경"을 서비스 제공자로부터 제공받아 사용하는 환경(소프트웨어 개발 환경 제공).
- 대표적인 예: 구글 앱 엔진(Google app engine), 오라클 클라우드 플랫폼(oracle cloud platform), 피보탈의 클라우드 파운드리(cloud foundry), 세일즈포스 히로쿠(heroku).
- 플랫폼 설계에 대해 고민할 필요는 없지만, 서비스를 사용하는 동안 애플리케이션의 설치와 관리하는 책임은 사용자가 가져야 함.

③ SaaS(software as a service) : 소프트웨어 제공 서비스

- 인터넷에서 제공받는 클라우드 서비스로써 H/W + OS + 응용패키지까지를 모두 포함한 클라우드 서비스임.
- 대표적인 예: 네이버 N드라이브, 지메일이나 구글 독스 혹은 드롭박스(클라우드 파일 스토리지), 마이크로 소프트 오피스 36, 구글 문서도구(Google 독스(Docs)).
- 어플리케이션의 다운로드는 물론 인프라 구축까지 모두 서비스 제공자의 몫임.

Tip 구글 문서도구(Google Docs)

구글의 웹 기반 서비스로 웹 상에서 문서 작업(작성, 수정, 저장, 공유, 전송)을 할 수 있도록 하는 웹 기반의 워드프로세스, 스프레드시트, 프리젠테이션 기능을 제공하는 서비스이다. 구글 서버(gmail.com)에 오피스 프로그램 (워드, PDF, 엑셀, 파워포인트 등 양식)을 저장하고 필요할 때 마다 꺼내 쓴다는 개념이다.

(3) 클라우드 컴퓨팅 보안 및 위험 요인

클라우드 컴퓨팅 환경에서의 보안은 클라우드 컴퓨팅의 핵심인 사용 용량에 따른 과금 정책 및 사용자 인증 인터페이스를 제공하고, 사용자들의 데이터 또는 접근 등에 대한 신뢰성 있는 플랫폼 기술을 확보하여, 사용자들이 클라우드 컴퓨팅 서비스를 신뢰하고 사용할 수 있도록 하여야 한다. 최근에는 보안이 클라우드 확산의 걸림돌이라는 인식이 많아지며, 상호운용성과 데이터 이동성이 더 큰 문제라는 지적이 나오고 있다.

클라우드 컴퓨팅의 특성상 저장된 데이터의 정확한 위치를 가늠하기 어렵고, 산재되어 있다는 점에서 보안 우려의 주요 요인이며, 특히, 공용(public) 클라우드를 사용했을 때 외부 공간에 민감한 데이터를 클라우드 상에 저장하는 것에 대한 신뢰성과 안정성에 의문을 제기할 수 있다. 클라우드 컴퓨팅이 등장 이전(전산실과 데이터센터)부터 이미 존재하던 보안 위협과 클라우드가 야기하는 새로운 보안위협인 '공유자원' 문제를 분리하여 접근할 필요가 있다.

특히, 공용 클라우드에서 기업 간 컴퓨팅 자원을 공유하면서 발생할 수 있는 새로운 보안 우려와 가상화 환경으로 인해 발생할 수 있는 보안 문제로 기존 보안 문제가 가상화로 인해 방어가 어려워지거나 파급효과가 커지는 문제가 발생하고 있다. 가상머신들이 상호 연결되어 내부의 가상머신에서 다른 가상머신으로의 패킷 스니핑, 해킹, DDoS(distributed denial of service, 분산서비스 거부) 공격, 악성코드 전파 등의 공격 경로가 존재함으로 가상 환경에서는 공격자가 누군지를 파악하기가 어렵고, 기존 네트워크 보안기술(방화벽)로는 가상화 내부 영역에 대한 침입 탐지가 어렵게 되었다.

예 아마존웹서비스(AWS, amazon web services)를 통한 웹호스팅 시 보안 문제가 발생했을 때, 여기에 접속한 이들이 어떤 서비스를 어떻게 구동하는지 알기 어렵기 때문에 누가 공격을 수행했는지 알 수가 없다.
클라우드 시스템에서의 보안은 기업 및 기관의 클라우드 도입을 저해하는 불안 요소이다. 클라우드 컴퓨팅의 다양한 보안 문제에 대한 기술은 다양하게 존재하고 있으며, 가상화 기술로 인한 공유자원 환경으로 인해 더 복합적으로 보안을 고려하여야 한다.

Tip

아마존 웹서비스(AWS, amazon web services)

Amazon Web Services(AWS)는 전 세계적으로 분포한 데이터 센터에서 165개가 넘는 완벽한 기능의 서비스를 제공하는 세계적으로 가장 포괄적이며 널리 채택되고 있는 클라우드 플랫폼 서비스이다. 웹과 모바일 애플리케이션, 빅 데이터 프로젝트, 소셜 게임, 모바일 앱에 이르는 거의 모든 물리적인 컴퓨팅 자원을 클라우드를 통하여 실행할 수 있는 다양한 인프라 및 애플리케이션 서비스 집합을 제공하고 있다.

패킷 스니핑(packet sniffing)

네트워크상에서 자신이 아닌 다른 상대방들의 패킷 교환을 엿듣는 것을 의미하며, 네트워크 트래픽을 도청(eavesdropping)하는 과정을 스니핑이라고 한다.

DDoS(distributed denial of service, 분산서비스 거부) 공격

DoS는 시스템을 악의적으로 공격해 해당 시스템의 자원을 부족하게 하여 원래 의도된 용도로 사용하지 못하게 하는 공격으로 특정 서버에게 수많은 트래픽을 보내 다른 이용자가 정상적으로 서비스 이용을 하지 못하게 하는 것을 말한다.

하지만 DDoS는 여러 대의 공격자를 지역적으로 분산 배치하여 동시에 공격함으로써 서버의 기능을 무력화시키는 서비스 거부 공격을 말하며, 디도스 공격은 수십 대에서 많게는 수백만 대의 PC를 원격 조종해 특정 웹사이트에 동시에 접속시킴으로써 단시간 내에 과부하를 일으키는 행위를 뜻한다.

2009년 7월 5일 미국의 21개 주요 정부기관, 금융, 인터넷 포털 사이트를 대상으로 한 대규모 DDoS 공격이 발생하였다. 국내의 경우에도 2003년 1월 25일, 디도스 공격으로 국내 인터넷 망이 마비되어 혼란에 빠진 바가 있으며, 2009년 7월 7일부터 10일까지 총 3차례에 걸친 DDoS 공격으로 청와대 등 주요 정부기관과 금융기관, 대기업 등의 인터넷 사이트가 마비되는 대형 사고가 발생하게 되었고, 2011년 3월 3일, 국내 주요 정부기관과 포털 사이트, 은행 등이 DDoS의 공격을 받아 두 차례에 걸쳐 서비스가 마비되어 DDoS 공격으로 인한 국가적인 큰 손실과 위험을 가져오게 되었다. DDoS 공격 규모는 앞으로도 더욱 커질 전망이다.

【표 9-4】 클라우드 컴퓨팅 위험 요인

위험 요인	세부 내용
데이터 보안	온라인을 통한 데이터 공유가 가능한 만큼 해킹이나 악성코드에 대한 취약성이 존재할 수 있음
서비스 신뢰	아웃소싱 사업자에 의해서 데이터가 관리되므로 민감한 정보 저장에 대해서는 클라우드 컴퓨팅의 자원 활용이 기피될 수 있음
데이터 소유권 및 지적 재산권	클라우드 컴퓨팅에서 서비스 제공자가 변경되거나 사업을 포기할 경우 데이터 소유권과 관련된 분쟁의 발생 가능성이 존재함
잠금 효과 (lock-in effect)	대용량의 데이터를 이전하는데 많은 비용이 소요될 수 있기 때문에 클라우드 사업자의 변경이 용이하지 않을 수 있음

Tip 잠금 효과(lock-in-effect)

잠금 효과는 기존 제품을 사용하던 사용자가 더 좋은 신제품이 나오더라도 계속해서 기존 재화나 서비스를 이용하게 하는 효과를 가져 오게 하는 것을 말하며, '고착 효과', '자물쇠 효과', '락인(lock-in) 효과'라고도 부른다. 클라우드 컴퓨팅에서도 사용자들이 쉽게 다른 서비스(클라우드 사업자 변경 등)로 전환하지 못하게 하는 잠금 효과(lock-in effect)가 발생할 수 있다. 또한 클라우드 서비스 사업자의 변경에 따르는 신뢰성 확보 및 데이터의 소유권과 지적재산권에 관한 문제가 발생할 수 있다.

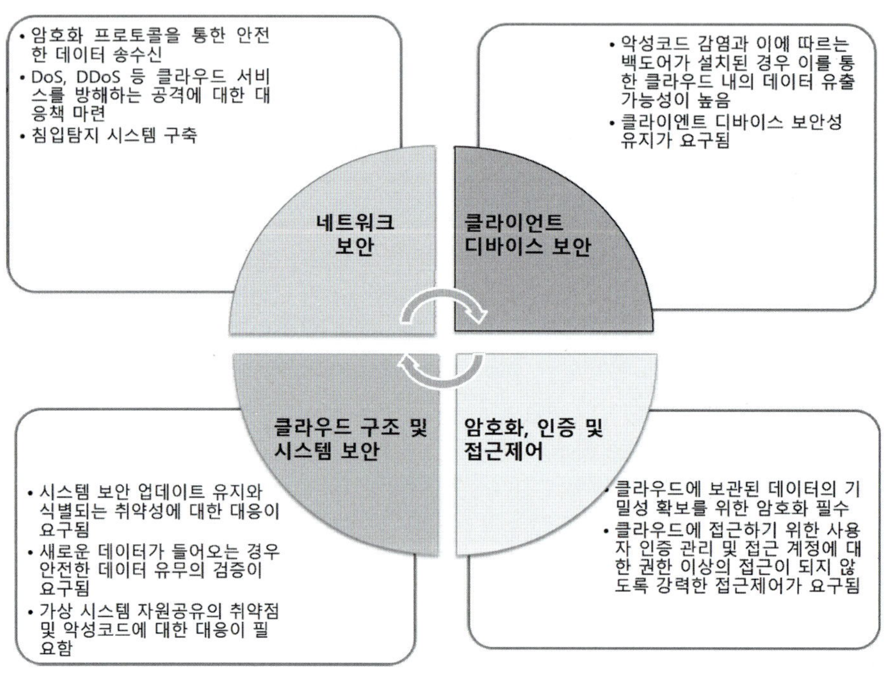

【그림 9-12】 클라우드 컴퓨팅 보안 종류 및 특징

(4) 클라우드 컴퓨팅 향후 발전 방향

최근 클라우드 컴퓨팅은 인공지능(AI), 빅데이터, 사물인터넷(IoT)등과 융합하여, 4차 산업혁명을 촉진하는 혁신적 서비스로 진화하고 있으며, 향후 10년 간 글로벌 IT 기업들에게 다중(multi) 또는 복합(hybrid) 클라우드를 구축하는 방법에 대한 선택은 가장 중요한 전략적 의사결정이 될 것이다. 기업들의 클라우드 도입 목적이 IT 관리 효율화에서 빅데이터 분석과 인공지능 개발로의 변화함에 따라 인공지능의 개발과 활용을 위해 필요한 방대한 컴퓨팅 자원을 제공하는 기초 H/W & S/W 인프라 확보에 있다.

향후 인공지능 분야를 선도하고 있는 아마존, MS, 구글, IBM, 알리바바, 텐센트 등이 글로벌 클라우드 시장을 주도할 것으로 예상되며, 구글은 클라우드 기술 분야에서의 영향력은 더욱 커질 전망이다. 현재 국내의 SK C&C나 네이버도 인공지능 개발을 위한 클라우드 서비스를 제공하고 있다.

'19년 하반기에는 세계 글로벌 Top 3 기업들이 한국에 데이터센터를 보유하게 되어 본격적인 경쟁이 시작될 것으로 예상되며, 2024년부터 글로벌 기업들이 공용 및 사설 클라우드가 포함된 집약적 다중 클라우드 환경을 이용하게 될 것으로 전망한다.

2017년 3월 처음 국내에 데이터센터를 연 마이크로소프트는 1년 사이에 매출이 3배 이상 성장하였으며, 특히 정부 및 대기업 역시 공공부문에서도 클라우드 전환이 본격화되고 있다. 삼성과 LG는 이미 그룹사 차원에서 클라우드를 운영해 왔고, 대한항공도 아마존 웹 서비스로 전체 운영 시스템을 이전하기 시작하였다.

아마존은 웹 서비스나 애저(Azure, 마이크로소프트의 클라우드 컴퓨팅 플랫폼 이름) 등에 퍼블릭 클라우드(클라우드 컴퓨팅 서비스 분야 세계 1위)를 덧붙이면서 해외 시장 확충을 노리고 있다. 아마존과 마이크로소프트의 주가 흐름 역시 클라우드 시장의 발전 가능성을 반영할 수 있다. 아마존은 2018년 2분기 실적을 발표한 뒤 잠깐이지만 애플을 제치고 주식시장에서 미국 기업 가치 1위를 기록하였다. 하지만 여전히 아마존의 성장 동력은 온라인 쇼핑몰에 있고 그 실적도 좋지만 향후의 가능성은 클라우드에서 찾아볼 수 있다.

마이크로소프트도 마찬가지다. 마이크로소프트는 PC와 윈도우의 침체를 오랫동안 겪어왔다. 하지만 2014년 이후 주력 상품을 소프트웨어가 아니라 서비스로서의 클라우드(세계 2위)를 언급해 왔으며, '인텔리전트 클라우드(Inteligent Cloud)'라는 인공지능과 클라우드의 결합으로 연결된 차별화된 서비스로 2018년 12월 이후 잠깐이지만 애플을 넘어 오랜만에 시총 1위에 복귀하였다. 2019년 후반 뉴욕증시에서는 애플(1위), 아마존(2위), 알파벳(구글 지주회사, 3위), 마이크로소프트(4위)순으로 보유 주식의 가치가 높게 나타났다.

클라우드 컴퓨팅의 미래는 서버가 없는 형태를 의미하고 있으며, 보다 빠른 데이터 활용 및 이용이 가능해질 수 있게 될 것으로 예상되며, 인공지능이 클라우드 컴퓨팅의 성장세와 발맞추어 보다 중요한 역할을 담당하게 될 것으로 보인다. IDC(internet data center)에서 파악한 전 세계 데이터의 총 규모는 2017년 16제타바이트(zettabyte, ZB), 2018년 33ZB, 2025년에는 175ZB로 2017년에 비해 10배 이상 증가할 것으로 전망하며, 연 평균 61% 증가할 것이라고 예측하였다.

클라우드 컴퓨팅은 4차 산업혁명 시대 필수 인프라로 언제 어디서나 손쉽게 대량의 데이터를 저장 · 관리 및 활용 · 분석 가능하게 하는 미래 초연결사회의 핵심 기반 기술로 중요한 역할을 할 것으로 기대가 되지만 클라우드 컴퓨팅 사업자의 실수로 발생할 수 있는 인적 사고나 기계적 오류로 중단되거나 또는 보안 노출로 인해 취약성이 노출되는 등 비정상적으로 운영될 경우, 오히려 부메랑이 되어 막대한 피해를 초래할 수도 있다. 따라서 향후 클라우드 서비스가 급속하게 수요가 늘어남에 따라 안전성 확보 및 인적 사고, 기계적 결함, 그리고 취약한 보안 문제 등의 문제를 복합적으로 고려하여야 한다.

Tip ZB(제타 바이트, zetta byte)

ZB는 10해 바이트로, $10^{21} = 2^{70}$, 즉, 1,000,000,000,000,000,000,000 바이트로 0이 무려 21개나 붙는다. 1ZB에 3MB 안팎의 MP3 음악파일 281조 5천억 곡을 저장할 수 있다는 점에서, 실로 어마어마한 규모이다.

약 1조 기가바이트(GB)에 해당하는 양으로 미국 전체 학술도서관에 소장된 도서 정보량의 50만 배에 이르는 수치이다.

단원 연습문제

1. 유비쿼터스 컴퓨팅의 정의에 대하여 알아보자.

2. 유비쿼터스 컴퓨팅에서의 5C에 대해 설명하시오.

3. 유비쿼터스 컴퓨팅에서의 5A에 대해 설명하시오.

4. 사물인터넷(IoT)와 만물인터넷(IoE)을 설명하고, 차이점에 대하여 알아보자.

5. 과거 컴퓨팅 환경과 유비쿼터스 컴퓨팅 환경의 차이점에 대하여 설명하시오.

6. 유비쿼터스 컴퓨팅의 특징에 대하여 알아보자.

7. 유비쿼터스 컴퓨팅 기술 중 WSN과 USN에 대하여 설명하시오.

8. 무선 LAN과 블루투스 기술의 특징에 대하여 설명해 보시오.

9. 유비쿼터스 컴퓨팅 응용기술에 대하여 알아보자.

10. 클라우드 컴퓨팅의 개념에 대하여 설명하시오.

11. 컴퓨팅 기술 서비스의 발전 현황에 대하여 알아보자.

12. 클라우드 컴퓨팅의 특징에 대하여 설명하시오.

13. 클라우드 서비스의 주요 특징에 대하여 설명하시오.

14. 클라우드 컴퓨팅 서비스 종류 중 IaaS, PaaS, SaaS에 대하여 알아보자.

15. 클라우드 컴퓨팅 보안 및 위험요인에 대하여 설명하시오.

ㄹ

ㅁ

ㅂ

ㅅ

ㅇ

ㅈ

ㅊ

ㅋ

ㅌ

ㅍ

ㅎ

핵심 운영체제 이해

지 은 이	왕종수, 조규철
펴 낸 이	김형근
펴 낸 곳	도서출판 기한재
주 소	경기도 파주시 회동길 56 (파주출판도시)
전 화	031)955-0900~2
팩 스	031)955-0100
등 록	1990년 3월 15일 제2-968호
발 행	2020년 2월 25일 1판 1쇄
정 가	23,000원

Published by Kihanjae Co.

ISBN 978-89-7018-800-3

http://www.kihanjae.com

E-mail : kihanjae@hanmail.net